身數大典

■ 저자 : 도관 박흥식

周易, 命理, 奇門, 六壬, 儒, 佛, 仙 研究家
저서 : 四柱命理學의 核心
作名解名
奇門遁甲玉鏡
四柱大成
六爻大典
(054)634-1383

身數大典

1판 1쇄 발행일 | 2005년 2월 16일
발행처 | 삼한출판사
발행인 | 김충호
지은이 | 박흥식

등록일 | 1975년 10월 18일
등록번호 | 제13-47호

서울·동대문구 신설동 103-6호 아세아빌딩 201호
대표전화 (02) 2231-4460
팩시밀리 (02) 2231-4461

값 36,000원
ISBN 89-7460-101-×   03180

신비한 동양철학 · 62

身數大典

박흥식 편저

삼한

　예부터 음력 정월이 되면 으례 일년신수를 보는 풍습이 전해오고 있다. 사람이면 누구나 미래지사가 궁금할 것이다.

　과학의 발달로 인공위성이 달나라, 별나라에 가고 각종 전자기기 개발과 통신의 발달 등 최첨단 시대로 가고 있지만 인간의 운명과 운세는 과학의 영역 밖이다.

　신수를 보는데는 여러 가지의 학설이 있는데 대부분이 주역(周易)과 사주추명학(四柱推命學)에 근거를 두고 있다. 수많은 종류 중 몇 가지를 보면 사주명리(四柱命理), 자미두수(紫微斗數), 관상(觀相), 점성학(占星學), 구성학(九星學), 육효(六爻), 토정비결(土亭秘訣), 매화역수(梅花易數), 대정수(大定數), 초씨역림(焦氏易林), 황극책수(皇極策數), 하락리수(河洛理數), 범위수(範圍數), 월영도(月影圖), 현무발서(玄武發書), 철판신수(鐵版神數), 육임신과(六壬神課), 기문둔갑(奇門遁甲), 태을신수(太乙神數) 등 종류가 많지만 역학(易學)에 정통(精通)한 고사(高士)가 아니면 신수를 제대로 추단하기 어려운 것이다.

　엉터리 점쟁이 술사에게 신수를 보느니 차라리 스스로 책을 보고 판단함이 상책이다. 그리하여 불녕(不佞)은 천견박식(淺見薄識)함에도 불구하고 외람되게 누구나 자신의 일년신수(一年身數)

를 볼 수 있도록 몇 가지의 신수 보는 법을 실었으니 피흉추길 (避凶趨吉)에 일조(一助)가 되기를 빌면서 혹 미진한 부분이 있더라도 여러분의 너그러운 이해와 관용이 있기를 부탁드립니다.

　끝으로 편집에 애쓰신 편집자와 김충호 사장님의 깊은 배려에 감사를 드립니다.

　　　　　　　　　　　　　　道觀　朴興植　謹識

第一編

第三編　기문신수법(奇門身數法)

第四編

第一編

음양오행(陰陽五行)

무극(無極)이 태극(太極)으로 태극(太極)에서 양의(兩儀) 곧 동정(動靜)의 양기(兩氣)인 음양(陰陽)이 생겨났다.

음양은 사상(四象)을 생(生)하고, 사상은 팔괘(八卦)를 생한다. 양기(兩氣)란 태양(太陽)과 태음(太陰)을 말하고, 사상(四象)은 태양(太陽), 소음(少陰), 태음(太陰), 소양(少陽)을 말한다. 무극(無極)에서 일기(一氣)가 시생(始生)하고, 일기(一氣)에서 음양이기(陰陽二氣)로 분리되므로 비로소 음양의 조화(造化)로 인하여 우주가 창시되고 삼라만상이 창시되었다.

자연계에 존재하는 사물의 성질은 모두 음(陰)과 양(陽)으로 나누어진다. 동(動)은 양(陽)이요. 정(靜)은 음(陰)이며, 모든 사물에는 음과 양의 양대성을 들 수 있다.

음양(陰陽)의 조화(造化)로 인하여 삼라만상이 창시되므로 자연계에 존재하는 모든 것에는 오행(五行)이 자연적으로 발생하게 되는데, 오행(五行)은 곧 목,화,토,금,수(木,火,土,金,水)이며, 오행이 쉬지 않고 운동하여 만물을 작용시키므로 한,난,조,습(寒,暖,燥,濕)의 기후 변화가 생겨 춘(春), 하(夏), 추(秋), 동(冬)인 사계절을 만들고 이러한 작용이 삼라만상과 인생의 여정에서 길흉화복의 변화를 가져오는 것이다.

오행의 성질에 따라 서로간의 생(生)하고 극(剋)하는 원리가 생겨났다.

금(金)은 물을 맑게 하는 바 암석 사이로 물이 흐름에 물이 맑아지고 쇠가 녹으면 물이 되므로 금생수(金生水)하고, 목(木)은 수(水)가 아니면 생장(生長)할 수 없으므로 수생목(水生木)하고, 화(火)는 목(木)이 아니면 발(發)할 수 없으므로 목생화(木生火)하고, 토(土)는 불을 받음으로써 질이 강해지므로 화생토(火生土)하고, 금(金)은 토(土)의 압력에 의하여 강해지므로 토생금(土生金)한다.

금(金)이 목(木)을 절벌(折伐)하므로 금극목(金剋木)하고, 목(木)이 토(土)를 뚫고 들어가기 때문에 목극토(木剋土)하고, 토(土)는 물을 막기 때문에 토극수(土剋水)하고, 수(水)가 화(火)를 끄기 때문에 수극화(水剋火)하고, 화(火)가 금(金)을 녹이기 때문에 화극금(火剋金)한다.

천간지지(天干地支)

천간(天干)은 하늘의 기(氣) 형성과 물상(物象)을 상징하는 천기(天氣)로서 하늘의 오운(五運)인 목,화,토,금,수(木,火,土,金,水)로 기상(氣象)을 이룬다. 천간(天干)을 약칭해서 간(干)이라 하고, 천간의 부호가 열가지이므로 십간(十干)이라고 한다.

甲 갑	乙 을	丙 병	丁 정	戊 무	己 기	庚 경	辛 신	壬 임	癸 계

지지(地支)는 땅의 질상(質象) 물상을 상징하는 지기(地氣)로서 땅의 형체를 이룬 것이며, 지지(地支)를 약칭해서 지(支)라 하고, 지지의 부호가 12종이므로 십이지(十二支)라고 한다.

子 자	丑 축	寅 인	卯 묘	辰 진	巳 사	午 오	未 미	申 신	酉 유	戌 술	亥 해

그리고 천간(天干)과 지지(地支)에는 각각 음(陰)과 양(陽)으로 구분된다.

천간에서는 갑,병,무,경,임(甲,丙,戊,庚,壬)이 양(陽)이고, 을,정,기,신,계(乙,丁,己,辛,癸)는 음(陰)이며, 지지에서는 자,인,진,오,신,술(子,寅,辰,午,申,戌)이 양(陽)이고, 축,묘,사,미,유,해(丑,卯,巳,未,酉,亥)는 음(陰)이다.

甲	乙	丙	丁	戊	己	庚	辛	壬	癸
陽	陰	陽	陰	陽	陰	陽	陰	陽	陰

子	丑	寅	卯	辰	巳	午	未	申	酉	戌	亥
陽	陰	陽	陰	陽	陰	陽	陰	陽	陰	陽	陰

십간(十干)과 십이지(十二支)는 각각 오행(五行)에 배속되어 있다.

甲,乙 寅,卯	丙,丁 巳,午	戊,己,辰 戌,丑,未	庚,辛 申,酉	壬,癸 亥,子
木	火	土	金	水

십간과 십이지는 각각 방위(方位)에 배속되어 있다.

甲,卯 乙	辰, 巳	丙,午 丁	未, 申	庚,酉 辛	戌 亥	戊 己	壬,子 癸	丑, 寅
東	東南	南	西南	西	西北	中央	北	東北

 십천간(十天干)과 십이지(十二支)가 각각 양간(陽干)은 양지(陽支)와, 음간(陰干)은 음지(陰支)와 만나 짝을 이루면 모두 60종이 되므로 육십갑자(六十甲子)라고 부른다.

 십간과 십이지를 짝짓기 하면 언제나 지지의 두 개가 짝을 못 만나니 이것을 공망(空亡)이라고 한다.

 육십갑자(六十甲子)는 각각 납음오행(納音五行)이 있다. 도표를 보시면 이해가 되리라고 본다.

甲子旬中		甲戌旬中		甲申旬中		甲午旬中		甲辰旬中		甲寅旬中	
甲子 乙丑	海中金	甲戌 乙亥	山頭火	甲申 乙酉	泉中水	甲午 乙未	沙中金	甲辰 乙巳	覆燈火	甲寅 乙卯	大溪水
丙寅 丁卯	爐中火	丙子 丁丑	澗下水	丙戌 丁亥	屋上土	丙申 丁酉	山下火	丙午 丁未	天河水	丙辰 丁巳	沙中土
戊辰 己巳	大林木	戊寅 己卯	城頭土	戊子 己丑	霹靂火	戊戌 己亥	平地木	戊申 己酉	大驛土	戊午 己未	天上火
庚午 辛未	路傍土	庚辰 辛巳	白鑞金	庚寅 辛卯	松柏木	庚子 辛丑	壁上土	庚戌 辛亥	釵釧金	庚申 辛酉	石榴木
壬申 癸酉	劍鋒金	壬午 癸未	楊柳木	壬辰 癸巳	長流水	壬寅 癸卯	金箔金	壬子 癸丑	桑柘木	壬戌 癸亥	大海水
戊亥空亡		申酉空亡		午未空亡		辰巳空亡		寅卯空亡		子丑空亡	

사주팔자(四柱八字)를 정하는 법

■ 연주(年柱)를 정하는 법

연주(年柱)는 출생한 생년(生年)의 간지(干支)를 말한다. 갑자년(甲子年)에 태어났으면 갑자(甲子)가 연주(年柱)이고 을축년(乙丑年)에 태어났으면 을축(乙丑)이 연주(年柱)가 된다. 연(年)의 분계점은 정월(正月) 초하루가 아니라 입춘절(立春節)이 드는 월일시각(月日時刻)을 분계점으로 삼는다. 그러므로 십이월생과 정월생은 입춘 전인지 후인지를 잘 살펴야 한다.

예를들면 임진년(壬辰年) 정월 9일 사시생(巳時生)이라면 임진년생(壬辰年生)이 아니고 신묘년생(辛卯年生)이다. 왜냐하면 1월 10일 오전 5시 53분에 입춘(立春)이 입절(入節)되었기 때문이다.

계묘년(癸卯年) 12월 25일 축시생(丑時生)이라면 계묘년생(癸卯年生)이 아니고 갑진년생(甲辰年生)이다. 왜냐하면 12월 22일 오전 4시 5분에 입춘(立春)이 입절(入節)되었기 때문이다.

■ 월주(月柱)를 정하는 법

월주(月柱)는 생월(生月)의 간지(干支)로 정하며, 매월의 초하

루부터 그 달의 월건(月建)을 쓰는 것이 아니라, 그 생월의 월 (月) 절입(節入)을 보아 생일 생시가 그 월절입(月節入)이 드는 시각 이후면 그 생월의 간지 월건의 월주(月柱)로 세우고, 그 월 절입이 드는 일시의 시각 이전이면 전월(前月)의 월건간지(月建 干支)를 월주(月柱)로 삼는다.

임술년(壬戌年)을 예로 들면 2월인 경우 2월 절인 경칩(驚蟄)이 2월 11일 오전 6시 55분에 입절(入節)하였다. 그런데 2월 11일 오전 4시 20분에 출생하였다면 2월 절입전(節入前)이므로 전월인 정월의 월건간지인 임인(壬寅)을 월주(月柱)로 삼는다.

같은 해 9월 23일 오후 2시에 태어났다면 9월 23일 오전 3시 4 분에 시월절입(十月節入)이 들었으므로 9월의 간지인 경술(庚戌) 을 월건으로 삼지 않고, 10월의 간지인 신해(辛亥)를 월주로 정 한다.

■ 일주(日柱)를 정하는 법

출생한 날의 간지(干支)를 일주(日柱)로 정한다.
연주(年柱)가 바뀌거나 월주(月柱)가 바뀌어도 일주는 그대로 출생한 날을 사용한다. 다만 일진(日辰)은 오늘밤 11시부터 내일 새벽 1시 까지를 자시(子時)로 삼는다. 예를 들면 5일인 갑자인 (甲子日) 오후 11시 40분에 출생하였다면 5일 간지인 갑자(甲子)

가 일주(日柱)가 되는 것이 아니라 다음날인 을축(乙丑)이 일주가 된다. 오후 11시부터 오전 1시까지가 자시(子時)인 것은 만고불변의 진리이다.

다만 우리나라의 표준시는 동경 127도 30분인데 현행 우리가 쓰고 있는 시각은 일본의 표준시인 동경 135도 시각을 사용하고 있어 약 30여분 정도의 시차가 생기므로 30분 정도 늦추어봄이 마땅하다. 현행 동경 135도 시각을 쓰는 상황에서 보면 오후 11시 30분부터 다음날 오전 1시 30분까지가 자시(子時)이며, 오전 1시 30분부터 오전 3시 30분까지가 축시(丑時)이며, 오전 3시 30분부터 오전 5시 30분까지가 인시(寅時)인 셈이다.

야자시(夜子時)니 명자시(明子時)니 하는 것은 인위적인 방법으로서 순환법칙에 어긋난 것이니 잘못된 정신공해에 현혹되지 말라. 남이 장에 간다고 거름지고 시장에 가는 우를 범하지 말찌어다.

■ 시주(時柱)를 정하는 법

시주(時柱)는 생일(生日)의 출생한 시각을 기준으로 삼아 시주를 정한다. 시간에 따라 시지(時支)는 어느 날이나 같은 시간이면 동일한 시지(時支)를 사용하나 시간(時干)은 일간(日干)에 따라 바뀌어진다.

갑기일(甲己日)에는 자시(子時)가 갑자시(甲子時)가 되고, 을경일(乙庚日)에는 병자시(丙子時)가 되고, 병신일(丙辛日)에는 무자시(戊子時)가 되고, 정임일(丁壬日)에는 경자시(庚子時)가 되고, 무계일(戊癸日)에는 임자시(壬子時)가 된다.

월간지 조건표(月干支 早見表)

陰曆 \ 節名 \ 年干	甲己年	乙庚年	丙辛年	丁壬年	戊癸年
正月	立春	丙寅	戊寅	庚寅	壬寅	甲寅
二月	驚蟄	丁卯	己卯	辛卯	癸卯	乙卯
三月	淸明	戊辰	庚辰	壬辰	甲辰	丙辰
四月	立夏	己巳	辛巳	癸巳	乙巳	丁巳
五月	芒種	庚午	壬午	甲午	丙午	戊午
六月	小暑	辛未	癸未	乙未	丁未	己未
七月	立秋	壬申	甲申	丙申	戊申	庚申
八月	白露	癸酉	乙酉	丁酉	己酉	辛酉
九月	寒露	甲戌	丙戌	戊戌	庚戌	壬戌
十月	立冬	乙亥	丁亥	己亥	辛亥	癸亥
十一月	大雪	丙子	戊子	庚子	壬子	甲子
十二月	小寒	丁丑	己丑	辛丑	癸丑	乙丑

시간지 조견표(時干支 早見表)

生時		甲己日	乙庚日	丙辛日	丁壬日	戊癸日
子時	23시 30분부터 1시 30분 까지	甲子	丙子	戊子	庚子	壬子
丑時	1시 30분부터 3시 30분 까지	乙丑	丁丑	己丑	辛丑	癸丑
寅時	3시 30분부터 5시 30분 까지	丙寅	戊寅	庚寅	壬寅	甲寅
卯時	5시 30분부터 7시 30분 까지	丁卯	己卯	辛卯	癸卯	乙卯
辰時	7시 30분부터 9시 30분 까지	戊辰	庚辰	壬辰	甲辰	丙辰
巳時	9시 30분부터 11시 30분 까지	己巳	辛巳	癸巳	乙巳	丁巳
午時	11시 30분부터 13시 30분 까지	庚午	壬午	甲午	丙午	戊午
未時	13시 30분부터 15시 30분 까지	辛未	癸未	乙未	丁未	己未
申時	15시 30분부터 17시 30분 까지	壬申	甲申	丙申	戊申	庚申
酉時	17시 30분부터 19시 30분 까지	癸酉	乙酉	丁酉	己酉	辛酉
戌時	19시 30분부터 21시 30분 까지	甲戌	丙戌	戊戌	庚戌	壬戌
亥時	21시 30분부터 23시 30분 까지	乙亥	丁亥	己亥	辛亥	癸亥

구성신수법(九星身數法)

가령 1949년 (己丑年)에 태어난 사람이 2003년(癸未年)의 운세를 보고자 한다면, 1949년은 육백년(六白年)이므로 육백금성인(六白金星人)이되고, 2003년은 육백년(六白年)이므로 육백금성인(六白金星人)의 운세(運勢) 육백금성년(六白金星年)항을 보면 된다.

가령 1971년(辛亥年)에 태어난 사람이 2004년(甲申年)의 운세를 보고자 한다면, 1971년은 이흑년(二黑年)이므로 이흑토성인(二黑土星人)이 되고, 2004년은 오황년(五黃年)이므로 이흑토성인(二黑土星人)의 운세(運勢) 오황토성년(五黃土星年)항을 보면 된다.

가령 1960년(庚子年)에 태어난 사람이 2004년(甲申年)의 운세를 보고자 한다면, 1960년은 사록년(四綠年)이므로 사록목성인(四綠木星人)이 되고, 2004년은 오황년(五黃年)이므로 사록목성인(四綠木星人)의 운세(運勢) 오황토성년(五黃土星年)항을 보면 된다.

가령 1932년(壬申年)에 태어난 사람이 2006년(丙戌年)의 운세를 보고자 한다면, 1932년은 오황년(五黃年)이므로 오황토성인(五黃土星人)이 되고, 2006년은 삼벽년(三碧年)이므로 오황토성인(五黃土星人)의 운세(運勢) 삼벽목성년(三碧木星年)항을 보면된다.

구성입중순행도 (九星入中順行圖)

九紫	五黃	七赤
八白	一白	三碧
四綠	六白	二黑

一白	六白	八白
九紫	二黑	四綠
五黃	七赤	三碧

二黑	七赤	九紫
一白	三碧	五黃
六白	八白	四綠

三碧	八白	一白
二黑	四綠	六白
七赤	九紫	五黃

四綠	九紫	二黑
三碧	五黃	七赤
八白	一白	六白

五黃	一白	三碧
四綠	六白	八白
九紫	二黑	七赤

六白	二黑	四綠
五黃	七赤	九紫
一白	三碧	八白

七赤	三碧	五黃
六白	八白	一白
二黑	四綠	九紫

八白	四綠	六白
七赤	九紫	二黑
三碧	五黃	一白

구성입중역행도 (九星入中逆行圖)

二黑	六白	四綠
三碧	一白	八白
七赤	五黃	九紫

三碧	七赤	五黃
四綠	二黑	九紫
八白	六白	一白

四綠	八白	六白
五黃	三碧	一白
九紫	七赤	二黑

五黃	九紫	七赤
六白	四綠	二黑
一白	八白	三碧

六白	一白	八白
七赤	五黃	三碧
二黑	九紫	四綠

七赤	二黑	九紫
八白	六白	四綠
三碧	一白	五黃

八白	三碧	一白
九紫	七赤	五黃
四綠	二黑	六白

九紫	四綠	二黑
一白	八白	六白
五黃	三碧	七赤

一白	五黃	三碧
二黑	九紫	七赤
六白	四綠	八白

상중하원 (上中下元)

484年부터 543年까지 中元	1444年부터 1503年까지 下元
544年부터 603年까지 下元	1504年부터 1563年까지 上元
604年부터 663年까지 上元	1564年부터 1623年까지 中元
664年부터 723年까지 中元	1624年부터 1683年까지 下元
724年부터 783年까지 下元	1684年부터 1743年까지 上元
784年부터 843年까지 上元	1744年부터 1803年까지 中元
844年부터 903年까지 中元	1804年부터 1863年까지 下元
904年부터 963年까지 下元	1864年부터 1923年까지 上元
964年부터 1023年까지 上元	1924年부터 1983年까지 中元
1024年부터 1083年까지 中元	1984年부터 2043年까지 下元
1084年부터 1143年까지 下元	2044年부터 2103年까지 上元
1144年부터 1203年까지 上元	2104年부터 2163年까지 中元
1204年부터 1263年까지 中元	2164年부터 2223年까지 下元
1264年부터 1323年까지 下元	2224年부터 2283年까지 上元
1324年부터 1383年까지 上元	2284年부터 2343年까지 中元
1384年부터 1443年까지 中元	2344年부터 2403年까지 下元

연구성(年九星) 조견표(早見表)

三元＼九星／年	甲子	乙丑	丙寅	丁卯	戊辰	己巳	庚午	辛未	壬申	癸酉
上元	一白	九紫	八白	七赤	六白	五黃	四綠	三碧	二黑	一白
中元	四綠	三碧	二黑	一白	九紫	八白	七赤	六白	五黃	四綠
下元	七赤	六白	五黃	四綠	三碧	二黑	一白	九紫	八白	七赤

三元＼九星／年	甲戌	乙亥	丙子	丁丑	戊寅	己卯	庚辰	辛巳	壬午	癸未
上元	九紫	八白	七赤	六白	五黃	四綠	三碧	二黑	一白	九紫
中元	三碧	二黑	一白	九紫	八白	七赤	六白	五黃	四綠	三碧
下元	六白	五黃	四綠	三碧	二黑	一白	九紫	八白	七赤	六白

三元＼九星／年	甲申	乙酉	丙戌	丁亥	戊子	己丑	庚寅	辛卯	壬辰	癸巳
上元	八白	七赤	六白	五黃	四綠	三碧	二黑	一白	九紫	八白
中元	二黑	一白	九紫	八白	七赤	六白	五黃	四綠	三碧	二黑
下元	五黃	四綠	三碧	二黑	一白	九紫	八白	七赤	六白	五黃

三元＼九星＼年	甲午	乙未	丙申	丁酉	戊戌	己亥	庚子	辛丑	壬寅	癸卯
上元	七赤	六白	五黃	四綠	三碧	二黑	一白	九紫	八白	七赤
中元	一白	九紫	八白	七赤	六白	五黃	四綠	三碧	二黑	一白
下元	四綠	三碧	二黑	一白	九紫	八白	七赤	六白	五黃	四綠

三元＼九星＼年	甲辰	乙巳	丙午	丁未	戊申	己酉	庚戌	辛亥	壬子	癸丑
上元	六白	五黃	四綠	三碧	二黑	一白	九紫	八白	七赤	六白
中元	九紫	八白	七赤	六白	五黃	四綠	三碧	二黑	一白	九紫
下元	三碧	二黑	一白	九紫	八白	七赤	六白	五黃	四綠	三碧

三元＼九星＼年	甲寅	乙卯	丙辰	丁巳	戊午	己未	庚申	辛酉	壬戌	癸亥
上元	五黃	四綠	三碧	二黑	一白	九紫	八白	七赤	六白	五黃
中元	八白	七赤	六白	五黃	四綠	三碧	二黑	一白	九紫	八白
下元	二黑	一白	九紫	八白	七赤	六白	五黃	四綠	三碧	二黑

구성년표(九星年表)

1924年 甲子	四綠	1925年 乙丑	三碧
1926年 丙寅	二黑	1927年 丁卯	一白
1928年 戊辰	九紫	1929年 己巳	八白
1930年 庚午	七赤	1931年 辛未	六白
1932年 壬申	五黃	1933年 癸酉	四綠
1934年 甲戌	三碧	1935年 乙亥	二黑
1936年 丙子	一白	1937年 丁丑	九紫
1938年 戊寅	八白	1939年 己卯	七赤
1940年 庚辰	六白	1941年 辛巳	五黃
1942年 壬午	四綠	1943年 癸未	三碧
1944年 甲申	二黑	1945年 乙酉	一白
1946年 丙戌	九紫	1947年 丁亥	八白
1948年 戊子	七赤	1949年 己丑	六白
1950年 庚寅	五黃	1951年 辛卯	四綠
1952年 壬辰	三碧	1953年 癸巳	二黑
1954年 甲午	一白	1955年 乙未	九紫

1956年 丙申	八白	1957年 丁酉	七赤
1958年 戊戌	六白	1959年 己亥	五黃
1960年 庚子	四綠	1961年 辛丑	三碧
1962年 壬寅	二黑	1963年 癸卯	一白
1964年 甲辰	九紫	1965年 乙巳	八白
1966年 丙午	七赤	1967年 丁未	六白
1968年 戊申	五黃	1969年 己酉	四綠
1970年 庚戌	三碧	1971年 辛亥	二黑
1972年 壬子	一白	1973年 癸丑	九紫
1974年 甲寅	八白	1975年 乙卯	七赤
1976年 丙辰	六白	1977年 丁巳	五黃
1978年 戊午	四綠	1979年 己未	三碧
1980年 庚申	二黑	1981年 辛酉	一白
1982年 壬戌	九紫	1983年 癸亥	八白
1984年 甲子	七赤	1985年 乙丑	六白
1986年 丙寅	五黃	1987年 丁卯	四綠
1988年 戊辰	三碧	1989年 己巳	二黑

1990年 庚午	一白	1991年 辛未	九紫
1992年 壬申	八白	1993年 癸酉	七赤
1994年 甲戌	六白	1995年 乙亥	五黃
1996年 丙子	四綠	1997年 丁丑	三碧
1998年 戊寅	二黑	1999年 己卯	一白
2000年 庚辰	九紫	2001年 辛巳	八白
2002年 壬午	七赤	2003年 癸未	六白
2004年 甲申	五黃	2005年 乙酉	四綠
2006年 丙戌	三碧	2007年 丁亥	二黑
2008年 戊子	一白	2009年 己丑	九紫
2010年 庚寅	八白	2011年 辛卯	七赤
2012年 壬辰	六白	2013年 癸巳	五黃
2014年 甲午	四綠	2015年 乙未	三碧
2016年 丙申	二黑	2017年 丁酉	一白
2018年 戊戌	九紫	2019年 己亥	八白
2020年 庚子	七赤	2021年 辛丑	六白
2022年 壬寅	五黃	2023年 癸卯	四綠

월구성(月九星) 조견표(早見表)

月	一月	二月	三月	四月	五月	六月	七月	八月	九月	十月	十一月	十二月
節入	立春	驚蟄	淸明	立夏	芒種	小暑	立秋	白露	寒露	立冬	大雪	小寒
子午卯酉年	八白	七赤	六白	五黃	四綠	三碧	二黑	一白	九紫	八白	七赤	六白
寅申巳亥年	二黑	一白	九紫	八白	七赤	六白	五黃	四綠	三碧	二黑	一白	九紫
辰戌丑未年	五黃	四綠	三碧	二黑	一白	九紫	八白	七赤	六白	五黃	四綠	三碧

일구성(日九星)에서는 음양둔(陰陽遁)과 삼원(三元)을 구분하여 사용한다. 동지(冬至)에서 가장 가까운 갑자일(甲子日)부터 하지(夏至) 전 까지를 양둔(陽遁)이라 하고, 하지(夏至)에서 가장 가까운 갑자일(甲子日)부터 동지(冬至) 전 까지를 음둔(陰遁)이라고 한다.

陽遁	上元	冬至, 小寒, 大寒, 立春
	中元	雨水, 驚蟄, 春分, 淸明
	下元	穀雨, 立夏, 小滿, 芒種
陰遁	上元	夏至, 小暑, 大暑, 立秋
	中元	處暑, 白露, 秋分, 寒露
	下元	霜降, 立冬, 小雪, 大雪

일구성(日九星) 조견표(早見表)

陰陽遁 三元 \ 日辰		甲子 癸酉 壬午 辛卯 庚子 己酉 戊午	乙丑 甲戌 癸未 壬辰 辛丑 庚戌 己未	丙寅 乙亥 甲申 癸巳 壬寅 辛亥 庚申	丁卯 丙子 乙酉 甲午 癸卯 壬子 辛酉	戊辰 丁丑 丙戌 乙未 甲辰 癸丑 壬戌	己巳 戊寅 丁亥 丙申 乙巳 甲寅 癸亥	庚午 己卯 戊子 丁酉 丙午 乙卯	辛未 庚辰 己丑 戊戌 丁未 丙辰	壬申 辛巳 庚寅 己亥 戊申 丁巳
陽遁	上元	一白	二黑	三碧	四綠	五黃	六白	七赤	八白	九紫
	中元	七赤	八白	九紫	一白	二黑	三碧	四綠	五黃	六白
	下元	四綠	五黃	六白	七赤	八白	九紫	一白	二黑	三碧
陰遁	上元	九紫	八白	七赤	六白	五黃	四綠	三碧	二黑	一白
	中元	三碧	二黑	一白	九紫	八白	七赤	六白	五黃	四綠
	下元	六白	五黃	四綠	三碧	二黑	一白	九紫	八白	七赤

시구성(時九星) 조견표(早見表)

음양둔	양둔(陽遁)			음둔(陰遁)		
日辰 時間	甲子 乙丑 丙寅 丁卯 戊辰 己卯 庚辰 辛巳 壬午 癸未	己巳 庚午 辛未 壬申 癸酉 甲申 乙酉 丙戌 丁亥 戊子	甲戌 乙亥 丙子 丁丑 戊寅 己丑 庚寅 辛卯 壬辰 癸巳	甲午 乙未 丙申 丁酉 戊戌 己酉 庚戌 辛亥 壬子 癸丑	己亥 庚子 辛丑 壬寅 癸卯 甲寅 乙卯 丙辰 丁巳 戊午	甲辰 乙巳 丙午 丁未 戊申 己未 庚申 辛酉 壬戌 癸亥
子時	一白	七赤	四綠	九紫	三碧	六白
丑時	二黑	八白	五黃	八白	二黑	五黃
寅時	三碧	九紫	六白	七赤	一白	四綠
卯時	四綠	一白	七赤	六白	九紫	三碧
辰時	五黃	二黑	八白	五黃	八白	二黑
巳時	六白	三碧	九紫	四綠	七赤	一白
午時	七赤	四綠	一白	三碧	六白	九紫
未時	八白	五黃	二黑	二黑	五黃	八白
申時	九紫	六白	三碧	一白	四綠	七赤
酉時	一白	七赤	四綠	九紫	三碧	六白
戌時	二黑	八白	五黃	八白	二黑	五黃
亥時	三碧	九紫	六白	七赤	一白	四綠

1. 일백수성인(一白水星人)의 운세(運勢)

1) 일백수성년(一白水星年)

正月 : 귀인의 도움이 있고, 업무도 순조롭고, 평온 무사하나 질병을 조심. 가중에 불행이 생기어 늘 걱정이 그치지 않거나 타인과 말다툼을 주의. 금전상 이익이 있고, 연담은 길하며, 만사는 현상유지가 상책이다.

二月 : 길한 징조는 있으나 액난을 조심해야 한다. 가내의 분쟁, 여행, 이전 등은 좋지 않다. 타인 때문에 손실이 있기 쉬우니 주의하라. 만사는 의심치 말고 대대적으로 활약하되 항시 세심한 주의를 요한다.

三月 : 길한 징조가 있으나 복분은 얇다. 병난이 있으므로 조심이 필요하다. 부인 때문에 손실하는 일이 많고, 부지런하면 윗사람의 도움이 있다. 연담이나 수리는 하지마라.

四月 : 생각지도 않는 행운이 있으나 질병을 조심할 필요가 있다. 실패할 염려가 있으니 대인관계와 진퇴를 주의할 것. 불안이 생기나 하고 있는 일에 열성껏 추진하는 것이 좋다.

五月 : 평온하여 좋을 것도 없고, 좋지 않는 것도 없다. 지나친 탐욕을 내지 말고, 무엇이든지 잘 생각하고 기다리는 것이 좋다. 연담은 좋지 않으나 신규 사업은 열심히 하면 길하다. 수하인의 사정을 보살필 일이 있을 수 있다.

六月 : 모든 일이 마음대로 되지 않으므로 만사를 서둘지 않는
      것이 좋다. 특히 질병, 재난에 주의함이 필요하다. 타인
      과 협동사업은 성공하나 동업자를 잘 선택해야 되며, 장
      소선정에도 주의를 요한다. 무모한 일은 손실을 볼 우려
      가 있으니 주의해야 한다.

七月 : 성낼 일과 다툴 일이 많고, 다칠 일, 싸움 등을 삼가지
      않으면 아니 된다. 집안에 불화를 일으키는 수가 많다.
      희망하는 일은 부진하고 실패하기 쉬우니 남보다 앞서지
      말고, 만사는 현상유지 하라. 개업, 여행, 청탁은 주의함
      이 좋고, 연담은 가망이 있으나 급히 서둘면 안 된다.

八月 : 어떤 일이고 불만족 하는 달이며, 뜻하는 바가 이루어지
      지 않는다. 여행, 질병, 도난에 주의할 것이며, 현상유지
      가 유리하니 명심하고 망동치 말라. 내가 도와주어야 할
      사람이 있다.

九月 : 살벌한 일이 있는 달로서 뜻하지 않은 재난을 조심해야
      한다. 현상유지가 유리하고 타인의 시비로 손해를 볼 염
      려가 있으니 주의를 요한다. 윗사람의 도움으로 이익이
      있다.

十月 : 평온 무사하나 질병을 조심해야 하고, 만사는 현상유지가
      상책이고, 타인과 언쟁을 하지 마라. 금전상 이익이 있으
      며, 연담이 좋고 귀인의 도움이 있으며, 업무도 순조롭다.

十一月 : 길한 징조는 있으나 액난을 조심해야 하며, 만사는 의
      심치 말고, 대대적으로 활약하되 항시 세밀한 주의를 요

한다. 가내의 분쟁, 이전, 여행 등은 불길하고, 타인으로
인한 손실을 주의해야 한다.

十二月 : 길한 징조가 있으나 복분은 얇으며, 병난이 있으므로
　　　　조심이 필요하다. 앞 달과 같이 발전할 것이나, 주소 변
　　　　동은 불리하다. 부인 때문에 손실수가 있고, 윗사람의 도
　　　　움으로 번창하며, 연담이나 수리는 하지 마라.

1. 일백수성인(一白水星人)의 운세(運勢)

2) 이흑토성년(二黑土星年)

正月 : 평온무사, 새로운 것에는 손을 대지 않는 것이 좋다. 행복을 받아서 발달하는 달이나 질병을 조심해야 하고, 희망사는 부진하고 실패하기 쉬우니 남보다 앞서지 말고, 만사는 현상유지가 상책이다. 연담은 서둘지 말고, 개업, 여행, 청탁은 주의해야 한다.

二月 : 어느 정도 이득은 있으나, 자기의 의견을 주로 해야지 남의 말을 들으면 망설임이 일어나고 손실을 본다. 여행, 질병, 도난을 조심해야 되고, 현상유지가 유리하니 망동하면 안 된다.

三月 : 무사평온의 달이며 운기가 좋고, 복분이 있으며 더욱이 금전에 인연이 있다. 그러나 뜻밖에 부상을 입거나 모든 일에 조심을 해야한다. 현상 유지함이 유리하고, 타인의 시비로 손해를 볼 우려가 있으니 주의해야 한다. 윗사람의 도움으로 이익이 있을 수 있다.

四月 : 운세가 양호하며 바라는 일을 달성한다. 귀인의 도움도 있고 업무도 순조로우며 명리가 다 같이 행하는 달이다. 늘 걱정이 그치지 않으며 만사는 현상유지가 상책이고 타인과 언쟁하지 마라. 연담, 결혼, 금담 다 같이 성립한다.

五月 : 운기가 발전해서 생각하는 바가 적중한다. 재미있는 일로 이익이 많으며, 가내의 분쟁, 여행, 이전 등은 좋지 않다. 내 마음대로 하면 크게 곤란함에 이르게 되므로 삼가야하며, 도난에 주의해야 할 것이다.

六月 : 길한 징조가 나타나서 희망이 성취할 대운이 있는 달이므로 늦추지 말고, 만사 나아감이 좋다. 윗사람의 도움이 있으며 개업, 확장, 연담, 혼인은 다같이 좋으나 주소변동은 불리하니 주의해야 한다.

七月 : 뜻밖의 이득이 있어 번창하는 기초를 만드는 달이므로 힘이 자라는데 까지 활동하는 것이 좋다. 정신일도 하면 무슨 일이라도 이루지 못하겠는가? 여의치 않아 손해를 보거나 불안하며, 대인관계와 진퇴를 주의해야 한다.

八月 : 운기가 막히는 달이며 생각하는 바가 빗나가고, 나아가면 손해가 있는 달이고, 이익은 없다. 물러나서 생기를 기르는 것이 상책이다. 충분한 활동은 하되 지나친 탐욕은 내지 마라. 연담은 좋지 않으나 신규사업은 열심히 하면 길하다.

九月 : 운기가 좋지 못하여 무엇을 해도 실패하기 쉽다. 단독으로 성급하게 나아가면 대실패, 뜻하는 바가 어긋나고 흉운의 날이 많으므로 무모한 일은 하지 마라. 운세가 떨치지 않음과 질병이나 부상의 위험이 있으므로 단단히 조심하지 않으면 안 된다. 동업은 괜찮으나 동업자를 잘 선택하고 장소선정에도 치밀해야 된다.

十月 : 평온무사하고 새로운 것에는 손을 내밀지 않는 것이 좋다. 개업, 여행, 부탁은 주의하고 연담은 서두르지 마라. 자연의 행복을 받아서 발달하는 달이나 질병을 조심해야 한다. 희망사는 부진하고 일에 있어서 서두르지 말고 현상 유지하라.

十一月 : 어느 정도 이득은 있으나 자기의 의견을 주로 해야 할 것이지 남의 말을 들으면 망설임이 일어나고 손실을 본다. 현상유지가 유리하니 망동하지 마라. 여행, 질병, 도난을 조심해야 한다.

十二月 : 무사평온한 달이며, 운기가 좋고 복분이 있으며 더욱이 금전에 인연이 있다. 그러나 뜻밖에 부상을 입거나 타인의 시비로 손해를 볼 염려가 있으니 모든 일에 조심을 해야 되는 달이며, 윗사람의 도움이 있다.

1. 일백수성인(一白水星人)의 운세(運勢)

3) 삼벽목성년(三碧木星年)

正月 : 침체해 있어 어떤 일이고 뜻대로 되지 않는 달이므로 모
든 일이 초연해 있는 것이 좋다. 때를 기다려 나아갈 생
각을 가짐이 좋고, 대인관계와 진퇴를 주의하라. 더욱이
질병에 걸릴 근심이 있다.

二月 : 운기가 막히어서 재미가 없고, 어느 정도 살길도 있으나
도난, 부상 등으로 뜻하지 않는 재난이 있다. 신불을 믿
는 마음을 게을리 해서는 아니 되고, 지나친 탐욕을 내지
마라. 무엇이든 잘 생각하고 기다리는 것이 좋다.

三月 : 쇠퇴 성패의 달로서 어떤 일이고 고집을 부리고 뜻을 굽
히지 않으면 도리어 몸의 파멸을 부르는 달이다. 개업확
장, 새로운 사업 등은 중지함이 좋다. 동업사는 동업자를
잘 선택함과 동시에 장소선정도 치밀하게 주의하고, 급히
하면 순조롭고, 느리게 하면 좋지 않다.

四月 : 행운의 달은 아니며, 향상 발전의 원기가 있는 달이지만
중순경부터 운명이 약해져서 검난의 재액에 걸릴 위험이
있다. 병이 나면 외과적 대수술을 받는 일이 있다. 희망
사는 부진하고, 서두르지 말고 현상 유지하라. 연담은 급
히 서둘지 말고 개업, 여행, 부탁은 주의해야한다.

五月 : 운세가 향상해서 운기가 발전하는 달로서 자기의 생각대

로 하면 틀림이 없다. 전반보다 후반 달이 이를 얻음이
많고, 현상 유지함이 유리하고 망동하지 마라. 여행이나
질병이 발생한다.

六月 : 운세가 무사안태하게 한창 올라가는 달로서 천덕을 받아
서 발전하고, 재보가 가문에 모이는 달이다. 어떤 일이고
두루두루 준비해서 앞으로 나아감이 중요하다. 타인의 시
비로 손해볼 염려가 있으니 주의하고, 윗사람의 도움으로
이익이 있다.

七月 : 선악이 다 같이 변화가 많으며, 모든 일이 마음먹은 대로
되지 않는 달이다. 그러나 금전상 이익이 있을 수 있고,
연담은 좋으나 구설수, 타인과 언쟁주의, 질병이 들면 오
래 끌게 된다.

八月 : 운세가 힘차고 운기 발전하는 때이므로 전 힘을 다하여
어떤 일이고 계획을 하면 반드시 성공한다. 좋은 일이 가
문에 모이는 달이고 가내 안전, 행복, 결혼, 개업, 이전,
신축 등 가장 좋은 달이다. 만사는 항시 치밀한 주의가
필요하고 가내의 분쟁, 이전, 여행은 좋지 않고, 타인으
로 인한 손실수를 주의하라.

九月 : 천군만마 가운데를 왕래하여 크게 공을 세울 달이다. 활
발 기민하게 진퇴하여 남과 공동으로 일을 함이 좋다. 주
소변동은 불리하고, 연담과 수리는 하지 말며, 화재를 조
심해야 한다.

十月 : 운기가 침체해 있어 어떤 일이고 뜻대로 되지 않으므로

이 달은 모든 일에 초연해 있는 것이 좋다. 때를 기다려 나아갈 생각을 가짐이 좋고, 대인관계와 진퇴에 주의하라. 더욱이 질병에 걸릴 근심이 있으며 손해를 보거나 불안이 생긴다.

十一月 : 신불을 믿는 마음을 게을리 해서는 안되고, 지나친 탐욕을 내지 마라. 운기가 막히어 재미가 없으며, 도난, 부상 등으로 뜻하지 않는 재난이 있다. 연담은 좋지 않고, 무엇이든지 잘 생각하고 기다리라.

十二月 : 쇠퇴성패의 달이며, 어떤 일이고 고집을 부리고 뜻을 굽히지 않으면 도리어 손실과 몸의 파멸을 부르는 달이다. 개업, 확장, 새로운 사업 등은 중지함이 좋고, 동업사는 동업자와 장소를 잘 선택해야 한다. 급히 하면 순조롭고 느리게 하면 좋지 않다.

1. 일백수성인(一白水星人)의 운세(運勢)

4) 사록목성년(四綠木星年)

正月 : 천운에 쫓아 성대를 이루는 달이며 모든 일이 뜻과 같이 나아간다. 연담은 길하고 금전상 이익이 있으며 현상유지가 상책이고 타인과 언쟁하지 마라. 신명의 가호가 두텁고 단지 질병을 주의함이 좋다.

二月 : 길한 징조가 나타나서 행복을 얻으나 초순에는 빗나감이 있고, 중순 이후는 대단히 길조가 나타난다. 모두가 발전하지만 만사는 항시 세밀한 주의를 요한다. 가내의 분쟁, 이전, 여행은 좋지 않고, 타인으로 인한 손실수를 주의해야 한다.

三月 : 불상사가 없는 대성공을 할 수 있는 나아가서 유리한 달이다. 단번에 큰 이익을 얻을 수도 있으며, 망설이지 말고 나아감이 이기는 길이라는 병법으로 나가라. 새로운 사업, 개업, 결혼은 길하고, 주소 변동, 수리는 불리하며, 부인 때문에 손실하는 일이 많다.

四月 : 나아가는 운이 정지하는 상태이며, 모든 일이 계획대로 되지 않는다. 힘들여 얻음이 없는 달이며, 뜻하지 않는 상처를 입는 일이 있으니 조심함이 제일이다. 대인관계와 진퇴에 주의하라. 손해를 보거나 불안이 생긴다.

五月 : 운기가 불량하여 생각이 빗나가고 뜻한 바에 어긋남이 있

다. 남과 충돌해서 손실을 보는 수가 있으며, 무엇이든 잘 생각하고 기다리라. 연담은 불길하고, 지나친 탐욕은 금물이다. 헛된 용기만으로 앞으로 돌진하면 대패를 받을 달이다.

六月 : 운기가 조금도 열리지 않으며, 고심은 하나 이익이 적다. 소송사가 생기거나 병이 나는 수가 있으며, 어떤 일이고 현상 유지함이 상책이고, 서둘지 않음이 좋고, 동업사는 잘 선택해야 한다.

七月 : 운기가 막히어 진퇴거취에 망설이는 달이며, 뜻한 바를 너무 서둘러 손해를 본다. 희망사는 부진하니 남보다 앞서지 말고 착실하게 나아감이 중요하다. 분수 밖의 일은 바라지말고, 개업, 여행, 청탁은 주의하고 연담은 서둘지 마라.

八月 : 운기가 평온하여 조금 뻗으며, 어떤 일이고 스스로 계획하면 좋다. 희망은 성숙하며, 연담, 금담, 개점은 다 같이 좋으며, 현상 유지가 유리하니 망동하지 마라.

九月 : 운기가 막히어서 손실이 빈번하고 이해관계 때문에 친척과 벗들로부터 절교 당하는 수가 있다. 모든 일이 여의치 못하고, 시비와 병난, 도난에 조심해야 되고, 윗사람의 도움으로 이익이 있는 수가 있다.

十月 : 천운에 쫓아 성대를 이루는 달이며, 모든 일이 뜻과 같이 나아간다. 신명의 가호가 두텁고, 금전상 이익이 있으며 연담은 좋다. 질병을 조심함이 좋고, 만사는 현상유지가

상책이고 타인과 언쟁하면 안된다.

十一月 : 길조가 나타나서 행복을 얻으나 초순에는 빗나감이 있다. 중순 이후는 대단히 길한 징조가 나타나 모두가 발전한다. 가내의 분쟁, 여행, 이전은 좋지 않고, 타인으로 인한 손실수가 있으니 주의해야 하고, 만사는 의심치 말고 활약하되 늘 세심한 주의를 요한다.

十二月 : 나아가서 유리하고 불상사가 없는 대성공을 할 수 있는 달이다. 단번에 큰 이를 얻을 수도 있으니 망설이지 말고, 나아감이 승리하는 길임을 잊지 말라. 수리, 주소변동은 주의하고, 새로운 사업, 결혼, 개업 등 모두가 길하다.

1. 일백수성인(一白水星人)의 운세(運勢)
5) 오황토성년(五黃土星年)

正月 : 평온 무사하며 조업을 지켜 조심해서 나아가면 대길한 달이며 뜻밖의 행복이 있다. 연담은 급히 서둘지 말고, 개업여행, 청탁 등은 주의하라. 희망사는 부진하니 남보다 앞서지 말고 현상 유지함이 상책이다.

二月 : 색정에 따라 실패하고 남과 화합하기 어려운 달이며, 의심스런 생각이 깊다. 현상유지가 유리하니 망동하지 말고, 결혼 연담은 불가하며, 여행이나 질병을 조심해야 할 달이다.

三月 : 기쁜 일이 있는 달로서 장사는 번창 운기가 개발하는 달이며, 어떤 일이고 나아가서 이가 있다. 윗사람의 도움으로 이익이 있으며, 타인의 시비로 손해수가 있으니 주의해야 한다.

四月 : 활기가 넘쳐서 뜻밖의 행복을 받는 요행을 얻을 달이므로 지성이면 감천이다. 연담, 금담, 개업 등 모두가 좋으며, 만사는 현상유지가 상책이고, 남과 언쟁, 시비를 주의해야 한다.

五月 : 남의 끌어줌을 받아서 운기가 뻗치는 달이다. 그러나 자칫하면 심중에 망설임이 생기기 쉬운 달이므로 어디까지나 진실하게 박차고 나아가면 좋다. 가내의 분쟁, 여행,

이전은 불길하고, 병난, 도난에 주의해야 한다.

六月 : 운기가 그 힘이 크기는 하나 분수 밖의 것을 바라면 손해 보는 달이며, 고심한 반면에 이득은 적으므로 새로운 사업의 확장, 상매(商買)의 발전 계획은 그만둠이 좋다. 부인 때문에 손실하는 일이 있으며, 수리, 주소변동은 불리하다.

七月 : 평범한 달로서 산기(山氣)를 내면 바라는 바가 이루어지지 않는다. 가사개혁, 생각하는 것, 상업 등은 머무름이 좋다. 아집을 세워서는 안 되는 달이며, 대인관계와 진퇴를 주의하라. 손해를 보거나 불안이 생긴다.

八月 : 운기는 흉이며, 힘들여도 거둠이 없는 달이며, 모든 일이 뜻과 같지 않음이 많다. 집안에 변이 있거나 나아감과 물러감에 다 같이 조심해야 하고, 지나친 탐욕을 내지 마라. 무엇이든 잘 생각하고 기다려야 되고, 연담은 좋지 않으나 신규사업은 괜찮다.

九月 : 대체로 좋은 달이며, 의식이 자족하여 편하다는 뜻이 있다. 남의 말을 듣고 망설임에 빠지기 쉽고, 교제하는데 조심해야 한다. 그러므로 이 달은 실력으로 써 나아가야 하고, 사업은 장소 선정을 잘해야 되며, 무모한 일에 손대면 손실을 볼 우려가 있다.

十月 : 무사 평온하기는 하나 조업을 지켜 조심해서 나아가면 뜻 밖의 행복이 있는 대길한 달이다. 연담은 급히 서둘지 말고, 개업, 여행, 청탁은 주의하라. 타인에게 앞서지 말

고, 만사는 현상유지가 상책이다.

十一月 : 색정에 따라 실패하고, 의심하는 생각이 깊으며 남과
　　　　화합하기 어려운 달이다. 결혼 연담은 불가하고 조심해야
　　　　되고, 여행이나 질병은 주의하라. 만사가 현상 유지함이
　　　　유리하고 망동하면 안 된다.

十二月 : 기쁜 일이 있는 달로서 장사는 번창하고 운기가 개발하
　　　　는 달이며, 어떤 일이고 나아가서 이익이 있다. 타인과의
　　　　시비를 주의하라. 윗사람의 도움으로 이익이 있다.

1. 일백수성인(一白水星人)의 운세(運勢)

6) 육백금성년(六白金星年)

正月 : 다소의 불안이 있는 달로 삼가지 않으면 어떤 일이고 자기 계획대로 되지 않는다. 개업, 여행은 하지 않음이 좋고 현상 유지하라. 대인관계와 진퇴를 주의해야 한다.

二月 : 자기에게 유리한 이야기가 있을 달이지만, 연담이나 병난 도난을 주의해야 하고, 지나친 탐욕을 내지 마라. 양기 (陽氣)의 달이므로 주저함이 없이 나아가서 좋은 달이지만 무엇이든 잘 생각하고 기다리는 것이 좋다.

三月 : 모든 일이 뜻대로 안됨이 많고, 급히 하면 순조롭고, 느리면 좋지 않다. 새로운 사업, 결혼, 개업 등은 하지 않음이 좋고, 동업자 선택은 치밀한 주의를 요하며, 무모한 일에 손대면 손실을 보게 된다.

四月 : 집안에 풍파가 일어나는 뜻하지 않는 불행이 있는 달이다. 희망사는 부진하니 남보다 앞서지 말고, 질병과 산재 (散財)에 주의함이 좋다. 연담은 급히 서두르지 말고, 개업, 여행, 부탁 등은 주의해야 한다.

五月 : 나아감에 좋은 달이며 돈 애기는 된다. 새 사업의 계획, 개업, 결혼은 좋고, 여행, 질병, 만사를 주의하고 망동하지 마라. 윗사람을 쫓아 일을 하면 반드시 성공하는 달이다.

六月 : 풍정(風情)이 있는 달로서 다소의 곤란은 있으나 관계없이 만사를 정리하고 나아감에 좋은 달이다. 타인의 시비로 손해수가 있으니 주의하라. 윗사람의 도움이 있다.

七月 : 상거래, 금담, 여행은 그만둠이 좋고, 어떤 일이고 새로운 것은 참는 것이 좋다. 지금까지의 일을 지키고 있으면 자연히 중망(衆望)을 얻을 수 있는 달이며, 여물게 함이 무엇보다 중요하다. 타인과 언쟁, 시비를 하면 안 된다.

八月 : 사물을 원만하게 다루면 도리어 손실을 부르고, 생각대로 실행해서 좋은 달이다. 친절한 사람을 만나고, 타인으로 인한 손실수를 주의하라. 개업, 금담, 의논사 등은 유리하게 해결되고, 가내의 분쟁, 여행, 이전은 좋지 않으며, 만사는 항시 세밀한 주의를 요한다.

九月 : 기분 좋은 달로서 공동사업을 하는데 좋으며, 길한 징조가 나타나서 경복(慶福)이 오는 달이다. 연담, 상담, 금담, 개업 등은 모두 좋고, 수리, 주소변동은 불리하며, 부인으로 인한 손실수가 있다.

十月 : 다소의 불안이 있는 달로 삼가지 않으면 어떤 일이고 자기 계획대로 되지 않는다. 대인관계와 진퇴를 주의하라. 손해수가 있으니 현상 유지함이 마땅하고, 개업이나 여행은 하지 않음이 좋다.

十一月 : 양기(陽氣)의 달이므로 주저함이 없이 나아가서 좋은 달이며, 자기에게 유리한 이야기가 있을 달이지만 연담, 병난, 도난을 주의할 일이다. 지나친 탐욕은 금물이고 무

엇이든 잘 생각하고 기다리는 것이 좋다.

十二月 : 모든 일이 뜻대로 안됨이 많고, 새로운 사업, 결혼, 개
　　　　업 등은 하지 않음이 좋다. 동업사는 잘 선택해야 되고,
　　　　급히 하면 순조롭고 느리게 하면 좋지 않다.

1. 일백수성인(一白水星人)의 운세(運勢)

7) 칠적금성년(七赤金星年)

正月 : 모든 일이 뜻대로 되지 않으며, 마음은 동하나 성과가 없다. 무리를 해서는 안되고, 만사는 항시 세밀한 주의를 요한다. 타인과 말다툼을 하지말고, 금전, 연담은 좋다.

二月 : 돈벌이 수가 있고 행복이 오나 남의 방해가 있으므로 주의할 일이다. 타인 때문에 손실수가 있거나, 가내의 분쟁, 여행, 이전은 좋지 않으며, 만사는 항시 세밀한 주의를 요한다.

三月 : 생각하는 바가 이루어지고, 어떤 일이고 순조로우므로 처음에 좋으며, 나아가서 일을 잡을 것이다. 집수리나 주소 변동은 불리하며, 부인 때문에 손실하는 일이 있다.

四月 : 조금 앞이 막히고 정체하는 달이며, 마음먹은 일이 반 밖에 안되며 성공이 어렵다. 대인관계와 진퇴를 주의하라. 손해를 보거나 불안이 생길 수 있으니 현상 유지함이 상책이다.

五月 : 평온하지만 사물이 곤란에 빠지기 쉽고, 월말에 주의해야 한다. 지나친 탐욕은 내지 말고 무엇이든 잘 생각하고 기다림이 좋고 연담은 좋지 않다.

六月 : 안 밖에 불화를 일으키기 쉽고, 신규 청부나 장사에 조심해야 한다. 무모한 일에 손대면 손실을 볼 우려가 있으니 주의하라. 동업사는 치밀한 주의를 요한다.

七月 : 손위 사람의 끌어줌을 받아 그 도움으로 출세한다. 모든 일이 성공하나 남보다 앞서지 말고 현상유지 하라. 개업, 여행, 청탁 등은 주의하고, 연담은 급히 서두르지 않음이 좋다.

八月 : 입신출세 공명 영달하는 달이다. 그러나 마음을 늦추면 뜻하지 않는 병난, 검난을 받는 일이 있으며 현상유지가 유리하니 망동하지 말고, 여행은 주의해야 한다.

九月 : 무엇이고 새로운 사업을 일으키거나 업을 바꿀 마음이 있는 달이지만 뜻대로 안 된다. 윗사람의 도움이 있으며, 타인의 시비로 인하여 손해보기 쉽고, 남과의 다툼이 많으니 조심할 일이다.

十月 : 마음은 동하나 성과가 없는 달이며, 모든 일이 뜻대로 되지 않는다. 무리를 해서는 안되며, 현상유지가 상책이고 타인과 언쟁, 시비를 하지 마라. 금전상 이익이 있고 연담은 좋다.

十一月 : 만사는 항시 세밀한 주의를 요하고, 여행, 이전, 가내의 분쟁은 좋지 않다. 돈벌이 수가 있고, 행복이 오나 남의 방해가 있으므로 주의할 일이다.

十二月 : 생각하는 바가 이루어지고, 어떤 일이고 순조로우므로 처음에 좋다. 나아가서 일을 잡을 것이며, 주소변동은 불리하니 주의해야 한다. 이전 여행은 길하나 연담과 수리는 불길하고, 윗사람의 도움이 있거나 부인으로 인한 손실수가 있다.

1. 일백수성인(一白水星人)의 운세(運勢)

8) 팔백토성년(八白土星年)

正月 : 요행은 있겠으나 식구들의 질병 등이 있으므로 조심해야
       한다. 개업, 여행, 청탁 등은 주의하고, 연담은 급히 서
       둘지 마라. 희망사는 부진하니 타인에게 앞서지 말고 현
       상 유지함이 상책이다.

二月 : 여행이나 질병을 주의하고, 남과의 상매(商買)관계나 도
       둑 또는 다투는 일에 조심함이 필요하고 망동하지 마라.
       모든 일에 있어서 뜻밖의 일이 가장 많다.

三月 : 뜻하지 않는 재난이 있으며, 다투는 일, 다치는 일이 있
       을 것 같으니 조심할 일이다. 윗사람의 도움으로 이익이
       있으며, 현상유지가 유리하다.

四月 : 길한 징조가 있어 만사가 원대로 된다. 그러나 질병을 조
       심해야 하고, 현상유지가 상책이고, 타인과 언쟁을 하지
       마라. 금전상 이익이 있고, 연담은 길하다.

五月 : 길상(吉祥)이 있어 즐거운 일이 있고 장사도 번창한다.
       그러나 병자가 있거나 도난, 화난이 있다. 가내의 분쟁,
       여행, 이전은 좋지 않고, 타인으로 인한 손실을 주의하
       고, 만사는 세밀한 주의를 요한다.

六月 : 만사가 뜻대로 된다. 그러나 도난과 다툼을 조심해야 한
       다. 부인 때문에 손실하는 일이 있고, 수리, 주소변동은

주의하고, 여행은 길하다.

七月 : 평온 무사하나 질병을 조심하지 않으면 안되고, 집안은 평화로우며 남과의 사귐도 무사하며 우선 재난은 없다. 대인관계와 진퇴를 주의하라. 손해를 보거나 불안이 생긴다.

八月 : 만사가 뜻대로 안되고, 틀어짐이 많으며, 하여간 재정도 뜻과 같이 안 된다. 지나친 탐욕은 내지 말고, 무엇이든 잘 생각하고 기다리라. 연담이나 질병, 도난을 삼가 조심해야 한다.

九月 : 손위 사람이 끌어주어 길한 징조가 나타나서 모든 일이 뜻대로 된다. 그러나 백사에 겸손함이 좋고, 무모한 일은 손실을 볼 우려가 있으니 주의를 요한다.

十月 : 희망사는 부진하고 만사는 현상유지가 유리하고, 요행은 있으나 식구들의 질병 등이 있으므로 조심해야 한다. 연담은 급히 서두르지 말고, 개업, 여행, 부탁 등은 주의해야 한다.

十一月 : 모든 일에 뜻밖의 일이 가장 많고, 현상유지가 유리하니 망동하지 마라. 남과의 상매(商買) 관계나 도둑 또는 다투는 일이나 질병, 여행 등에 조심함이 필요하다.

十二月 : 뜻하지 않는 재난이 있거나 다투는 일, 다치는 일이 있을 수 있으니 조심할 일이다. 현상유지가 유리하고, 윗사람의 도움으로 이익이 있다.

1. 일백수성인(一白水星人)의 운세(運勢)

9) 구자화성년(九紫火星年)

正月 : 대인관계와 진퇴를 주의하라 손해를 보거나 불안이 생기기 쉬우니 현상 유지함이 마땅하다. 월초부터 불상사가 있거나, 병난 등 백사를 삼감이 필요하다.

二月 : 대단히 좋은 달이며 마음먹은 일이 되고, 병도 가볍다. 충분한 활동을 하되 지나친 탐욕은 내지 말고, 무엇이든 잘 생각하고 기다림이 좋으며, 연담은 불길하다.

三月 : 행복이 와서 복지가 있으나 화난이 늘 근심이 있으니 굳게 조심함이 중요하다. 무모한 일은 손실을 볼 우려가 있으니 주의하라. 동업자는 잘 선택하고 치밀한 주의를 요한다.

四月 : 손위 어른으로부터 눌려서 어떤 일도 발달하지 못한다. 희망사는 부진하고 남보다 앞서지 마라. 병난이 있으며 연담은 조급히 서둘지 않음이 옳다. 개업, 여행, 부탁은 주의함이 좋다.

五月 : 백사에 다툼이 많고 뜻대로 되지 않으며, 몸을 다치기 쉽고, 여행이나 도난을 조심하지 않으면 안되고 현상 유지가 유리하니 망동해선 안 된다.

六月 : 길한 징조가 있으므로 집안에 경사가 있으나 불조심을 하지 않으면 안 된다. 타인의 시비를 조심하라. 윗사람의

도움으로 이익이 있다.

七月 : 여의치 못한 달이며 병자가 생기거나 남의 재난을 떠맡기도 하고, 어떤 일에도 조심하지 않으면 안 된다. 현상유지가 상책이고, 타인과 언쟁을 하지 마라. 금전상 이익이 있고, 연담은 좋다.

八月 : 요행은 있으나 큰 것은 없으며, 생각한 것 같이 운이 좋은 달은 아니다. 남과의 사귐에 병을 조심해야 하고, 만사에 항시 세밀한 주의를 요한다. 타인 때문에 손실수가 있으니 주의하라. 가내의 분쟁, 여행, 이전은 좋지 않다.

九月 : 복분이 엷은 달이고, 질병이나 불을 조심하지 않으면 안 된다. 수리, 주소 변동은 불리하고, 부인 때문에 손실수가 있다.

十月 : 월초부터 불상사가 있으며, 병난 등 백사를 삼감이 필요하다. 대인관계와 진퇴를 조심하라. 손해를 보거나 불안이 생긴다.

十一月 : 대단히 좋은 달로서 마음먹은 일이 된다. 충분한 활동은 하되 지나친 탐욕을 내지 마라. 질병은 가볍고 연담은 좋지 않으며, 무엇이든 잘 생각하고 기다리는 것이 좋다.

十二月 : 행복이 와서 복지가 있으나 화난이 늘 근심이 있다. 굳게굳게 조심함이 중요하고, 무모한 일에 손대면 손실을 보게 되니 주의해야 한다.

2. 이흑토성인(二黑土星人)의 운세(運勢)

1) 일백수성년(一白水星年)

正月 : 모든 일이 마음대로 되지 않는 달이며, 나아가면 큰 실패가 있다. 성공은 바라지말고 실패하지 않도록 주의하라. 개점, 여행, 이사, 진학은 주의하고, 소송, 투기업은 하지 않는 것이 좋다.

二月 : 구설, 쟁투, 손실, 변사, 이변 등이 있기 쉬우니 주의해야 한다. 모든 일이 마음대로 되지 않는 달이므로 나아가면 큰 실패가 있다.

三月 : 길조가 있고 운기가 돌아 마음먹은 대로 좋은 결과를 얻을 수 있는 달이다. 기회를 보아서 사물을 뚫고 나아가면 되고, 자기의 직각 또는 생각대로 나아가면 틀림이 없을 달이다. 타인과의 오해나 마찰을 주의하고 모든 일을 급하게 하지 않음을 요한다.

四月 : 길한 징조가 있고, 마음먹은 대로 좋은 결과를 얻을 수 있는 달이며, 기회를 보아서 사물을 뚫고 나아가면 된다. 자기의 직각 또는 생각대로 나아가면 틀림이 없을 달이다. 조급하지 말고 때를 기다려 잘 생각해서 하라. 혼담, 이전은 조금 뒤로 미루어야 한다.

五月 : 모든 일이 마음대로 되지 않는 달이며, 나아가면 큰 실패가 있다. 화재, 도난, 낙마를 주의하고 무슨 일이나 현상

유지가 필요하며, 혼담이나 여행은 늦으면 변화가 생긴
다.

六月 : 길한 징조가 있고 마음먹은 대로 좋은 결과를 얻을 수 있
는 달이며, 기회를 보아서 사물을 뚫고 나아가면 된다.
자기의 직감 또는 생각대로 나아가면 틀림이 없는 달이
며, 윗사람의 의견을 잘 이용하라. 신규 사업은 손해 또
는 사기 당하기 쉬우니 주의하고 이전, 여행은 불길하다.

七月 : 모든 일이 마음대로 되지 않는 달이며, 나아가면 큰 실패
가 있다. 안절부절하고 질병, 쟁론 등도 주의하라. 매사
가 서로 어긋나니 세심한 주의를 요한다.

八月 : 길한 징조가 있고, 마음먹은 대로 좋은 결과를 얻을 수
있는 달이다. 기회를 보아서 사물을 뚫고 나아가면 되고,
자기의 직감 또는 생각대로 나아가면 틀림이 없는 달이
다. 금전이 들어오던가 윗사람의 도움이 있고, 급한 성질
을 부리면 손실이 있으니 주의해야 한다.

九月 : 길한 징조가 있고, 마음먹은 대로 좋은 결과를 얻을 수
있는 달이다. 기회를 보아 나아가면 되고, 자기의 직감
또는 생각대로 나아가면 틀림이 없는 달이다. 타인을 배
반치 않음이 유리하며, 금전, 혼담, 이사, 청탁 등은 길
하고, 여난, 구설은 주의해야 한다.

十月 : 모든 일이 마음먹은 대로 되지 않는 달이며, 나아가면 큰
실패가 있다. 성공은 바라지말고 실패하지 않도록 주의를
요한다. 개점, 여행, 입학은 주의하고, 투기업과 소송은

하지 않음이 좋다.

十一月 : 모든 일이 여의치 못한 달이며, 나아가면 큰 실패가 있
　　　　다. 외부의 유혹이 있더라도 침착하게 신중을 기해야 하
　　　　고, 구설, 쟁투, 손실, 변사, 이변 등을 주의해야 한다.

十二月 : 길조가 있고, 마음먹은 대로 좋은 결과를 얻을 수 있는
　　　　달이다. 기회를 보아서 사물을 뚫고 나아가면 되고 자기
　　　　의 직감 또는 생각대로 나아가면 틀림이 없을 달이다. 타
　　　　인과의 오해나 마찰을 하지 않도록 하고, 일을 급하게 하
　　　　면 실패하기 쉽다.

2. 이흑토성인(二黑土星人)의 운세(運勢)

2) 이흑토성년(二黑土星年)

正月 : 복지(福祉)는 있으나 무엇이든 안절부절하고 질병으로 건강을 해치는 일이 있다. 쟁론이나 매사가 서로 어긋나니 세심한 주의를 요한다.

二月 : 모든 일이 뜻과 같지 못하며, 병난이 있거나 나아가면 반드시 실패하니 서둘지 않음이 좋다. 조급하면 손실이 있을 수 있으니 주의하고, 지갑을 꼭 잠그고 때를 기다려야 한다. 그러나 금전이 들어오거나 윗사람의 도움이 있을 수 있다.

三月 : 모든 일이 평온한 가운데 뜻과 같이 되고, 길한 징조가 있어 복운(福運)이 온다. 무슨 일이나 활약함이 상책이나 타인을 배반하지 않음이 유리하고, 금전, 혼담, 이사, 청탁 등이 길하며, 여난 또는 구설을 주의해야 한다.

四月 : 모든 일이 뜻과 같지 못하며, 병난이 있거나 개점, 여행, 이사, 진학은 주의하고 투기, 소송은 그만둠이 좋다. 나아가면 반드시 실패하니 성공은 바라지말고 실패하지 않도록 주의하고, 서둘지 않음이 좋다.

五月 : 모든 일이 평온한 가운데 뜻과 같이 되고, 길한 징조가 있어 복운이 온다. 구설, 쟁투, 손실, 변사, 이변 등이 있기 쉬우니 주의해야 되며, 일 처리를 침착하고 신중하

게 해야 한다.

六月 : 일에 방해가 많으므로 전진보다 후퇴함이 좋고, 급히 서
둘면 오히려 실패하며, 남과 오해나 마찰이 일어나지 않
도록 주의해야 된다. 모든 일이 평온한 가운데 뜻과 같이
되고, 길한 징조가 있어 복운이 온다.

七月 : 모든 일이 뜻과 같지 못하며, 나아가면 반드시 실패하고
서둘지 않음이 좋다. 조급하면 손해보니 현상유지하고 때
를 기다려 만사를 잘 생각해서 함이 좋다. 병난이 있으
며, 혼담과 이전은 잠시 뒤로 미룸이 마땅하다.

八月 : 모든 일이 평온한 가운데 뜻과 같이 되고, 길한 징조가
있어 복운이 온다. 화재나 도난, 낙마 등을 주의하고 분
수에 맞지 않은 것은 손대지 말고, 혼담, 여행은 늦으면
변화가 생긴다.

九月 : 모든 일이 뜻과 같지 못하며 나아가면 반드시 실패하니
서두르지 않음이 좋고, 윗사람의 의견을 잘 참조해야 한
다. 병난이 있으며, 이전, 여행은 흉하고, 신규사업은 주
의해야 하며, 무엇이든 성심 성의껏 하면 좋은 결과를 얻
는다.

十月 : 복지(福祉)는 있으나 질병으로 건강을 해치는 일이 있고,
매사가 어긋나기 쉬우니 세심한 주의를 요한다. 안절부절
하거나 질병, 쟁론 등을 주의하고, 잘 참고 부지런하면
길하다.

十一月 : 모든 일이 뜻과 같지 못하며, 나아가면 반드시 실패한

다. 서두르지 않음이 좋고, 급히 서둘면 손실을 입으니 지출 낭비를 하지말고 때를 기다려야 한다. 병난이 있으며, 분수를 지키면 윗사람의 도움을 받을 수 있다.

十二月 : 모든 일이 평온한 가운데 뜻과 같이 되고, 길한 징조가 있어 복운이 온다. 금전, 혼담, 이사, 청탁 등은 길하나 여난과 구설은 주의해야 하고, 타인을 배반하지 않음이 유리하다.

2. 이흑토성인(二黑土星人)의 운세(運勢)

3) 삼벽목성년(三碧木星年)

正月 : 복운(福運) 천우(天佑)의 대단히 좋은 운수가 온다. 크게 나아가고 발전과 성공함에 의심이 없다. 마음이 초조하여 노하면 손해보니 현상유지하고 때를 기다리는 것이 좋다.

二月 : 흉운으로 모든 일이 뜻대로 아니 되며, 집안에 불화가 있고, 상담은 잘 안되고 손실이 있으니 크게 주의해야 한다. 화재, 도난, 낙마 등을 주의하고, 혼담, 여행은 늦으면 변화가 생긴다.

三月 : 집안에 불화가 있고 상담은 잘 안되며 손실이 있으니 크게 주의해야 한다. 흉운으로 모든 일이 뜻대로 되지 않으며, 윗사람의 의견을 잘 이용하면 길하고, 신규사업, 이전, 여행은 흉하다.

四月 : 흉운으로 모든 일이 뜻대로 아니 되며, 집안에 불화가 있고, 상담은 잘 안되고 손실이 있으니 크게 주의할 달이다. 무엇이든 안절부절하고 질병, 쟁론 등 매사가 어긋나니 세심한 주의를 요한다.

五月 : 흉운으로 매사가 여의치 못하며 집안에 불화가 있고, 상담은 잘 안되고, 손실이 있으니 크게 주의해야 한다. 지갑을 꼭 잠그고 때를 기다려야 하고, 급한 성질을 부리면 손실이 있으니 주의해야 한다.

六月 : 복운(福運) 천우(天佑)의 대단히 좋은 운수가 온다. 크게 나아가고 발전 성공에 의심이 없다. 무슨 일이든지 활약함이 상책이며, 금전, 혼담, 이사, 부탁 등은 길하고 여난, 구설 등은 주의해야 한다.

七月 : 크게 나아가고 발전 성공함에 의심이 없는 대단히 좋은 운수가 오니 실패하지 않도록 주의해야 한다. 개점, 여행, 이사, 입학은 주의하고, 투기, 소송은 하지 않는 것이 좋다.

八月 : 복운(福運) 천우(天佑)가 있는 대단히 좋은 운수가 온다. 크게 나아가고 발전 성공에 의심이 없으니 침착하고 신중하게 처세해야 한다. 구설, 쟁투, 손실, 변사, 이변 등이 있기 쉬우니 주의해야 한다.

九月 : 대단히 좋은 운수가 오는 복운, 천우가 있어 크게 나아가고 발전 성공에 의심이 없다. 타인의 오해나 마찰이 없도록 하고, 모든 일을 급하게 하면 오히려 실패한다.

十月 : 대단히 좋은 운수가 오는 복운, 천우가 있어 크게 나아가고 발전 성공에 의심이 없다. 초조하면 손해를 보니 현상 유지하고 때를 기다리라. 만사를 잘 생각해서 하고, 혼담, 이전은 뒤로 미룸이 마땅하다.

十一月 : 흉운으로 모든 일이 뜻대로 아니 되며, 집안에 불화가 있고 상담은 잘 안되고 손실이 있으니 크게 주의할 달이다. 화재, 도난, 낙마 등을 주의하고, 분수에 맞지 않는 것을 하면 실패하기 쉬우니 주의해야 한다.

十二月 : 흉운으로 모든 일이 뜻대로 아니 되며, 집안에 불화가
         있고, 상담은 잘 안되고 손실이 있으니 크게 주의할 달이
         다. 윗사람의 의견을 잘 이용하고, 이전, 여행, 신규의
         일은 주의해야 한다.

2. 이흑토성인(二黑土星人)의 운세(運勢)

4) 사록목성년(四綠木星年)

正月 : 운세가 부족하여 장해가 있으며, 명예에 관한 소송사가 일어나므로 조심해야 한다. 성공은 바라지말고 실패하지 않도록 주의하고, 개점, 여행, 이사, 입학은 주의해야 하며 투기업, 소송은 하지 말아야 한다.

二月 : 복운(福運) 천우(天佑)가 있으니 나아감이 좋다. 외부로부터 유리한 조건을 제공받으나 침착하고 신중하게 임해야 하고, 구설, 쟁투, 변사, 이변 등이 있기 쉬우니 주의를 해야한다.

三月 : 복운(福運) 천우(天佑)가 있으니 나아감이 좋다. 타인과 오해나 마찰이 일어나지 않도록 주의하고, 모든 일을 급하게 하면 오히려 실패하니 서둘지 않도록 해야한다.

四月 : 운세부족 장해가 있고, 명예에 관한 소송사가 일어나니 조심해야 한다. 초조하면 손해보니 현상유지하고, 만사를 잘 생각해서 하고 너무 조급히 서둘면 실패한다.

五月 : 운세부족 장해가 있고, 명예에 관한 소송사가 일어나니 조심해야 한다. 화재, 도난, 낙마 등을 주의하고 무슨 일이든지 현상유지가 필요하다. 분수에 맞지 않는 것은 주의하고, 혼담, 여행은 늦으면 변화가 생긴다.

六月 : 운세가 부족하여 장해가 있으며 명예에 관한 소송사가 일

어나니 조심해야 한다. 윗사람의 의견을 잘 이용하면 길하고, 신규의 일은 주의해야 하고, 이전, 여행은 흉하다.

七月 : 운세부족 장해가 있으며 명예에 관한 소송사가 일어나니 조심해야 한다. 무엇이든 안절부절하고 질병이나 쟁론을 주의하고, 매사가 서로 어긋나니 세심한 주의를 요한다.

八月 : 운세부족 장해가 있으며, 명예에 관한 소송사가 일어나니 조심해야 한다. 지갑을 꼭 잠그고 때가 오기를 기다려라. 급한 성질을 부리면 손실이 있으니 주의해야 한다.

九月 : 복운 천우(天佑)가 있으니 나아감이 좋고, 무슨 일이든지 활약함이 상책이다. 금전, 혼담, 이사, 청탁 등은 길하고, 여난, 구설 등은 주의해야 한다.

十月 : 운세부족 장해가 있다. 명예에 관한 소송사가 일어나니 조심해야 한다. 성공을 바라지말고, 실패하지 않도록 주의하고, 개점, 여행, 이사, 입학, 소송은 주의해야 한다.

十一月 : 복운(福運) 천우(天佑)가 있으니 나아감이 좋다. 외부에서 유리한 조건을 제공하더라도 침착하고 신중을 기해야 한다. 구설, 쟁투, 손실, 변사, 이변 등이 있기 쉬우니 주의해야 한다.

十二月 : 복운 천우가 있으니 나아감이 좋다. 타인과 오해나 마찰이 없도록 주의하라. 방해가 많으므로 일에 대해서 후퇴함이 유리하고, 급하게 서둘면 오히려 실패한다.

2. 이흑토성인(二黑土星人)의 운세(運勢)

5) 오황토성년(五黃土星年)

正月 : 흉월로서 병고, 빈고 그밖에 뜻밖의 재난에 고통을 받는다. 화재를 조심할 것이며, 무엇이든 안절부절하고 시비, 쟁론을 주의하라. 매사가 서로 어긋나니 세심한 주의가 필요하다.

二月 : 대단히 좋은 운수의 달로 천운(天運)이 있다. 개업, 연담, 이전이 다 같이 괜찮다. 금전관리를 잘 해야 되며, 급한 성질을 부리면 손실이 있으니 주의해야 한다.

三月 : 대단히 좋은 운수의 달로 천운(天運)이 있다. 개업, 부탁, 연담, 금담, 이전이 다같이 괜찮고, 여난과 구설은 주의해야 하며, 타인을 배반하지 않음이 유리하다.

四月 : 흉월로서 병고, 빈고 그 밖의 뜻밖의 재난에 고통을 받는다. 성공을 희망하지 말고 실패하지 않도록 주의하라. 화재를 조심할 것이며, 개점, 여행, 이사, 입학은 주의하고, 투기업이나 소송은 하지 말아야 한다.

五月 : 대단히 좋은 운수의 달로 천운이 있다. 개업, 연담, 금담, 이전이 다같이 괜찮다. 구설, 쟁투, 손실, 변사, 이변 등이 있기 쉬우니 주의하라. 침착하고 신중하게 처신해야 한다.

六月 : 대단히 좋은 운수의 달로 천운이 있으므로 개업, 연담,

금담, 이전이 다같이 괜찮다. 타인과 오해나 마찰이 생기지 않도록 하고, 모든 일을 급하게 하면 오히려 실패한다.

七月 : 대단히 좋은 운수의 달로 천운이 있다. 개업, 연담, 금담, 이전이 다같이 괜찮다. 마음이 조급하면 손해를 보게 되니 현상유지하고 때를 기다려 만사를 잘 생각해서 해야 된다.

八月 : 흉월로서 병고, 빈고 그밖에 뜻밖의 재난에 고통을 받는다. 화재, 도난, 낙마 등을 주의하고, 혼담, 여행은 늦으면 변화가 생긴다. 분수에 맞지 않는 것을 하면 실패하니 주의해야 한다.

九月 : 흉월로서 병고, 빈고 그 밖의 뜻밖의 재난에 고통을 받는다. 윗사람의 의견을 잘 이용하면 길하고, 여행, 이전은 흉하며, 신규의 일은 주의해야 한다.

十月 : 흉월로서 쟁론, 병고, 빈고 그 밖의 뜻밖의 재난에 고통을 받는다. 매사가 서로 어긋나니 세심한 주의를 요한다. 무엇이든 안절부절 하나 잘 참고 부지런하면 윗사람의 도움이 있다.

十一月 : 대단히 좋은 운수의 달로 천운이 있다. 개업, 연담, 금담, 이전이 다같이 괜찮다. 지갑을 꼭 잠그고 때를 기다려라. 급한 성질을 부리면 손실이 있으니 주의해야 한다.

十二月 : 대단히 좋은 운수의 달로 천운이 있다. 개업, 부탁, 연담, 금담, 이전이 다같이 괜찮다. 여난과 구설은 주의하

고, 무슨 일이든지 활약함이 상책이고 타인을 배반치 않
음이 유리하다.

2. 이흑토성인(二黑土星人)의 운세(運勢)
6) 육백금성년(六白金星年)

正月 : 장해가 있고, 소송, 손실, 불명예를 당하기 쉬운 달이다.
　　　마음이 조급하여 노하면 손해보니 현상 유지함이 길하다.
　　　혼담, 이전은 미루고, 만사는 잘 생각해서 해야된다.

二月 : 장해가 있고, 소송, 손실, 불명예를 당하기 쉬운 달이다.
　　　화재, 도난, 낙마 등을 주의하라. 혼담, 여행은 늦으면
　　　변화가 생기고, 분수에 맞지 않는 일에는 손대지 않는 것
　　　이 좋다.

三月 : 장해가 있고, 소송, 손실, 불명예를 당하기 쉬운 달로서
　　　손윗사람의 의견을 잘 이용하면 길하다. 마음의 동요가
　　　많으며 신규의 일과 이전, 여행은 좋지 않으나 성의껏 하
　　　면 좋은 결과가 있다.

四月 : 대단히 좋은 운수이고 소신(所信)을 향해 나아가면 큰 이
　　　득이 있고 성공함에 의심이 없다. 매사가 어긋나기 쉬우
　　　니 주의하라. 무엇이든 안절부절하고 질병, 쟁론은 주의
　　　해야 한다.

五月 : 장해가 있고, 소송, 손실, 불명예를 당하기 쉬운 달이다.
　　　지갑을 꼭 잠그고 때를 기다려라. 급한 성질을 부리면 손
　　　실이 있으니 주의해야 하며, 땅이나 살림 등에 좋은 일이
　　　있다.

六月 : 금전, 혼담, 이사, 부탁 등 무엇이든 대길하다. 다만 여난, 구설이 있기 쉬우니 주의함이 좋고, 타인을 배반하지 않음이 유리하다.

七月 : 대단히 좋은 운수이고 소신을 향해 나아가면 큰 이득이 있고 성공함에 의심이 없다. 개점, 여행, 이사, 입학은 주의하고, 투기업, 소송은 하지 않는 것이 좋다.

八月 : 장해가 있고, 구설, 소송, 손실, 변사, 이변, 불명예를 당하기 쉬운 달이니 조심하고, 침착하게 신중을 기해야 한다.

九月 : 대단히 좋은 운수이고 소신을 향해 나아가면 큰 이득이 있고 성공함에 의심이 없다. 타인과 오해나 마찰이 없도록 주의하고, 모든 일을 급하게 하면 오히려 실패한다.

十月 : 장해가 있고, 소송, 손실, 불명예를 당하기 쉬운 달이다. 마음이 조급하여 노하면 손해를 보니 현상유지 해야 되고, 조급히 서둘면 실패하니 만사를 잘 생각해서 하고, 혼담, 이전은 미루어야 한다.

十一月 : 장해가 있고, 소송, 손실, 불명예를 당하기 쉬운 달이다. 화재, 도난, 낙마 등을 주의하고, 모든 것은 급히 처리함이 좋고, 혼담, 여행은 늦으면 변화가 생긴다. 분수에 맞지 않는 것은 주의해야 한다.

十二月 : 대 소송, 손실, 불명예를 당하기 쉬운 장해가 있는 달이다. 윗사람의 의견을 잘 이용하면 성공할 수 있다. 신규의 일은 주의하고, 이전, 여행은 흉하며, 마음의 동요가 많다.

2. 이흑토성인(二黑土星人)의 운세(運勢)

7) 칠적금성년(七赤金星年)

正月 : 가장 좋지 못한 달이며 실패가 있다. 성공은 바라지말고 실패하지 않도록 주의하라. 개점, 여행, 이사, 입학은 주의하고 투기업, 소송은 하지 않는 것이 좋다.

二月 : 평온하여 흉사가 없으며, 길한 징조가 나타나고 발전하는데 좋다. 침착하고 신중하게 처신해야 하고, 구설, 쟁투, 손실, 변사, 이변 등이 있기 쉬우니 주의해야 한다.

三月 : 평온하여 흉사가 없고, 길한 징조가 나타나 발전하는데 좋다. 타인의 오해나 마찰이 일어나지 않도록 주의하라. 모든 일을 급하게 하면 오히려 실패하니 서둘지 않도록 해야한다.

四月 : 가장 좋지 못한 달로서 실패가 있다. 조급하면 손해를 보니 현상유지하고 때를 기다리라. 만사를 잘 생각해서 함이 좋고, 너무 조급히 서둘면 실패한다.

五月 : 가장 좋지 못한 달로서 실패가 있으며, 화재, 도난, 낙마 등을 주의해야 한다. 분수를 지키는 것이 상책이고, 혼담, 여행은 늦으면 변화가 생긴다. 모든 것은 늦으면 안되고, 급하게 처리함이 좋다.

六月 : 평온하여 흉사가 없고, 길한 징조가 나타나므로 발전하는데 좋다. 윗사람의 의견을 잘 이용하면 성공한다. 마음의

동요가 많고, 신규의 일은 주의하고, 이전 여행은 흉하다.

七月 : 평온하여 흉사가 없고, 길한 징조가 나타나서 발전하는데 좋다. 매사가 어긋나니 세심한 주의를 해야 한다. 무엇이든 안절부절하고 질병, 쟁론 등을 주의해야 한다.

八月 : 평온하여 흉사가 없으며, 길한 징조가 나타나고 발전하는데 좋다. 지갑을 꼭 잠그고 때를 기다려라. 급한 성질을 부리면 손실이 있으니 주의해야 한다.

九月 : 평온하여 흉사가 없고, 길한 징조가 나타나 발전하는데 좋다. 금전, 혼담, 이사, 부탁 등은 길하고, 여난, 구설 등은 주의해야 되며, 타인을 배반치 않음이 유리하다.

十月 : 가장 좋지 못한 달로서 실패가 있다. 성공은 바라지말고 실패하지 않도록 주의해야 한다. 개점, 여행, 이사, 입학은 주의하고, 투기, 투자, 소송은 하지 않음이 좋다.

十一月 : 평온하여 흉사가 없고, 길한 징조가 나타나므로 발전하는데 좋다. 일에 임하여 침착하고 신중을 기하라. 구설, 쟁투, 손실, 변사, 이변 등이 있기 쉬우니 주의해야 한다.

十二月 : 평온하여 흉사가 없으며, 길한 징조가 나타나고 발전하는데 좋다. 오해나 마찰이 일어나지 않도록 주의를 요하고, 모든 일을 급하게 하면 오히려 실패한다.

2. 이흑토성인(二黑土星人)의 운세(運勢)

8) 팔백토성년(八白土星年)

正月 : 평온한 달로서 운세가 막히는 뜻이 있고, 따라서 새로운
　　　 사업은 그만둠이 좋다. 무엇이든 안절부절하고, 질병, 쟁
　　　 론 등도 주의해야 되며, 매사가 어긋나니 세심한 주의를
　　　 요한다.

二月 : 평온한 달로서 운세가 막히는 뜻이 있고, 따라서 새로운
　　　 사업은 그만둠이 좋다. 지갑을 꼭 잠그고 때를 기다리라.
　　　 급한 성질을 부리면 손실이 있으니 주의해야 한다.

三月 : 평온한 달로서 운세가 막히는 뜻이 있고, 따라서 새로운
　　　 사업은 그만둠이 좋다. 무슨 일에나 활약함이 상책이나
　　　 타인을 배반치 않음이 유리하다. 금전, 혼담, 이사, 청탁
　　　 등은 길하고, 여난, 구설 등은 주의해야 한다.

四月 : 틀어짐이 일어나고 실패하기 쉬우며 남과 다투는 일이 있
　　　 고, 질병, 재난을 조심해야 한다. 성공은 희망하지 말고
　　　 실패하지 않도록 주의하라. 개점, 여행, 이사, 입학은 주
　　　 의하고, 투기업이나 소송은 하지 않음이 좋다.

五月 : 틀어짐이 일어나며 실패하기 쉽고, 구설 또는 남과 다투
　　　 는 일이 있고 질병, 손실, 재난, 변사, 이변 등을 주의해
　　　 야 한다. 일에 있어서 침착하고 신중함을 요한다.

六月 : 평온한 달로서 운세가 막히는 뜻이 있고, 따라서 새로운

사업은 그만둠이 좋다. 오해나 마찰이 일어나지 않도록 주의하라. 모든 일을 급하게 하면 오히려 실패한다.

七月 : 틀어짐이 일어나고 실패하기 쉬우며 남과 다투는 일이 있고, 질병, 재난을 조심해야 한다. 조급하면 손해를 보니 현상유지하고 때를 기다리라. 만사를 잘 생각해서 하고, 너무 조급히 서둘면 실패한다.

八月 : 평온한 달로서 운세가 막히는 뜻이 있고 따라서 새로운 사업은 그만둠이 좋다. 화재, 도난, 낙마 등을 조심하고, 분수에 맞지 않는 것은 주의하라. 혼담, 여행은 늦으면 변화가 생긴다.

九月 : 평온한 달로서 운세가 막히는 뜻이 있고, 따라서 새로운 사업은 그만둠이 좋다. 손윗사람의 의견을 잘 이용하면 성공하며, 마음의 동요가 많고 신규의 일은 주의해야 한다.

十月 : 평온한 달로서 운세가 막히는 뜻이 있고 따라서 새로운 사업은 그만둠이 좋다. 매사가 서로 어긋나니 세심한 주의를 요한다. 질병, 쟁론 등을 주의하고, 무엇이든 안절부절 하는 시기이다.

十一月 : 평온한 달로서 운세가 막히는 뜻이 있고, 따라서 새로운 사업은 그만둠이 좋다. 지갑을 꼭 잠그고 때를 기다려라. 급한 성질을 부리면 손실이 있으니 주의해야 한다.

十二月 : 평온한 달로서 운세가 막히는 뜻이 있고 따라서 새로운 사업은 그만둠이 좋다. 금전, 혼담, 이사, 부탁 등은 길

하고 여난, 구설 등은 주의하라. 타인을 배반치 않음이
유리하다.

2. 이흑토성인(二黑土星人)의 운세(運勢)

9) 구자화성년(九紫火星年)

正月 : 대길하고 모든 일이 뜻대로 되며 이득이 있는 달이다. 도난 또는 몸이 상하지 않도록 조심할 일이다. 조급하면 실패, 손해보니 현상유지하고 만사를 잘 생각해서 하고, 혼담, 이전은 미루어야 한다.

二月 : 대길하고 모든 일이 뜻대로 되고 운이 있는 달이다. 도난 또는 몸이 상하지 않도록 조심할 일이다. 화재, 낙마 등을 주의하고, 혼담, 여행은 늦으면 변화가 생기며, 분수 밖의 일은 손대지 않는 것이 좋다.

三月 : 흉한 달로서 운세는 향상되지 않으며, 화난으로 손해를 봄이 있으니 조심해야 할 일이다. 윗사람의 의견을 잘 이용하면 성공한다. 신규의 일은 주의하고 마음의 동요가 많아 이전, 여행은 크게 흉하다.

四月 : 대단히 상서로운 운이 있는 대길한 달이다. 어떤 일이고 나아가 단행하여도 관계없다. 질병, 쟁론 등을 주의하고 매사에 세심한 주의를 요한다.

五月 : 뜻대로 되지 않는 일이 가장 많다. 운기가 막히어 경거망동하면 반드시 실패하니 주의해야 할 것이다. 지갑을 꼭 잠그고 때를 기다리라. 급한 성질을 부리면 손실이 있으니 주의해야 한다.

六月 : 이 달의 운세는 점점 향상하는 달이며, 재운도 있으니 돌진할 일이다. 금전, 혼담, 이사, 부탁 등은 길하고, 여난, 구설 등은 주의하라. 타인을 배반치 않음이 유리하다.

七月 : 수고하여도 공이 없는 달이고, 모든 일이 뜻과 같지 않다. 성공은 바라지말고, 실패하지 않도록 주의하고, 만사를 서둘지 않음이 좋다. 개점, 여행, 이사, 입학은 주의하고, 투기업, 소송은 하지 않음이 좋다.

八月 : 흉월로서 운기가 충분치 못하므로 나아감은 좋지 않으며, 침묵을 지킴이 좋다. 침착하고 신중하게 일에 임해야 되고, 구설, 쟁투, 손실, 변사, 이변 등이 있기 쉬우니 주의해야 한다.

九月 ; 희망은 반드시 달성할 수 있으나 화난을 조심할 것이다. 오해나 마찰을 주의하고, 모든 일을 급하게 하면 오히려 실패한다.

十月 : 모든 일이 뜻대로 되고, 대길한 운이 있는 달이다. 도난 또는 몸이 상하지 않도록 조심할 일이며, 조급하면 손해본다. 만사를 잘 생각해서 하고, 혼담, 이전은 미루는 것이 좋다.

十一月 : 대길하고 모든 일이 뜻대로 되며 운이 있는 달이다. 도난 또는 몸이 상하지 않도록 조심할 일이다. 화재, 도난, 낙마 등을 주의하라. 분수 밖의 일은 손대지 말고, 모든 것이 늦으면 안되고 빨리 처리함이 좋다.

十二月 : 흉월로서 운세는 향상하지 않으며, 화난으로 손해를 봄
　　　　이 있으니 조심해야 할 일이다. 윗사람의 의견을 잘 이용
　　　　하면 길하고, 신규의 일은 주의하라. 이전, 여행은 흉하
　　　　다.

3. 삼벽목성인(三碧木星人)의 운세(運勢)

1) 일백수성년(一白水星年)

正月 : 어떤 일이고 뜻대로 잘 되지 않으며, 재운은 왔는데 노고
　　　하여도 공이 없어, 시기를 기다림만 같지 못하다. 자신이
　　　없으면 사업착수는 하지말고, 현상유지 하라. 이별 또는
　　　구설 등이 일어나기 쉽고, 서쪽이나 서북방의 사람이 도
　　　와준다.

二月 : 어떤 일이고 뜻대로 잘 되지 않는다. 재운은 왔는데 노고
　　　하여도 공이 없어 시기를 기다림만 같지 못하다. 동업은
　　　실패수가 있으니 주의하고, 근심, 고통이 있으나 가까운
　　　장래에 길운이 온다.

三月 : 어떤 일이고 뜻대로 잘 되지 않으며, 재운은 왔는데 노고
　　　하여 공이 없다. 시기를 기다림만 같지 못하며, 분노할
　　　일이 있더라도 조심하고 질병이나 손해가 있으니 주의하
　　　면 무사하다.

四月 : 어떤 일이고 뜻대로 잘 되지 않으며, 재운은 왔는데 노고
　　　하여 공이 없다. 시기를 기다림만 같지 못하고, 눈앞에
　　　이익이 될듯하나 필연적으로는 손해가 있다. 승급 하든가
　　　생각지도 않은 사람으로부터 도움을 받는 수도 있다.

五月 : 운기가 상승하여 모든 소원이 성취하는 때이다. 마음 가
　　　운데 망설임 없이 생각대로 실행하면 반드시 성공한다.

조급히 서둘지 말고 기다려라. 혼담, 여행, 이전 등은 길
방이면 가능하다.

六月 : 운기가 상승하여 모든 소원이 성취하는 때이다. 마음가운
데 망설임 없이 생각대로 실행하면 반드시 성공한다. 심
사숙고하여 조금만 더 기다림이 상책이다. 이전, 여행,
수리, 업무, 병난을 주의해야 한다.

七月 : 모든 일이 뜻대로 되지 않는다. 어떤 일이든 겸손하고 서
둘지 않는다면 남으로부터 도리어 존경을 받는다. 취직,
개업, 입학 등이 좋으나 금전문제는 서둘지 않음이 좋다.

八月 : 힘차게 나아갈 시기이며, 뜻하지 않는 일이 척척 들어맞
는 달이다. 입학, 취직, 출사(出仕), 사관(仕官), 혼인,
개업, 금담(金談) 모두가 좋다. 경솔하면 길사가 흉사로
변하니 주의하고, 주색을 삼가야 한다.

九月 : 힘차게 나아갈 시기로서 뜻하지 않는 일이 척척 들어맞는
달이다. 취직, 출사, 사관, 혼인, 금담 모두가 좋다. 타
인에게 손해 당할 우려가 있으니 욕심을 버리고 진퇴에
신중할 것이며, 수리, 개업, 개점 등은 가급적 피하는 것
이 좋다.

十月 : 어떤 일이고 뜻대로 잘 되지 않으며, 재운은 왔는데 노고
하여도 공이 없다. 시기를 기다림만 같지 못하고, 만사는
사전에 정리하여 둠이 안전하다. 이별, 질병, 구설 등이
일어나기 쉽고, 서쪽이나 서북방의 사람으로부터 도움이
있다.

十一月 : 어떤 일이고 뜻대로 잘 되지 않으며, 재운은 왔는데 노
고 하여도 공이 없다. 시기를 기다림만 같지 못하고, 공
동사업은 실패수가 있으니 주의해야 되고, 가까운 장래에
길운이 온다.

十二月 : 어떤 일이고 뜻대로 잘 되지 않는다. 재운은 왔는데 노
고 하여도 공이 없다. 시기를 기다림만 같지 못하고 성낼
일이 있더라도 조심하라. 질병이나 손해가 있으니 주의하
면 무사하다.

3. 삼벽목성인(三碧木星人)의 운세(運勢)

2) 이흑토성년(二黑土星年)

正月 : 운기가 힘차서 어떤 틀어짐이 없으며, 마음먹은 대로 나아가서 좋다. 마땅한 일은 다음달까지 계속해도 무방하고, 취직, 개업, 입학 등은 좋고, 금전은 성급하면 안 된다.

二月 : 운기가 힘차서 아무 틀어짐이 없고, 마음먹은 대로 나아가서 좋다. 주색을 주의하고, 신규사업, 입학, 혼담 등은 괜찮으나 경솔하면 흉하게 되니 주의를 해야 한다.

三月 ; 운기가 거의 막혀 있어서 모든 일이 뜻대로 되지 않으며, 어떤 일이고 낭패함이 많으며, 조금도 실적이 오르지 않는다. 나아가면 백해(百害)가 있고, 한가지 이익을 얻을 수가 없다. 말다툼, 질병, 몸가짐을 주의해야 하고, 타인에게 손해를 당할 염려가 있으니 진퇴에 조심하라. 수리, 개업, 개점 등은 가급적 피하는 것이 좋다.

四月 : 운기가 막히어 모든 일이 여의치 않으며 어떤 일이고 낭패함이 많고 실적도 오르지 않는다. 나아가면 백사에 해가 있고, 이익은 하나도 없으며, 언쟁, 질병, 몸가짐을 주의해야 한다. 뜻한 바를 이루기 어려우며 현상유지가 상책이고, 서방이나 서북방 사람의 도움이 있다.

五月 : 운기가 막혀 있어 모든 일이 여의치 못하고, 낭패함이 많

고 실적은 오르지 않는다. 나아가면 백해가 있고, 이익은 한가지도 없다. 언쟁, 질병, 몸가짐을 주의해야 하고, 뜻한 바를 이룰 수가 없다. 동업은 실패수가 있으니 주의하라. 근심, 고통이 있다.

六月 ; 운기가 막히어 모든 일이 여의치 못하고, 어떤 일에도 낭패함이 많고 실적은 오르지 않는다. 나아가면 백사에 해롭고, 이익은 하나도 없다. 손해, 언쟁, 질병, 몸가짐을 주의해야 하고, 뜻한 바를 이룰 수가 없다. 분노할 일이 있겠으나 조심하는 것이 마땅하다.

七月 : 운기가 성대하여 백사에 좋은 달로 복운이 있으므로 주고받는 것은 모두가 좋다. 눈앞에 이익이 될듯하나 필연적 손해가 있으며, 너무 무모한 짓은 하지 마라. 승급하던가 생각지도 않은 사람의 도움이 있다.

八月 : 운기가 성대하여 백사에 효과가 좋은 달이며, 복운이 있으므로 주고받는 것은 모두가 좋다. 조급히 서둘지 말고 기다리면 행운을 맞이하게 되며, 혼담, 여행, 이전 등은 길방이면 가능하다.

九月 : 모든 일이 뜻대로 되지 않음이 많고, 윗사람과 협동하면 이(利)가 있으나 홀로 성급하게 나아가면 크게 실패한다. 한 달만 더 기다림이 상책이며, 이전, 여행, 수리 등을 주의해야 한다.

十月 : 운기가 힘차서 아무 틀어짐이 없고, 마음먹은 대로 나아가서 좋다. 취직, 개업, 입학 등은 좋으나 금전은 성급해

선 안 된다.

十一月 : 운기가 힘차서 아무 틀어짐이 없으며 마음먹은 대로 나아가서 좋다. 주색은 주의하고 신규개점, 입학, 혼담은 지장이 없으나 경솔하면 안 된다.

十二月 : 운기가 막혀 있어 모든 일이 여의치 않으며, 어떤 일이고 낭패함이 많고 실적도 오르지 않는다. 나아가면 백해가 있고, 한가지 이익도 얻을 수 없다. 언쟁, 질병, 몸가짐을 주의해야하고, 작은 욕심을 버리고 진퇴에 조심해야 한다. 수리, 사업개시, 개점은 가급적 피하는 것이 좋다.

3. 삼벽목성인(三碧木星人)의 운세(運勢)

3) 삼벽목성년(三碧木星年)

正月 : 운기가 좋고 길한 징조가 있으나 재산을 흩을 우려가 있으니 금전을 낭비하지 않도록 주의함이 좋다. 주의하면 뜻밖의 이익이 있으며, 승급하던가 생각지도 않은 사람으로부터 도움을 받는다.

二月 ; 운기가 좋고 길조가 있다. 그러나 재산을 흩을 근심이 있으니 금전을 낭비하지 않도록 주의함이 좋다. 조급히 서둘지 말고 기다리라. 혼담, 여행, 이전 등은 길방이면 가능하다.

三月 : 뜻대로 되지 않음이 많고, 보는 바가 빗나가서 손실이 있으므로 주의함이 필요하다. 일 개월만 더 기다림이 상책이다. 업무에 주의하지 않으면 손실이 있고, 이전, 여행, 수리는 하지 않음이 좋다.

四月 : 천우(天佑)와 인위(人爲)로 재운이 크게 올라가고 어떤 일이고 목적을 달성하며 극히 안전한 달이다. 취직, 개업, 입학 등은 좋으나 금전은 성급하지 않아야 한다.

五月 : 천우와 인위로 재운이 크게 올라가고 어떤 일이고 목적을 달성하며 극히 안전할 달이다. 주색을 주의해야 되고, 신규개점, 입학, 혼담 등은 지장이 없으나 너무 경솔하면 안 된다.

六月 : 모든 일이 여의치 못하며 화난을 조심하지 않으면 뜻하지 않은 재난이 일어난다. 욕심을 버리고 진퇴에 조심하여 활동하라. 수리, 사업개시, 개점 등은 가급적 피하는 것이 좋다.

七月 : 운기가 막히어서 이익이 적으며 모든 일이 여의치 못하고 말다툼, 소송 등을 삼가야 한다. 현상유지가 상책이고 만사는 사전에 대비해둠이 안전하다. 이별, 질병을 조심하고, 서방이나 서북방에 있는 사람의 도움이 있다.

八月 ; 운기가 막히어서 이익이 적고, 모든 일이 여의치 못하며, 말다툼 소송 등을 삼가야 한다. 공동사업은 실패수가 있으니 주의하라. 근심, 고통이 있고, 가까운 장래에 길운이 온다.

九月 : 평온 무사하게 나아가서 이(利)가 있고, 뜻밖의 운기가 있으므로 굳게 나아가면 반드시 승리한다. 분노할 일이 있으나 조심하라. 질병, 손해가 있으나 주의하면 무사하다.

十月 ; 운기가 좋고 길한 징조가 있다. 그러나 재산을 흩을 근심이 있으니 금전을 낭비하지 않도록 주의함이 좋다. 주의하면 뜻밖의 이익이 있고, 승급 하든가 생각지도 않는 사람의 도움을 받는다.

十一月 : 운기가 좋고 길조가 있으나 재산을 흩을 우려가 되니 금전을 낭비하지 않도록 주의함이 좋고, 주의하면 뜻밖의 이익이 있다. 조급히 서둘지 마라. 혼담, 여행, 이전 등

은 길방이면 가하다.

十二月 : 뜻대로 되지 않음이 많고, 보는 바가 빗나가서 손실이
　　　　있으므로 주의함이 필요하다. 조금만 더 기다림이 상책이
　　　　다. 이전, 여행, 수리 등은 하지 않음이 좋다.

3. 삼벽목성인(三碧木星人)의 운세(運勢)

4) 사록목성년(四綠木星年)

正月 : 운기가 정지되어 잠에서 덜 깨인 형상으로 노고 하여도 공은 없고, 정지하여 영기(英氣)를 기를 때이다. 현상유지가 상책이니 사전에 대비하라. 이별, 질병, 구설 등이 생기기 쉽다.

二月 : 운기가 신장되므로 소신을 향하여 나아가면 좋다. 재운, 이운(利運)은 상당히 많고, 동업은 실패하기 쉬우니 주의하라. 근심, 고통이 있다.

三月 : 운기가 신장되므로 소신을 향하여 나아가면 좋다. 재운 이운은 상당히 많으며, 분노할 일이 있더라도 조심하라. 질병 또는 손해가 있으나 주의하면 무사하다.

四月 : 모든 일이 뜻과 같지 못하고, 이익은 잡힐 듯 하나 막히고 손해가 있으며, 병난의 염려가 있다. 승급하던가 생각지도 않는 사람으로부터 도움을 받는다.

五月 : 운기가 왕성하여 백사가 순조로우며 어떤 일이고 잘 된다. 나아감이 좋고, 도난과 다툼이 있으니 조심할 것이다. 조급히 서둘지 말고 기다려라. 혼담, 여행, 이전 등은 길방이면 가능하다.

六月 : 운기가 왕성하고, 백사가 순조로우며, 하늘의 도움이 있다. 무슨 일이든 잘되고 나아감이 좋으며, 도난과 다툼이

있으니 조심할 것이다. 조급하지 말고, 조금만 더 기다리라. 이전, 여행, 수리 등은 하지 않음이 좋다.

七月 : 질병 때문에 마음대로 활동할 수가 없고, 집안에 불화가 생기며, 나아가도 이익 됨이 없다. 취직, 개업, 입학은 좋고, 금전은 성급히 하면 안 된다.

八月 : 길한 징조가 있으나 복운은 없고, 봉직, 봉공, 사관(仕官) 같은 것도 좋으며, 주색은 주의해야 한다. 신규개점, 입학, 혼담은 지장이 없으나 너무 경솔하면 안 된다.

九月 : 운기가 어쩐지 막히기 쉬우며, 덮어놓고 나아감은 내 몸을 망친다. 소송이 일어날 우려가 있으므로 다투는 일은 삼가 함이 좋다. 타인에게 손해 당하기 쉬우므로 조심하라. 작은 욕심을 버리고 진퇴에 조심하여 활동하면 길하다. 수리, 개업, 개점 등을 피하는 것이 좋다.

十月 : 운기가 정지되어 잠에서 덜 깨인 형상으로 노고 하여도 공은 없고, 정지하여 영기(英氣)를 기를 때이다. 현상유지가 상책이며, 이별, 질병, 구설 등이 일어나기 쉽고, 서방이나 서북방에 있는 사람의 도움을 받을 수도 있다.

十一月 : 운기가 신장되고, 소신을 향하여 나아가면 좋다. 재운, 이(利)운은 상당히 많고, 공동사업은 실패하는 수가 있으니 주의할 것이며, 여의치 않아 근심, 고통이 있다.

十二月 : 운기가 신장되어 소신대로 나아가도 좋으며, 재운과 이운은 상당히 많다. 분노할 일이 있더라도 조심하라. 질병, 손해가 있으나 주의하면 무사하다.

3. 삼벽목성인(三碧木星人)의 운세(運勢)

5) 오황토성년(五黃土星年)

正月 : 만사가 뜻과 같지 못하고, 질병이나 몸을 다쳐서 고생한다. 신상에 이동이 있고, 번민이 끊어지지 않으며, 시원하지 못함이 많고, 신용이 떨어질 일이 있다. 취직, 개업, 입학 등은 좋으나 금전은 성급하면 안 된다.

二月 : 만사가 뜻과 같지 못하고, 질병이나 몸을 다쳐서 고생한다. 신상에 이동이 있으며, 번민이 끊어지지 않고, 시원하지 못함이 많으며, 신용이 떨어질 일이 있다. 주색을 주의하고, 신규개점, 입학, 혼담은 지장이 없으나 너무 경솔하면 안 된다.

三月 : 만사가 뜻과 같지 못하고, 질병이나 몸을 다쳐서 고생한다. 신상에 이동이 있으며 번민이 끊어지지 않고 시원하지 못함이 많으며 신용이 떨어질 일이 있다. 타인에게 손해를 당할 염려가 있으니 조심하라. 수리, 사업개시, 개점 등은 가급적 피하는 것이 좋다.

四月 : 평온무사 하고 운기와 활기가 있으므로 모든 일이 뜻과 같이 된다. 현상유지가 상책이고, 이별, 질병, 구설 등이 일어나기 쉽다.

五月 : 평온무사, 운기와 활기가 있으므로 모든 일이 뜻과 같이 된다. 공동사업은 실패하는 수가 있으며, 경솔하면 만사

가 여의치 않고, 근심, 고통이 있다.

六月 : 모든 일이 뜻과 같지 못하며, 운기가 막히고 집안에 불화가 일어나니 몸가짐을 삼갈 것이다. 분노할 일이 있어도 조심하라. 질병, 손해가 있으나 주의하면 무사하다.

七月 : 모든 일에 덮어놓고 나아가서는 아니 된다. 운기는 조금 활기가 있으므로 심사숙고하여 나아가면 반드시 성공한다. 질병의 근심이 있으므로 조심함이 좋고, 승급하던가 생각지도 않은 사람의 도움을 받는다.

八月 : 모든 일에 덮어놓고 나아가서는 아니 된다. 운기는 조금 활기가 있으므로 심사숙고하여 나아가면 반드시 성공한다. 질병의 근심이 있으므로 조심함이 좋고, 조급히 서둘지 말고 기다리라. 혼담, 여행, 이전 등은 길방이면 가하다.

九月 : 도난 또는 뜻밖의 검난이 있는 수가 있으며, 여행, 이전 등은 좋지 않으므로 삼가고 가업을 지킴이 좋다. 나아가면 몸을 망친다. 조금만 더 기다림이 상책이고, 이전, 여행, 수리 등은 하지 않음이 좋다.

十月 : 만사가 여의치 못하고, 질병이나 몸을 다쳐서 고생한다. 신상에 이동이 있으며, 번민이 끊어지지 않고 시원하지 못함이 많고 신용이 떨어질 일이 있다. 취직, 개업, 입학 등은 좋으나 금전은 성급하면 안 된다.

十一月 : 만사가 여의치 못하고, 질병이나 몸을 다쳐서 고생한다. 신상에 이동이 있으며 번민이 끊어지지 않고 시원하

지 못함이 많으며 신용이 떨어질 일이 있다. 주색을 주의
하고, 신규개점, 입학, 혼담 등은 너무 경솔하면 안되니
주의해야 한다.

十二月 : 만사가 여의치 못하고, 질병이나 몸을 다쳐서 고생한
다. 신상에 이동이 있으며, 번민이 끊이지 않고 시원하지
못함이 많다. 신용이 추락될 일이 있으며, 욕심을 버리고
진퇴에 조심하여 활동하면 길하다. 수리, 사업개시, 개점
등은 가급적 피하는 것이 좋다.

3. 삼벽목성인(三碧木星人)의 운세(運勢)

6) 육백금성년(六白金星年)

正月 : 길한 징조가 나타나며, 재운도 뻗으므로 실패는 적다. 자기 의견대로 하면 좋고, 승급하던가 생각지도 않은 사람의 도움이 있다.

二月 : 상서로운 징조가 나타나며 재운도 뻗는다. 실패는 적고 자기 의견대로 하면 좋다. 조급히 서둘지 말고 기다리라. 혼담, 여행, 이전 등은 길방이면 가하다.

三月 : 모든 일이 뜻대로 되지 않음이 많고, 번민, 실의하는 달이다. 크게 자중하고 깊이 생각함이 중요하고, 조금 더 기다림이 상책이며, 이전, 여행, 수리 등은 하지 않음이 좋다.

四月 : 모든 일이 뜻대로 되지 않음이 많고, 번민, 실의하는 달이다. 크게 자중하고 깊이 생각함이 중요하며, 취직, 개업, 입학 등은 좋으나 금전은 성급하면 안 된다.

五月 : 운기가 다시 돌아와서 일신상의 큰 변화를 일으킬 때다. 경복(慶福)이 있어 개업, 사관(仕官), 입학, 봉직, 봉공, 혼인 다 같이 좋으며, 너무 경솔하면 안되고, 주색을 주의해야 한다.

六月 : 운기가 다시 돌아와서 일신상의 큰 변화를 일으킬 때다. 경복이 있어 사관, 봉직, 봉공, 혼인 다 같이 좋다. 타인

에게 손해를 당하기 쉬우니 주의하고, 수리, 사업개시, 개점 등은 가급적 피하는 것이 좋다.

七月 : 운기가 다시 돌아와서 일신상의 큰 변화를 일으킬 때다. 경복이 있어 사관, 봉직, 봉공, 혼인 다 같이 좋다. 현상 유지가 상책이고, 이별, 질병, 구설 등이 생기기 쉽다.

八月 : 모든 일이 뜻대로 되지 않음이 많다. 근심, 고통, 도난, 화난의 염려도 있고, 공동사업은 실패하는 수가 있으니 주의해야 한다.

九月 : 모든 일이 뜻대로 되지 않음이 많으며, 도난, 화난의 염려도 있다. 분노할 일이 있으나 조심하라. 질병 또는 손해가 있으나 주의하면 무사하다.

十月 : 상서로운 징조가 나타나며 재운도 뻗는다. 실패는 적으며, 자기 의견대로 하면 좋다. 승급하던가 생각지도 않은 사람으로부터 도움을 받는다.

十一月 : 상서로운 징조가 나타나며 재운도 뻗는다. 실패는 적으며 자기 의견대로 하면 좋다. 조급히 서둘지 말고 기다리라. 혼담, 여행, 이전 등은 길방이면 가하다.

十二月 : 모든 일이 뜻대로 되지 않음이 많다. 번민과 실의하는 달이다. 크게 자중하고 깊이 생각하는 것이 중요하고 좀 더 기다림이 상책이다. 이전, 여행, 수리는 하지 않음이 좋다.

3. 삼벽목성인(三碧木星人)의 운세(運勢)

7) 칠적금성년(七赤金星年)

正月 : 운기가 발(發)하지 못하고, 나아가면 손(損)이 있고, 다툼이 일어난다. 현상유지가 상책이고 이별, 질병, 구설 등이 일어나기 쉽다.

二月 : 운기가 도래하여 뜻밖의 이득은 있다. 나아가서 일을 하면 길한 징조가 나타나고 복록이 있다. 공동사업은 실패수가 있으니 주의하라. 만사가 여의치 않아 근심, 고통이 있다.

三月 : 운기가 도래하여 뜻밖의 이득은 있다. 나아가서 일을 하면 길한 징조가 나타나고 복록이 있다. 분노할 일이 있으나 조심하고, 질병, 손해가 있으나 주의하면 무사하다.

四月 : 운세가 쇠하며, 조급하게 나아감은 실패의 원인이 되고, 질병이 있어 오래 끈다. 승급하던가 생각지도 않은 사람의 도움을 받는다.

五月 : 이운(利運)이 돌아오고 백사가 뜻과 같이 된다. 스스로 방침을 정하고 견실하게 나아감이 좋다. 조급히 서둘지 말고 기다리라. 혼담, 여행, 이전 등은 길방이면 가하다.

六月 : 운기가 가장 나쁠 때이다. 위험한 때이므로 만사를 서둘지 말고 침묵을 지킴만 같지 못하다. 도난에 걸림 있는 다툼이 있으며, 이전, 여행, 수리 등은 하지 않음이 좋

다.

七月 : 운기가 가장 나쁠 때이고, 위험한 때이므로 만사를 서둘
　　　지 말고 침묵을 지킴만 같지 못하다. 도난에 걸림 있는
　　　다툼이 있고, 취직, 개업, 입학은 좋으나 금전은 성급하
　　　면 안 된다.

八月 : 운세가 왕성하며 소망을 달성한다. 천운이 있으면 혼인,
　　　개업, 여행, 이전, 취직, 유학 등 뜻과 같이 된다. 주색
　　　을 주의하고 무엇이든 지장은 없으나 경솔하면 안 된다.

九月 : 운세가 왕성하며 소망을 달성한다. 천운이 있으면 혼인,
　　　개업, 이전, 여행, 취직, 유학 등 뜻과 같이 된다. 욕심
　　　을 버리고 진퇴에 조심하여 활동함이 길하다. 수리, 개
　　　점, 사업개시는 경솔하면 안 된다.

十月 ; 운기가 발하지 못하고, 나아가면 손(損)이 있고 다툼이
　　　일어난다. 현상유지가 상책이고, 질병, 이별, 구설 등이
　　　일어나기 쉽다.

十一月 : 운기가 도래하여 뜻밖의 이득은 있다. 나아가서 일을
　　　하면 공동사업은 실패수가 있으니 주의해야 하며 만사가
　　　여의치 않고 근심, 고통이 있다.

十二月 : 운기가 도래하여 뜻밖의 이득은 있다. 나아가서 일을
　　　하면 길한 징조가 나타나고 복록이 있다. 분노할 일이 있
　　　어도 조심하고, 질병, 손해가 있으나 주의하면 무사하다.

3. 삼벽목성인(三碧木星人)의 운세(運勢)

8) 팔백토성년(八白土星年)

正月 : 희망이 성취되는 큰 서조(瑞兆)가 있고, 큰 경복(慶福)을 얻는 달이다. 재운이 있고, 모든 일이 잘 되기 쉬우며, 취직, 개업, 입학 등은 좋다.

二月 : 희망이 성취되는 큰 서조가 있으며, 큰 경복을 얻는 달이다. 재운이 있고 모든 일이 잘 되기 쉽다. 주색을 주의하고 신규개점, 입학, 혼담 등은 지장은 없으나 너무 경솔하면 흉하다.

三月 : 운기가 막히어 예상이 모두가 빗나가고 실패가 있다. 덧들어서 손실이 많고, 타인에게 손해를 당할 염려가 있으니 진퇴에 조심하라. 수리, 사업개시, 개점 등은 가급적 피하는 것이 좋다.

四月 : 운기가 막히어 예상이 모두가 빗나가고 실패가 있다. 덧들어서 손실이 많고, 현상유지가 상책이다. 이별, 질병, 구설 등이 일어나기 쉽다.

五月 : 길한 징조가 있으나 몸을 다치지 않도록 조심해야 한다. 개발과 이익은 있으나 다툼이 일어나기 쉽다. 공동사업은 실패수가 있으니 주의하고, 만사가 여의치 않으며 근심과 고통이 있다.

六月 : 모든 일이 마음대로 되지 않은 것이 많다. 운기가 막히어

희망은 중간에 끊어지고, 목적은 달성치 못하며 노고해도 공이 없다. 분노할 일이 있으나 조심하고, 질병, 손해가 있으나 주의하면 무사하다.

七月 : 모든 일이 마음대로 되지 않는 것이 많다. 운기가 막히어 희망은 중간에 끊어지고, 목적은 달성치 못하며 노고해도 공이 없다. 승급하던가 생각지도 않은 사람의 도움을 받는다.

八月 : 이운(利運)이 왕성한 달이며, 어떤 일이고 발전하며 따라서 생각대로 착수해도 좋다. 조급히 서둘지 말고 기다리라. 혼담, 여행, 이전 등은 길방이면 가하다.

九月 : 모든 일이 뜻대로 되지 않고 병난이 있으며, 다툼이 오래 끌어 소송이 일어나기 쉬우며, 조금 더 기다림이 상책이다. 이전, 여행, 수리 등은 하지 마라. 업무에 주의치 않으면 손실이 있다.

十月 : 희망은 이루어지고 큰 서조(瑞兆)가 있으며, 경복(慶福)을 얻는 달이다. 재운이 있고 모든 일이 잘 되기 쉬우며 취직, 개업, 입학은 좋다.

十一月 : 희망성취, 크게 길한 징조가 있고 큰 경복을 얻는 달이다. 재운이 있고, 모든 일이 잘 되기 쉽다. 주색은 주의하고, 신규개점, 입학, 혼담 등은 지장이 없으나 너무 경솔하면 안 된다.

十二月 : 운기가 막히어 예상이 모두 빗나가고 실패가 있고 손실이 많다. 타인에게 손해를 당하기 쉬우니 주의하라. 수리, 사업개시, 개점 등은 가급적 피하는 것이 좋다.

3. 삼벽목성인(三碧木星人)의 운세(運勢)

9) 구자화성년(九紫火星年)

正月 : 모든 일이 뜻대로 되지 않음이 많다. 그러나 모든 일에
편의가 있기 때문에 부족을 채울 수가 있으나 때를 놓쳐
서는 손해를 볼 달이다. 승급하던가 생각지도 않은 사람
의 도움을 받는다.

二月 : 길한 징조가 있어 운세는 순풍에 돛을 단 형상으로 만사
가 차츰 뜻과 같이 되는 달이다. 그러나 도난, 화재, 질
병 등의 근심이 있고, 비교적 성공이 적고 손해도 적다.
조급히 서둘지 말고 기다리라. 혼담, 여행, 이전 등은 길
방이면 가하다.

三月 : 길한 징조가 있어 순풍에 돛을 단 형상으로 만사가 차츰
뜻과 같이 되는 달이다. 그러나 도난, 화재, 질병 등의
근심이 있고, 이 달은 손(損)도 적고 성공이 적다. 좀더
기다림이 상책이고, 이전, 여행, 수리 등은 하지 않음이
좋다.

四月 : 상서로운 징조가 있어 운세는 순풍에 돛을 단 형상이다.
만사가 차츰 뜻과 같이 되는 달이지만 도난, 화재, 질병
등의 근심이 있다. 이 달은 손(損)은 적으나 비교적 성공
이 적고 취직, 개업, 입학 등은 좋다.

五月 : 길한 징조가 있어 운세는 순풍에 돛을 단 형상으로 만사

가 차츰 뜻과 같이 되는 달이다. 그러나 도난, 화재, 질병 등의 근심이 있고, 손실은 적으나 비교적 성공이 적다. 주색을 주의하고, 신규개점, 입학, 혼담 등은 지장이 없으나 경솔하면 안 된다.

六月 : 뜻대로 되지 않는 달이며, 운기가 재미없고 복록이 없으며 혼인, 금담, 개업 모든 것에 망설임이 많다. 결과도 그다지 좋지 않고, 만사에 서둘지 말 것이며, 손해를 당할 염려가 있으니 진퇴에 조심해야 한다.

七月 : 뜻대로 되지 않는 달이며, 운기가 재미없고, 복록이 없으며 혼인, 금담, 개업 모든 것에 망설임이 많다. 결과도 그다지 좋지 않고 만사에 서둘지 말 것이다. 현상유지가 상책이고 만사는 사전에 정리해 두는 것이 안전하고, 이별, 질병, 구설 등이 생기기 쉽다.

八月 : 여의치 못한 달이며, 운기가 재미없고 복록이 없으며 혼인, 금담, 개업 모든 것에 망설임이 많다. 결과도 그다지 좋지 않으며, 만사에 서둘지 마라. 공동사업은 실패수가 있다.

九月 : 뜻대로 되지 않는 달이며, 운기가 재미없고, 복록이 없으며 혼담, 금담, 개업 모든 것에 망설임이 많다. 결과도 그다지 좋지 않고, 만사에 서둘지 말 것이다. 분노할 일이 있으나 조심하고, 질병, 손해가 있으니 주의하면 무사하다.

十月 : 모든 일이 뜻대로 되지 않음이 많다. 그러나 모든 일에

편의가 있기 때문에 부족을 채울 수가 있으나 때를 놓쳐
서는 손해를 볼 달이다. 승급하던가 생각지도 않은 사람
의 도움을 받는다.

十一月 : 길한 징조가 있어 운세는 순풍에 돛을 단 형상이다. 만
사가 차츰 뜻과 같이 되는 달이다. 그러나 화재, 도난,
질병 등의 근심이 있으며, 손(損)은 적으나 이 달의 운세
는 비교적 성공이 적다. 조급히 서둘지 말고, 기다리면
운이 오고, 혼담, 여행, 이전 등은 길방이면 가하다.

十二月 : 길한 징조가 있어 운세는 순풍에 돛을 단 형상이다. 만
사가 차츰 뜻과 같이 되는 달이다. 그러나 도난, 화재,
질병 등의 근심이 있다. 손(損)은 적으나 이 달의 운세는
비교적 성공이 적으며, 좀더 기다림이 상책이다. 이전,
여행, 수리 등은 하지 않음이 좋다.

4. 사록목성인(四綠木星人)의 운세(運勢)

1) 일백수성년(一白水星年)

正月 : 운세는 나쁘지 않으나 어쩐지 마음에 흐트러짐이 생겨 계획을 그르치거나 잘못하여 손해를 보는 달이다. 종종 어긋나는 일이 생기고, 위험한 곳에 가까이 마라. 가내에 아픈 사람이나 도난 등이 있기 쉬우니 주의해야 한다. 수리, 혼담, 개업, 이전 등은 지장이 없으나 흉방을 피함이 좋다.

二月 : 운세가 가라앉아 영기(英氣)가 나지 않는다. 무리를 하면 반드시 실패하고, 연담, 개업, 결혼은 되지 않는다. 신규 사업이나 투기, 투자는 하지 말며, 뒤로 미루고 현상유지하고 음식물에 주의해야 한다.

三月 : 운기가 가라앉아 나아가면 갈수록 큰 해가 있다. 낭패하여 손(損)을 보는 달이므로, 어떤 일이고 옛것을 지키라. 신규사업, 투기, 투자는 보류하고 현상유지를 해야된다. 이전, 여행, 혼담은 좋으나 쓸데없는 짓은 하지 마라.

四月 : 운세가 좋아져서 모든 일이 자기의 뜻과 같이 성공한다. 단지 질병이 일어나므로 주의할 일이다. 거주지 이동은 불길하고, 구설수를 주의하라. 금전, 청탁, 혼담 등은 빠르면 좋고, 늦으면 좋지 않다.

五月 : 운기가 좋아지고 백사가 좋을 때이며, 개업, 이전, 금담,

연담 모두가 잘 되므로 안심할 달이다. 병난, 금은 보석 손실에 주의하고, 쟁론, 송사는 하지말고, 신규사업은 보류하는 것이 유리하다.

六月 : 재운이 없는 달이며, 모든 일이 실패로 끝나기 쉬우므로 굳게 나아감이 무엇보다 중요하다. 희망은 성취하나 게으른 마음은 좋은 기회를 놓칠 우려가 있으니 남에게 기만 당하지 않도록 하라. 윗사람과 상의하고 의견을 따르면 좋다.

七月 : 평온의 달로 큰 일에는 이(利)가 없으나 적은 일에는 대단히 유리한 달이다. 질병을 조심하면 좋고, 고생과 손해가 많은 달이다. 수리, 이사, 혼인 등은 길하고, 금전관계는 부인에게 의뢰하면 속히 조치된다.

八月 : 운기가 점점 발전하여 어느 정도의 이득이 있는 달이다. 도난을 주의해야 되고, 수하인에 근심, 업무상의 번민이 있어 심로가 많고 질병을 주의해야 한다.

九月 : 운세가 잇달아 좋고, 믿는바 대로 나아가면 어떤 일이고 유리하다. 금담, 연담, 개업 등 모두 좋고, 무슨 일이든 지대한 발전을 하는 달이지만 탐욕을 내면 불리하다. 문서의 착오 또는 소송사건이 생기기 쉬우니 주의해야 한다.

十月 : 운세는 나쁘지 않으나 어쩐지 마음에 흐트러짐이 생겨 계획을 그르치거나 잘못하여 손해를 보는 달이다. 위험한 곳에 가지 않는 것이 좋다. 가내에 아픈 사람 또는 도난

을 조심하고, 수리, 혼담, 개업, 이전 등은 흉방을 피함
이 좋다.

十一月 : 운세가 가라앉아 영기(英氣)가 나지 않으며, 무리를 하
면 반드시 실패한다. 연담, 개업, 결혼 다 되지 않고, 신
규사업, 투기, 투자는 하지말고, 만사는 보류하고 현상
유지함이 상책이며, 음식물을 주의해야 한다.

十二月 : 운기가 침쇠되어 나아가면 갈수록 큰 해가 있다. 낭패
하여 손실을 보는 달이며, 어떤 일이고 옛것을 지키라.
신규사업, 투기, 투자는 일단 보류하고 현상유지 하라.
혼담, 이전, 여행은 좋다.

4. 사록목성인(四綠木星人)의 운세(運勢)

2) 이흑토성년(二黑土星年)

正月 : 모든 일이 뜻대로 되지 않음이 많다. 초조하고 급히 나아
　　　감은 실패의 원인이며, 질병과 몸 다침을 조심할 일이다.
　　　고생이 많고 손해가 많은 달이며, 수리, 이사, 혼인은 길
　　　하다. 취직이나 금전관계는 부인에게 의뢰하면 길하다.

二月 : 운기가 좋으며, 어떤 일에 다소의 위험을 무릅쓰고 나아
　　　가면 이(利)가 있다. 도난을 조심할 일이며, 손아래 사람
　　　에 근심이나 업무상의 번민으로 심로가 많다.

三月 : 복이 있는 달이고, 주의하여 나아가면 모든 일에 공을 거
　　　둘 수가 있다. 대 발전을 하는 달이나 탐욕을 내면 불리
　　　하다. 문서에 착오나 소송사건, 혼담이 생기는 운세이니
　　　주의를 요하고 질병이 있을 달이다.

四月 : 어떤 일이고 보는 바가 빗나가는 달로서 모든 일이 뜻과
　　　같지 못하다. 개업, 연담, 금담 등은 그만둠이 좋으며,
　　　어긋남이 생기고, 위험한 곳에 가까이 마라. 집안에 환자
　　　가 생기거나 도난이 있기 쉬우니 주의하고, 수리, 이전
　　　등은 지장이 없으나 흉방을 피함이 좋다.

五月 : 흉운의 달로서 움직이면 반드시 손해가 있을 달이고, 신
　　　규사업, 투기사업은 하지말고, 현상유지하면 길하다. 음
　　　식물에 주의하고, 특히 질병은 오래되니 주의할 일이다.

六月 : 이달은 이운(利運)이 크게 개발하는 달로서 상서로운 징조가 나타나서 경복(慶福)이 있을 달이다. 백사가 여의하지만 신규사업이나 투기, 투자는 하지 마라. 혼담, 이전, 여행은 괜찮다.

七月 : 희망이 성취되고 운이 열리는 달이며, 정력이 있는 한 크게 활동하면 반드시 복리를 얻는다. 연담은 있겠으나 쉽게 결정치 못하고, 주거이동은 불길하며 구설수를 주의해야 한다. 돈에 관한 일, 타인과의 청탁에 관한 일, 혼담 등은 빠르면 좋고, 늦으면 좋지 않다.

八月 : 운기가 막히어 어떤 일이고 틀어짐이 많다. 생각하는 바가 실패로 그치고 손실한다. 침묵함이 유리하고, 신규사업은 보류하라. 병난이나 금전 손실에 주의하고, 쟁론 송사는 하지 않는 것이 좋다.

九月 : 평온 무사, 장해가 없는 달이며, 집안이 극히 평온하고 모든 일이 원만하게 돌아가는 달이다. 희망은 성취하나 나태하면 행운을 얻지 못한다. 윗사람의 의견을 따르면 좋고, 고집을 부리지 말고 윗사람과 상의함이 좋다.

十月 : 모든 일이 뜻대로 되지 않음이 많고, 초조하게 급히 나아감은 실패의 원인이다. 질병과 몸 다침을 조심할 것이며, 고생과 손해가 많다. 수리, 이사, 혼인 등은 길하고, 취직이나 금전관계는 부인에게 의뢰하면 조속히 조치된다.

十一月 : 운기가 좋으므로 어떤 일이든 다소의 위험을 무릅쓰고 나아가면 이(利)가 있다. 손아래사람의 근심, 업무상의

번민이 있어 심로가 많고, 질병과 도난을 조심할 일이다.

十二月 : 복이 있는 달이며, 주의하여 나아가면 모든 일에 공을
거둘 수가 있고 발전하는 달이나 탐욕을 내면 불리하다.
문서에 착오, 소송사건, 혼담, 질병이 생기는 운세이니
모든 일에 주의해야 한다.

4. 사록목성인(四綠木星人)의 운세(運勢)

3) 삼벽목성년(三碧木星年)

正月 : 모든 일이 뜻대로 되지 않음이 많다. 특히 병난을 조심할
　　　 것이며, 노고는 있고 공은 없음이 많다. 주소변동은 불길
　　　 하며 구설수에 주의하고 연담은 있으나 쉽게 결정치 못한
　　　 다. 금전문제, 청탁, 혼담 등은 빠르면 좋고, 늦으면 좋
　　　 지 않다.

二月 : 평온무사, 가내평화, 이득 운이 왕성할 때다. 질병과 도
　　　 난을 조심하고, 신규사업은 뒤로 미루라. 병난이나 금전
　　　 손실에 주의하고, 쟁론, 송사는 하지 않는 것이 좋다.

三月 : 운기가 가라앉고 막히기 쉬우며, 장사도 조급하면 손해를
　　　 보고, 개업, 이전 등은 그만둠이 좋다. 타인에게 속지 않
　　　 도록 주의하고, 윗사람과 상의하여 의견을 따르면 좋다.

四月 : 운기가 막히어 발달하지 않으므로 진퇴유곡에 빠지는 수
　　　 가 있다. 모든 일을 서둘지 말아야 하고, 고생과 손해가
　　　 많은 달이다. 수리, 이사, 혼인 등은 길하고, 취직이나
　　　 금전관계는 부인에게 의뢰하면 빨리 조치된다.

五月 : 길한 징조가 나타나서 이운(利運)이 다시 오고, 백사가
　　　 뜻대로 된다. 도난, 병난, 몸 다침 등을 조심하고, 손아
　　　 래사람에 근심, 업무상의 번민과 마음의 수고로움이 많
　　　 다.

六月 : 길한 징조를 받아서 운기가 좋고, 다소의 위험을 무릅쓰고라도 나아가면 이(利)를 얻는 달이다. 탐욕을 내면 불리하고, 문서의 착오나 소송사건, 혼담이 생기는 운세이니 주의를 해야한다.

七月 : 모든 일이 뜻과 같지 못함, 생각이 빗나가고 뜻밖의 손해가 있다. 새로 확장하거나 개점하는 등은 그만둠이 좋다. 도난, 병난, 화난이 있으니 위험한 곳에 가까이 마라. 수리, 혼담, 개업, 이전 등은 지장이 없으나 흉방을 피함이 좋다.

八月 : 운세가 극히 왕성하여 바라는 바가 이루어진다. 새로운 일을 함이 크게 좋고, 몸을 다치거나 도난을 조심할 일이다. 신규사업, 투기사업은 하지말고, 현상유지 하라. 음식물에 주의를 요한다.

九月 : 복분이 얇고 잘 맞히지 않는 달이다. 질병으로 재물이 흩어짐이 많고, 말다툼, 화난을 조심할 일이다. 신규사업은 하지말고 현상유지 하라. 혼담, 이전, 여행은 좋고, 쓸데없는 짓을 하면 실패하니 잘 처신해야 한다.

十月 : 모든 일이 뜻대로 되지 않고, 병난을 조심할 것이며, 노고는 있으나 공은 없음이 많다. 연담은 있으나 쉽게 결정하지 못하고, 주소이동은 불길하며 구설수에 조심하라. 금전, 청탁, 혼담 등은 빠르면 좋고, 늦으면 좋지 않다.

十一月 : 평온무사, 가내평화, 이운(利運)이 왕성할 때다. 신규사업은 보류하고, 쟁론, 송사는 이로움이 없으니 하지 마

라. 질병과 도난을 조심해야 한다.

十二月 : 운기가 가라앉고 막히기 쉬우며, 장사도 조급하면 손해
를 보고, 개업, 이전 등은 그만둠이 좋다. 희망은 성취하
나 나태하면 행운을 얻지 못하고, 윗사람의 의견을 따르
면 점차 좋아진다.

4. 사록목성인(四綠木星人)의 운세(運勢)

4) 사록목성년(四綠木星年)

正月 : 하고자 하는 일이 바로 맞히어 큰 운기를 잡는 일이 있
다. 모든 일이 여의하고 결혼, 혼담, 개업, 수리, 이전,
금담, 여행 다 같이 좋으나 흉방은 피함이 마땅하다. 위
험한 곳에 가까이 말고, 아픈 사람이나 도난 등이 있기
쉬우니 주의해야 한다.

二月 : 운기가 왕성하여 계획이 잘 맞힌다. 신규사업, 투기사업
은 하지말고, 현상유지 하라. 음식물이나 도난, 질병 때
문에 뜻하지 않는 손실이 있으므로 주의가 필요하다.

三月 : 운기가 막히고 모든 일이 빗나가며, 어지간히 뜻대로 되
지 않는 달이다. 질병이나 몸 다침을 조심할 일이고, 신
규사업, 투기, 투자는 하지 마라. 혼담, 이전, 여행은 좋
다.

四月 : 평온무사, 어떤 일이고 평화롭고 집안이 화합하여 바라는
바가 이루어지는 달이다. 다만 사물의 지체 때문에 손해
를 보는 수가 있다. 주소이동은 불길하고 구설수를 주의
하라. 금전, 청탁, 혼담은 빠르면 좋고, 늦으면 좋지 않
다.

五月 : 모든 일이 여의치 못하고, 운기가 막히어서 계획이 깨뜨
러지는 달이다. 병난, 도난을 조심하지 않으면 안 된다.

신규사업은 보류하고, 쟁론, 송사는 하지 않는 것이 좋다.

六月 : 운기가 가라앉아 무엇을 해도 실패가 계속되는 달이다. 윗사람, 아랫사람과 헤어지는 기막히는 수가 있다. 타인에게 속지 않도록 하라. 고집을 부리지 말고 윗사람의 의견을 따르는 것이 좋다.

七月 : 남과 다투는 일이 일어나고 소송하는 일이 있으며, 보는 바가 빗나감이 많고 손실이 있다. 몸 다치는 일, 질병을 주의해야 하고, 고생과 손해가 많다. 수리, 이사, 혼인은 길하고, 취직이나 금전관계가 부인에게 의뢰하면 빨리 조치된다.

八月 : 운기에 변화가 일어나서 넘어져서도 그저 일어나지 않는 달이다. 운격(運格)도 좋으며, 사물에 열심하고 위험을 무릅쓰면 길한 징조를 받는다. 질병이 생기기 쉬우니 주의해야 한다.

九月 : 길한 징조가 크게 나타나는 달로서 어떤 일이고 할만하다. 너무 힘차게 마구 나아가면 반드시 깨뜨려진다. 모든 일을 서둘지 않음이 좋고, 탐욕을 내면 불리하다. 문서에 착오나 소송사건, 혼담이 생기는 운세이니 주의해야 한다.

十一月 : 운기가 왕성하여 계획이 잘 맞는다. 도난, 질병 때문에 뜻하지 않는 손실이 있으므로 주의가 필요하다. 신규사업, 투기, 투자는 하지말고 현상유지 하라. 음식물에 주

의하지 않으면 병난에 걸릴 우려가 있다.

十二月 : 운기가 막히고 모든 일이 빗나가며, 어지간히 뜻대로 되지 않는 달이다. 질병이나 몸 다침을 조심하고, 신규사업과 투기는 하지 마라. 혼담, 이전, 여행은 좋다.

4. 사록목성인(四綠木星人)의 운세(運勢)

5) 오황토성년(五黃土星年)

正月 : 모든 일이 뜻대로 되지 않음이 많고, 남과 다툼이 있다. 고생과 손해가 많은 달이며, 수리, 이사, 혼인 등은 길하다. 취직이나 금전관계는 부인에게 의뢰하면 빨리 조치된다.

二月 : 길한 징조는 있으나 복분이 얇은 달이므로 서둘지 말아야 한다. 손아래사람의 근심, 업무상의 번민이 많고, 질병은 오래가므로 주의해야 한다.

三月 : 길한 징조는 있으나 복분이 얇은 달이므로 서둘지 말아야 한다. 탐욕을 내면 불리하고, 경솔히 하는 일은 주의하라. 문서에 착오 소송사건, 혼담이 생기는 운세이니 주의해야 한다.

四月 : 모든 일에 흉보(凶報)가 많고, 아랫사람과 헤어지고 병난이 있다. 위험한 곳에 가까이 마라. 도난을 주의하고 수리, 혼담, 개업, 이전 등은 지장이 없으나 흉방을 피함이 좋다.

五月 : 대단히 좋고 길한 징조가 있으며, 모든 일을 나아가서 함이 좋다. 신규사업, 투기사업은 하지말고, 현상유지 하라. 음식물에 주의치 않으면 병난에 걸릴 우려가 있다.

六月 : 길한 징조가 있고 매우 좋으며, 모든 일을 나아가서 함이

좋다. 투기사업은 하지말고 현상유지 하라. 혼담, 개점, 이전, 여행은 좋고, 쓸데없는 짓을 하면 실패하니 주의해야 한다.

七月 : 대단히 좋고 길한 징조가 있으며, 모든 일을 나아가서 함이 좋다. 연담은 있으나 쉽게 결정치 못하고, 금전, 청탁, 혼담 등은 빠르면 좋고, 늦으면 좋지 않다.

八月 ; 평온한 달로서 윗사람의 끌어줌을 받는 달이다. 성내는 일을 참으면 좋고, 경복(慶福)을 얻으며 뜻밖의 기쁨이 있다. 병난, 금전 손실에 주의하고, 신규사업은 보류하라. 쟁론, 송사는 하지 않는 것이 좋다.

九月 : 평온한 달로서 윗사람의 끌어줌을 받는 달이다. 윗사람과 상의하고 의견을 따르라. 성내는 일을 참으면 좋고, 경복을 얻으며 뜻밖의 기쁨이 있다. 희망은 성취하나 나태하면 행운을 얻지 못한다.

十月 : 모든 일이 뜻대로 되지 않음이 많고, 남과 다툼이 있다. 고생과 손해가 많으며 수리, 이사, 혼인은 길하고, 취직이나 금전관계는 부인에게 의뢰하면 빨리 조치된다.

十一月 : 길한 징조는 있으나 복분이 얇은 달이므로 서둘지 말아야 한다. 손아래 사람의 근심, 업무상의 번민이 있어 심로가 많고, 질병을 주의해야 한다.

十二月 : 길한 징조는 있으나 복분이 얇은 달이므로 서둘지 말아야 하고, 탐욕을 내면 불리하다. 문서에 착오, 소송사건, 혼담이 일어나는 운세이니 주의해야 한다.

4. 사록목성인(四綠木星人)의 운세(運勢)

6) 육백금성년(六白金星年)

正月 : 운세가 막히어 모든 일이 뜻대로 되지 않는 달로서 새로운 사업은 서둘지 말아야 한다. 주소이동은 불길하고 구설수를 주의하라. 금전, 청탁, 혼담 등은 빠르면 좋고, 늦으면 좋지 않다.

二月 : 운세가 막히어 모든 일이 뜻대로 되지 않는 달로서 신규 사업은 서둘지 말고 보류하는 것이 마땅하다. 병난이나 금전 손실에 주의하고, 쟁론, 송사는 하지 않는 것이 좋다.

三月 : 운세가 막히어 모든 일이 뜻대로 되지 않는 달로서, 새로운 사업은 서둘지 말아야 한다. 나태하면 기회를 놓치고 타인에게 속지 않도록 하라. 윗사람의 의견을 따르면 좋다.

四月 : 운세가 막히어 모든 일이 뜻대로 되지 않는 달로서 새로운 사업은 서둘지 말아야 하고, 고생과 손해가 많다. 수리, 이사, 혼인 등은 길하고, 취직이나 금전관계는 부인에게 의뢰하면 빨리 조치된다.

五月 : 운세가 회복되는 달로서 어떤 일이고 충분히 하면 반드시 성공한다. 질병을 주의하고, 손아래사람의 근심, 업무상의 번민이 있어 심로가 많다.

六月 : 운세가 회복되는 달로서 어떤 일이고 충분히 하면 반드시
　　　성공한다. 문서의 착오나 소송사건, 혼담이 생기는 운세
　　　이니 주의하고, 탐욕을 내면 불리하다.

七月 : 평온 무사하나 나아가서 일을 하면 반드시 실패가 있으니
　　　자중함이 좋다. 위험한 곳에 가까이 마라. 가내에 환자
　　　또는 도난 등이 있기 쉬우니 주의해야 한다. 수리, 혼담,
　　　개업, 이전 등은 지장이 없으나 흉방을 피함이 좋다.

八月 : 평온 무사하나 나아가서 일을 하면 반드시 실패가 있다.
　　　자중함이 좋고, 신규사업, 투기사업은 하지 마라. 음식물
　　　에 주의해야 한다.

九月 : 평온 무사하나 나아가서 일을 하면 반드시 실패가 있다.
　　　자중함이 좋으며, 만사는 보류하고 현상 유지함이 길하
　　　다. 혼담, 신규사업, 이전, 여행은 좋다. 그러나 쓸데없
　　　는 짓은 하면 안 된다.

十月 : 운세가 막히어 모든 일이 뜻대로 되지 않는 달로서 새로
　　　운 사업은 서둘지 말아야 한다. 주거이동은 불길하고 구
　　　설수에 주의하라. 금전에 관한 일이나 청탁, 혼담 등은
　　　빠르면 좋고, 늦으면 좋지 않다.

十一月 : 만사 운세가 막히어 모든 일이 뜻대로 되지 않는 달로
　　　서 새로운 사업은 서둘지 말아야 한다. 신규사업은 보류
　　　하라. 병난, 금전 손실에 주의하고, 송사는 하지 않는 것
　　　이 좋다.

十二月 : 만사 운세가 막히어 모든 일이 뜻대로 되지 않는 달로

서 새로운 사업은 서둘지 말아야 한다. 타인에게 속지 않
도록 주의하고, 일에 있어서 윗사람의 의견을 따르면 좋
다.

4. 사록목성인(四綠木星人)의 운세(運勢)

7) 칠적금성년(七赤金星年)

正月 : 어떤 일이고 무사한 운기로 집안의 평화, 길한 징조가 있고 사물을 계획하는데 좋다. 위험한 곳에 가까이 마라. 집안에 환자나 도난이 생기기 쉬우니 주의해야 하고, 수리, 혼담, 개업, 이전 등은 지장이 없으나 흉방을 피함이 좋다.

二月 : 모든 일이 뜻대로 나아가지 않고, 재물만 흩어지는 달이며 사물의 계획 등 모두가 좋지 않다. 질병과 도난을 조심하고 신규사업이나 투기업은 하지 마라. 음식물에 주의해야 한다.

三月 : 흉운의 달로서 운기가 막히어 어떤 일이고 실패를 부른다. 낭패가 많은 달로서 주의하지 않으면 안 된다. 투기하지말고 현상유지 하라. 혼담, 신규개점, 이전, 여행은 괜찮다.

四月 : 모든 일이 뜻과 같이 되지 않고 편견으로 해서 손실, 소송이 일어난다. 남으로부터 공격을 받으니 주의할 일이다. 주거이동은 불길하고, 금전에 관한 일이나 청탁, 혼담 등은 빠르면 좋고, 늦으면 좋지 않다.

五月 : 운기가 아직도 열리지 않고 장사 일은 틀어짐이 많으며, 손실이 있다. 도난이 있고, 질병은 오래 끌며, 신규사업

은 보류하라. 쟁론, 송사는 이로움이 없으니 하면 안 된다.

六月 : 재운이 거의 없고, 뜻밖의 실패를 가져오는 수가 있다. 장사 그 밖의 교섭에 주의함이 필요하고, 나태하면 기회를 놓친다. 남에게 속임을 당하지 마라. 윗사람의 의견을 따르는 것이 좋다.

七月 : 운기가 회복하여 길한 징조가 나타나고, 나아가서 해도 해(害)가 없다. 욕심을 부리지 않아도 이기는 달이며, 고생과 손해가 많다. 수리, 이사, 혼인 등이 길하고, 취직이나 금전관계는 부인에게 의뢰하면 속히 조치된다.

八月 : 운기가 크게 발전하는 때이며, 무슨 일에도 괜찮다. 연담, 금담, 개업, 이전, 신규 사업 등 모두 좋다. 손아래 사람의 근심, 업무상의 번민이 많고 질병을 주의해야 한다.

九月 : 길한 징조가 있고, 운기에 변화가 있으나 뜻하지 않은 사람의 원조를 얻어 성공한다. 탐욕을 내면 불리하고 분수 밖의 일은 하지 마라. 문서의 착오나 소송 건, 혼담이 일어나는 운세이니 주의를 요한다.

十月 : 운기가 조용하고 어떤 일이고 무사하고, 집안의 평화, 길한 징조가 있다. 사물을 계획하는데 좋고, 위험한 곳에 가까이 마라. 환자나 도난이 있기 쉬우니 주의해야 한다. 수리, 혼담, 개업, 이전 등은 지장이 없으나 흉방을 피함이 좋다.

十一月 : 모든 일이 뜻대로 나아가지 않고, 재물만 흩어지는 달
이다. 사물의 계획 등 모두가 좋지 않고, 질병과 도난을
조심하라. 음식물에 주의하고, 신규사업, 투기, 투자는
삼가고, 현상 유지함이 길하다.

十二月 : 흉운의 달로서 운기가 막히어 어떤 일이고 실패를 부른
다. 낭패가 많은 달이므로 주의하지 않으면 아니 된다.
신규사업에 손대지 말고, 혼담, 이전, 여행은 좋다.

4. 사록목성인(四綠木星人)의 운세(運勢)

8) 팔백토성년(八白土星年)

正月 : 뜻밖의 복운이 온다. 자기가 믿는 바를 향해 마구 나아가도 좋다. 그러나 고생과 손해가 따르며, 이사, 혼인은 길하다. 취직이나 금전관계는 부인에게 의뢰하면 속히 조취된다.

二月 : 운기가 좋기는 하나 그 반면 재물의 흩어짐이 많고, 도난, 질병 때문에 곤란이 있다. 손아래사람의 근심, 업무상의 번민이 많다.

三月 : 길한 징조가 나타나서 운기가 향상하나 틀어짐이 일어나기 쉽고, 굳게 나아가면 된다. 탐욕을 내면 불리하고, 문서의 착오나 소송사건, 혼담이 생기는 운세이니 주의해야 한다.

四月 : 운기가 뻗는 달로서 마음먹은 일이 십중팔구는 성공한다. 개업, 이전, 연담, 금담 모두가 좋다. 위험한 곳에 가까이 말고, 가내에 환자나 도난이 있기 쉬우니 주의함이 좋다.

五月 : 모든 일이 여의치 못하고, 의혹이 일어나기 쉬우며, 소송공사(公事)가 반드시 있다. 신규사업, 투기는 삼가라. 실패하면 큰 손해가 있다. 음식물에 주의를 요한다.

六月 : 계획하는 일이 모두 깨어지고, 몸의 상처를 입어 신명(身命)의 위험이 있을 수가 있으니 만사에 조심할 것이다.

만사는 보류하고 현상유지 하라. 혼담, 신규개점, 이전, 여행은 좋다.

七月 : 운이 침쇠(沈衰)되어 보는 바가 빗나가서 손해를 본다. 결혼, 개업, 금담 등 되는 것이 없다. 주거이동은 불길하고 구설수를 주의해야 한다. 금전에 관한 일이나 청탁, 혼담 등은 빠르면 좋고, 늦으면 좋지 않다.

八月 : 운기가 가라앉아 뜻하는 것은 이루어지지 않는다. 나아가면 반드시 손해가 있고, 도난과 질병을 조심할 것이다. 신규사업은 보류하고, 쟁론, 송사는 하지 않는 것이 좋다.

九月 : 상서로운 징조가 나타나서 운기가 점점 뻗쳐 복운이 있고, 모든 일이 뜻대로 된다. 희망은 성취하나 나태하면 기회를 놓치고, 윗사람의 의견을 따르는 것이 좋다.

十月 : 뜻밖의 복운이 오므로 자기가 믿는 바를 향해 마구 나아가도 좋으나 고생과 손해가 있다. 수리, 이사, 혼인 등은 길하고 취직이나 금전관계는 부인에게 의뢰하면 빨리 조치된다.

十一月 : 운기가 좋기는 하나 그 반면 재물의 흩어짐이 많고, 도난, 질병 때문에 곤란이 있다. 손아래사람의 근심이나 업무상의 번민이 많다.

十二月 : 길한 징조가 나타나서 운기가 향상하나 틀어짐이 일어나기 쉽고 굳게 나아가면 된다. 탐욕을 내면 불리하고, 문서에 착오나 소송사건, 혼담이 생기는 운세이니 주의를 요한다.

4. 사록목성인(四綠木星人)의 운세(運勢)

9) 구자화성년(九紫火星年)

正月 : 운기가 별로 뻗지 못하니 고심은 하나 공이 없다. 질병에
주의할 것이며, 연담이 있으나 결정치 못하고 주거이동,
구설수를 주의해야 한다. 금전에 관한 일이나 청탁, 혼담
등은 빠르면 좋고, 늦으면 좋지 않다.

二月 : 운기가 발전하여 모든 원하는 일이 성취되는 달이다. 어
떤 일이고 반드시 이익을 얻으며 도난, 병난을 주의해야
한다. 신규사업은 보류하고, 쟁론, 송사는 하지 않는 것
이 좋다.

三月 : 운기 왕성하고, 백사가 가장 뜻대로 될 때이다. 기이한
승리를 얻어 복연(福緣)을 만나므로 만사 대길하다. 고집
을 부리지 말고 윗사람과 상의함이 좋으며, 의견을 따르
는 것이 좋다.

四月 : 모든 일이 여의치 못함이 많다. 이운(利運)이 막히고, 발
달이 없으며 병난을 조심해야 한다. 고생과 손해가 많고,
수리, 이사, 혼인 등이 길하다. 취직이나 금전관계는 부
인에게 의뢰하면 빨리 조치된다.

五月 : 운세가 좋아 연담, 개업, 금담 다 같이 좋고, 질병 및 화
난으로 손실을 입는 수가 있다. 손아래사람의 근심이나
업무상의 번민, 심로가 많다.

六月 : 상서로운 징조가 나타나서 복운이 오기는 하나 매매하는 일에는 손실이 있다. 병난 및 화난을 주의하고 탐욕을 내면 불리하다. 문서의 착오나 소송사건, 혼담이 생기는 운세이니 주의해야 한다.

七月 : 운기가 불량하여 손만 내밀면 큰 손해가 있으므로 옛것을 지켜 침묵함이 가장 좋다. 위험한 곳에 가까이 말고, 다툼과 질병을 조심할 일이다. 가내에 환자나 도난 등이 있기 쉬우니 주의하라. 수리, 혼담, 개업, 이전 등은 지장이 없으나 흉방을 피함이 좋다.

八月 : 모든 일이 뜻과 같지 않음이 많고, 예상 밖의 실패가 있다. 병난, 도난, 몸을 다치는 수가 있으니 주의를 요하고, 신규사업, 투기사업은 삼갈 것이며, 음식물을 주의해야 한다.

九月 : 운기가 막히어 슬픔을 맛보며, 심중에 망설임이 있고, 소송에 진다. 다툼과 화난을 조심할 일이며, 만사는 보류하고 현상유지 하라. 혼담, 신규개점, 이전, 여행은 좋다.

十月 : 운기가 별로 뻗지 못하므로 고심은 하나 공이 없다. 주소이동은 불길하고, 구설수, 질병에 주의할 것이다. 금전에 관한 일이나 청탁, 혼담 등은 빠르면 좋고, 늦으면 좋지 않다.

十一月 : 운격이 발전하여 모든 바램이 성취되는 달이며, 어떤 일이고 반드시 이익을 얻는다. 도난, 병난을 주의할 일이며, 신규사업은 보류하라. 쟁론, 송사는 하지 않는 것이

좋다.

十二月 : 운기가 왕성하고 백사가 가장 뜻대로 잘 되는 때이다.
기이한 승리를 얻어 복연(福緣)을 만나므로 만사 대길하
다. 게으르면 행운을 얻지 못하고, 윗사람의 의견을 따르
는 것이 좋다.

5. 오황토성인(五黃土星人)의 운세(運勢)

1) 일백수성년(一白水星年)

正月 : 평온의 달로서 함부로 나아감을 조심할 것이며, 별로 좋지 않은 운세이니 모든 일에 주의해야 한다.

二月 : 평온의 달로서 함부로 나아감을 조심할 일이다. 주거에 걱정은 있으나 사업과 혼담은 길하다. 생각지도 않은 이익을 얻는 일이 있으며, 부인 때문에 좋은 운을 놓칠 염려가 있다.

三月 : 길한 징조가 나타나며 경복(慶福)을 얻음이 심히 많다. 교제에 실패하기 쉬우니 윗사람의 의견에 따르라. 돈, 혼담, 취직, 전업 등 서둘면 되고, 태만하면 장해가 있어 여의치 못하다. 먼 곳에서 길한 소식이 오던가 이익함이 있다.

四月 : 모든 일이 뜻대로 되지 않으며, 장사는 손해를 보고, 질병, 몸 다침 등이 있으므로 조심할 것이다. 고집을 부리지 말고, 세심한 주의를 하라. 마음이 많이 급하고, 금전에도 고충이 따른다.

五月 : 모든 일이 여의치 않으며, 장사는 손해를 보고, 질병, 몸 다침 등이 있으므로 조심할 것이다. 신규사업은 하지말고, 현상유지 하라. 남과 시비를 주의하고, 윗사람의 의견에 따르면 좋다.

六月 : 모든 일이 여의치 않으며, 장사는 손해를 보고 질병, 몸
　　　다침이 있을 것이니 조심할 것이다. 신규사업은 하지 마
　　　라. 가내 구설이 빈번하고 타인과의 쟁론 등은 주의함이
　　　좋다. 금전문제로 부인에게 즐거운 일이 있다.

七月 : 모든 일이 뜻대로 되지 않으며, 장사는 손해를 보고, 질
　　　병, 몸 다침 등이 있을 것이니 조심할 것이다. 만사는 독
　　　립적으로 행함이 상책이고, 손아래사람의 근심, 병난을
　　　주의하라. 남을 돌보아 주고 욕을 얻어먹는 일이 있다.

八月 : 가장 좋은 달로서 재운이 있고, 연분, 금담, 개업, 이전
　　　등은 길하다. 남에게 의지하지말고, 조급증이나 원망도
　　　갖지 마라. 너무 급진적으로 서둘러서 곤란할 일이 있다.

九月 : 가장 좋은 달로서 재운이 있고, 연분, 금담, 개업, 이전
　　　등 모두 좋다. 물가에 가지말고 나태하지 말며, 남의 감
　　　정을 상하게 하지 마라. 여의치 못하고 금전상으로 근심
　　　도 있다. 자기 욕심 때문에 의외의 실패로 타인에게 폐를
　　　끼치기 쉬우니 주의해야 한다.

十月 : 평온한 달로서 함부로 나아감을 조심할 일이다. 신분에
　　　맞는 처신을 하라. 그렇게 좋지 않은 운세이니 모든 일에
　　　주의함이 좋다.

十一月 : 평온의 달로서 함부로 나아감을 조심할 일이다. 사업과
　　　혼담은 길하나 주거에 걱정이 있고, 이익을 얻는 일이 있
　　　으며, 부인 때문에 좋은 운을 놓칠 염려가 있으니 주의해
　　　야 한다.

十二月 : 길한 징조가 나타나며, 경복을 얻음이 심히 많다. 교제
　　　　상에 실패할 염려가 있으니 윗사람에 순종하라. 금전, 혼
　　　　담, 취직, 전업 등 서둘면 되고, 태만하면 장해가 있어
　　　　여의치 못하다.

5. 오황토성인(五黃土星人)의 운세(運勢)

2) 이흑토성년(二黑土星年)

正月 : 이 달에는 끝이 좋고, 도난, 질병이 있으며, 만사는 독
립, 독행 함이 상책이다. 뜻한 일에 있어서 번민하는 일
이 있으며, 타인을 돌보아 주고 욕을 얻어먹는 일이 있
다.

二月 : 모든 일이 나아가도 좋은 길운의 달이다. 의타심을 버리
고 조급증이나 원망도 하지 마라. 너무 급진적으로 서둘
러서 곤란한 일이 있다.

三月 : 모든 일이 나아가도 좋은 길운의 달이다. 타인에게 감정
을 상하게 하지말고, 물가에 가지 말며, 나태심을 버려
라. 욕심이 지나치면 실패하니 주의하고, 금전상으로 근
심도 있다.

四月 : 운기가 회복되어 재운이 온다. 대길하지만 신분에 맞게
처신하라. 모든 일에 주의함이 좋다.

五月 : 운기가 회복되어 재운이 오고 대길하다. 주거에 대한 걱
정이 있으나 사업과 혼담은 길하고, 생각지도 않은 이익
을 얻는 일이 있다.

六月 : 운기가 회복되어 재운이 오고 대길하다. 교제에 실패수가
있으니 손윗사람에게 유순히 따르라. 돈, 혼담, 취직, 전
업 등 서둘면 잘 되고, 태만하면 장해가 따른다.

七月 : 모든 일이 뜻과 같지 못하고, 나아가면 반드시 깨어지고
소송, 다툼이 심히 많고, 손실이 있다. 고집을 부리지 말
고, 세심한 주의를 하라. 이것저것 마음이 급함이 많다.

八月 : 모든 일이 여의치 못하고, 나아가면 반드시 깨어지고 소
송, 다툼이 심히 많고 손실이 있다. 신규사업은 시작하지
말고, 현상 유지함이 유익하다. 타인과 시비를 하지말고,
윗사람의 의견에 따르는 것이 좋다.

九月 : 모든 일이 여의치 못하고, 나아가면 반드시 깨어지고 소
송, 다툼이 심히 많다. 손실이 있으므로 신규사업은 착수
치 말고 현상유지 하라. 가내 구설이 빈번하고 타인과의
쟁론 등은 주의함이 좋다.

十月 : 끝이 좋고, 도난, 병난, 손아래 사람의 근심 등을 주의해
야 한다. 만사는 독립적으로 시행하라. 남을 돌보아주고
욕을 얻어먹는 일이 있다.

十一月 : 길운의 달이며, 모든 일이 나아가도 좋다. 의뢰심을 두
지 말고, 조급하지 말며, 소동이나 원망을 갖지 마라. 겉
보기에는 좋으나 속으로는 고통스러움이 많다.

十二月 : 모든 일이 나아가도 좋은 길운의 달이다. 욕심을 부리
지 말고, 물가에 가지 말며, 남의 감정을 상하게 하지 마
라. 금전상으로 근심이 있다.

5. 오황토성인(五黃土星人)의 운세(運勢)

3) 삼벽목성년(三碧木星年)

正月 : 모든 일을 계획하면 많은 산재(散財)가 우려되고, 소송에 주의해야 한다. 고집을 부리지 말고 세심한 주의를 요하며, 무슨 일이든 여의치 못하다.

二月 : 모든 일을 계획하면 많은 산재가 염려되고, 소송에 주의해야 한다. 신규사업은 착수하지말고 현상유지가 유익하다. 남과 시비를 하지말고, 윗사람의 의견에 따르면 틀림이 없다.

三月 : 평정(平靜)무사, 편안한 달이다. 뜻한 바 성공이 있고, 현상유지가 유익하다. 가내 구설이 빈번하고, 타인과의 쟁론 등은 주의함이 좋다.

四月 : 평정무사하고 편안한 달이며, 뜻하는 바 같이 성공이 있다. 생각대로 안 되는 점도 있으니 만사는 독립 독행 함이 상책이다. 손아래사람의 근심, 병난 등이 있으니 주의해야 한다.

五月 : 평정무사하고 편안한 달이며, 뜻하는 바 같이 성공이 있다. 의뢰심은 버리고 조급증이나 소동, 원망도 하지 마라. 겉보기에는 좋아도 속으로는 고통스러움이 많다.

六月 : 평정무사하고 편안한 달이며, 뜻한 바 성공이 있다. 태만하지말고, 타인에게 감정을 상하지 않도록 하라. 자기 욕

심 때문에 남에게 폐를 끼치게 되니 주의하고, 금전상으로 근심도 있다.

七月 : 평정무사하고 편안한 달이며, 뜻하는 바 같이 성공이 있다. 신분에 상응하게 처신하고, 모든 일에 주의함이 좋다.

八月 : 운기가 침체되어 일신상에 변화가 일어난다. 내기시합은 지고, 주소에 대한 걱정은 있으나 사업과 혼담은 길하다. 생각지도 않은 이익을 얻는 일이 있다.

九月 : 길한 징조가 나타나고 재운이 크게 뻗는다. 교제상 실패할 염려가 있으니 윗사람에게 순종하라. 돈, 혼담, 취직, 전업 등 서둘면 잘 되고, 태만하면 장애가 있게된다.

十月 : 모든 일을 계획하면 많은 산재(散財)가 염려되고, 소송에 주의해야 한다. 고집을 부리지 말고 세심한 주의가 필요하다. 이것저것 마음이 급함이 많고, 금전도 들어옴에 있어서 고통이 있다.

十一月 : 모든 일을 계획하면 많은 산재, 시비, 소송에 주의해야 한다. 신규사업은 하지말고 현상유지가 유익하다. 윗사람의 의견에 따르는 것이 좋다.

十二月 : 평정 무사하고 편안한 달로서 뜻하는 바 같이 성공이 있고 현상유지가 유익하다. 가내 구설이 빈번하고 타인과의 쟁론 등은 주의함이 좋다.

5. 오황토성인(五黃土星人)의 운세(運勢)

4) 사록목성년(四綠木星年)

正月 : 운세가 이르지 못하여 모든 일이 뜻과 같지 못한 달이다. 여행, 외출, 질병에 주의할 것이며, 신분에 맞게 처신하고 신변을 주의해야 한다.

二月 : 모든 일이 평정(平靜)하고, 재운이 있으며 발전한다. 사업과 혼담은 길하나 주거에 대한 걱정이 있다. 생각지도 않은 이익을 얻는 일이 있다. 부인 때문에 좋은 운을 놓칠 우려가 있으니 주의해야 한다.

三月 : 모든 일이 평정하고 재운이 있으며 발전한다. 교제상 실패할 염려가 있으니 윗사람에게 순종하라. 돈, 혼담, 취직, 전업 등은 서둘면 길하고, 태만하면 여의치 못하다.

四月 : 모든 일이 뜻과 같지 못하고 서둘지 마라. 신상에 괴로움이 일어난다. 고집을 부리지 말고 세심한 주의를 하라. 생각대로 되지 않고 이것저것 마음이 급하다.

五月 : 천운(天運)이 크게 뻗어 복운이 오므로 개업, 이전 등 크게 좋고, 스스로 나아감이 좋다. 질병, 도난이 일어나며 현상유지가 유익하다. 남과의 시비를 조심하고, 윗사람의 의견을 따르는 것이 좋다.

六月 : 천운이 크게 뻗어 복운이 오고, 개업, 이전 등 크게 좋다. 스스로 나아감이 좋고, 질병, 도난이 일어난다. 현상

유지가 유익하며, 가내 구설이 빈번하고 타인과의 쟁론 등은 주의함이 좋다.

七月 : 천운이 크게 뻗어 복운이 오고, 개업, 이전 등은 크게 좋다. 스스로 나아감이 좋고, 질병, 도난이 일어난다. 손아래 사람의 근심, 병난 등을 주의하라.

八月 : 천운이 크게 뻗어 복운이 온다. 개업, 이전 등 크게 좋고, 스스로 나아감이 좋으며, 질병, 도난이 일어난다. 의뢰심을 버리고 조급함과 원망을 하지 마라. 겉으로는 좋은 것 같아 보이나 속으로는 고통스러움이 많다.

九月 : 천운이 크게 뻗어 복운이 오고, 개업, 이전 등은 크게 좋다. 스스로 나아감이 좋고, 질병, 도난이 일어난다. 물가에 가지말고, 태만하지 마라. 금전상으로 근심이 있으며 자기 욕심 대문에 타인에게 폐를 끼치기 쉬우니 주의해야 한다.

十月 : 운세가 이르지 못하여 모든 일이 여의치 못한 달이다. 질병에 주의하여 여행, 외출에 주의하고, 신분에 상응하게 처신해야 한다.

十一月 : 모든 일이 평정하고 재운이 있으며 발전한다. 사업과 혼담에 길하고, 의외의 이익을 얻는 일이 있다. 부인 때문에 좋은 운을 놓칠 염려가 있다.

十二月 : 모든 일이 평정하고 재운이 있으며 발전한다. 교제상 실패할 염려가 있으니 윗사람에게 순종하라. 돈, 혼담, 취직, 전역 등 서둘면 좋고, 태만하면 여의치 못하다.

5. 오황토성인(五黃土星人)의 운세(運勢)

5) 오황토성년(五黃土星年)

正月 : 모든 일이 뜻과 같지 못하며 손실을 당하는 달이다. 만사는 독립, 독행으로 하라. 손아래 사람의 근심, 병난 등이 있으니 주의해야 한다.

二月 : 길한 징조가 있으나 손해를 보기 쉬운 달이다. 의뢰심을 두지 말고, 조급증, 소동, 원망도 하지 마라. 겉으로는 좋은 것 같이 보이나 속으로는 고통스러움이 많은 시기다.

三月 : 길한 징조가 있으나 손해를 보기 쉬운 달이다. 타인에게 감정을 상하지 않도록 하고, 물가에 가지 마라. 금전상으로 근심이 있으며 욕심을 부리면 실패가 따르니 주의해야 한다.

四月 : 운기가 막히고 다툼으로 소송이 일어난다. 신변을 주의하고 모든 일을 주의함이 좋다.

五月 : 운기가 막히고 다툼으로 소송이 일어난다. 혼담과 사업은 길하나 주소에 걱정이 있다. 생각지도 않은 이익을 얻는 일이 있다.

六月 : 운세가 회복하여 장사 그 밖의 개업, 이전, 시집살이, 혼담, 금담, 새로운 사업이 반드시 좋다. 교제에 장애가 있기 쉬우니 윗사람에 순종하라. 다만 태만하면 장해가 따

른다.

七月 : 운세가 회복하여 장사 그 밖의 개업, 이전, 시집살이, 금
담, 새로운 사업이 반드시 좋다. 고집을 부리지 말고 세
심한 주의를 하라. 생각대로 되지 않고 이것저것 마음이
급함이 많다.

八月 : 운세가 회복하여 장사 그 밖의 개업, 이전, 시집살이, 금
담, 새로운 사업이 반드시 좋다. 신규사업은 삼가고 현상
유지가 유익하다. 남과 시비를 하지말고, 윗사람의 의견
에 따르면 틀림이 없다.

九月 : 평온 무사한 달로서 돈이 모이는 달이다. 현상유지가 유
익하고, 부인에게 즐거운 일이 있다. 가내 구설이 빈번하
고 타인과의 쟁론 등은 주의함이 좋다.

十月 : 모든 일이 뜻과 같지 못하며, 손실을 당하는 달이다. 독
립적으로 일을 하라. 손아래 사람의 근심, 병난 등이 있
으니 주의해야 한다.

十一月 : 길한 징조가 있으나 손해를 보기 쉬운 달이다. 의뢰심
을 버리고 조급증이나 소동, 원망을 하지 마라. 겉으로는
좋은 것같이 보이나 속으로는 고충이 많다.

十二月 : 길한 징조가 있으나 손해를 보기 쉬운 달이다. 태만하
지말고, 물가에 가지 마라. 금전상으로 근심이 있다. 욕
심을 부리면 실패하니 주의해야 한다.

5. 오황토성인(五黃土星人)의 운세(運勢)

6) 육백금성년(六白金星年)

正月 : 좋은 운수의 달로 편안하고 길한 징조가 있다. 고집을 부리지 말고 세심한 주의를 하라. 백사가 여의치 못하고 이것저것 마음이 급함이 많다

二月 : 좋은 운수의 달로 편안하고 길한 징조가 있다. 신규사업은 시작하지말고 현상유지가 유익하다. 남과 시비를 하지 말고, 윗사람의 의견에 따르면 틀림이 없다.

三月 : 평온 무사, 나아가지 않고 지킴이 좋다. 현상유지가 유익하며 가내 구설이 빈번하고, 타인과의 쟁론 등은 주의함이 좋다.

四月 : 길한 징조가 나타나서 백사가 여의하다. 다툼이 일어나기 쉽고, 겸손이 필요하다. 손아래 사람의 근심, 병난 등이 있으니 주의해야 한다.

五月 : 길한 징조가 나타나서 백사가 여의하고, 다툼이 일어나기 쉬우며, 겸손이 필요하다. 조급증이나 소동, 원망을 하지 마라. 겉보기에는 좋으나 속으로는 고통스러움이 많다.

六月 : 길한 징조가 나타나서 백사가 여의하다. 다툼이 일어나기 쉽고, 겸손이 필요하다. 태만하지말고 타인에게 감정을 상하지 않도록 하라. 여의치 못하고, 금전상으로 근심이 있으며, 욕심을 부리지 말아야 한다.

七月 : 뜻과 같지 못함이 많고, 질병이 있다. 신변을 주의하라. 모든 일에 있어서 주의함이 좋다.

八月 : 뜻과 같지 못함이 많고 질병이 있다. 의외의 이익을 얻는 일이 있고, 사업과 혼담은 길하다. 부인 때문에 모처럼의 좋은 운을 놓칠 염려가 있으니 주의해야 한다.

九月 : 길한 징조가 있는 달로서 운세가 좋으나 모든 일이 원만하지 못하고 깨어짐이 많다. 교제에 세심한 주의를 요하고, 혼담, 금전, 취직, 전업 등 서둘면 잘되고, 태만하면 장해가 있어 여의치 못하다.

十月 : 좋은 운수의 달로 편안하고 길한 징조가 있다. 고집을 부리지 마라. 여의치 못하고 이것저것 마음의 급함이 많다.

十一月 : 좋은 운수의 달로 편안하고 길한 징조가 있다. 남과 시비를 하지말고 윗사람의 의견을 따르는 것이 좋고, 현상유지가 유익하다.

十二月 : 평온무사, 나아가지 않고 지킴이 좋다. 현상유지가 길하며, 가내구설이 빈번하고 타인과의 쟁론 등은 주의함이 좋다.

5. 오황토성인(五黃土星人)의 운세(運勢)

7) 칠적금성년(七赤金星年)

正月 : 뜻대로 되지 않는 달이며, 계획에 손실이 있다. 신변과 모든 일에 주의함이 좋다.

二月 : 뜻대로 되지 않는 달이며, 계획에 손실이 있다. 주소에 대한 걱정은 있으나 사업과 혼담은 길하다. 생각지도 않은 이익을 얻는 일이 있다.

三月 : 무사 평온하며 길한 징조에 따라 뜻하지 않는 이(利)를 받는 일이 있다. 남을 쫓아서 좋고, 교제상 실패할 염려가 있으니 주의해야 한다. 돈, 혼담, 취직, 전업 등 서둘면 잘 되고, 태만하면 여의치 못하다.

四月 : 무사 평온하며 길한 징조에 따라 뜻하지 않는 이(利)를 받는 일이 있다. 남을 쫓아서 좋으며 신규사업은 삼가고 현상유지가 유익하다. 남과 시비를 하지말고, 고집을 부리지 말며, 세심한 주의를 요한다.

五月 : 무사 평온, 길한 징조에 따라 의외의 이익을 얻는다. 신규사업은 삼가고 현상유지가 유익하며 남을 쫓아서 좋다. 남과 시비를 하지말고, 윗사람의 의견에 따르면 좋다.

六月 : 크게 좋은 운의 달로 큰 발전을 하여 좋고, 현상 유지함이 유익하다. 가내 구설이 빈번하고 타인과의 쟁론 등은 주의함이 좋다.

七月 : 뜻과 같지 못하며, 장해가 일어나고 다툼이 있다. 손아래 사람의 근심, 병난 등이 있으니 주의해야 한다.

八月 : 여의치 못하고 장해가 일어나며 다툼이 있다. 의뢰심을 갖지 말고 조급증이나 소동, 원망도 하지 마라. 겉으로는 좋은 것 같이 보이나 속으로는 고통스러움이 많은 시기다.

九月 : 크게 길한 징조가 있는 달이다. 태만하지말고 남에게 감정을 상하지 않도록 하라. 여의치 못하고 금전상으로 근심도 있다. 욕심을 부리지 않는 것이 현명한 일이다.

十月 : 뜻대로 되지 않는 달이며 계획에 차질과 손실이 있다. 신분에 맞게 처신하고 신변과 모든 일을 주의해야 한다.

十一月 : 뜻대로 되지 않는 달로서 계획에 손실이 있다. 생각지도 않는 이익을 얻는 일이 있으며, 사업과 혼담은 길하다.

十二月 : 평온 무사하며, 길한 징조에 따라 의외의 이(利)를 얻는 일이 있다. 남을 쫓아서 좋고, 교제는 조심하라. 돈, 혼담, 취직, 전업 등 서둘면 잘되고, 태만하면 장해가 있어 여의치 못하다.

5. 오황토성인(五黃土星人)의 운세(運勢)

8) 팔백토성년(八白土星年)

正月 : 모든 일이 장해가 없으나 질병, 도난을 충분히 조심하지 않으면 아니 된다. 손아래 사람의 근심, 병난 등이 있으니 주의하고, 만사는 독립적으로 행하라. 뜻한 일에 있어서 번민하는 일이 있다.

二月 : 모든 일이 장해가 없으나 질병, 도난을 조심하지 않으면 안 된다. 아랫사람 때문에 노고가 있고, 의뢰심과 조급증을 가지지 마라. 겉보기에는 좋은 것 같아도 속으로는 고통스러움이 많다.

三月 : 길한 징조가 있어 경복(慶福)을 득 하여 만사가 성공하는 달이다. 태만하지말고 타인에게 감정을 상하지 않도록 하라. 여의치 못하고 금전상으로 근심도 있으며, 욕심을 부리지 말아야 한다.

四月 : 길한 징조가 나타나서 경복을 얻어 만사가 성공하는 달이다. 신변을 주의하고 신분에 상응되게 처신하라. 모든 일을 주의함이 좋다.

五月 : 길한 징조가 나타나서 경복을 얻어 만사가 성공하는 달이다. 사업과 혼담에 길하고, 생각지도 않는 이익을 얻는 일이 있다.

六月 : 길한 징조가 나타나서 경복을 얻어 만사가 성공하는 달이다. 교제상 실패할 염려가 있으니 수상인 에게 순종하라.

돈, 혼담, 취직, 전업 등 서둘면 잘 되고, 태만하면 장해가 있어 여의치 못하다.

七月 : 모든 일을 나아가서 함에 가장 좋고, 큰 이(利)를 얻을 운이다. 좋은 연분이 있고, 개업도 길하다. 고집을 부리지 말고, 세심한 주의를 하라. 여의치 않고 이것저것 마음이 급함이 많다.

八月 : 모든 일은 나아가서 하는데 가장 좋고, 큰 이(利)를 얻을 운이다. 좋은 연분이 있고, 개업도 길하며 현상 유지함이 유익하다. 남과 시비를 하지말고, 윗사람의 의견에 따르면 틀림이 없다.

九月 : 뜻대로 되지 않는 일이 많고 손실이 있다. 신규사업은 하지말고 현상유지 하라. 가내 구설이 빈번하고 타인과의 쟁론 등은 주의함이 좋다.

十月 : 모든 일에 장해가 없으나 질병, 도난을 충분히 조심하지 않으면 아니 된다. 아래 사람 때문에 노고가 있고 타인을 돌보아 주고도 욕을 얻어먹는 일이 있다.

十一月 : 모든 일이 장해 없으나 질병, 도난을 충분히 조심치 않으면 안 된다. 아랫사람 때문에 노고가 있으며, 의뢰심과 조급증을 버려라. 겉으로는 좋은 것 같이 보이나 속으로는 고통스러움이 많은 시기다.

十二月 : 길한 징조가 나타나서 경복을 얻어 만사가 성공하는 달이다. 태만하지말고 물가에 가지 마라. 금전상으로 근심도 따른다. 욕심 때문에 의외의 실패가 있을 수 있으니 주의해야 한다.

5. 오황토성인(五黃土星人)의 운세(運勢)
9) 구자화성년(九紫火星年)

正月 : 경복(慶福)이 있고, 어떤 일을 시작하는데 좋다. 고집을 부리지 말고 세심한 주의를 하라. 여의치 못하고 이것저것 마음이 급함이 많다.

二月 : 모든 일을 서둘지 않도록 하고, 소송, 다툼이 일어나기 쉬운 달이다. 신규사업에 손대지 말고 현상 유지함이 유익하다. 윗사람의 의견에 따르면 틀림이 없다.

三月 : 모든 일을 서둘지 않도록 하라. 소송, 구설, 다툼이 일어나기 쉬운 달이니 주의해야 한다. 신규사업은 착수하지말고 현상 유지함이 길하다.

四月 : 모든 일을 서둘지 않도록 하라. 소송, 다툼이 일어나기 쉬운 달이다. 손아래 사람의 근심, 병난 등이 있으므로 주의하라. 고생할 징조가 있으나 만사는 독립적으로 행함이 상책이다.

五月 : 모든 일을 서둘지 않도록 하라. 소송, 다툼이 일어나기 쉬운 달이다. 의지심과 조급증을 버려라. 겉보기에는 좋아도 속으로는 고통이 많다.

六月 : 대단히 좋은 달로서 운기도 있고, 금전, 재보가 모인다. 태만하지말고 물가에 가지 마라. 여의치 못하고 금전상으로 근심이 있으며 욕심을 부리지 마라.

七月 : 대단히 좋은 달로서 운기도 있고, 금전, 재보가 모인다. 그렇게 좋은 운세는 아니므로 신변을 주의하고, 매사에 주의함이 좋다.

八月 : 대단히 좋은 달로서 운기도 있고, 금전, 재보가 모인다. 사업과 혼담은 길하고, 생각지도 않은 이익을 얻는 일이 있다. 부인 때문에 좋은 운을 놓칠 염려가 있으니 주의해야 한다.

九月 : 대단히 좋은 달로서 운기도 있고, 금전, 재보가 모인다. 교제상 애로가 있으니 윗사람의 뜻을 따르라. 돈, 혼담, 취직, 전업 등은 서둘면 잘되고, 태만하면 장해가 따라 여의치 못하다.

十月 : 경복이 있고 어떤 일을 시작하는데 좋다. 고집을 부리지 마라. 여의치 못하고 이것저것 마음이 조급하다.

十一月 : 모든 일을 서둘지 않도록 하라. 소송, 시비, 다툼이 일어나기 쉬운 달이다. 신규사업은 손대지 말고 현상유지가 유익하다. 윗사람의 의견에 따르면 틀림이 없다.

十二月 : 모든 일을 서둘지 않도록 하라. 소송, 구설, 다툼이 일어나기 쉬운 달이다. 신규사업은 하지말고, 현상유지 하라.

6. 육백금성인(六白金星人)의 운세(運勢)

1) 일백수성년(一白水星年)

正月 : 모든 일이 생각대로 나아가고 만사가 잘 된다. 사업은 성공적이나 상대방을 잘 선택하여야 하고, 승급, 신규사업, 취직, 혼담, 금전 등에 좋은 일이 많다. 수리, 조작, 이전, 여행, 개업 등 잘 추진하면 의외의 행복을 얻는다.

二月 : 소송, 논쟁 때문에 재물을 흩음이 많고, 주소가 바뀌기 쉬운 달이다. 마음이 안정되지 않으므로 무엇이든 생각만 하고 실행함이 적다. 심사 숙고하여 현상 유지함이 안전하다.

三月 : 평온 무사, 운세가 나아가고 마음먹은 바가 이루어지는 달이다. 그러나 만사를 보류하고 때가 오기를 기다리라. 운세가 침체되어 여의치 못하다. 병난, 손실 등이 생기기 쉽고, 수리나 여행은 하지 마라. 혼담과 금전관계는 되지 않는다.

四月 : 복운이 많고, 금담, 집수리, 신축, 개업 등에 적당한 달이다. 희망하는 일은 성공하나 욕심을 내면 도리어 실패할 염려가 있다. 남의 충고를 들어라. 무엇이든 참고 견디어 나아가면 좋은 결과를 보게된다.

五月 : 모든 일이 뜻과 같지 못한 달이고, 번민, 역경에 빠지기 쉬운 달이다. 그러므로 망동해서는 아니 되고, 타인에게

오해가 없도록 하고, 고생이 되더라도 만사는 정도로 행함이 유리하다. 청탁이나 금전관계는 조급히 서둘면 실패하기 쉽다.

六月 : 모든 일이 뜻과 같지 못한 달이고, 번민, 역경에 빠지기 쉬운 달이므로 망동해서는 아니 된다. 만사는 정도로 행함이 이롭고, 타인과 오해가 없도록 하라. 수리, 이전 등은 흉방을 범하면 병을 초래한다.

七月 : 운기가 다시 돌아왔다가 가는 달이며, 윗사람과 의논하면 반드시 이로움이 있다. 희망사는 이루어지나 욕심을 부리면 실패할 염려가 있다. 문서의 잘못이나 화난, 구설, 번민, 병난 등이 있기 쉬우니 주의해야 한다.

八月 : 여의치 못한 달로서 역운이 오고 파산, 파멸, 건강이 파괴되고 목적이 이루어지지 않는다. 가문은 흥륭하나 게으름을 피우면 기울어진다. 모든게 방해가 있어 뜻대로 되지 않으며, 조급히 서둘지 말고 참고 견디면 점차 길운으로 향하게 된다.

九月 : 운기가 발전되어 어떤 일이고 나아가서 좋다. 재운이 왕성하므로 금담은 반드시 이(利)가 있고, 초조 불안하거나 주소가 변할 수 있다. 손위의 부인의 근심으로 번민하는 일이 있다. 흉방을 범하면 가내의 병, 금전 손실이 있기 쉬우니 주의하고 무엇이든 심사숙고함이 안전하다.

十月 : 모든 일이 생각대로 나아가고 하늘의 도움으로 만사가 잘되고, 신불(神佛)에게 빌 달이다. 사업은 성공적이나 상

대방을 잘 선택하라. 승급, 취직, 개업, 혼담, 수리, 이
전, 여행, 금전 등에 좋은 일이 많다.

十一月 : 이 달은 소송, 논쟁 때문에 재물을 흩음이 많고, 주소
가 바뀌기 쉬운 달이다. 마음이 안정되지 않아 무엇이든
생각만 있고 실행함이 적다. 심사 숙고하여 매사를 하지
않음이 차라리 안전하다.

十二月 : 평온무사, 운세가 발전하여 마음먹은 바가 이루어지는
달이다. 운세가 침체되어 여의치 못하니 만사를 보류하고
때가 오기를 기다리라. 병난, 손실 등이 생기기 쉽고 수
리, 조작, 여행, 혼담, 금전관계는 이롭지 못하다.

6. 육백금성인(六白金星人)의 운세(運勢)

2) 이흑토성년(二黑土星年)

正月 : 하늘의 도움으로 길한 운이 와서 재복(財福)이 같이 들어
　　　집안이 원만하고 경복(慶福)이 많다. 바라는 일은 이루어
　　　지나 욕심을 부리면 실패할 염려가 있다. 문서의 착오,
　　　화난, 구설, 병난 등이 있기 쉬우니 주의해야 한다.

二月 : 운기가 조금 막히어 모든 일이 틀어짐이 많고 재운도 없
　　　다. 가문은 흥륭하나 태만하면 기우니 주의해야 한다. 마
　　　음대로 되지 않으니 조급히 서둘지 말고 참고 견디면 점
　　　차 좋아진다.

三月 : 하늘이 도와 운기가 크게 일어나고 뜻하는 바가 이루어지
　　　며 기쁜 일도 많고 복운도 많은 달이다. 다툼, 병난, 금
　　　전손실 같은 것을 주의하면 되고, 초조 불안하거나 주소
　　　가 변할지 모른다. 기타 무엇이든 심사 숙고함이 안전하
　　　다.

四月 : 하늘의 도움으로 운기가 크게 일어나고 뜻한 바가 이루어
　　　지며 기쁜 일도 많고 복운도 많은 달이다. 다툼, 병난 같
　　　은 것을 주의하면 된다. 사업은 성공적이나 상대방을 잘
　　　선택하라. 승급, 신규업, 취직, 혼담, 수리, 이전, 여행,
　　　개업 등이 길하다.

五月 : 하늘의 도움으로 운기가 대발하고 뜻하는 바가 이루어지

며 기쁜 일도 많고 복운도 많은 달이다. 다툼, 병난 같은 것을 주의하면 되고, 마음의 안정이 안되어 무엇이든 생각만 하고 실행함이 적다.

六月 : 하늘의 도움으로 운기가 대발하고 뜻하는 바가 이루어지고 기쁜 일도 많고 복운도 많은 달이다. 다툼, 손실, 병난 같은 것을 주의하면 되고, 만사를 보류하고 때가 오기를 기다리라. 수리, 여행은 하지말고 혼담이나 금전관계는 되지 않으며, 운세가 침체되어 여의치 못하다.

七月 : 하늘의 도움으로 운기가 크게 일어나고 뜻하는 바가 이루어지고 기쁜 일도 많고 복운도 많은 달이다. 다툼, 병난 같은 것을 주의하면 되고, 희망사는 이루어지나 욕심을 내면 도리어 실패할 염려가 있다. 무엇이든 참고 견디어 나아가면 좋은 결과를 보게 되고, 남의 좋은 충고는 듣는 것이 좋다.

八月 : 운기가 정지하고 재산의 흩어짐이 많은 달이며, 몸을 다쳐 고생하는 일이 있다. 고생이 되더라도 타인에게 오해가 없는 정도로 행함이 유리하다. 청탁이나 돈 관계는 조급히 서둘면 실패하기 쉽다.

九月 : 행복 요행이 있어 신분 이상의 출세가 있는 달이다. 어떤 일이고 나아가도 좋으며, 고생이 되더라도 만사는 정도로 행함이 유리하다. 수리, 이전 등은 흉방을 범하면 병을 초래한다.

十月 : 하늘의 도움으로 길한 운이 와서 재복이 다같이 들어오고

집안이 원만하며 경복이 많다. 희망사는 이뤄지나 욕심을
내면 실패할 염려가 있다. 문서의 잘못, 화난, 구설, 병
난 등을 주의해야 한다.

十一月 : 운기가 조금 막히어 모든 일이 틀어짐이 많고 재운도
없다. 태만심을 버려라. 조급히 서둘지 말고, 참고 견디
어 가면 점차 길운으로 향하게 된다.

十二月 : 하늘의 도움으로 운기가 대발하고, 뜻하는 바가 이루어
지고 기쁜 일과 복운이 많다. 다툼, 병난 같은 것을 주의
하면 되고, 초조 불안하여 고민하는 수가 있다. 주소의
이동이 있거나 금전손실이 있기 쉬우니 주의함이 좋다.

6. 육백금성인(六白金星人)의 운세(運勢)

3) 삼벽목성년(三碧木星年)

正月 : 행운이 나타나고 이운(利運)이 많으며, 마음속에 망설이는 점, 그 밖의 사업, 금담, 연담 등 나아가도 좋다. 희망사는 성공하나 욕심을 내면 도리어 실패할 염려가 있다. 무엇이든 참고 견디어 나아가면 좋은 결과를 보게 된다.

二月 : 행운이 나타나고 이운이 많다. 마음속에 망설이는 점, 그 밖의 사업, 금담, 연담 등 나아가도 좋다. 고생이 되더라도 만사는 정도로 행함이 유리하다. 부탁이나 금전관계는 조급히 서둘면 실패하기 쉽다.

三月 : 횡재가 아니면 질병 때문에 몸을 망치는 재난을 받으므로 조심해야 한다. 만사는 정도로 행함이 유리하고 수리, 이전 등은 흉방을 범하면 병을 초래한다.

四月 : 모든 일이 여의하고, 위험을 당하여도 하늘의 도움으로 무사 통과한다. 천운(天運)을 쫓아 일을 하면 좋다. 희망사는 성공하나 욕심을 부리면 실패할 염려가 있다. 문서의 착오, 화난, 구설, 병난 등이 있기 쉬우니 주의해야 한다.

五月 : 모든 일에 실패가 많고, 밑도 끝도 없이 손실이 있다. 실의, 파산 등에 빠지고 가문은 훌륭하나 태만하면 기운다.

조급히 서둘지 말고, 참고 견뎌 나가면 점차 길운으로 향하게 된다.

六月 : 모든 일에 실패가 많고 밑도 끝도 없이 손실이 있다. 실의, 파산 등에 빠지고 초조 불안하거나 주소가 변할지 모른다. 흉방을 범하면 가내의 병, 금전손실이 있기 쉬우니 주의해야 한다.

七月 : 길운의 달로서 혼인, 금담, 수리, 개업, 여행, 취직, 입학, 사관(仕官) 다 같이 좋다. 사업은 성공적이나 상대방을 잘 선택해야 된다.

八月 : 길운의 달로서 혼인, 금담, 개업, 여행, 취직, 입학, 사관 다 같이 좋으며 뜻과 같이 된다. 마음이 안정되지 않아 무엇이든 생각만 하고 실행함이 적다.

九月 : 뜻대로 되지 않음이 많으며, 운기가 침쇠(沈衰)하고 재운이 멸망되는 달이다. 운세가 침체되어 여의치 못하고 병난, 손실 등이 생기기 쉽고, 수리, 조각, 여행, 혼담, 돈 관계는 이롭지 못하다.

十月 : 행운이 나타나고 이운(利運)이 많으며, 마음속에 망설이는 점, 그 밖의 사업, 금담, 연담 등 나아가도 좋다. 희망사는 성공하나 욕심을 내면 실패할 염려가 있다. 남의 좋은 충고는 들어라. 무엇이든 참고 견디어 나아가면 좋은 결과를 보게 된다.

十一月 : 행운이 나타나고 이운(利運)이 많다. 마음속에 망설이는 점, 그 밖의 사업, 금담, 연담 등 나아가도 좋다. 만

사는 정도로 행함이 유리하고 부탁이나 돈 관계는 조급히
서둘면 실패하기 쉽다.

十二月 : 횡재 아니면 질병 때문에 몸을 망치는 재난을 받으니
조심해야 한다. 만사는 정도로 행함이 유리하고, 수리,
이전 등은 흉방을 범하면 병을 초래한다.

6. 육백금성인(六白金星人)의 운세(運勢)

4) 사록목성년(四綠木星年)

正月 : 길한 징조가 나타나고 모든 일이 뜻대로 된다. 면밀히 나아가면 한 걸음 한 걸음 재운을 잡는다. 사업은 성공적이나 상대방을 잘 선택하여야 하고, 수리, 이전, 여행, 개업 등 잘 추진하면 의외의 행복을 얻는다. 승급, 신규사업, 취직, 혼담, 금전수입 등이 길하다.

二月 : 심히 여의치 못하고 질병 때문에 고생한다. 백사에 함부로 나아감을 삼가야 한다. 마음이 안정되지 않으므로 무엇이든 생각만 하고 실행함이 적다.

三月 : 뜻과 같지 못함이 심하고 질병 때문에 고생한다. 백사에 마구 나아감을 삼가야 하며, 만사를 보류하고 때를 기다림이 유리하다. 병난, 손실 등이 생기기 쉬우며 수리, 여행은 하지 않음이 좋고, 혼담이나 돈 관계는 방해가 있어 되지 않는다.

四月 : 평온 무사하고 조금 발전한다. 자기의 생각대로 나아가도 좋고, 분수에 맞는 일은 성공하나 욕심을 내면 실패할 염려가 있다. 무엇이든 참고 견디어 나아가면 좋은 결과를 보게된다.

五月 : 평온 무사하고 조금 발전해지며 자기의 생각대로 나아가도 좋다. 만사는 정도로 행함이 유리하고, 부탁이나 금전

관계는 조급히 서둘면 실패하기 쉬우며, 부인에 관하여 좋은 일이 있다.

六月 : 여의치 못한 달로서 소송, 불화가 일어나고 실패가 많으며 조심해야 할 달이다. 타인에게 오해가 없도록 하라. 수리, 이전 등은 흉방을 범하면 병을 초래한다.

七月 : 최고로 발전하는 운기의 달로서 모든 일이 마음먹은 대로 잘 된다. 욕심을 부리면 실패할 염려가 있고 번민하는 일이 많다. 문서의 착오, 화난, 구설, 병난 등이 있기 쉬우니 주의해야 한다.

八月 : 뜻대로 안됨이 많다. 운세가 침체되고 번민, 불리, 실의로 끝나며 망동(妄動)은 불가하다. 조급히 서둘지 말고 참고 견디어 가면 점차 좋아지고, 태만한 마음을 버려야 한다.

九月 : 백사가 평온무사, 집안이 화합하는 달이다. 그러나 몸을 다치거나 검난이 있고, 초조불안하며 고민하거나 주소가 변할지 모른다. 흉방을 범하면 가내의 질병, 금전손실이 있기 쉬우니 주의해야 한다.

十月 : 길한 징조가 나타나고 모든 일이 여의하다. 면밀히 한 걸음 한 걸음 재운을 잡는다. 사업은 성공적이나 상대방을 잘 선택하여야 하고, 승급, 신규사업, 취직, 혼담, 금전수입 등 길함이 많다. 수리, 이전, 여행, 개업 등 잘 추진하면 의외의 행복을 얻는다.

十一月 : 뜻과 같지 못함이 심하고 질병 때문에 고생한다. 백사

에 마구 나아감을 삼가야 한다. 마음이 안정되지 않아 무엇이든 생각만 하고 실행함이 적다.

十二月 : 운세가 침체되어 여의치 못하고 질병으로 고생하거나 손실이 생기기 쉽다. 백사에 마구 나아감을 삼가야 하고, 만사를 보류하고 때를 기다려라. 수리, 여행은 하지 않음이 좋고, 혼담이나 금전관계는 되지 않는다.

6. 육백금성인(六白金星人)의 운세(運勢)

5) 오황토성년(五黃土星年)

正月 : 천운(天運)이 있고, 모든 일을 나아가서 하면 남을 앞서고, 이(利)를 얻음이 많다. 욕심을 내면 도리어 실패할 염려가 있고 번민하는 일이 많다. 문서의 착오, 화난, 구설, 병난 등이 있기 쉬우니 주의해야 한다.

二月 : 모든 일이 여의치 못한 달이다. 운세가 한때 정지하므로 나아가서 일을 하면 몸을 망친다. 조급히 서둘지 말고, 참고 견디어 가면 점차 길운으로 향하게 된다.

三月 : 운기가 성대하고 위험을 무릅쓰고 나아가도 이운(利運)이 오고 복록이 모인다. 만사를 생각대로 해도 좋으며, 도난, 병난의 걱정이 있으니 주의할 일이다. 주소가 변할지 모르고 무엇이든 심사숙고해서 함이 안전하다.

四月 : 운기가 성대하고, 위험을 무릅쓰고 나아가도 이운(利運)이 오고 복록이 모인다. 만사를 생각대로 해도 좋고, 도난, 병난의 걱정이 있으니 주의할 일이다. 사업은 성공적이나 상대방을 잘 선택하여야 하고, 승급, 신규업, 취직, 혼담, 금전수입, 수리, 이전, 여행, 개업 등 모두 길하다.

五月 : 운기가 성대하고 위험을 무릅쓰고 나아가도 이운이 오고 복록이 모인다. 만사를 생각대로 해도 좋으며, 도난, 병

난의 걱정이 있으니 주의할 일이다. 마음이 안정되지 않아 생각만 있고, 실행함이 적다.

六月 : 운기가 성대하고 위험을 무릅쓰고 나아가도 이운이 오고 복록이 모인다. 만사를 생각대로 해도 좋고, 도난, 병난의 걱정이 있으니 주의할 일이다. 때를 기다림이 유리하고 수리, 여행은 하지 마라. 혼담, 금전관계는 방해가 있어 되지 않는다.

七月 : 운기가 성대하여 위험을 무릅쓰고 나아가도 이운(利運)이 오고 복록이 모인다. 만사를 생각대로 해도 좋으며, 도난, 병난의 걱정이 있으니 주의할 일이다. 욕심을 내면 도리어 실패할 염려가 있고, 남의 좋은 충고는 듣는 것이 좋다. 무엇이든 참고 견디어 나아가면 좋은 결과를 보게 된다.

八月 : 운기가 성대하고 위험을 무릅쓰고 나아가도 이운이 오고 복록이 모인다. 만사를 생각대로 해도 좋고, 도난, 병난의 걱정이 있으니 주의할 일이다. 만사는 정도를 행함이 유리하고, 부탁이나 돈 관계는 조급히 서둘면 실패하기 쉽다.

九月 : 운기가 성대하여 위험을 무릅쓰고 나아가도 이운이 오고, 복록이 모인다. 만사를 생각대로 해도 좋으며, 도난, 병난의 걱정이 있으니 주의할 일이다. 타인에게 오해가 없도록 하라. 수리, 이전 등은 흉방을 범하면 병을 초래한다.

十月 : 천운(天運)이 있고, 모든 일을 나아가서 하면 남을 앞서고 이(利)를 얻음이 많다. 욕심을 부리면 실패할 염려가 있고, 번민하는 일이 많다. 문서의 잘못, 화난, 구설, 병난 등이 있기 쉬우니 주의해야 한다.

十一月 : 모든 일이 여의치 못한 달이며, 운세가 한때 정지하므로 나아가서 일을 하면 몸을 망친다. 태만한 마음을 버려라. 조급히 서둘지 말고, 참고 견디어 가면 점차 길운이 온다.

十二月 : 운기가 성대하여 위험을 무릅쓰고 나아가도 이운이 오고, 복록이 모인다. 만사를 생각대로 해도 좋으며, 도난, 병난의 걱정이 있으니 주의할 일이다. 초조 불안하거나 주소가 변할지 모른다. 심사숙고해서 함이 안전하다.

6. 육백금성인(六白金星人)의 운세(運勢)

6) 육백금성년(六白金星年)

正月 : 하늘의 도움이 있고 길한 징조가 많으며, 취직, 연담, 개업, 봉공, 여행 다 같이 좋다. 욕심을 내면 도리어 실패할 우려가 있고, 남의 좋은 충고는 들으라. 참고 견디어 나아가면 좋은 결과를 보게된다.

二月 : 하늘의 도움이 있고, 길한 징조가 많으며 취직, 연담, 개업, 봉공, 여행 다 같이 좋다. 고생이 되더라도 타인에게 오해가 없을 정도로 행함이 유리하다. 부탁이나 금전관계는 조급히 서둘면 실패하기 쉽다.

三月 : 여의치 못함이 매우 많으며 질병, 화난의 근심이 있고, 윗사람의 오해가 있기 쉬우니 자중(自重)할 일이다. 만사는 정도로 행함이 유리하고, 수리, 이전 등은 흉방을 범하면 병을 초래한다.

四月 : 상서로운 징조가 있고, 마음먹은 대로 된다. 천우신조(天佑神助)가 있으니 정력을 기울여 분투할 일이다. 욕심을 부리면 실패할 염려가 있고, 번민하는 일이 많다. 문서의 착오, 화난, 구설, 병난 등이 있기 쉬우니 주의해야 한다.

五月 : 길한 징조가 있고, 마음먹은 대로 된다. 천운(天運)이 있으니 정력을 기울여 분투할 일이다. 태만한 마음을 버려

라. 조급히 서둘지 말고, 참고 견디어 나아가라.

六月 : 운기가 막히어 활동하면 불리하고, 뜻을 잃고 번민만 한다. 초조 불안하여 주소가 변할지 모르며, 만사를 서둘지 말 것이다. 흉방을 범하면 가내의 병, 금전손실이 있기 쉬우니 주의해야 한다.

七月 : 운이 열리는 달로서 혼인, 개업, 여행, 집수리, 토공, 신축, 이전, 금전 등 모두 좋다. 상대방을 잘 선택하여야 한다.

八月 : 운이 열리는 달로서 혼인, 개업, 여행, 집수리, 토공, 신축 등 모두 좋다. 마음이 안정되지 않아 생각만 하고 실행함이 적다.

九月 : 운이 열리는 달로서 혼인, 개업, 여행, 집수리, 토공, 신축 등 모두 좋다. 때를 기다림이 유리하고, 여의치 않아 병난, 손실 등이 생기기 쉽다.

十月 : 하늘의 도움이 있고 길한 징조가 많으며, 취직, 연담, 개업, 봉공, 여행 다 같이 좋다. 욕심을 내면 실패할 염려가 있으며, 참고 견디어 나아가면 좋고, 남의 좋은 충고는 듣는 것이 길하다.

十一月 : 하늘의 도움이 있고 길한 징조가 많으며, 취직, 연담, 개업, 봉공, 여행 다 같이 좋다. 만사는 정도로 행함이 유리하고, 부탁이나 금전관계는 조급히 서둘면 실패하기 쉽다.

十二月 : 뜻대로 되지 않음이 많다. 질병, 화난의 근심이 있고,

윗사람의 오해가 있기 쉬우니 자중할 일이다. 정도로 행함이 유리하고 수리, 이전 등은 흉방을 범하면 병을 초래한다.

6. 육백금성인(六白金星人)의 운세(運勢)

7) 칠적금성년(七赤金星年)

正月 : 운기가 좋고 복운이 있으며 모든 일이 뜻대로 된다. 사업
은 성공적이나 상대방을 잘 선택하여야 한다. 승급, 신규
업, 취직, 혼담, 금전수입 등 좋은 일이 많다. 수리, 이
전, 여행, 개업 등 잘 추진하면 의외의 행복을 얻는다.

二月 : 모든 일이 뜻과 같이 안 되는 달이다. 실의, 번민, 고통
이 많고, 노고 하여도 공이 없다. 마음이 안정되지 않아
무엇이든 생각만 하고 실행함이 적다.

三月 : 운기가 향상되고, 뜻밖의 대리(大利)를 얻는 달이다. 위
험을 무릅쓰고 나아가서 하면 복리는 온다. 때를 기다림
이 유리하고, 여의치 못하며 병난, 손실 등이 생기기 쉽
고, 수리, 여행은 하지 않음이 좋다. 혼담에는 방해가 있
어 길하지 못하다.

四月 : 운기가 향상되어 뜻밖의 대리를 얻는 달이다. 위험을 무
릅쓰고 나아가서 하면 복리는 온다. 욕망을 내면 도리어
실패할 염려가 있다. 남의 좋은 충고를 듣고, 무엇이든
참고 견디어 나아가면 좋은 결과를 보게된다.

五月 : 운기가 막히어 다툼, 소송, 공사(公事)가 있어 반드시 패
하고 병난도 있으니 주의할 일이다. 정도로 행함이 유리
하고, 부탁이나 금전관계는 조급히 서둘면 실패하기 쉽

다.

六月 : 이 달은 경복(慶福)이 있으며, 윗사람의 도움을 받고 모
든 일이 뜻대로 된다. 타인에게 오해가 없도록 하고, 수
리, 이전 등은 흉방을 범하면 병을 초래한다.

七月 : 이 달은 경복이 있으며, 윗사람의 도움을 받고, 모든 일
이 뜻대로 된다. 인망(人望)을 거둘 일이고, 욕심을 부리
면 실패할 염려가 있다. 번민하는 일이 많고, 문서의 착
오, 화난, 구설, 병난 등이 있기 쉬운 운이니 주의함이
좋다.

八月 : 운세가 중절(中絶)되어 운기에 변화가 일어나고 있으므로
경솔히 활동하면 신용을 깨트리고 대패(大敗)를 부른다.
방해가 있어 여의치 못하며, 조급히 서둘지 말고 참고 견
디면 점차 좋아진다.

九月 : 운세가 중절되어 운기에 변화가 일어나고 있으므로 경솔
히 활동하면 신용을 깨트리고 대패를 부른다. 초조 불안
하며 고민한다. 주소의 이동이나 흉방을 범하면 가내의
질병, 금전 손실이 있기 쉬우니 주의함이 좋다.

十月 : 운기가 좋고, 복운이 있으며, 모든 일이 뜻대로 되고 발
표함이 좋다. 상대방을 잘 선택해야 하고, 승급, 신규업,
개업, 취직, 혼담, 금전, 수리, 이전, 여행 등 좋은 일이
많다.

十一月 : 모든 일이 여의치 못한 달이다. 실의, 번민, 고통이 많
고, 노고 하여도 공이 없다. 마음이 안정되지 않아 생각

만 하고 실행함이 적다.

十二月 : 운기가 향상되고 뜻밖의 큰 이득을 얻는 달이다. 위험
을 무릅쓰고 나아가서 하면 복리는 온다. 때가 오기를 기
다리라. 여의치 못하고 병난, 손실 등이 생기기 쉽고, 수
리, 여행은 하지 않음이 좋다.

6. 육백금성인(六白金星人)의 운세(運勢)

8) 팔백토성년(八白土星年)

正月 : 운기가 성대하여 어떤 일이고 계획을 세우고 약속, 계약, 모든 것을 시작해도 좋으나 복리는 적다. 욕심을 부리면 실패할 염려가 있고, 번민하는 일이 많다. 문서의 잘못, 화난, 구설, 병난 등이 있기 쉬우니 주의해야 한다.

二月 : 여의치 못하고 병난, 기타 백사를 조심함이 좋다. 실의의 달이며, 태만한 마음을 버려라. 조급히 서둘지 말고 참고 견디어 나아가면 점차 좋아진다.

三月 : 행운이 많고 경복(慶福)이 있다. 모든 일이 잘 되고, 새로운 사업, 창업, 연담, 취직, 봉공(奉公), 여행 등 모두가 좋다. 몸 다침 및 질병, 금전 손실, 도난 등을 조심할 일이다. 주소가 변할지 모르며 심사숙고해서 함이 안전하다.

四月 : 극히 행운이 많고 경복이 있다. 모든 일이 잘 되고 새로운 사업, 창업, 이전, 연담, 취직, 봉공(奉公), 여행 등 모두가 좋다. 상대방을 잘 선택하라. 몸 다침 및 질병, 도난 등을 조심할 일이다.

五月 : 행운이 많고 경복이 있다. 모든 일이 잘되고 새로운 사업, 창업, 연담, 취직, 봉공, 여행 등 모두가 좋다. 몸 다침 및 질병, 도난 등을 조심할 일이다. 마음이 안정되

지 않아 생각은 많고 실행은 적다.

六月 : 행운이 많고, 경복이 있다. 모든 일이 잘 되고 새로운 사업, 창업, 취직, 봉공, 여행 등 모두가 좋다. 몸 다침 및 질병, 도난 등을 조심할 일이다. 여의치 않고 때가 오기를 기다려라. 병난, 손실 등이 생기기 쉽고, 수리는 하지 않음이 좋고, 혼담에는 좋으나 방해가 있다.

七月 : 극히 행운이 많고, 경복이 있으며 모든 일이 잘 되고, 새로운 사업, 창업, 연담, 취직, 봉공, 여행 등 모두가 좋다. 몸 다침 및 질병, 도난 등을 조심할 일이다. 욕심을 내면 도리어 실패할 염려가 있고, 남의 좋은 충고는 듣는 것이 길하다.

八月 : 극히 행운이 많고 경복이 있다. 모든 일이 잘 되고, 새로운 사업, 창업, 연담, 취직, 봉공, 여행 등 모두가 좋다. 몸다침 및 질병, 도난 등을 조심할 일이다. 만사는 정도를 행함이 유리하고, 부탁이나 금전관계는 조급히 서둘면 실패하기 쉽다.

九月 : 극히 행운이 많고 경복이 있으며 모든 일이 잘 된다. 새로운 사업, 창업, 연담, 취직, 봉공, 여행 등 모두가 좋다. 몸 다침 및 질병, 도난 등을 조심할 일이다. 만사는 정도를 행함이 유리하고, 수리, 이전 등은 흉방을 범하면 병을 초래한다.

十月 : 운기가 성대하여 어떤 일이고 계획을 세우고 약속, 계약, 모든 것을 시작해도 좋으나 복리는 적다. 욕심을 부리면

실패할 염려가 있고, 번민하는 일이 많다. 문서의 착오, 화난, 구설, 병난 등이 있기 쉬우니 주의해야 한다.

十一月 : 뜻과 같지 못한 달이며, 병난 기타 백사를 조심함이 좋다. 자만심을 버리고 조급하게 서둘지 마라. 실의(失意)하는 달이다.

十二月 : 행운이 많고 경복이 있으며 모든 일이 잘 된다. 새로운 사업, 창업, 연담, 취직, 봉공, 여행 등 모두가 좋다. 몸 다침 및 질병, 도난 등을 조심할 일이다. 초조 불안하거나 주소가 변할지 모른다.

6. 육백금성인(六白金星人)의 운세(運勢)

9) 구자화성년(九紫火星年)

正月 : 운기가 열려서 금전상의 마음먹음이 맞힌다. 어떤 일이
고 굳게 나아가면 벗으로부터 뜻하지 않는 도움이 있다.
욕망을 내면 도리어 실패할 염려가 있고, 남의 좋은 충고
를 듣는 것이 길하다.

二月 : 운기가 열려서 금전상의 마음먹음이 맞힌다. 어떤 일이고
굳게 나아가면 벗으로부터 뜻하지 않는 도움이 있다. 만
사는 정도로 행함이 유리하고 부탁이나 금전관계는 조급
히 서둘면 실패하기 쉽다.

三月 : 모든 일이 뜻대로 되지 않는 달이며, 운기가 막히어 활로
가 없다. 조심하여 지키고, 만사는 정도로 행함이 유리하
다. 수리, 이전 등은 흉방을 범하면 병을 초래한다.

四月 : 상서로운 기(氣)가 나타나서 천우(天佑)가 있고, 운기가
발달하여 좋은 기회가 있는 달이다. 나아가서 하면 반드
시 이득이 있으며, 욕심을 부리지 마라. 번민하는 일이
많다. 문서의 착오, 화난, 구설, 병난 등이 있기 쉬우니
주의해야 한다.

五月 : 상서로운 기운이 나타나서 하늘의 도움이 있고, 운기가
발달 좋은 기회가 있는 달이다. 나아가서 하면 반드시 이
득이 있다. 여의치 못함이 있으니 조급히 서둘지 말고 참

고 견디어 가면 길해진다.

六月 : 상서로운 기가 나타나서 하늘의 도움이 있고, 운기가 발달 좋은 기회가 있는 달로서 나아가서 하면 반드시 이득이 있다. 초조 불안함이 있으며, 흉방을 범하면 가내의 질환, 금전, 손실이 있기 쉬우니 주의하고, 무엇이든 심사숙고함이 안전하다.

七月 : 상서로운 기가 나타나서 하늘의 도움이 있고, 운기가 발달 좋은 기회가 있는 달이다. 나아가서 하면 반드시 이익이 있다. 상대방을 잘 선택하라. 승급, 신규업, 취직, 혼담, 금전, 수리, 이전, 여행, 개업 등 좋은 일이 많다.

八月 : 상서로운 기가 나타나서 하늘의 도움이 있고, 운기가 발달 좋은 기회가 있는 달이다. 나아가서 하면 반드시 이익이 있다. 마음이 안정이 안되어 생각만 하고 실행함이 적다.

九月 : 역경에 처하여 운세가 쇠망하는 달이다. 어떤 일이든 서둘지 말고, 손을 내밀지 말아야 하는 달이며, 때를 기다림이 유리하다. 병난, 손실 등이 생기기 쉽고, 혼담에는 방해가 있으며, 수리, 여행은 하지 않음이 좋다.

十月 : 운기가 열려서 금전상의 마음먹음이 맞힌다. 어떤 일이고 굳게 나아가면 벗으로부터 뜻하지 않는 도움이 있다. 과욕을 부리지 말고, 남의 좋은 충고를 듣는 것이 좋다.

十一月 : 운기가 열려서 금전상의 마음먹음이 맞힌다. 어떤 일이고 굳게 나아가면 벗으로부터 뜻하지 않는 도움이 있다.

만사는 정도를 행함이 이롭고, 부탁이나 금전관계는 조급
히 서둘면 실패하기 쉽다.

十二月 : 모든 일이 뜻대로 되지 않는다. 타인에게 오해가 없도
록 하라. 수리, 이전 등은 흉방을 범하면 병을 초래한다.

7. 칠적금성인(七赤金星人)의 운세(運勢)

1) 일백수성년(一白水星年)

正月 : 운기가 좋은 달로서 희망이 관철되는 길월이다. 급히 서
둘면 차질이 있으니 신중을 기하라. 이것저것 골치 아픈
것이 많고 잘되는 일이 적다. 혼담은 주의하고, 병난을
조심함이 좋다.

二月 : 운기가 좋은 길한 달로서 희망이 관철된다. 외부에서 재
난이 침입하거나 사업이 부진하니 항시 신변을 주의하라.
안정이 안되고 여의치 못하며 병난을 조심함이 좋다.

三月 : 운기가 좋은 달로서 희망이 관철되는 길월이다. 병난을
조심함이 좋으며 방심하지말고 심사 숙고하여 활동하라.
성급하게 서둘지 말고 참고 견디어 나아가라. 혼담, 개
점, 전직은 남방에 있는 사람이나 윗사람과 상의해서 그
의 의견을 따르는 것이 좋다.

四月 : 운기가 좋은 달로서 희망이 관철되는 길월이다. 병난을
조심함이 좋고, 방심하지 말며 욕심을 내지 않으면 의외
로 성공한다. 혼담, 전직, 신규개점, 수리, 이전은 길하
고, 부탁, 상담은 융화하게 함이 좋다.

五月 : 흉한 달이므로 모든 일을 서둘지 말 것이다. 교제상 재난
을 초래하기 쉽고, 타인과 경쟁하는 일은 보류하라. 종래
의 일에 무엇이든 차질을 일으키기 쉽다.

六月 : 운기가 왕성하여 복운이 붙어 있으므로 어떤 일이고 목적
한 곳으로 나아가면 반드시 이득을 받아 성공한다. 재난
이나 도난으로 손실할 염려가 있으니 처신을 잘 하라. 소
송, 쟁론, 이혼 등이 일어나기 쉬우니 주의해야 한다.

七月 : 운기가 왕성하므로 복운이 붙어서 어떤 일이고 목적한 곳
으로 나아가면 반드시 이득을 받아 성공한다. 매사를 급
진적으로 진행함이 좋다. 병난과 도난을 주의하고, 무엇
이든 인내하면 좋은 결과가 있다.

八月 : 운기 왕성으로 복운이 붙어 있으므로 어떤 일이고 목적한
곳으로 나아가면 반드시 이득을 받아 성공한다. 이사, 수
리, 개점은 미루어라. 경솔하지 말고 투기나 과욕을 내지
말아야 한다.

九月 : 운기가 왕성한 복운이 붙어 있으므로 어떤 일이고 목적한
곳으로 나아가면 반드시 이득을 받아 성공한다. 안되는
일이 있더라고 남을 원망치 말고 주의하라. 신규개점, 취
직 기타 모든 것이 길하다. 금전 청탁은 조급하게 행하면
차질이 생긴다.

十月 : 운기가 좋은 달로서 희망이 관철되는 길월이다. 병난을
조심함이 좋고, 만사는 성취하나 급히 서둘면 차질이 생
긴다. 혼담은 주의하고, 이것저것 골치 아픈 것이 많다.

十一月 : 운기가 좋은 달로서 희망이 관철되는 길월이다. 병난을
조심함이 좋고, 외부로부터 재난이 침입하기 쉬우니 신변
을 주의하고 만사에 조심해야 한다.

十二月 : 운기가 좋은 달로서 희망이 관철되는 길월이다. 병난을
조심함이 좋으며, 방심하지말고 깊이 생각해서 활동하라.
매사에 성급하게 서둘지 말고, 혼담, 개점, 전직은 남방
에 있는 사람이나 윗사람과 상의해서 그의 의견을 따름이
좋다.

7. 칠적금성인(七赤金星人)의 운세(運勢)

2) 이흑토성년(二黑土星年)

正月 : 운기가 발전하여 어떤 일이고 마음먹은 대로 맞히며, 개업, 이전, 결혼, 신축 모든 것이 좋다. 병난, 도난을 주의하고, 매사를 급진적으로 진행함이 유리하다.

二月 : 운기가 발전, 뜻밖의 복리가 있으며, 도난, 병난을 조심할 일이다. 투기나 과욕은 삼가고, 약간 침체운 이므로 경솔해선 안 된다.

三月 : 만사에 서둘지 말고 손을 대지 말 것이며, 몸 다침을 주의할 일이다. 타인을 원망치 말라. 신규사업, 취직은 길하나 금전, 청탁은 조급하게 행하면 차질이 생긴다.

四月 : 운기가 나아가고 공동적 사업이 도리어 유리하며 복록을 얻고 집안이 안전한 달이다. 성급하게 서두르면 차질이 생기니 신중하고 혼담은 주의해야 한다.

五月 : 길한 징조가 나타나서 사물이 생각대로 나아가는 달이다. 질병을 조심함이 좋고, 혼담은 의심하면 불리하다. 여의치 않으므로 만사 주의해야 한다.

六月 : 가장 나쁜 달로서 모든 일을 서둘지 말아야 한다. 방심하지말고 잘 생각해서 활동해라. 혼담, 개점, 전직은 남방에 있는 사람이나 윗사람과 상의해서 그의 의견을 따르는 것이 좋다.

七月 : 길한 달로서 모두가 순조롭게 나아가고 보는 일이 맞히고 복운이 있다. 방심하지말고, 너무 욕심을 내지 마라. 혼담, 전직, 신규개점, 수리, 이전 모두가 길하다.

八月 : 운이 좋은 달로서 손실, 실패가 적고 단지 남과 교제함을 조심할 일이다. 재난, 도난으로 손실수가 있으니 안정적인 처신을 하라. 운세가 좋은 편이 못되어 차질이 생긴다.

九月 : 모든 일이 평온한 달로서 자기가 마음먹은 데로 단행하여도 거리낌이 없는 달이다. 재난, 도난, 손실수가 있으니 처신을 잘 하라. 소송, 쟁론, 이혼 등이 일어나기 쉬우니 각별히 주의하고 남의 일에 끼어 들지 마라.

十月 : 운기가 발전, 어떤 일이고 마음먹은 대로 맞히며, 개업, 이전, 결혼, 신축 모든 것이 좋다. 병난과 도난을 주의하고, 매사를 진행함에 급진함이 유리하다.

十一月 : 운기 발전, 뜻밖의 복리가 있으며, 도난, 병난을 조심할 일이다. 투기나 과욕은 삼가고, 경솔하게 처신하지말고 이사, 수리, 개점은 미루어라.

十二月 : 만사에 서둘지 말고 손을 대지 말 것이며, 몸 다침을 주의할 일이다. 남을 원망치 말고 주의하라. 신규개점 취직 등은 길하고, 돈에 대한 청탁은 조급하게 행하면 차질이 난다.

7. 칠적금성인(七赤金星人)의 운세(運勢)

3) 삼벽목성년(三碧木星年)

正月 : 윗사람의 은혜를 받아서 길한 징조가 나타나며, 출세의
　　　길이 열리는 달이다. 연담, 봉사, 전직, 신규개점, 수리,
　　　이전 모두 좋다. 방심해서는 안되고 과욕을 부리지 말라.
　　　손아래의 부인에게 좋은 일이 있다.

二月 : 평온한 달로서 장해는 없으나 도난, 병난을 조심할 일이
　　　다. 교제상으로 재난을 초래하는 수가 있으며, 종래의 일
　　　에 변경하고 싶은 기분이 생긴다.

三月 : 흉한 달로서 마음먹은 바, 보는 바가 틀어짐이 많은 달이
　　　다. 생각지도 않는 사람으로부터 손해를 받기 쉬우며, 어
　　　떤 일이고 서둘지 않음이 좋다. 남의 일에 끼어 들지 말
　　　라. 소송, 쟁론, 이혼 등이 일어나기 쉬우니 주의해야 한
　　　다.

四月 : 경사가 있는 달로서 모든 일이 목적을 달성하며, 반드시
　　　남의 끌어줌을 받는다. 매사를 진행함에 있어서 급진함이
　　　유리하다. 병난, 도난을 주의하라. 무엇이든 인내하면 좋
　　　은 결과가 있다.

五月 : 흉월로서 운기가 고요하게 가라앉게 되어 재운이 거의 소
　　　멸해 있는 달이다. 투기나 과욕을 내지 마라. 실력이 있
　　　어도 파의다. 경솔하지 말고 이사, 수리, 개점은 미루어
　　　라.

六月 : 모든 일이 극히 뜻대로 되지 않는 달이며, 거의 활로가 없다. 큰 화난을 받기 쉬우며, 타인을 원망치 말고 주의해야 한다. 신규개점, 취직 등은 길하고, 금전에 대한 청탁은 조급히 행하면 차질이 생긴다.

七月 : 운기 회복, 재운이 오고 장사 일이 좋다. 금담, 연담 다 같이 좋으나 주의하라. 이것저것 골치 아픈 일이 많다.

八月 : 모든 일이 뜻대로 되지 않으며 운기가 막히어 있다. 도난, 화난의 주의가 필요하다. 외부에서 재난이 침입하여 사업은 부진하다.

九月 : 운기 패지, 모든 일에 서둘지 말아야 하며, 보는 바가 빗나감이 많다. 방심하지 말며, 성급하게 서둘지 말고 혼담, 개점, 전직은 남방에 있는 사람이나 윗사람에게 상의하여 그 사람의 의견을 따름이 좋다.

十月 : 윗사람의 은혜를 받아서 길한 징조가 나타나며, 출세의 길이 열리는 달이다. 방심하지말고 너무 욕심을 내지 말라. 혼담, 전직, 신규개점, 수리, 이전 등이 길하다.

十一月 : 평온한 달로서 장해는 없으나 도난, 병난을 조심할 일이다. 교제에 주의하고 타인과 경쟁하는 일은 보류하라.

十二月 : 흉월로서 마음먹은 바, 보는 바가 틀어짐이 많은 달이다. 생각지도 않는 사람으로부터 손해를 받기 쉬우며, 어떤 일이고 서둘지 않음이 좋다. 타인에게 속지 않도록 주의하라. 소송, 쟁론, 이혼 등이 일어나기 쉬우니 주의하고, 남의 일에 끼어 들지 말라.

7. 칠적금성인(七赤金星人)의 운세(運勢)

4) 사록목성년(四綠木星年)

正月 : 길한 징조는 있으나 복분이 얇고, 질병에 특히 주의할 것이다. 급히 서둘면 차질이 있을 것이니 신중을 기하라. 이것저것 골치 아픈 일이 많다.

二月 : 흉한 달로서 혼인, 개업, 신축 등은 그만둠이 좋다. 외부에서 재난이 침입하니 항시 신변과 만사에 주의해야 한다.

三月 : 운기가 조금 뻗는다. 방심하지말고 만사는 숙고하여 활동하면 길하다. 성급하게 서둘지 말고 혼담, 개점, 전직은 남방에 있는 사람이나 윗사람에게 상의해서 그의 의견을 따름이 좋다.

四月 : 길한 징조가 나타나나 이(利)를 얻기는 어렵다. 보수적으로 가업에만 힘을 기울일 일이며 방심해서는 안되고, 지나친 욕심을 내지 않으면 길하다. 혼담, 전직, 신규개점, 수리, 이전 등이 길하다.

五月 : 길한 징조가 있어 나아감에 좋고, 이익이 많은 달이다. 교제상으로 재난을 초래하기 쉽다.

六月 : 조심하여 나아가면 크게 좋다. 재난, 도난 등으로 재산을 손실할 염려도 있으니 주의하라. 소송, 쟁론, 이혼 등이 일어나기 쉬우니 각별 주의하고, 남의 일에 끼여들지 말

아야 한다.

七月 : 길한 달이지만 복분이 얇고, 매사를 급진적으로 진행함이
　　　유리하다. 인내하면 좋은 결과가 있고, 병난, 도난을 주
　　　의해야 한다.

八月 : 평온무사, 만사가 잘 되는 천하 태평한 달로서 아무런 노
　　　고가 없다. 투기나 과욕을 내지 말고, 경솔하지 말며 이
　　　사, 수리, 개점은 미루어라.

九月 : 대길한 달로서 만사가 희망대로 되고, 계획대로 잘 맞히
　　　는 달이다. 크게 나아가도 좋으며 타인을 원망치 말고 주
　　　의하라. 신규개점, 취직, 기타 모두 길하고, 금전, 청탁
　　　은 조급하게 행하면 차질이 난다.

十月 : 길한 징조는 있으나 복분이 얇고, 질병에 특히 주의할 것
　　　이다. 급히 서둘면 차질이 있을 것이니 신중하라. 혼담은
　　　주의하고 이것저것 골치 아픈 것이 많다

十一月 : 흉한 달로서 혼인, 개업, 신축 등은 그만둠이 좋다. 안
　　　정이 없는 운세이니 만사 주의해야 한다.

十二月 : 운기가 조금 뻗으며, 방심하지말고 만사는 숙고하여 활
　　　동하면 길하다. 성급하게 서둘지 말고 혼담, 개점, 전직
　　　은 남방에 있는 사람이나 윗사람과 상의해서 그의 의견을
　　　따름이 좋다.

7. 칠적금성인(七赤金星人)의 운세(運勢)

5) 오황토성년(五黃土星年)

正月 : 길한 징조가 나타나서 복분이 많고, 모든 일에 나아감이 좋다. 병난과 도난을 주의하라. 매사를 진행하되 급진함이 유리하다.

二月 : 운기가 상운(上運)으로 재운이 있으며 병난만 조심하면 좋다. 투기나 과욕을 내지 말고 주의하라. 경솔하지 말고 이사, 수리, 개점은 미루어라.

三月 : 운기가 쇠하여 모든 일이 뜻과 같지 못하며, 부상을 당하는 수가 있다. 타인을 원망치 마라. 다툼에는 진다. 신규 개점, 취직 등은 길하고, 돈에 대한 청탁은 조급하게 행하면 차질이 생긴다.

四月 : 길한 징조가 있어 남의 도움을 받는다. 복분이 얇고 무엇이든 잘되는 일이 적으며, 혼담은 주의를 요한다. 급히 서둘면 차질이 있을 것이니 신중해야 한다.

五月 : 요행이 있으며 실력에 따라 이득이 크다. 운세에 안정이 없으므로 만사 주의하라. 혼담은 의심을 하면 불리하다.

六月 : 어떤 일이고 서둘지 말 것이며, 운기가 정지하여 움직이지 않는다. 방심하지말고 숙고하여 활동하라. 혼담, 개점, 전직은 남방에 있는 사람이나 윗사람에게 상의해서 그의 의견을 따르는 것이 좋다.

七月 : 길한 징조가 있으나 장해가 있어 틀림이 많다. 연담, 금
담은 안되고, 신규개점, 수리, 이전, 전직 등이 길하다.
방심해서는 안되고 지나친 욕심을 내지 않으면 길하다.

八月 : 길한 징조가 있어 생각하는 일이 반드시 된다. 승부사는
유리하며 질병, 도난에 주의할 일이다. 교제에 주의하고
타인과 경쟁사는 보류하라. 일에 차질을 일으키기 쉽다.

九月 : 모든 일이 뜻대로 되지 않는다. 질병과 몸 다침을 조심하
고, 재난, 도난으로 가산을 손실할 염려가 있으니 주의하
라. 소송, 쟁론, 이혼 등이 일어나기 쉬우므로 주의하고
남의 일에 끼여들지 말라.

十月 : 길한 징조가 나타나서 복분이 많고, 모든 일에 나아감이
좋다. 인내하면 좋고, 병난, 도난을 주의하라. 주위 정세
로 급진함이 유리하다.

十一月 : 운기가 상운(上運)으로 재운이 있으며, 병난만 조심하
면 좋다. 투기나 과욕을 내지 말고 주의하라. 경솔하게
처신하지말고, 이사, 수리, 개점은 미루어라.

十二月 : 운기가 쇠하여 모든 일이 뜻과 같지 못하며 부상을 당
하는 수가 있다. 다툼에는 지고, 타인을 원망치 말고 주
의하라. 신규개점, 취직 등은 길하고, 금전, 청탁은 조급
하게 행하면 차질이 생긴다.

7. 칠적금성인(七赤金星人)의 운세(運勢)

6) 육백금성년(六白金星年)

正月 : 운기가 상운(上運)으로 어떤 일이고 마음먹은 대로 된다. 재보(財寶)가 있으므로 모든 일을 넓게 발전시키면 좋다. 방심해서는 안되고, 너무 욕심을 내지 않으면 길하고, 혼담, 전직, 신규개점, 수리, 이전 등은 길하다.

二月 : 운기가 막히어 질병, 도난, 부상을 조심할 일이다. 교제 상으로 재난을 초래하는 수가 있다.

三月 : 무사평온의 달로서 운기도 좋으나 질병, 화재를 조심할 일이다. 재난, 도난 등으로 가산을 손실할 염려가 있으니 주의해야 한다. 소송, 쟁론, 이혼 등이 일어나기 쉬우니 주의하고, 남의 일에 끼여들지 말라.

四月 : 대길한 달로서 운세가 태양이 동쪽 하늘에 솟아오름과 같다. 주위정세로 급진함이 유리하고 병난, 도난을 주의하라. 모든 일이 크게 확장되고 복리(福利)가 있다.

五月 : 운기가 막히어 재물을 흩음이 많은 달이므로 모든 일에 시기를 기다림이 좋다. 경솔하지 말고, 이사, 수리, 개점 은 미루어라. 투기나 과욕을 내지 말고 주의해야 한다.

六月 : 어떤 일이든 여의치 못하고, 운기가 가라앉아 움직이면 반드시 손실이 있다. 타인을 원망치 말고 주의하라. 소송 사가 있어 반드시 패한다. 신규개점 취직 등은 길하고 돈

에 대한 청탁은 조급하게 행하면 차질이 생긴다.

七月 : 길한 징조를 받아서 재운이 온다. 어떤 일이고 신중히 남을 이용하면 성과하여 이득이 있다. 혼담은 주의하라. 급히 서둘면 차질이 있으니 신중해야 한다.

八月 : 평온무사한 달이며, 바라는 일도 성취한다. 도난, 병난을 조심할 일이고, 외부에서 재난이 침범하기 쉽다. 안정이 없으므로 여의치 못하니 만사에 주의해야 한다.

九月 : 모든 일이 여의치 못한 달로서 재운이 없으므로 뜻밖의 손실이 있다. 질병, 화난을 조심할 것이며 방심하지말고 만사는 숙고하여 활동하라. 성급하게 서둘지 말고, 혼담, 개점, 전직은 남방에 있는 사람이나 윗사람과 상의해서 그의 의견을 따르는 것이 마땅하다.

十月 : 운기가 상운(上運)으로 어떤 일이고 마음먹은 대로 된다. 재보(財寶)가 있으므로 모든 일을 넓게 발전시키면 좋다. 방심해서는 안되고 지나친 욕심을 내지 않으면 의외로 성공하고, 혼담, 전직, 개점, 수리, 이전 등이 길하다.

十一月 : 운기가 막히어 질병, 도난, 부상을 조심할 일이다. 교제상 재난을 초래하기 쉽고, 타인과의 경쟁사는 보류하라.

十二月 : 무사평온의 달로서 운기도 좋다. 그러나 질병, 화재, 재난, 도난을 조심할 일이다. 타인에게 속지 않도록 주의하고, 소송, 쟁론, 이혼 등이 일어나기 쉬우니 주의하고 남의 일에 끼여들지 말아야 한다.

7. 칠적금성인(七赤金星人)의 운세(運勢)

7) 칠적금성년(七赤金星年)

正月 : 길한 징조가 나타나서 모든 일이 나아가서 하면 반드시 복리가 있고 굳게 하면 틀림없다. 혼담에 신중하라. 급히 서둘면 차질이 있을 것이니 신중해야 한다.

二月 : 하늘이 돕는 복운에 따라 모든 일이 생각대로 나아간다. 혼담은 의심하면 불리하고, 도난과 유행병 등 만사에 주의해야 한다.

三月 : 운기가 평정하여 가함도 없고 불가함도 없다. 새로운 개업은 서둘지 말 것이며, 방심하지말고 숙고하여라. 혼담, 개점, 전직은 남방에 있는 사람이나 윗사람에게 상의해서 그 사람의 의견을 따름이 좋다.

四月 : 운기가 어느 정도 발동하여 회복하므로 나아가서 일을 하면 큰 손해가 있으니 그래도 지킴이 좋다. 방심해선 안되고 너무 욕심을 내지 마라. 혼담, 전직, 신규개점, 수리, 이전 등이 길하다.

五月 : 운기가 평정하므로 적은 일에 이(利)가 있고, 큰 일에 이(利)가 없다. 교제에 주의하고 타인과 다투지 말라. 질병, 몸다침에 주의함이 필요하다.

六月 : 길한 징조가 나타나서 운기가 왕성하므로 백사가 뜻과 같이 된다. 뜻하지 않는 이(利)를 얻음이 있고 복록이 겸전

한다. 재난과 도난, 소송, 쟁론, 이혼 등이 일어나기 쉬우니 주의하고, 남의 일에 끼여들지 않음이 좋다.

七月 : 길한 조짐은 있으나 복을 가지지 못한다. 큰 이(利)를 바라면 몸의 파멸이 있으니 주의할 일이며, 주위정세로 급진함이 유리하다. 병난이나 도난을 주의하라.

八月 : 모든 일이 뜻과 같지 못하며 여망이 없다. 후회함이 있으니 사물에 손을 내밀지 않음이 좋고, 투기나 과욕을 내지 말라. 수리, 개점, 이사는 미루고 경솔해선 안 된다.

九月 : 복분은 많으나 한번 이(利)를 얻고 또한 잃음도 있다. 미혹하기 쉬우므로 몸을 다치거나 소송에 주의할 일이다. 타인을 원망치 말고 주의하라. 신규개점, 취직 등은 길하고 금전 청탁은 조급하게 행하면 차질이 난다.

十月 : 길한 징조가 나타나서 모든 일이 나아가서 하면 반드시 복리(福利)가 있고, 굳게 하면 틀림없다. 급히 서둘면 차질이 있을 것이니 신중하라. 혼담에도 신중을 기하라.

十一月 : 천우(天佑)의 복운에 따라 모든 일이 생각대로 나아간다. 혼담은 의심하지말고 항시 신변과 만사를 주의하고, 도난과 유행병에 주의할 일이다.

十二月 : 운기가 평정(平靜)하여 가도 없고, 불가도 없다. 새로운 개업은 서둘지 말 것이며, 방심하지말고 만사는 숙고하라. 혼담, 개점, 전직은 남방에 있는 사람이나 윗사람에게 상의해서 그 사람의 의견을 따름이 좋다.

7. 칠적금성인(七赤金星人)의 운세(運勢)

8) 팔백토성년(八白土星年)

正月 : 운기가 좋고, 보는 대로 가고 복분이 많다. 이 달은 참고 견디어 나아가는 운이므로 무엇이든 인내하면 결과가 좋고, 병난, 도난을 주의해야 한다.

二月 : 운기가 좋고, 보는대로 가고 복분이 많다. 투기나 과욕을 내지 말고, 이사, 수리, 개점은 미루어라. 약간 침체되는 운이므로 경솔하지 않으면 손위의 부인이나 타인의 동정을 얻어 의외의 발전을 보는 수가 있다.

三月 : 운기가 침체되어 모든 일이 정지하여 마음대로 되지 않음이 많다. 타인을 원망치 말고 주의하라. 신규개점, 취직 등은 길하고, 돈에 대한 청탁은 조급하게 행하면 차질이 생긴다.

四月 : 천운(天運)이 뻗치고 복록이 있으므로 크게 나아가서 좋다. 급히 서둘면 차질이 있을 것이니 신중을 기하라. 이 것저것 골치 아픈 것이 많고, 잘되는 일이 적으므로 주의해야 한다.

五月 : 천운이 뻗치고 복록이 있으므로 크게 나아가서 좋다. 안정이 없으므로 여의치 못하니 항시 신변과 만사에 주의해야 한다.

六月 : 뜻대로 되지 않음이 많고, 질병 때문에 생명에 관계되는 일이 있으므로 주의할 일이다. 방심하지말고 만사는 숙고

하라. 성급하게 서둘지 말고 인내로서 나아가라. 혼담, 개점, 전직은 남방에 있는 사람이나 윗사람에게 상의해서 그의 의견을 따름이 좋다.

七月 : 대단히 행복이 있고, 재운도 뻗으며 어떤 일이든 나아감이 좋다. 방심해서는 안되고 지나친 욕심을 내지 않음이 길하다. 혼담, 전직, 신규개점, 수리, 이전 모두 길하다.

八月 : 대단히 행복이 있고, 재운도 뻗으며 어떤 일이든 나아감이 좋다. 교제에 조심하고 타인과 경쟁사는 보류하라. 종래의 일에 변경하고 싶은 마음이 일어난다.

九月 : 흉한 달로서 어떤 일이던 간에 서둘지 말고, 질병을 조심하여야 한다. 재난, 도난, 재산 손실을 주의하라. 소송, 쟁론, 이혼 등이 일어나기 쉬우니 주의하고, 남의 일에 끼여들지 않음이 좋다.

十月 : 운기가 좋고, 보는대로 가고, 복분이 많다. 인내하며 나아가는 운이므로 무엇이든 인내하면 결과가 좋다. 병난, 도난을 주의해야 한다.

十一月 : 운기가 좋고, 보는대로 가고 복분이 많다. 투기나 과욕을 내지 말고, 이사, 수리, 개점은 미루어라. 약간 침체되는 운이므로 경솔해서는 안 된다.

十二月 : 운기가 침체되어 모든 일이 정지하여 마음대로 되지 않음이 많다. 타인을 원망치 말고 주의하라. 신규개점, 취직 등이 길하고, 금전에 대한 청탁은 조급하게 행하면 차질이 생긴다.

7. 칠적금성인(七赤金星人)의 운세(運勢)

9) 구자화성년(九紫火星年)

正月 : 운기상에 활기가 있어 만사가 여의하나 아직도 왕성하지
　　　는 않다. 방심해선 안되고 너무 욕심을 내면 안 된다. 혼
　　　담, 전직, 신규개점, 수리, 이전 모두가 길하다.

二月 : 운기가 오지 않고 재운이 나빠서 나아가면 반드시 손실이
　　　많다. 교제상으로 재난을 초래하기 쉽고, 종래의 일을 변
　　　경하고자 하는 운세이다.

三月 : 운기가 오지 않고 재운이 나빠서 나아가면 반드시 손실이
　　　많다. 재난, 도난, 가산 손실할 염려가 있으니 주의하라.
　　　소송, 쟁론, 이혼 등이 일어나기 쉬우니 주의하고 남의
　　　일에 끼어 들지 말아야 한다.

四月 : 이운(利運)과 복이 같이 오나 용진하면 도리어 실패한다.
　　　서둘지 말고 천운(天運)을 기다릴 일이며, 인내하면 결과
　　　가 좋고, 병난, 도난을 주의해야 한다.

五月 : 이운과 복이 같이 오나 용진하면 도리어 실패한다. 서둘
　　　지 말고 천운을 기다릴 일이며, 투기나 과욕을 내지 말고
　　　주의하라. 약간 침체되는 운이므로 경솔해선 안 된다.

六月 : 뜻대로 되지 않음이 많고, 운기쇠퇴, 예상 밖의 일을 하
　　　지 말 것이다. 타인을 원망치 말고 주의하라. 신규개점,
　　　취직 등은 길하고, 돈에 대한 청탁은 조급하게 행하면 차

질이 생긴다.

七月 : 운기 발전, 노고는 있으나 나아감이 좋고, 급히 서둘면 차질이 있을 것이니 신중해야 한다. 이것저것 골치 아픈 것이 많고 혼담은 주의해야한다.

八月 : 재운이 나쁘고 운세가 하강하여 뜻밖의 실패가 있다. 항시 신변을 주의하고, 안정이 없으므로 여의치 않으니 만사에 주의해야 한다.

九月 : 재운이 나쁘고 운세가 하강하여 뜻밖의 실패가 있으므로 주의할 일이다. 방심하지말고 만사는 숙고하여 활동하라. 성급하게 서둘지 말고 인내함이 좋고, 혼담, 개점, 전직은 남방에 있는 사람이나 윗사람에게 상의해서 그 사람의 의견을 따름이 좋다.

十月 : 운기 상에 활기가 있어 만사가 뜻과 같이 되나 아직도 왕성하지는 않다. 방심해선 안되고 지나친 욕심을 내지 않으면 성공한다. 혼담, 전직, 신규개점, 수리, 이전 모두가 길하다.

十一月 : 운기가 오지 않고 재운이 나빠서 나아가면 반드시 손실이 많다. 교제상으로 재난을 초래하기 쉬우며, 변경하고자 하는 운세이다.

十二月 : 운기가 오지 않고 재운이 나빠서 나아가면 반드시 손실이 많다. 남의 일에 끼어 들지 말고, 재난, 도난, 손실할 염려가 있고, 소송, 쟁론, 이혼 등이 일어나기 쉬우니 주의해야 한다.

8. 팔백토성인(八白土星人)의 운세(運勢)

1) 일백수성년(一白水星年)

正月 : 운기가 엎어져서 나아가려 해도 무력이다. 따라서 만사가 여의치 못하고 특히 질병을 주의해야 할 일이다. 타인과 오해가 생기더라도 노하지말고 신중을 기하라. 가정불화, 금전손실을 주의하고 수리, 이전 등은 하지 않는 것이 좋다.

二月 : 모든 일을 서둘지 말아야 한다. 운기가 막히어 계획이 서지 않으며, 진정으로 활동하면 성공한다. 혼담은 인사본위로 하라. 윗사람과 충돌이나 쟁론이 일어나기 쉽다.

三月 : 길한 징조가 있는 달이며, 뜻을 이루고 크게 이(利)를 볼수가 있다. 의뢰심은 버리고 사회사업은 성공한다. 이익에 급급치 않음이 길하고, 돈 관계, 혼담은 의외로 빨리 성사되고, 수리, 이전, 여행, 개점, 취직 등은 길하다. 술값이 많이 지출되거나 구설도 있기 쉽다.

四月 : 운세가 가라않아 고심하는 일이 많다. 소송이 있을 수니 조심할 일이다. 만사를 보류하고 병난을 주의하라. 만사가 여의치 못하다.

五月 : 운기가 흉하여 집안에 흉사가 일어난다. 희망은 거의 틀어지고 이루어지기 힘든다. 기복이 생기나 윗사람의 의견에 따르고, 신불(神佛)에 마음을 두면 길하고, 증서, 편

지, 문서의 착오나 구설을 주의해야 한다.

六月 : 운기 발달, 복운이 있어 윗사람의 끌어줌을 받아서 분에
　　　넘친 출세를 하는 수가 있다. 지나친 낭비가 있고 심중이
　　　혼미하기 쉬우니 신중을 기하라. 급히 서둘면 흉하다. 병
　　　난, 수난, 도난을 주의해야 한다.

七月 : 노고는 있고 공이 없는 달이다. 운기가 정지하여 평온 무
　　　사하나 복분이 적은 달이다. 겨우 안심할 수 있는 달로서
　　　만사가 힘이 드는 운으로 서둘면 손실이 많으므로 좋은
　　　운을 기다려라. 집수리. 증축, 개축은 흉하다.

八月 : 모든 일이 뜻과 같지 못한 달이다. 집안 사람에 변이 있
　　　거나 망설임이 많은 달이다. 혼담은 연기하라. 수리, 이
　　　전, 개업, 취직은 길하다.

九月 : 희망 성취, 혼인, 금담, 개업, 이전, 집수리, 신축 등 모
　　　든 것이 좋다. 성급하면 실패하니 만사를 순리대로 놓아
　　　두라. 고생하나 성심으로 노력하면 무사하다.

十月 : 운기가 엎어져서 나아가려 해도 힘이 없다. 따라서 만사
　　　가 여의치 못하고, 특히 질병을 주의해야 할 일이다. 남
　　　과 오해가 생겨도 노하지 말고 신중을 기하라. 가정불화,
　　　금전의 손실 등을 주의하고, 수리, 이전은 하지 않는 것
　　　이 좋다.

十一月 : 모든 일을 서둘지 말아야 하고, 운기가 막히어 계획이
　　　서지 않는다. 진정으로 활동하면 단연코 성공하며 윗사람
　　　과의 충돌이나 쟁론이 일어나기 쉬우니 주의해야 한다.

十二月 : 길한 징조가 있는 달로서 뜻을 이루고 크게 이(利)를 볼 수가 있다. 이익에 급급하지 않으면 성공하고, 의뢰심 은 불길하다. 금전관계, 혼담 등은 의외로 빨리 성사되 고, 수리, 이전, 개점, 여행, 취직 등은 길하며, 지출과 구설도 있기 쉽다.

8. 팔백토성인(八白土星人)의 운세(運勢)

2) 이흑토성년(二黑土星年)

正月 : 운기가 움직이지 않고 느리고 나아가지 않는다. 남의 편리를 보아주다가 손해를 보는 일이 있다. 겨우 안심할 수 있으며, 수리, 증축, 개축은 흉하고, 만사가 서둘면 오히려 손실이 많다.

二月 : 운기가 일변하여 올라가서 활기를 나타내고 경복(慶福)을 받는다. 수리. 이전, 개업, 취직, 혼담 모두가 길하다.

三月 : 윗사람의 끌어줌을 받아서 지위를 얻는 달이다. 그러나 복분은 적고, 성심으로 노력하면 길하다. 성급하게 하면 실패하니 만사를 순리대로 놓아둠이 좋다.

四月 : 모든 일이 평온하나 질병 때문에 노고가 많은 달이다. 타인과 오해가 생겨도 노하지 말고 신중을 기하라. 가정불화나 금전손실 등을 주의하고, 수리, 이전 등은 하지 않는 것이 좋다.

五月 : 모든 일이 뜻과 같지 못함이 많고, 단독으로서 일을 하고자 하면 반드시 손실을 보고 이(利)를 감하는 달이다. 윗사람과의 충돌이나 쟁론이 일어나기 쉬우니 주의해야 한다.

六月 : 길한 징조가 있어 운기가 뻗고, 혼담, 금담, 이전 그밖에 모든 것이 좋다. 의뢰심은 불길하고 이익에 급급하지 않

으면 길하고, 금전관계, 혼담 등은 의외로 빨리 성사된다. 수리, 이전, 여행, 신규개점, 취직 등은 길하고, 구설도 있기 쉽다.

七月 : 보는 바가 빗나가서 고심이 물거품으로 돌아가는 달로서 침묵을 지킴이 좋다. 만사를 보류하고 병난을 주의하라. 만사가 여의치 못하다.

八月 : 발전해서 활동하면 복운이 일어나고, 모든 일이 뜻대로 되어 큰 이(利)를 볼 수가 있다. 윗사람의 의견에 순종하라, 구설, 증서, 편지, 문서의 착오를 주의해야 한다.

九月 : 무사평온, 크게 복분이 있는 길한 징조를 지니고 있는 달이다. 낭비가 많고 심중이 혼미하기 쉬우니 신중을 기하라. 만사를 급히 서둘면 흉하나, 병난, 수난, 도난을 주의해야 한다.

十月 : 운기가 정체되어 느리고 나아가지 않는다. 남의 편의를 봐주다가 손해를 보는 일이 있다. 서둘면 오히려 손실이 많고, 수리, 증축, 개축은 흉하다.

十一月 : 운기가 일변하여 올라가서 활기를 나타내고 경복을 받는다. 혼담은 연기하라. 수리, 이전, 개업, 취직은 길하다.

十二月 : 윗사람의 끌어줌을 받아서 지위를 얻는 달이다. 그러나 복분은 적다. 성심으로 노력하면 무사하나, 성급하면 실패하니 만사를 순리대로 놓아둠이 마땅하다.

8. 팔백토성인(八白土星人)의 운세(運勢)

3) 삼벽목성년(三碧木星年)

正月 : 길한 징조가 있고 큰 이득을 얻으나 병난은 면하기 어렵
다. 만사가 여의치 못하여 준비는 좋으나 착수하는 것은
보류하라.

二月 : 구설, 소송이 반드시 일어나고 집안이 불화하다. 그러나
재운은 크게 좋다. 윗사람의 의견에 순종하라. 증서, 편
지, 문서의 착오를 주의해야 한다.

三月 : 모든 일이 뜻과 같지 못한 달이며, 금융상에 괴로움이 이
만저만이 아니다. 명예를 상하는 수가 있으므로 주의가
필요하다. 병난, 수난, 도난을 주의하라. 낭비가 많고 심
중이 혼미하기 쉬우니 신중을 기하고, 만사를 급히 서둘
면 흉하다.

四月 : 길한 달이지만 재운은 없다. 단지 봉사, 사관(仕官), 뽑
힘을 입는 수가 있고, 겨우 안심할 수 있는 달이다. 서둘
면 오히려 손실이 많으므로 좋은 운을 기다려라. 수리,
증축, 개축은 흉하다.

五月 : 운세가 아래로 먹고 일이 잘 되지 않고 손실이 많다. 어
떤 일이든 서둘지 말라. 혼담은 연기하고 수리, 이전, 개
업, 취직 등은 길하다.

六月 : 길한 징조가 나타나서 좋은 운수이나 중순 이후가 좋지

못하다. 도난, 집안 불화 등이 일어나기 쉽고, 교제상의 고생이 있겠으나 성심껏 노력하면 무사하다. 성급하면 실패하므로 만사를 순리대로 놓아둠이 좋다.

七月 : 흉월로서 운세가 내려가고 가라앉아서 아무리 활동해도 성공이 힘들다. 타인과 오해가 생겨도 노하지 말고 신중을 기하라. 가정의 불화, 금전의 손실 등을 주의하라. 수리, 이전 등은 하지 않는 것이 좋다.

八月 : 집안에 부상자가 생기기 쉽고, 동쪽으로 일을 하면 되나 그밖에는 뜻과 같이 되지 않는다. 혼담은 인사본위로 하라. 윗사람과의 충돌이나 쟁론이 일어나기 쉬우니 주의해야 한다.

九月 : 길한 징조가 있으나 행복, 복분이 얇다. 화재를 당할까 걱정이며 조심할 일이다. 의뢰심은 불길하며 이익에 급급하지 말라. 금전관계, 혼담 등은 의외로 빨리 성사된다. 수리, 이전, 여행, 신규개점, 취직 등은 길하고, 구설이 있기 쉽다.

十月 : 길한 조짐이 있고, 큰 이득을 얻으나 병난을 면키 어렵다. 만사가 여의치 못하므로 보류하라.

十一月 : 소송이 반드시 일어나고 집안이 불화하다. 그러나 재운은 크게 좋다. 기복이 있으나 윗사람의 의견에 순종하라. 모든 일에 주의함이 긴요하다. 구설, 증서, 편지, 문서의 착오를 주의해야 한다.

十二月 : 모든 일이 여의치 못한 달로서 금융상에 괴로움이 이만

저만이 아니다. 낭비가 있고 심중이 혼미하기 쉬우니 신중을 기하라. 명예를 상하는 수가 있으므로 주의가 필요하다. 만사를 급히 서둘면 흉하고, 병난, 수난, 도난을 주의해야 한다.

8. 팔백토성인(八白土星人)의 운세(運勢)

4) 사록목성년(四綠木星年)

正月 : 운세에 활기가 없고 뜻대로 되지 않으며 손실이 많다. 질병, 재난에 주의함이 좋고, 타인과 오해가 생기어도 노하지 말고, 신중해야 한다. 가정의 불화, 금전의 손실 등을 주의하고, 수리, 이전 등은 하지 않는 것이 좋다.

二月 : 운세에 활기가 없고 뜻대로 되지 않으며 손실이 많다. 질병, 재난에 주의함이 좋고, 혼담은 인사 본위로 하라. 윗사람과의 충돌이나 쟁론이 일어나기 쉬우니 주의해야 한다.

三月 : 대단히 좋은 운수로서 대 발전을 하는 달이다. 이익에 급급치 말고 의뢰심은 불길하다. 금전관계, 혼담 등은 의외로 빨리 성사되고, 수리, 이전, 여행, 신규개점, 취직 등이 길하다. 접대비 지출이 많거나 구설도 있기 쉽다.

四月 : 길한 징조가 있고 좋은 운으로 천운이 있다. 개업, 이전, 혼인, 금담 등 모두가 좋다. 윗사람의 의견에 순종하고, 구설, 증서, 편지, 문서의 착오를 주의해야 한다.

六月 : 길한 징조가 있고 좋은 운으로 천운이 있다. 개업, 이전, 혼인, 금담 등 모두가 좋다. 낭비가 있고 심중이 혼미하기 쉽다. 만사를 급히 서둘면 흉하고, 병난, 수난, 도난을 주의해야 한다.

七月 : 운세가 좋지 못하여 손실, 걱정거리가 많다. 서둘면 오히려 손실이 많으므로 인내하여 좋은 운을 기다려라. 수리, 증축, 개축은 흉하다.

八月 : 운세가 좋지 못하여 손실, 걱정거리가 많다. 혼담은 연기하라. 수리, 이전, 개업, 취직은 길하다.

九月 : 아주 좋은 운세로 만사에 대길하다. 성심으로 노력하라. 여의치 못하며, 성급하게 하면 실패하니 만사를 순리대로 놓아두라.

十月 : 운세에 활기가 없고, 뜻대로 되지 않으며 손실이 많다. 질병, 재난에 주의함이 좋다. 타인과 오해가 생기어도 노하지말고 신중하라. 가정불화나 금전손실 등을 주의하고, 수리, 이전 등은 하지 않는 것이 좋다.

十一月 : 운세에 활기가 없고, 뜻대로 되지 않으며 손실이 많다. 질병, 재난에 주의하고, 혼담은 인사 본위로 하라. 윗사람과의 충돌이나 쟁론이 일어나기 쉬우니 주의해야 한다.

十二月 : 대단히 좋은 운수로서 대 발전을 할 달이다. 의뢰심은 불길하고, 금전관계, 혼담 등은 의외로 빨리 성사된다. 수리, 이전, 여행, 신규개점, 취직 등이 길하다. 단 구설은 주의하는 것이 좋다.

8. 팔백토성인(八白土星人)의 운세(運勢)

5) 오황토성년(五黃土星年)

正月 : 모든 일이 평온한 달이다. 떠도는 말에 귀를 기울이지 말고 전심으로 가업에 힘쓸 것이며, 수리, 증축, 개축은 흉하다.

二月 : 운기가 여의치 못하고 다른 사람 때문에 괴로움을 입는 수가 있다. 혼담, 이전, 개업, 수리, 취직은 길하고, 질병을 조심할 달이다.

三月 : 운기가 뻗치는 달로서 모든 일을 큰 마음으로 파도를 넘으면 반드시 복리가 있다. 주소관계와 교제상으로 고생이 많으나 성심으로 노력하면 무사하다. 성급하면 실패하니 순리대로 하는 것이 마땅하다.

四月 : 모든 일이 평온한 달로서 원하는 일이 이루어진다. 도난을 조심할 것이며, 타인과 오해가 생겨도 노하지 말고 신중을 기하라. 가정의 불화, 금전의 손실 등을 주의하고, 수리, 이전 등은 하지 않음이 좋다.

五月 : 천운(天運)이 상진(上進)하는 때이므로 무엇을 해도 되고 크게 발전한다. 윗사람과의 충돌이나 쟁론이 일어나기 쉬우니 주의해야 한다.

六月 : 재운이 성한 때로서 장사는 대단히 유리하여 천금을 얻을 수가 있다. 이욕에 급급하지 않음이 길하고 의뢰심은 불

길하다. 금전관계, 혼담은 의외로 속히 성사되고, 수리, 이전, 여행, 신규개점, 취직은 길하다.

七月 : 생각대로 안 되는 달이며, 만사를 보류하고 병난을 주의하라. 마음속에 망설임이 생기고 돈이 몸에 붙지 않는다.

八月 : 운기가 아주 좋아 아침해와 같은 운세이다. 어떤 일이고 실패는 없고 크게 나아갈 일이다. 윗사람의 의견에 순종하라. 구설, 증서, 편지, 문서의 착오가 없도록 하고, 모든 일에 주의함이 긴요하다.

九月 : 모든 일이 뜻과 같지 못하고, 보는 바가 빗나감이 많다. 낭비가 있으니 신중을 기하고, 병난, 수난, 도난을 주의하라. 백사를 조심함이 좋다.

十月 : 모든 일이 평온한 달이며 근거 없는 말에 귀를 기울이지 말고 전심으로 가업에 힘쓸 것이다. 만사가 서둘면 오히려 손실이 많고, 수리, 증축, 개축은 흉하다.

十一月 : 질병을 조심할 달이며, 또한 운기가 여의치 못하고 다른 사람 때문에 괴로움을 입는 수가 있다. 혼담은 연기하라. 수리, 이전, 개업, 취직 등은 길하다.

十二月 : 운기가 뻗치는 달로서, 모든 일을 큰 마음으로 파도를 넘으면 반드시 복리가 온다. 성급하게 하면 실패하니 순리대로 하라. 성심으로 노력하면 무난하다.

8. 팔백토성인(八白土星人)의 운세(運勢)

6) 육백금성년(六白金星年)

正月 : 운기가 충분하여 길한 징조가 나타나고 모든 일이 뜻과 같다. 개업, 혼인, 이전, 봉사, 취직 등 새로운 일로 극히 유리한 달이다. 병난을 주의하라. 준비하는 것은 좋으나 착수하는 것은 미루어라.

二月 : 어떤 일이든 여의치 못한 달로서 운기가 오므라들고 병난도 있으므로 무슨 일이든 서둘지 말 것이다. 윗사람의 의견에 순종하고 모든 일에 주의하라. 특히 구설, 증서, 편지, 문서의 착오가 없도록 주의해야 한다.

三月 : 운기가 막히어 빗나가는 일이 많은 달이다. 나아가면 다툼이 있고 소송사가 일어난다. 낭비가 있으니 신중하라. 만사를 급히 서둘면 흉하고, 병난, 수난, 도난을 주의해야 한다.

四月 : 운기가 정지하여 경솔하면 대 실패가 일어나기 쉬운 달이다. 질병을 조심하고 몸을 다치지 않도록 조심할 일이다. 서둘면 손실이 많으므로 인내하여 좋은 운을 기다리라. 수리, 증축, 개축은 흉하다.

五月 : 운기가 정지하여 경솔하면 대 실패가 일어나기 쉬운 달이다. 질병을 조심하고 몸을 다치지 않도록 조심할 일이다. 혼담은 연기하라. 수리, 이전, 개업, 취직은 길하다.

六月 : 가장 좋은 운기의 달로서 길한 징조가 나타나 행복이 있다. 이운(利運)이 성한 달이므로 힘이 닿는데 까지 활동할 일이다. 예상 밖의 이윤이 있으며, 다소의 위험을 무릅쓰고 나가도 이익이 있다. 성급하면 실패하니 만사를 순리대로 해야 한다.

七月 : 가장 좋은 운기의 달로서 길한 징조가 나타나 행복이 있다. 이운(利運)이 성한 달이므로 힘이 닿는데 까지 활동할 일이다. 예상외의 이윤이 있으며 다소의 위험을 무릅쓰고 나가도 이익이 있다. 타인과 오해가 없도록 신중하라. 가정의 불화, 금전의 손실, 수리, 이전을 주의해야 한다.

八月 : 가장 좋은 운기의 달로서 길한 징조가 나타나 행복이 있다. 이운(利運)이 성한 달이므로 힘 닿는데 까지 활동할 일이다. 예상 밖의 이윤이 있으며 다소의 위험을 무릅쓰고 나가도 이익이 있다. 윗사람과의 충돌이나 쟁론이 일어나기 쉬우니 주의해야 한다.

九月 : 가장 좋은 운기의 달로서 길한 징조가 나타나 행복이 있다. 이운(利運)이 성한 달이므로 힘이 자라는데 까지 활동할 일이다. 예상 밖의 이윤이 있으며, 다소의 위험을 무릅쓰고 나가도 이익이 있다. 의뢰심은 불길하고, 금전관계, 혼담은 의외로 속히 성사된다. 수리, 이전, 여행, 신규개점, 취직 등이 길하다.

十月 : 운기가 충분하여 길한 징조가 나타나고 모든 일이 뜻과

같다. 개업, 혼인, 이전, 봉사, 취직 등 새로운 일로 극히 유리한 달이다. 병난을 주의하고, 동요가 있어 만사가 여의치 못하다.

十一月 : 어떤 일이고 여의치 못한 달로서 운기가 오므라들고 병난도 있으므로 서둘지 말 것이다. 윗사람의 의견에 순종하라. 모든 일에 주의함이 긴요하고, 구설, 증서, 편지, 문서 착오가 없도록 주의해야 한다.

十二月 : 운기가 막히어 빗나가는 일이 많은 달이다. 나아가면 다툼이 있고 소송사가 일어난다. 낭비가 있고 심중이 혼미하기 쉽다. 만사를 급히 서둘면 흉하고, 병난, 수난, 도난을 주의해야 한다.

8. 팔백토성인(八白土星人)의 운세(運勢)

7) 칠적금성년(七赤金星年)

正月 : 운이 좋은 달로서 만사에 지장이 없고 장사나 생각하는
바가 다 같이 성공한다. 타인과 오해가 없도록 신중을 기
하라. 가정의 불화, 금전의 손실 등을 주의하고, 수리,
이전은 하지 않는 것이 좋다.

二月 : 운이 좋은 달로서 만사에 지장이 없고 장사나 생각하는
바가 다 같이 성공한다. 혼담은 인사 본위로 하라. 윗사
람과의 충돌이나 쟁론이 일어나기 쉬우니 주의해야 한다

三月 : 운이 좋은 달로서 만사에 지장이 없고 장사나 생각하는
바가 다 같이 성공하니 이욕에만 급급치 않으면 길하다.
수리, 이전, 여행, 개점, 취직은 길하고, 금전관계, 혼담
등은 의외로 속히 성사된다.

四月 : 운세가 좋지 못하여 실패가 거듭되고, 남과의 다툼이 일
어나기 쉽고, 도난, 병난, 몸의 부상 때문에 고생한다.
만사가 준비는 좋으나 착수하는 것은 미루어야 한다.

五月 : 운세가 좋지 못하여 실패가 거듭되고, 남과의 다툼이 일
어나기 쉽고, 도난, 부상 때문에 고생한다. 윗사람의 의
견에 순종하라. 구설, 증서, 편지, 문서에 착오가 있기
쉬우니 주의해야 한다.

六月 : 운세가 좋지 못하여 실패가 거듭되고, 남과의 다툼이 일

어나기 쉽고, 도난, 수난, 병난, 부상 때문에 고생한다. 만사를 급히 서둘면 흉하다.

七月 : 운세가 좋지 못하여 실패가 거듭되고, 남과의 다툼이 일어나기 쉽고 도난, 부상 때문에 고생한다. 만사가 서둘면 오히려 손실이 많으니 때를 기다려라. 수리, 증축, 개축은 흉하다.

八月 : 운세가 좋지 못하여 실패가 거듭되고, 남과의 다툼이 일어나기 쉽고, 도난, 부상 때문에 고생한다. 혼담은 연기하라. 수리, 이전, 개업, 취직 등은 길하다.

九月 : 길한 징조가 나타나서 경복(慶福)이 있고, 모든 일이 뜻과 같이 되며, 개업, 이전, 연담 다 같이 좋다. 성심으로 노력하면 무사하다. 성급하면 실패하니 순리대로 하라.

十月 : 운이 좋은 달로서 만사에 지장이 없고, 장사나 생각하는 바가 다 같이 성공한다. 타인과 오해가 생겨도 노하지말고 신중하라. 가정불화, 금전손실 등을 주의하고, 수리, 이전 등은 하지 않는 것이 좋다.

十一月 : 운이 좋은 달로서 만사에 지장이 없고, 장사나 생각하는 바가 다 같이 성공한다. 윗사람과의 충돌이나 쟁론이 일어나기 쉬우니 주의해야 한다.

十二月 : 운이 좋은 달로서 만사에 지장이 없고, 장사나 생각하는 바가 다 같이 성공한다. 이욕에만 급급하지 않으면 성공한다. 금전관계나 혼담은 속히 성사되고 수리, 이전, 여행, 신규개점, 취직은 길하다.

8. 팔백토성인(八白土星人)의 운세(運勢)

8) 팔백토성년(八白土星年)

正月 : 모든 일이 평온하고 운기가 좋으며 활기가 있는 달이다. 이운(利運)이 있는 달이므로 되도록 서둘지 말고 나아가면 성공하고 수리, 증축, 개축은 흉하다.

二月 : 모든 일이 평온하고 운기가 좋으며 활기가 있는 달이다. 이운이 있는 달이므로 마구 닫지 말고, 되도록 서둘지 말고 나아가면 성공한다. 혼담, 수리, 이전, 개업, 취직은 길하다.

三月 : 모든 일이 평온하고 운기가 좋으며 활기가 있는 달이다. 이운이 있는 달이므로 마구 닫지 말고, 되도록 서둘지 말고 성심으로 나아가면 성공한다. 성급하게 하면 실패하니 순리대로 하라.

四月 : 모든 일이 평온하고 운기가 좋으며, 활기가 있는 달이다. 이운이 있는 달이므로 되도록 서둘지 말고 나아가면 성공한다. 타인과의 관계도 신중하라. 가정의 불화, 금전의 손실 등을 주의하고, 수리, 이전 등은 하지 않는 것이 좋다.

五月 : 모든 일이 평온하고 운기가 좋으며 활기가 있는 달이다. 이운이 있는 달이므로 되도록 서둘지 말고 나아가면 성공한다. 윗사람과의 충돌이나 쟁론이 일어나기 쉬우니 주의

해야 한다.

六月 : 모든 일이 평온하고 운기가 좋으며 활기가 있는 달이다. 이운이 있는 달이므로 되도록 서둘지 말고 나아가면 성공한다. 의뢰심은 불길하며, 금전관계, 혼담은 속히 성사되고, 수리, 이전, 여행, 신규개점, 취직은 길하다.

七月 : 운기가 막히고 장해가 있어 소송, 그 밖의 집안에 불화가 일어나기 쉬우니 주의할 일이다. 만사를 보류하고 병난을 주의해야 한다.

八月 : 운기가 막히고 장해가 있어 구설, 소송, 그 밖의 집안에 불화가 일어나기 쉬우니 주의할 일이다. 윗사람의 의견에 순종하라. 증서, 편지, 문서의 착오가 있을 수 있으므로 주의해야 한다.

九月 : 운기가 막히고 장해가 있어 소송, 그 밖의 집안에 불화가 일어나기 쉬우니 주의할 일이다. 낭비가 많으니 신중하라. 만사를 급히 서둘면 흉하고, 병난, 수난, 도난을 주의해야 한다.

十月 : 모든 일이 평온하고 운기가 좋으며, 활기가 있는 달이다. 이운(利運)이 있는 달이므로 되도록 서둘지 말고 나아가면 성공한다. 수리, 증축, 개축은 흉하다.

十一月 : 모든 일이 평온하고 운기가 좋으며, 활기가 있는 달이다. 이운(利運)이 있는 달이므로 되도록 서둘지 말고 나아가면 성공한다. 신중하게 처세하라. 수리, 이전, 개업, 취직, 혼담은 길하다.

十二月 : 모든 일이 평온하고 운기가 좋으며, 활기가 있는 달이
다. 이운이 있는 달이므로 되도록 서둘지 말고 성심껏 순
리대로 나아가면 성공한다.

8. 팔백토성인(八白土星人)의 운세(運勢)

9) 구자화성년(九紫火星年)

正月 : 모든 일이 뜻대로 되지 않는다. 운기가 침쇠(沈衰)해 있으므로 무리해서 나아가면 실패를 가져오고 손실이 있다. 매매, 금전대차 그 밖의 일들을 서둘지 말아야 하고 병난을 주의해야 한다.

二月 : 모든 일이 뜻대로 되지 않으며, 운기가 침쇠해 있으므로 무리해서 나아가면 실패를 가져오고 손실을 한다. 매매, 금전대차 그 밖의 일들을 서둘지 말아야 한다. 윗사람의 의견에 순종하고 구설이나 증서, 편지, 문서에 착오가 없도록 주의해야 한다.

三月 : 모든 일이 뜻대로 되지 않는다. 운기가 침쇠해 있으므로 무리해서 나아가면 실패를 가져오고 손실을 한다. 매매, 금전대차 그 밖의 일들을 서둘지 말아야 한다. 낭비가 많으니 신중하고, 병난, 수난, 도난을 주의해야 한다.

四月 : 운기가 성한 달로서 어떤 일을 시작해도 좋다. 그러나 여러 달의 앞 달에는 빗나감이 많으나 기회를 보아 나아감이 좋다. 질병이 있으므로 주의해야 하고, 서둘면 손실이 많고, 수리, 증축, 개축은 흉하다.

五月 : 운기가 무르익어서 재기(財氣)가 왕성하고, 금년 중 가장 기회가 많은 달이다. 기운이 점점 올라 동쪽 하늘에 아침

해가 떠오름과 같아서 어떤 일이고 생각하는 바가 이루어
진다. 혼담은 연기하고, 수리, 이전, 개업, 취직은 길하
다.

六月 : 운기가 무르익어서 재기가 왕성하고, 금년 중 가장 기회
　　　가 많은 달이다. 기운이 점점 올라 아침에 태양이 떠오름
　　　과 같아 어떤 일이고 생각하는 바가 이루어지고, 성심으
　　　로 노력하면 길하다.

七月 : 운기가 무르익어서 재기(財氣)가 왕성, 금년 중 가장 기
　　　회가 많은 달이다. 기운이 점점 올라 동쪽하늘에 아침해
　　　가 떠오름과 같아 어떤 일이고 생각하는 바가 이루어진
　　　다. 타인과 오해가 없도록 신중하라. 가정의 불화, 금전
　　　의 손실 등을 주의하고, 수리, 이전 등은 하지 않는 것이
　　　좋다.

八月 : 다른 사람의 의견을 따르지 않으면 공연한 실패를 한다.
　　　운기가 침쇄해 있으므로 모든 일을 서둘지 말아야 한다.
　　　진정으로 활동하면 길하다. 윗사람의 충돌이나 쟁론이 일
　　　어나기 쉬우니 주의해야 한다.

九月 : 상서로운 기운이 나타나서 운기가 좋아 좋은 결과를 얻는
　　　다. 망설이지 말고 나아감이 좋으며, 의뢰심은 불길하고
　　　구설도 있기 쉽다. 금전관계, 혼담 등은 의외로 빨리 성
　　　사되고, 수리, 이전, 여행, 신규개점, 취직 등은 길하다.

十月 : 모든 일이 여의치 못하며, 운기가 침쇄해 있으므로 무리
　　　해서 나아가면 실패를 가져오고 손실을 한다. 병난을 주

의하고, 매매, 금전대차 그 밖의 일들을 서둘지 말아야 한다.

十一月 : 모든 일이 여의치 못하고 운기가 쇠하므로 무리해서 나아가면 실패를 가져오고 손실을 한다. 매매, 금전대차 그 밖의 일들을 서둘지 말아야 한다. 윗사람의 의견에 순종하라. 모든 일에 주의함이 긴요하고, 구설, 증서, 편지, 문서의 착오가 없도록 주의해야 한다.

十二月 : 모든 일이 여의치 못하며 운기가 쇠하므로 무리해서 나아가면 실패를 가져오고 손실을 한다. 매매, 금전대차 그 밖의 일들을 서둘지 말아야 한다. 심중이 혼미하기 쉬우니 신중을 기하고, 병난, 수난, 도난을 주의해야 한다.

9. 구자화성인(九紫火星人)의 운세(運勢)

1) 일백수성년(一白水星年)

正月 : 무사 평온하고 거리낌은 없으나 이운(利運)이 오지 않았으므로 손을 내밀면 손실이 있다. 수리, 이전, 혼담, 개업은 길하고, 쟁론, 소송, 몸 다침 등은 주의하라. 만사를 윗사람이나 남방에 있는 사람과 상의하여 그의 의견에 따름이 좋다.

二月 : 계획이 틀어짐이 많고 운기가 침체하기 쉬우며 모든 일을 서둘지 말아야 한다. 교제상으로 파탄, 소송, 쟁투가 생기기 쉬우니 신중하라. 부인에 대하여 고뇌 또는 금전상의 손실이 있기 쉬우니 주의함이 좋다.

三月 : 운세가 좋고 이운이 있으므로 나아가서 희망을 관철하는 때이다. 창업, 이전, 확장 등 모두가 좋고 재물이 모이는 운이다. 번민과 근심이 있으며 인사에 손실, 가내 병환, 업무상의 부진 등이 있다.

四月 : 운세가 좋고 이운이 있으므로 나아가서 희망을 관철하는 때이다. 창업, 이전, 확장 등 모두가 좋으며, 서둘지 말고 열심히 노력하면 길하다. 금전이 수입보다 지출이 많고 친구 때문에 분주한 일이 많다.

五月 : 운세가 좋고 이운이 있으므로 나아가서 희망을 관철하는 때이다. 창업, 이전, 확장 등 모두가 좋으나 소송에는 패

소하기 쉽다. 수리, 혼담, 전업, 금전관계 등은 하지 않음이 좋다.

六月 : 운세가 좋고 이운이 있으므로 나아가서 희망을 관철하는 때이다. 창업, 이전, 확장 등 모두가 좋고 고진감래 한다. 신규로 시작하는 일은 미루는 것이 좋다.

七月 : 운기가 내려가므로 태만하여 가볍게 움직이면 크게 실패하니 전후 사리를 판단하여 처리하라. 이익을 얻던가 세간의 좋은 평판을 받는 일이 있다. 신규개업, 연담, 수리, 이전 등은 길하다.

八月 : 어떤 일이고 나아가도 좋으며, 이때에 큰 이(利)를 잡거나 입신, 출세의 줄을 잡아야 한다. 돌다리도 두들겨 보고 건너는 식으로 주의하라. 이전, 여행, 혼담은 길방을 선택하여 빨리함이 좋고, 먼 데로부터 주문 또는 장사하는 것도 길하다.

九月 : 운기가 침쇠(沈衰)하여 계획이 빗나가니 모든 일을 서둘지 말아야 한다. 불의의 재앙이 생기기 쉬우니 주의를 요하고, 인내로 근신하여 때를 기다림이 좋다.

十月 : 무사 평온하고 거리낌은 없으나 이운(利運)이 오지 않았으므로 손을 내밀면 손실이 있다. 수리, 이전, 혼담, 개업은 길하며 만사를 윗사람이나 남방에 있는 사람과 상의하여 그의 의견을 따름이 좋다. 쟁론, 소송, 몸 다침 등은 주의하고 무슨 일이던지 활동함이 상책이다.

十一月 : 기획하는 일이 틀어짐이 많고, 운기가 침체하기 쉽다.

모든 일을 서둘지 말아야 하고, 교제의 파탄, 소송, 쟁투
가 생기기 쉬우니 신중을 기하라. 부인에 대하여 고뇌 또
는 금전상의 손실이 있기 쉬우니 주의함이 좋다.

十二月 : 운세가 좋고, 이운도 있으므로 나아가서 희망을 관철하
는 때이다. 창업, 이전, 확장 등 모두가 좋고, 재물이 모
일 운이다. 번민과 근심이 많으며 인사에 손실, 가내병
환, 업무상의 부진 등이 있다.

9. 구자화성인(九紫火星人)의 운세(運勢)

2) 이흑토성년(二黑土星年)

正月 : 길한 징조는 있으나 운기가 왕성하지 못하여 모든 일을 서둘면 큰 실패를 한다. 이익을 얻던가 세간의 좋은 평판을 받는 일이 있으나 태만하면 불길하다. 신규개업, 연담, 수리, 이전 등이 길하다.

二月 : 계획이 빗나가서 낭패하는 형상이 있고, 운기가 막히어 움직이지 않는다. 조심해서 나아가라. 이전, 여행, 혼담 등은 길방으로 선택하여 빨리 함이 좋다.

三月 : 운기가 뻗는 달이나 마음 가운데 미운(迷雲)이 있어 결단을 내리지 못한다. 그러나 복운이 붙어있으므로 나아가서 일을 하면 반드시 목적을 달성하고 승리를 얻을 수가 있다. 불의의 재앙을 주의하라. 인내로서 근신하여 때를 기다림이 좋다.

四月 : 운기가 뻗는 달이나 마음 가운데 미운(迷雲)이 있어 결단을 내리지 못한다. 그러나 복운이 붙어 있으므로 나아가서 일을 하면 반드시 목적을 달성하고 승리를 얻을 수가 있다. 수리, 이전, 혼담, 개업은 길하고, 소송, 쟁론, 몸다침 등은 주의해야 한다.

五月 : 운기가 뻗는 달이나 마음 가운데 미운(迷雲)이 있어 결단을 내지 못한다. 그러나 복운이 붙어있으므로 나아가서

일을 하면 반드시 목적을 달성하고 승리를 얻을 수가 있다. 교제상 파탄, 소송, 쟁투가 생기기 쉬우니 신중하라. 부인에 대하여 고뇌나 금전상의 손실이 있기 쉬우니 주의해야 한다.

六月 : 모든 일이 뜻과 같이 되지 않고, 운기가 침쇠되어 보는 것이 빗나가고 손해를 보는 일이 있다. 병난, 도난을 조심해야 하고, 근심과 번민이 많은 달로서 인사에 손실, 가내병환, 업무상의 부진 등이 있으니 인내로서 때를 기다림이 마땅하다.

七月 : 모든 일이 여의치 못하고 운기가 침쇠하여, 보는 것이 빗나가고 손해를 보는 일이 있다. 급작스럽게 서둘지 말고 열심히 노력하고, 병난, 도난을 조심해야 한다. 금전은 수입보다 지출이 많고 친구 때문에 분주한 일이 많다.

八月 : 운기가 다시 오는 달이나 실수하기 쉽다. 활기가 모자라 틀어짐이 많고 강행하는 의기가 없다. 크게 나아가면 도리어 복리가 있다. 운세가 침체되어 여의치 못하므로 소송은 불리하고, 수리, 이전, 혼담, 전업, 금전관계 등은 하지 않음이 좋다.

九月 : 운기가 다시 오는 달이나 실수하기 쉽다. 활기가 모자라 틀어짐이 많고 강행하는 의지가 없다. 크게 나아가면 도리어 복리가 있고, 고생 끝에 낙이 온다. 신규로 시작하는 일은 보류함이 마땅하다.

十月 : 길한 징조가 있으나 운기가 왕성하지 못하여 모든 일을

서둘면 큰 실패를 한다. 태만하지말고 전후 사리를 잘 판
단하라. 이익을 얻던가 세간의 좋은 평판을 받는 일이 있
고, 신규개업, 연담, 수리, 이전 등은 길하다

十一月 : 계획이 빗나가서 낭패하는 상이 있다. 운기가 막히어
　　　움직이지 않으므로 조심조심 나아가라. 이전, 여행, 혼담
　　　등은 길방을 선택하여 빨리 함이 좋다.

十二月 : 운기가 뻗는 달이나 마음속에 결단을 내지 못한다. 그
　　　러나 복운이 있으므로 나아가서 일을 하면 반드시 목적을
　　　달성하고 승리를 얻을 수가 있다. 불의의 재앙을 주의하
　　　고 인내로서 근신하여 때를 기다림이 좋다.

9. 구자화성인(九紫火星人)의 운세(運勢)

3) 삼벽목성년(三碧木星年)

正月 : 뜻대로 되지 않음이 많고, 아직도 운기가 침체해서 움직이지 않는다. 질병을 조심할 것이며, 급히 서둘지 말고 열심히 노력하라. 수입보다 지출이 많고, 친구 때문에 분주한 일이 많다.

二月 : 천연의 복분을 받아 크게 입신 출세하는 달이다. 모든 일이 뜻과 같이 되어 가지만 소송은 주의하라. 생각대로 되지 않아 수리, 이전, 혼담, 전업, 금전관계는 하지 않음이 좋다.

三月 : 천연의 복분을 받아 크게 입신 출세하는 달이다. 모든 일이 뜻과 같이 되어가고, 고생 끝에 보답이 온다. 신규로 시작하는 일은 미룸이 현명하다.

四月 : 운기가 정지하고 뜻과 같지 못한 일이 많다. 부상이나 다툼을 주의하고, 태만하지 말라. 이익을 얻던가 세간의 좋은 평판을 받는 일이 있다. 신규개점, 개업, 연담, 수리, 이전은 길하다.

五月 : 천리(天利)가 오는 달로 목적, 희망을 향해 힘차게 나아감이 좋다. 귀인, 부자(富者)의 끌어줌과 후원을 받을 수 있는 달이므로 조심해서 나아가라. 이전, 여행, 혼담 등은 길방을 선택하여 빨리 함이 좋다.

六月 : 천리가 오는 달로 목적, 희망을 향해 힘차게 나아감이 좋다. 귀인, 부자의 끌어줌과 후원을 받을 수 있는 달이다. 불의의 재앙을 주의하라. 인내로 근신하여 때를 기다리라.

七月 : 천리가 오는 달로서 목적 희망을 향해 힘차게 나아감이 좋다. 귀인. 부자의 끌어줌과 후원을 받는 수 있는 달이다. 수리, 이전, 혼담, 개업은 길하고, 쟁론, 소송, 몸다침 등은 주의해야 한다.

八月 : 운기가 막힘이 많은 달이며, 질병, 화난, 도난의 주의가 필요하다. 교제상의 파탄, 소송, 쟁투를 조심하고, 부인에 대하여 고뇌나 금전상의 손실이 있기 쉬우니 주의해야 한다.

九月 : 운기가 막힘이 많은 달이다. 번민과 근심이 많고 인사에 손실, 가내병환, 질병, 업무상의 부진, 화난, 도난 등을 주의하라. 초조히 굴지말고 인내로서 때를 기다려야 한다.

十月 : 뜻대로 되지 않음이 많고, 아직도 운기가 침체해서 움직이지 않는다. 질병을 조심할 일이며, 급히 서둘지 말고 장래를 바라며 노력하라. 수입보다 지출이 많고 친구 때문에 분주한 일이 많다.

十一月 : 천연의 복분을 받아 모든 일이 뜻과 같이 되어가고, 크게 입신 출세하는 달이다. 그러나 소송에 주의하고, 수리, 이전, 혼담, 전업, 금전관계 등은 않음이 좋다.

十二月 : 천연의 복분을 받아 크게 입신 출세하는 달이다. 모든
일이 뜻과 같이 되어가고, 고생 끝에 낙이 온다. 그러나
신규로 시작하는 일은 다음으로 미루어야 한다.

9. 구자화성인(九紫火星人)의 운세(運勢)

4) 사록목성년(四綠木星年)

正月 : 모든 일이 평온하고, 시기를 보아서 활동하는 준비를 해 두는 것이 좋다. 수리. 이전, 혼담, 개업은 길하고, 쟁론, 소송, 몸 다침 등은 주의해야 한다.

二月 : 모든 일이 뜻과 같지 못하고, 운기가 한 때 침체해 있다. 함부로 나아가면 손실이 있으니 서둘지 말 것이다. 교제상 파탄이 생겨 소송, 쟁투가 생기기 쉬우니 신중을 기하라. 부인에 대하여 고뇌 또는 금전상의 손실이 있기 쉬우니 주의해야 한다.

三月 : 매사가 여의치 못하고, 운기가 한 때 침체해 있다. 함부로 나아가면 손실이 있으니 서둘지 말 것이다. 인사에 손실, 가내병환, 업무상의 부진이 있고, 번민과 근심이 많다.

四月 : 운기가 열리어서 상승하는 운세이므로 소신의 목적을 향해 나아가면 반드시 원하는 대로 되고 큰공이 있다. 분투하고 노력하면 새로이 대가를 얻을 수 있다. 주색에 빠져 좋은 기회를 놓치지 않도록 할 것이며, 급하게 서둘지 말고 열심히 노력하라. 금전이 수입보다 지출이 많다.

五月 : 운기가 열리어서 소신의 목적을 향해 나아가면 반드시 원하는 대로 이루어지는 공이 있다. 상승하는 운세이므로

분투 노력하면 대가를 얻을 수 있다. 주색에 빠져 좋은 기회를 놓치지 않도록 해야 한다. 소송은 패소하기 쉽고, 수리, 이전, 혼담, 전업, 금전관계 등은 하지 않음이 좋다.

六月 : 운기가 열리어서 소신의 목적을 향해 나아가면 반드시 원하는 일이 이루어진다. 분투, 노력하면 대가를 얻을 수 있는 상승 운이므로 큰공이 있다. 주색에 빠져 좋은 기회를 놓치지 않도록 해야 한다. 고생 끝에 복이 오고, 신규로 시작하는 일은 미루어야 한다.

七月 : 운기가 열리어서 소신의 목적을 향해 나아가면 반드시 원하는 대로 된다. 분투노력하면 대가를 얻을 수 있고 태만하면 실패할 우려가 있으며. 신규개업, 연담, 수리, 이전은 길하다. 주색에 빠져 좋은 기회를 놓치는 일이 없도록 해야 한다.

八月 : 운기가 열리어서 소신의 목적을 향해 나아가면 반드시 원하는 대로 된다. 분투, 노력하면 대가를 얻을 수 있고, 주색에 빠져 좋은 기회를 놓치는 일이 없도록 하라. 이전, 여행, 혼담 등은 길방을 선택하여 빨리 함이 좋다.

九月 : 운기가 열리어서 상승하니 소신껏 목적을 향해 나아가면 반드시 원하는 대로 된다. 분투, 노력하면 새로이 대가를 얻을 수 있고, 주색에 빠져 좋은 기회를 놓치는 일이 없도록 하라. 인내로서 근신하여 때를 기다림이 좋다.

十月 : 모든 일이 평온하며, 시기를 보아서 활동하는 준비를 해

두는 것이 좋다. 수리, 이전, 혼담, 개업은 길하고, 쟁론, 소송, 몸 다침 등은 주의해야 한다.

十一月 : 모든 일이 뜻과 같지 못하고, 운기가 한때 침체해 있으므로 함부로 나아가면 손실이 있으니 서둘지 말 것이다. 교제상 파탄이 생겨 소송, 쟁투가 생기기 쉬우니 신중하라. 부인에 대하여 고뇌 또는 금전상의 손실이 있기 쉬우니 주의해야 한다.

十二月 : 모든 일이 뜻과 같지 못하고, 운기가 한 때 침체해 있다. 마구 나아가면 손실이 있으니 서둘지 말 것이다. 번민과 근심이 많고, 인사에 손실, 가내병환, 업무상의 부진 등이 있다.

9. 구자화성인(九紫火星人)의 운세(運勢)

5) 오황토성년(五黃土星年)

正月 : 길한 징조가 나타나서 복지가 있고, 재운이 와서 경복을 받을 수 있는 달이다. 하는 일에 이득이 따르지는 못하나 아무튼 행운의 달이므로 발전해서 좋다. 태만하면 실패할 염려가 있고, 신규개업, 연담, 수리, 이전이 길하다.

二月 : 길한 징조가 나타나 재운이 와서 경복을 받을 수 있는 달이다. 하는 일에 이득이 따르지는 못하나 행운의 달이므로 발전해서 좋다. 이전, 여행, 혼담 등은 길방을 선택하여 빨리 함이 좋다.

三月 : 길한 징조가 나타나서 재운이 이르는 경복을 받을 수 있는 달이다. 하는 일에 이득이 따르지는 못하나 행운의 달이므로 발전해서 좋다. 인내하고 근신하여 때를 기다림이 좋다.

四月 : 흉월로 계획이 서지 않는 달이다. 서두르지 말 것이며, 무슨 일이든지 활동함이 상책이다. 수리, 이전, 혼담, 개업은 길하고, 쟁론, 소송, 몸다침 등은 주의해야 한다.

五月 : 대체로 운세가 좋은 달이다. 운기가 무르익고 나아가서 일을 하면 반드시 성공한다. 다만 교제, 다툼, 소송, 질병, 화난을 조심하지 않으면 아니 된다. 부인에 대하여 고뇌 또는 금전상의 손실이 있기 쉬우니 주의함이 좋다.

六月 : 대체적으로 운세가 좋은 달로 나아가서 일을 하면 반드시 성공한다. 다만 다툼, 소송, 질병, 화난을 조심하지 않으면 아니 된다. 인사에 손실, 가내병환, 업무상의 부진 등이 있다.

七月 : 운세가 대체적으로 좋은 달로서 나아가 일을 하면 반드시 성공한다. 단 다툼, 소송, 질병, 화난을 조심하지 않으면 안 된다. 급히 서둘지 말고 노력함이 길하며, 수입보다 지출이 많다.

八月 : 운세가 대체로 좋은 달로서 운기가 무르익고 나아가서 일을 하면 성공한다. 다만 다툼, 소송, 질병, 화난을 조심하지 않으면 안 된다. 소송은 패소하기 쉽고 수리, 이전, 혼담, 전업, 금전관계 등은 하지 않음이 좋다.

九月 : 대체로 운세가 좋은 달이다. 나아가서 일을 하면 반드시 성공한다. 다만 다툼, 소송, 질병, 화난을 조심하지 않으면 안 된다. 고생 끝에 낙이 오며, 신규로 시작하는 일은 미루어야 한다.

十月 : 길한 징조가 나타나서 복지가 있고, 재운이 와서 경복을 받을 수 있는 달이다. 하는 일에 이득이 따르지는 못하나 행운의 달이므로 발전해서 좋다. 태만하면 실패할 염려가 있고, 신규개업, 연담, 수리, 이전이 길하다.

十一月 : 길한 징조가 나타나서 복지가 있고 재운이 와서 경복을 받을 수 있는 달이다. 하는 일에 이득이 따르지는 못하나 행운의 달이므로 발전해서 좋다. 이전, 여행, 혼담 등은

길방을 선택하여 빨리 함이 좋다.

十二月 : 길한 징조가 나타나서 복지가 있고, 재운이 와서 경복
　　　　을 받을 수 있는 달이다. 하는 일에 이득이 따르지는 못
　　　　하나 행운의 달이므로 발전해서 좋다. 참고 근신하여 때
　　　　를 기다림이 좋다.

9. 구자화성인(九紫火星人)의 운세(運勢)

6) 육백금성년(六白金星年)

正月 : 모든 일이 뜻과 같지 않음이 많고, 목적 지망(志望)은 이룰 수가 없다. 급히 서둘지 말고 열심히 노력하면 길하다. 수입보다 지출이 많고, 친구 때문에 분주한 일이 많다.

二月 : 경복(慶福)을 가져오는 달로서 운기가 괜찮고 재운도 있다. 소송은 불리하고, 수리, 이전, 혼담, 전업, 금전관계는 하지 않음이 좋다.

三月 : 경복을 가져오는 달로서 운기가 괜찮고 재운도 있다. 고생 끝에 대가를 얻으며, 신규로 시작하는 일은 보류해야 한다.

四月 : 경복을 가져오는 달로서 운기가 괜찮고 재운도 있으나 태만하면 실패하기 쉽다. 이익을 얻던가 세간의 좋은 평판을 받는 일이 있다. 신규개업, 연담, 수리, 이전은 길하다.

五月 : 경복을 가져오는 달로서 운기가 괜찮고 재운도 있다. 이전, 여행, 혼담 등은 길방을 선택하여 빨리 함이 좋다.

六月 : 운기가 막히어 나타나지 않는다. 묘안(妙案) 기책(奇策)도 공이 없다. 자기 혼자 생각에 잠겨있는 일이 많다. 인내하며 때를 기다려야 한다.

七月 : 운기가 막히고 도난, 병난 때문에 괴로운 지경에 빠지고 번민이 많은 달이다. 무슨 일이든지 활동함이 상책이며, 수리, 이전, 혼담, 개업은 길하고, 쟁론, 소송, 몸다침 등은 주의해야 한다.

八月 : 운기가 막히고 도난, 병난 때문에 괴로운 지경에 빠지고 번민이 많은 달이다. 교제상 파탄이 생겨 소송, 쟁투가 생기기 쉬우니 신중하라. 부인에 대하여 고뇌 또는 금전 상의 손실이 있기 쉬우니 주의해야 한다.

九月 : 운기가 막히고 도난, 병난 때문에 괴로운 지경에 빠지고 번민과 근심이 많으며, 인사에 손실, 가내병환, 업무상의 부진 등이 있다.

十月 : 모든 일이 뜻과 같지 않음이 많고, 목적 지망은 이룰 수 가 없다. 급작스럽게 서둘지 말고 차분히 노력하라. 수입 보다 지출이 많고 친구 때문에 분주한 일이 많다.

十一月 : 경복을 가져오는 달이므로 운기가 괜찮고 재운도 있다. 소송은 삼가라. 수리, 이전, 혼담, 전업, 금전관계 등은 하지 않음이 좋다.

十二月 : 경복을 가져오는 달이므로 운기가 괜찮고 재운도 있다. 신규로 시작하는 일은 보류해야 한다.

9. 구자화성인(九紫火星人)의 운세(運勢)
7) 칠적금성년(七赤金星年)

正月 : 평온하기는 하나 복리의 운이 아니므로 장사도 번창하지 않는다. 어떤 일이고 서둘면 큰 손해를 본다. 수리, 이전, 혼담, 개업은 길하고, 쟁론, 소송, 몸 다침 등은 주의해야 한다.

二月 : 반드시 손해와 실패가 있다. 소송이 있거나 집안에 시끄러움이 있고, 부상, 질병에 주의해야 한다. 교제에 주의하고 신중하게 처신하라. 부인에 대하여 고뇌 또는 금전상의 손실이 있기 쉬우니 주의해야 한다.

三月 : 반드시 손해나 실패가 있으며 소송과 시끄러움이 있다. 번민과 근심이 많고 인사에 손실, 가내병환, 업무상의 부진 등이 있으며, 부상, 질병에 주의해야 한다. 좋은 운이 오기를 참고 기다림이 좋다.

四月 : 운기가 대체적으로 좋으나 활발하지는 못한다. 재운도 있고, 모든 일이 뜻대로 된다. 조급히 서둘지 말고 열심히 노력하라. 수입보다 지출이 많고 친구 때문에 분주한 일이 많다.

五月 : 운기가 대체로 좋으며, 재운도 있고 모든 일이 여의하다. 그러나 운기가 활발하지 못하고, 소송은 불리하다. 수리, 이전, 혼담, 전업, 금전관계 등은 하지 않음이 좋다.

六月 : 운기가 대체로 좋으며 재운도 있고 모든 일이 여의하다.

그러나 운기는 활발하지 못하다. 고생 끝에 보답이 온다. 신규로 시작하는 일은 보류해야 한다.

七月 : 운기가 대체로 좋으며 재운도 있고 모든 일이 뜻대로 된다. 그러나 운기는 활발하지 못하여 태만하면 실패할 우려가 있다. 이익을 얻던가 세간의 좋은 평판을 받는 일이 있고 신규개업, 연담, 수리, 이전은 길하다.

八月 : 모든 일이 여의치 못하고, 운기가 좋지 못하여 금담, 연담, 개업, 신축 등 모두가 좋지 않다. 이전, 여행, 혼담 등은 길방을 선택하여 빨리 함이 좋다.

九月 : 모든 일이 뜻과 같이 되지 않는다. 운기가 좋지 못하여 금담, 연담, 개업, 신축 등 모두가 좋지 않다. 참고 근신하여 때를 기다림이 좋다.

十月 : 평온하기는 하나 복리의 운이 아니므로 장사도 번창하지 않는다. 어떤 일이고 서두르면 큰 손해를 본다. 수리, 이전, 혼담, 개업은 길하고, 쟁론, 소송, 몸 다침 등은 주의해야 한다.

十一月 : 반드시 손해가 있고, 실패도 있으며, 집안에도 시끄러움이 있다. 교제, 부상, 질병에 주의해야 하고, 부인에 대하여 고뇌 또는 금전상의 손실이 있기 쉬우니 주의해야 한다.

十二月 : 반드시 손해가 있고 실패도 있으며, 집안에도 시끄러움이 있다. 부상, 질병에 주의해야 하고, 번민과 근심이 많다. 인사에 손실, 가내병환, 업무상의 부진 등이 있다.

9. 구자화성인(九紫火星人)의 운세(運勢)

8) 팔백토성년(八白土星年)

正月 : 모든 일이 뜻대로 되지 않고 반드시 실패가 있으니 조심
할 달이다. 전후 사리를 판단하여 처리하면 길하다. 이익
을 얻던가 세간의 좋은 평판을 받는 일이 있고, 신규개
업, 연담, 수리, 이전 모두 길하다.

二月 : 모든 일이 뜻대로 되지 않는다. 반드시 실패가 있으니 조
심할 달이다. 이전, 여행, 혼담 등은 길방을 선택하여 빨
리 함이 좋다.

三月 : 평온 무사한 달이나 질병은 조심해야 한다. 좋고 궂음이
심하고, 자기 혼자 생각에 잠겨있는 일이 많다. 참고 근
신하여 때를 기다림이 좋다.

四月 : 모든 일을 서둘지 말고, 의지는 어디까지나 굳게 가지고
풍운을 기다림이 좋다. 수리, 이전, 혼담, 개업은 길하
고, 쟁론, 소송, 몸 다침 등은 주의해야 한다.

五月 : 모든 일을 서둘지 말고 의지는 어디까지나 굳게 가지고
풍운을 기다림이 좋다. 교제상 파탄, 소송, 쟁투를 주의
하라. 부운에 대하여 고뇌 또는 금전상의 손실이 있기 쉬
우니 주의해야 한다.

六月 : 운세가 가장 좋은 달이며, 자중하여 좋은 운수를 타고 이
득, 명예를 얻기 위해 노력함이 제일이다. 번민과 근심이
많고, 인사에 손실, 질병, 가내병환, 업무상의 부진 등이

있다.

七月 : 운세가 가장 좋은 달이며, 자중하여 좋은 운수를 타고 이득, 명예를 얻기에 노력함이 제일이다. 단지 질병은 조심함이 좋고, 매사에 조급히 서둘지 마라. 금전이 수입보다 지출이 많고 친구 때문에 분주한 일이 많다.

八月 : 운세가 가장 좋은 달이다. 자중하여 좋은 운수를 타고 이득, 명예를 얻기에 노력함이 제일이다. 단지 질병을 조심함이 좋고, 소송은 불리하다. 수리, 이전, 혼담, 전업, 금전관계 등은 하지 않음이 좋다.

九月 : 운세가 가장 좋은 달이다. 자중하여 좋은 운수를 타고 이득, 명예를 얻기에 노력함이 제일이다. 단지 질병을 조심함이 좋으며, 고생 끝에 낙이 온다. 신규로 시작하는 일은 미루는 것이 좋다.

十月 : 모든 일이 뜻대로 되지 않으며, 반드시 실패가 있으니 조심할 달이고, 태만하면 실패한다. 이익을 얻던가 세간의 좋은 평판을 받는 일이 있다. 신규개업, 연담, 수리, 이전은 길하다.

十一月 : 모든 일이 뜻대로 되지 않는다. 반드시 실패가 있으니 조심할 달이다. 이전, 여행, 혼담 등은 길방을 선택하여 빨리 함이 좋다.

十二月 : 평온 무사의 달로서 질병을 조심할 것이다. 좋고 궂음이 심하고 자기혼자 생각에 잠겨있는 일이 많다. 인내하고 근신하여 때를 기다림이 좋다.

9. 구자화성인(九紫火星人)의 운세(運勢)

9) 구자화성년(九紫火星年)

正月 : 흉운의 달로서 질병, 도난, 다툼을 조심할 일이다. 조급
　　　 하게 서둘지 말고 열심히 노력하라. 수입보다 지출이 많
　　　 고, 친구 때문에 분주한 일이 많다.

二月 : 재운이 있으며 경복(慶福)을 받아 서둘지 말고 차차 나아
　　　 가면 도리어 이(利)가 많다. 소송은 불리하고 생각대로
　　　 되지 않으니 수리, 이전, 혼담, 전업, 금전관계 등은 하
　　　 지 않음이 좋다.

三月 : 재운이 있고 경복을 받아 서둘지 말고 차차 나아가면 도
　　　 리어 이가 많다. 고생 끝에 보답이 있고, 신규로 시작하
　　　 는 일은 미룸이 좋다.

四月 : 운기가 막히어 발달하지 않으며, 다툼, 소송이 일어나기
　　　 쉽고, 태만하면 실패하기 쉽다. 이익을 얻던가 세간의 좋
　　　 은 평판을 받는 일이 있고, 신규개업, 수리, 이전이 길하
　　　 다.

五月 : 평온 무사로 재운은 별로 없다. 당장의 일로서 노고가 많
　　　 으니 주의할 일이다. 이전, 여행, 혼담 등은 길방을 선택
　　　 하여 빨리 함이 좋다.

六月 : 평온 무사로 재운은 별로 없으며, 당장의 일로서 노고가
　　　 많으니 주의할 일이다. 자기 혼자 생각에 잠겨있는 일이

많고, 인내와 근신으로 때를 기다림이 좋다.

七月 : 모든 일이 여의치 못하며 만사가 흉운으로 복리가 오지
　　　　않고 번민, 손실이 많다. 수리. 이전, 혼담, 개업은 길하
　　　　고 쟁론, 소송, 몸 다침 등은 주의해야 한다.

八月 : 모든 일이 뜻과 같이 되지 않는다. 만사가 흉운으로 복리
　　　　가 오지 않고 번민, 손실이 많다. 교제상에 있어서 신중
　　　　하라. 부인에 대하여 고뇌 또는 금전상의 손실이 있기 쉬
　　　　우니 주의해야 한다.

九月 : 길한 징조가 나타나서 복분이 많은 달이며, 운기도 향상
　　　　해 있다. 그러나 질병, 도난의 걱정이 있으며 번민과 근
　　　　심이 많다. 인사에 손실, 가내병환, 업무상의 부진 등이
　　　　있다. 매사에 초조하지말고 차분해야 한다.

十月 : 흉운의 달로서 질병, 도난, 다툼을 조심할 일이다. 조급
　　　　히 서둘지 말고 열심히 노력하라. 수입보다 지출이 많고
　　　　친구 때문에 분주한 일이 많다.

十一月 : 재운이 있고, 경복을 받아 서둘지 말고 차차 나아가면
　　　　도리어 이(利)가 많다. 소송은 불리하고, 수리, 이전, 혼
　　　　담, 전업, 금전관계 등은 하지 않음이 좋다.

十二月 : 재운이 있고, 경복을 받아 서둘지 말고 차차 나아가면
　　　　도리어 이가 많다. 고생 끝에 보답이 오고 신규로 시작하
　　　　는 일은 미룸이 좋다.

第二編

주역신수법(周易身數法)

천간수(天干數)

甲	乙	丙	丁	戊	己	庚	辛	壬	癸
1	2	3	4	5	6	7	8	9	10

지지수(地支數)

子	丑	寅	卯	辰	巳	午	未	申	酉	戌	亥
1	2	3	4	5	6	7	8	9	10	11	12

당년 운세를 보는 작괘법(作卦法)이 여러 가지 이지만 가장 기본적인 것을 설명한다. 첫째, 출생년의 간지(干支), 둘째, 보고자 하는 해의 태세(太歲) 간지, 셋째, 생월의 간지, 넷째, 생일의 간지를 기둥 세워서 지지수를 총합하여 8로 나누어서 나머지 수로 상괘(上卦)를 삼는다. 나머지 수가 없을 때에는 나눈 숫자인 8을 그대로 사용한다.

또 천간수를 총합하여 8로 나누어서 나머지 수로 하괘(下卦)를 삼는다. 나머지 수가 없을 시에는 나눈 숫자인 8을 그대로 사용한다.

가령, 정미년(丁未年) 8月 20日生이 갑신년(甲申年)의 운세를 보고자 한다면 다음과 같이 기둥을 세운다.

$$\begin{array}{cccc}
乙 & 癸 & 甲 & 丁 \\
卯 & 酉 & 申 & 未
\end{array} \quad 2 \quad 10 \quad 1 \quad 4 \quad = 17 \div 8 = 1 \leftarrow \text{下卦數}$$

$$\begin{array}{cccc}
\vdots & \vdots & \vdots & \vdots \\
 & \begin{array}{cccc} 乙 & 癸 & 甲 & 丁 \\ 卯 & 酉 & 申 & 未 \end{array}
\end{array}$$

$$\begin{array}{cccc}
생 & 생 & 태 & 생 \\
일 & 월 & 세 & 년 \\
간 & 간 & 간 & 간 \\
지 & 지 & 지 & 지
\end{array} \quad 4 \quad 10 \quad 9 \quad 8 \quad = 31 \div 8 = 7 \leftarrow \text{上卦數}$$

7.1은 산천대축괘(山天大畜卦)이므로 7.1 산천대축을 보면 당년 운세를 알 수가 있다.

가령, 병자년(丙子年) 2月 25日生이 계미년(癸未年)의 운세를 보고자 한다면 다음과 같이 기둥을 세워서 본다.

$$\begin{array}{cccc}
己 & 乙 & 癸 & 丙 \\
亥 & 卯 & 未 & 子
\end{array} \quad 6 \quad 2 \quad 10 \quad 3 \quad = 21 \div 8 = 5 \leftarrow \text{下卦數}$$

$$\begin{array}{cccc}
\vdots & \vdots & \vdots & \vdots \\
 & \begin{array}{cccc} 己 & 乙 & 癸 & 丙 \\ 亥 & 卯 & 未 & 子 \end{array}
\end{array}$$

$$\begin{array}{cccc}
생 & 생 & 태 & 생 \\
일 & 월 & 세 & 년 \\
간 & 간 & 간 & 간 \\
지 & 지 & 지 & 지
\end{array} \quad 12 \quad 4 \quad 8 \quad 1 \quad = 25 \div 8 = 1 \leftarrow \text{上卦數}$$

1.5는 천풍구괘(天風姤卦)이므로 1.5 천풍구를 보면 당년 운세를 알 수 있다.

가령, 임진년(壬辰年) 12月 17日生이 을유년(乙酉年)의 운세를 보고자 한다면 다음과 같이 기둥을 세운다.

乙　己　乙　壬
巳　丑　酉　辰　　2　6　2　9　 = 19÷8 = 3 ← 下卦數

⋮　⋮　⋮　⋮　　乙　己　乙　壬
　　　　　　　　巳　丑　酉　辰

생　생　태　생　6　2　10　5　 = 23÷8 = 7 ← 上卦數
일　월　세　년

간　간　간　간
지　지　지　지

7.3은 산화비괘(山火賁卦)이므로 7.3 산화비를 보면 당년 운세를 알 수 있다.

작괘법(作卦法)에 있어서 방법은 위와 같이 작괘하되, 상괘수(上卦數)와 하괘수(下卦數)를 바꾸어 보는 방법이 있다.

　2　10　1　4　 = 17÷8 = 1 ← 上卦數
乙　癸　甲　丁
卯　酉　申　未
　4　10　9　8　 = 31÷8 = 7 ← 下卦數

1.7은 천산돈괘(天山遯卦)이므로 1.7 천산돈을 보면 당년 운세를 알 수 있다.

6	2	10	3	= 21÷8 = 5 ← 上卦數

己 乙 癸 丙
亥 卯 未 子

12	4	8	1	= 25÷8 = 1 ← 下卦數

5.1은 풍천소축괘(風天小畜卦)이므로 5.1 풍천소축을 보면 당년 운세를 알 수 있다.

2	6	2	9	= 19÷8 = 3 ← 上卦數

乙 己 乙 壬
巳 丑 酉 辰

6	2	10	5	= 23÷8 = 7 ← 下卦數

3.7은 화산려괘(火山旅卦)이므로 3.7 화산려를 보면 당년의 운세를 알 수 있다.

다른 작괘법(作卦法)을 소개하니 차분한 마음으로 숙독하길 바랍니다. 일년 신수를 보려면 자기의 사주(四柱)와 태세(太歲)의 간지(干支)로 기둥을 세워서 천간(天干)에 따른 선후천수(先後天數)를 모두 합하여 8로 나눈 나머지 수로 상괘(上卦)를 삼고, 지지(地支)에 따른 선후천수를 모두 합하여 8로 나눈 나머지 수로 하괘(下卦)를 삼는다. 8로 나눌 시에 나머지 수가 없으면 나눈 숫자인 8로 작괘(作卦) 한다.

선천수(先天數)

甲 己 子 午 9. 乙 庚 丑 未 8. 丙 辛 寅 申 7
丁 壬 卯 酉 6. 戊 癸 辰 戌 5. 巳 亥 4

후천수(後天數)

壬子 1. 丁巳 2. 甲寅 3. 辛酉 4. 戊辰戌 5. 己 100(10)
癸亥 6. 丙午 7. 乙卯 8. 庚申 9. 丑未 10

선천 후천 합수 (先天 後天 合數)

甲 12. 乙 16. 丙 14. 丁 8. 戊 10. 己 19. 庚 17. 辛 11.
壬 7. 癸 11. 子 10. 丑 18. 寅 10. 卯 14. 辰 10. 巳 6.
午 16. 未 18. 申 16. 酉 10. 戌 10. 亥 10

가령 정축년(丁丑年) 8月 9日 사시생(巳時生)이 을유년(乙酉年)의 운세를 보고자 한다면 만세력(萬歲曆)을 보고 사주(四柱)와 유년 태세(流年 太歲)로 기둥을 세워 선후천수(先後天數)를 붙여서 천간(天干)과 지지(地支)를 각각 합하여 8로 나눈다.

천간합수(天干合數)를 8로 나눈 나머지 수로 상괘(上卦)를 삼고, 지지합수(地支合數)를 8로 나눈 나머지 수를 하괘(下卦)로 삼는다. 나머지 수가 없을 시에는 나눈 숫자인 8로서 작괘(作卦)한다.

```
乙 丁 癸 己 丁
酉 巳 卯 酉 丑   16  8  11  19  8  = 62÷8= 6 ← 上卦數
∶  ∶  ∶  ∶  ∶        乙 丁 癸 己 丁
∶  ∶  ∶  ∶  ∶        酉 巳 卯 酉 丑
태유 생 생 생 생   10  6  14  10  18  = 58÷8= 2 ← 下卦數
세년 시 일 월 년
```

6.2는 수택절괘(水澤節卦)이므로 6.2 수택절을 보면 을유년(乙酉年)의 운세를 알 수가 있다.

가령, 무오년(戊午年) 3月 26日 사시생(巳時生)이 갑신년(甲申年)의 운세를 보고자 한다면 다음과 같이 기둥을 세워서 작괘(作卦)한다.

甲 辛 乙 丙 戊
申 巳 丑 辰 午   12　11　16　14　10　= 63÷ 8= 7 ← 上卦數
　 :　:　:　:　:　甲 辛 乙 丙 戊
　 :　:　:　:　:　申 巳 丑 辰 午
태유 생 생 생 생   16　6　18　10　16　= 66÷ 8= 2 ← 下卦數
세년 시 일 월 년

7.2는 산택손괘(山澤損卦)이므로 7.2 산택손을 보면 갑신년(甲申年)의 운세를 알 수가 있다.

가령, 기유년(己酉年) 8月 5日 인시생(寅時生)이 을유년(乙酉年)의 신수(身數)를 보고자 한다면 다음과 같이 기둥을 세워서 작괘(作卦) 한다.

乙 丙 甲 癸 己
酉 寅 午 酉 酉   16　14　12　11　19　= 72÷ 8= 8 ← 上卦數
　 :　:　:　:　:　乙 丙 甲 癸 己
　 :　:　:　:　:　酉 寅 午 酉 酉
태유 생 생 생 생   10　10　16　10　10　= 56÷ 8= 8 ← 下卦數
세년 시 일 월 년

8.8은 곤위지괘(坤爲地卦)이므로 8.8 곤위지를 보면 을유년(乙酉年)의 운세를 알 수 있다.

육십사괘 조견표(六十四卦 早見表)

下卦＼上卦	一乾天	二兌澤	三離火	四震雷	五巽風	六坎水	七艮山	八坤地
一乾天	乾爲天 1.1	澤天夬 2.1	火天大有 3.1	雷天大壯 4.1	風天小畜 5.1	水天需 6.1	山天大畜 7.1	地天泰 8.1
二兌澤	天澤履 1.2	兌爲澤 2.2	火澤睽 3.2	雷澤歸妹 4.2	風澤中孚 5.2	水澤節 6.2	山澤損 7.2	地澤臨 8.2
三離火	天火同人 1.3	澤火革 2.3	離爲火 3.3	雷火豊 4.3	風火家人 5.3	水火旣濟 6.3	山火賁 7.3	地火明夷 8.3
四震雷	天雷无妄 1.4	澤雷隨 2.4	火雷噬嗑 3.4	震爲雷 4.4	風雷益 5.4	水雷屯 6.4	山雷頤 7.4	地雷復 8.4
五巽風	天風姤 1.5	澤風大過 2.5	火風鼎 3.5	雷風恒 4.5	巽爲風 5.5	水風井 6.5	山風蠱 7.5	地風升 8.5
六坎水	天水訟 1.6	澤水困 2.6	火水未濟 3.6	雷水解 4.6	風水渙 5.6	坎爲水 6.6	山水蒙 7.6	地水師 8.6
七艮山	天山遯 1.7	澤山咸 2.7	火山旅 3.7	雷山小過 4.7	風山漸 5.7	水山蹇 6.7	艮爲山 7.7	地山謙 8.7
八坤地	天地否 1.8	澤地萃 2.8	火地晉 3.8	雷地豫 4.8	風地觀 5.8	水地比 6.8	山地剝 7.8	坤爲地 8.8

1.1 건위천(乾爲天)

재앙이 사라지고 복이 오니 심신이 편안하다. 이동수, 변동수가 있다. 망동하면 손실을 보니 여색을 가까이 마라. 뜻밖의 변을 당하리라.

正, 二月 : 반드시 처의 근심이 있다. 신왕재왕(身旺財旺)하니 손에 천금을 희롱한다. 물가에서 이익을 얻을 수이고, 원행은 길하다. 정의롭게 행동하면 귀인의 도움이 있고 일이 성사된다.

三, 四月 : 손해가 아니면 근심이나 놀랄 일이 있다. 문서를 희롱하나 도모하는 일은 이루지 못한다. 구설이 분분하다. 몸은 비록 분주하여도 별로 소득이 없고, 경거망동하면 큰 손재를 입는다.

五, 六月 : 귀인이 와서 도우니 재물이나 벼슬을 구함에 길하다. 그러나 옛것을 지키고 자중해야 한다. 원행수가 있고 동쪽서쪽은 이득이 있으나 남방은 불리하다.

七, 八月 : 적게 가서 크게 오니 재산이 늘어난다. 만약 혼사나 관록이 아니면 자손에게 영화가 있다. 출타하는 것은 불리하고 안정하면 길하다. 정의로우면 길하고 불의를 행하면 흉하다.

九, 十月 : 물가에 재(財)가 왕하다. 신왕재왕하나 처궁에 액난고가 있다. 먼저 잃고 뒤에 얻으니 천금의 돈을 모은

다. 서방이 이롭고, 동북은 불리하다. 도장이나 문서에 주의하고 성급하지 말고 구설수를 조심해야 한다.

十一, 十二月 : 이동, 수술, 교통사고, 낙상, 사기사건, 이성과의 파란을 조심하고 분수를 지킴이 상책이다. 흉이 많고 길함이 적으니 망동하지말고 안정하면 해가 없다. 강(姜)씨, 정(丁)씨, 이(李)씨, 윤(尹)씨를 가까이 말라. 손재볼까 두렵다.

1.2 천택리(天澤履)

처음에는 곤하고 수고로워도 뒤에는 영화롭고 태평하다. 분수를 지키면 길하고 망동하면 불길하다. 여색을 가까이 마라. 심신이 산란하다. 봄의 운수는 별로 소득이 없다.

正, 二月 : 여자가 분쟁하니 가정이 불안하다. 만약 재물로 다투는 일이 아니면 공연한 구설이다. 도장과 문서에 조심하고 병액에도 주의하라. 마음은 급하고 일은 막힌다.

三, 四月 : 귀인이 와서 도우니 자연히 득재(得財)한다. 비록 득재는 있으나 자손에 근심이 있다. 길흉이 상반(相半)하니 재물은 얻어서 반은 잃는다. 금전거래, 투자는 불리하며 구설수가 있다.

五, 六月 : 심신이 산란하다. 마음이 두 곳에 있으니 한가지 일
도 이루지 못한다. 자녀의 근심이 있으니 미리 예방
하라. 뜻밖의 재물이 도리어 손해가 된다. 바르게 살
아간다면 기쁜 일이 있다.

七, 八月 : 남의 감언이설을 믿지 마라 신액(身厄)이 따른다. 원
행이 불리하다. 남방은 이롭고, 동방은 불리하니 뜻
밖의 손재가 있다. 액운이 사라지고 복록이 점차 이
른다.

九, 十月 : 바라는 일이 여의하고 운기가 차츰 열리어 작게 구해
도 크게 얻는다. 가내가 화합하니 슬하의 경사가 있
다.

十一, 十二月 : 꽃이 피고 열매를 맺는다. 길성(吉星)이 문에 비
치니 귀인이 와서 돕는다. 반드시 득재(得財)는 있으
나 고독함을 면하기 어렵다. 보증서지 말고 금전거래
를 삼가야 한다.

1.3 천화동인(天火同人)

 자연형통, 소원 성취한다. 안정하면 길하고 망동하면 해롭다.
옛것을 버리고 새것을 좇으면 날로 자산이 증진된다.

正, 二月 : 세 여자가 분쟁한다. 하극상 하니 가내가 불안하고,

사업 또한 이루지 못한다. 주거이동이나 가출할 수 있다. 늦은 시기에 빚이 나니 식구를 더할 수다.

三, 四月 : 물가는 불리하다. 남방에 가지 말라. 한번 놀랄 수다. 집에 있으면 불안하고 나가서 활동하면 길하다. 처음은 곤하고 뒤에는 길하다. 금전거래를 하지 말라.

五, 六月 : 뜻밖의 재물이 생긴다. 집에 있어도 이익 됨이 없다. 동북과 서북방이 가장 길하다. 물가에서 득재(得財)하니 일가가 화평하다. 귀인이 나를 도우니 매사가 순조롭게 된다. 집을 장만하거나 혼사가 이루어진다.

七, 八月 : 남과 함께 동업을 하면 반드시 일취월장한다. 남방이 유리하며 한 번 기쁘고 한 번 슬프다. 원행은 불리하다. 이동수가 있고 외국여행을 갈 수 있다. 혹은 복(服)을 입기 쉽고, 재산을 흩을 수 있다.

九, 十月 : 길성(吉星)이 문에 비치니 가내가 평화로우며 재물도 생기고 자식을 얻는다. 여색을 삼가라. 질병이 두렵다. 도장이나 문서에 주의하고 상갓집에 출입하지 말라. 변동수가 있고 개혁할 수이다.

十一, 十二月 : 소망이 여의하고 재물이 생길 수다. 부모와 자식이 반목하니 심란할 수다. 망동하지말고 옛것을 지키는 것이 좋다.

1.4 천뢰무망(天雷无妄)

몸에 병액(病厄)이 임하니 먼저는 흉하고 뒤에는 길하다. 친한 사람의 해를 보고 일희일비한다. 편안히 거함에 마음의 액이 있으며 나가면 복이 온다.

正, 二月 : 처자의 근심이 있고, 부자가 서로 다툰다. 육친이 무덕하니 잘 해도 공덕이 없다. 친구를 조심하라. 손재수가 있다. 먼저는 얻고 뒤에는 잃으며, 노력하여도 소득이 없다.

三, 四月 : 남의 일에 간섭하지말고 도난에 주의하라. 동방이 유리하고 북방이 불길하다. 남과 서로 다투니 구설이 두렵다. 반드시 경사가 있다.

五, 六月 : 복리가 있고 번영한다. 길성(吉星)이 문에 비치니 재물이 생기고 대통한다. 동방과 남방으로 출행 함은 불리하다. 쟁론과 이동수는 조심할 일이다.

七, 八月 : 형제의 작은 근심이 있다. 나가면 재물이 생기고 들어오면 경사가 많다. 일에 허망함이 있으며 다른 사람을 경영치 말라. 손재가 있다. 도장이나 문서를 조심하라. 김(金)씨, 조(趙)씨, 박(朴)씨, 고(高)씨는 이롭지 못하니 가까이 말아야 한다.

九, 十月 : 자손의 근심이 있으며 일희일비한다. 뜻밖의 사람을 만나 아침에 얻고 저녁에 흩는다. 집에 있으면 해가 없으나 움직이면 실패한다.

十一, 十二月 : 망령되게 간사함은 불길하다. 여러 사람이 함께
하니 복록이 장구하다. 화재 수를 조심하라. 심신이
불안하면 재액이 따를 수 있으니 심신을 활달하게 가
져야 한다.

1.5 천풍구(天風姤)

마음에 정한 바가 없으니 행함에 뜬구름이 된다. 이성관계를 주
의하라. 신액을 면치 못한다. 관직에 있는 자는 언행에 조심하
라. 옛것을 고쳐 새로움을 따르면 편안할 수 있다.

正, 二月 : 일이 여의치 못하다. 서로 미워하고 시비가 생기어
한번 울 일을 면키 어려우나 참고 참으면 면한다. 심
신이 불안정하다. 매사를 성급히 서두르지 말라. 만
약 이동한다면 흉액을 면한다.

三, 四月 : 처자가 서로 다투고 집안이 평탄치 못하다. 부자간의
근심이다. 가족들의 질환에 조심하고 매사를 서두르
지 말라. 재물은 길가에 있으니 출행하면 길하다.

五, 六月 : 의외로 횡재한다. 부모의 근심이 있지 않으면 자손의
근심이 있고 손신(損身)한다. 가족들의 질환에 조심
하고 성급히 서둘지 말라. 재물로 인한 송사가 생긴

다.

七, 八月 : 만사가 여의하다. 경영하는 일이 뜻과 같이 재산이
늘어나니 좋은 기회를 잃지 말라. 형제가 불화하니
심신이 산란하다. 구설수와 쟁송을 조심하라. 친한
자에게 손해보니 조심해야 한다.

九, 十月 : 자손의 근심이 있다. 타인과 시비, 송사하지 마라.
손재가 반드시 이른다. 근면 노력하면 늦게 빛이 난
다. 스스로 화를 불러 곤경에 빠지기 쉬우니 경거망
동하지말고 분수를 지킴이 상책이다.

十一, 十二月 : 반흉, 반길이다. 기쁜 소식이 이르니 반드시 귀
인을 만난다. 삼가 노력하면 늦게 작은 재물을 얻는
다. 이성과의 파란에 조심해야 한다.

1.6 천수송(天水訟)

구하는 일은 이루지 못하니 혹은 얻고 혹은 잃는다. 숨은 근심
이 떠나지 않으니 쉽게 간계(奸計)에 빠진다. 마음이 늘 슬프니
송사하지 말라. 관재수가 두렵다. 의심받을 일은 삼가야 한다.

正, 二月 : 재록을 구비하였으니 재물이 산과 같다. 만약 화재가
아니면 자손에 근심이 있다. 여자로 인한 구설수가
있으니 조심할 일이다.

三, 四月 : 이치에 맞지 않는 재물은 탐하지 말고 시비를 가까이
말라. 문서와 도장 등의 도난에 조심하라. 가내가 불
안하다. 친한 벗에게 해를 입으니 속수무책이다.

五, 六月 : 일마다 막힘이 많다. 마음은 뜬구름과 같으니 길을
나서면 액을 당한다. 사기사건이나 이성관계, 교통사
고 등을 조심하라. 낭패를 당할 운수니 좋은 계획이
있어도 쓸모가 없다.

七, 八月 : 재물을 희롱하는 수다. 비록 재물은 얻으나 문서는
불리하다. 욕심이 많아 한 번 서로 다툰다. 먼저는
곤하고 뒤에는 영화롭다. 재물이 서쪽에 있으며, 김
(金)씨, 박(朴)씨, 최(崔)씨가 우연히 나를 돕는다.

九, 十月 : 물 속에 잠긴 용이 구슬을 얻는다. 화합하고 때를 기
다려라. 수고로워도 공이 없고, 마음이 편안치 못하
다. 원행을 하지 말라. 별로 소득이 없다.

十一, 十二月 : 신왕재왕(身旺財旺)하고 길성(吉星)이 몸에 따르
니 진퇴(進退)가 길하다. 수액과 화재를 조심하라.
병액(病厄)에 주의하고, 남보다 앞장서지 말아야 한
다.

1.7 천산돈(天山遯)

나쁜 일이 일어난다. 나아갈지 물러날지 방향을 모른다. 일마다

막힘이 많고, 근심할 일이 생긴다. 금전거래를 하지말고 망신수를 조심해야 한다.

正, 二月 : 귀인이 와서 도운다. 비록 재물은 생기나 처자와는 불목한다. 안정하면 길하고, 망동하면 패한다. 언행을 조심하고 여색을 탐하지 말라. 망신을 당하게 된다.

三, 四月 : 손재가 있고 몸에 근심이 있다. 남의 일에 쓸데없는 간섭을 하지 말라. 작게 얻고 크게 잃으니 소득이 적다. 송사를 가까이 말라. 관재수, 손재가 있으니 송사하면 불리하다.

五, 六月 : 신왕재왕(身旺財旺)하니 재물은 구하면 얻을 수 있다. 비록 재왕(財旺)하나 혹 상복수가 있다. 집에 있으면 길하고 원행을 떠나지 않는 것이 좋다.

七, 八月 : 형제간에 불화하다. 푸른 산에서 남을 생각하면서 슬피 운다. 지성으로 도액하면 이러한 운수를 면한다. 친한 사람을 가까이 두지 말라. 구설이 두렵다.

九, 十月 : 동방이 유리하다. 길성(吉星)이 몸에 따르니 복록이 자연 오게 되고 재물도 얻는다. 형제가 불화하고, 자손은 영화한다.

十一, 十二月 : 자손에 영화가 있다. 일이 여의하고 사방에 이익이 있으며, 서방에서 재물을 얻는다. 몸과 돈이 꽃 사이에 있으니 나비가 향기를 머금는 것과 같고 도처에 즐거움이 있다.

1.8 천지비(天地否)

먹을 것은 적고 일은 번거로우니 얻어도 반은 잃는다. 가내가 불화하니 심신이 어지럽다. 금년에는 여색을 가까이 말라. 이롭지 못하다. 재물을 얻기가 어려우며 질병을 주의하라. 기다려보는 것이 현명하다.

正, 二月 : 자손의 연고가 있다. 우환이 끊이지 않으니 미리 횡액을 예방하라. 남과 함께 꾀하면 도리어 실패한다.

三, 四月 : 한 번 해롭고, 한 번 얻으니 길흉이 상반(相半)한다. 큰 해가 침범하니 재물을 구하여도 얻기 어렵다. 북쪽 사람과 마음을 같이 하면 득재(得財)는 어려움이 없다. 수고는 하지만 그 대가는 시원치 않다.

五, 六月 : 서남이 유리하다. 신병이 없으면 자손의 일로 달밤에 심란하다. 흰 구름은 무심하니 허송세월 한다. 먼저는 잃고 뒤에는 얻는다. 마음이 갈피를 잡지 못하므로 안정해야 한다.

七, 八月 : 길성(吉星)이 문에 비치니 근심이 점차 사라진다. 물속에 잠긴 용이 구슬을 얻으니 조화가 무궁하다. 득의양양하니 가택이 화평하다. 동방, 남방에서 귀인이 찾아와 도와준다.

九, 十月 : 만사형통 하나 관액(官厄)을 조심하라. 재물이 생기고 경사가 많다. 남과 쟁론을 벌이지 말라. 처의 근심이 있거나 부부 불화한다.

十一, 十二月 : 구설을 조심하라. 동서는 불리하고, 동남은 유리하다. 안정하면 길하고 망동하면 패한다. 출행하면 이익됨이 없고 집에 있으면 평안하다.

2.1 택천쾌(澤天夬)

먼저는 손해요, 뒤에는 이익되니 분수를 지키면 길하다. 이사나 변동수가 있다. 보증서지 말고 문서를 조심하라. 물이나 불을 주의해야 한다. 금왕지절(金旺之節)에 늦게 빛이 난다.

正, 二月 : 가내가 화목하니 혼인이나 슬하에 경사가 있다. 즐거운 가운데 근심이 생기니 구설이 분분하고 손재수가 있다. 윗사람의 의견을 참작해야 한다.

三, 四月 : 출행하면 이(利)를 얻는다. 남과 함께 일을 꾀하면 반드시 큰 재물을 얻는다. 여(呂)씨, 오(吳)씨, 천(千)씨를 가까이 말라. 이롭지 못하다. 분수를 지킴이 제일이고 남의 말을 믿지 말고, 남녀간의 색정을 삼가야 한다.

五, 六月 : 기쁨 가운데 근심이 있다. 남동이 불리하니 출행하면 패한다. 한 번 크게 놀란다. 지성으로 기도하면 이러한 액을 면한다.

七, 八月 : 여자로 인해 재물을 얻는다. 바깥 재물은 불리하고 안정하면 재물을 얻는다. 남의 일을 탐하지 말라. 곤액을 당하고 손재가 적지 않다.

九, 十月 : 부자의 근심으로 가내가 평안치 않으니 심중에 숨은 근심이 떠나지 않는다. 모든 일에 막힘이 많아 부화뇌동하면 망신수, 구설수, 관재수가 있기 쉽다. 귀인이 와서 도와주니 벼슬을 얻거나 재물이 생긴다.

十一, 十二月 : 옮겨 살면 길하다. 원행은 불리하니 출행을 삼가라. 자기만 잘났다고 날뛰지 말고 상대방의 의견도 참작해야 한다. 경영하는 일은 힘들지 않고 발전하여 자연형통 한다.

2.2 태위택(兌爲澤)

먼저는 곤하고, 뒤에는 태평하니 적은 재물은 얻을 수 있다. 백사대길하나 주색을 가까이 말라. 신병이 두렵다. 조심하면 편안하고 망동하면 액을 만난다.

正, 二月 : 직장을 옮기지 말라. 구설수가 있다. 손해도 이익도

별로 없으며, 심사숙고해도 편안할 길을 모른다. 가
인(佳人)의 배반을 당하니 술잔에 눈물을 흘린다.

三, 四月 : 재물로 인해 명예를 손상한다. 그렇지 않으면 오명
(汚名)을 면키 어렵다. 정(丁)씨, 강(姜)씨, 이(李)
씨, 윤(尹)씨는 가까이 말라. 이롭지 못하다. 노약자
와 환자는 건강에 조심하라. 매사에 강행하다가 낭패
본다.

五, 六月 : 구설을 조심하라. 무단히 시비가 생겨 구속당할까 염
려된다. 외출함이 좋지 않다.

七, 八月 : 길성(吉星)이 몸에 따르고 기쁜 일이 생긴다. 서방에
길함이 있으니 손에 천금을 희롱한다. 분수 밖의 일
을 행하면 도리어 손해본다. 고집을 부리지 말고 위
험한 일은 하지 않는 것이 좋다.

九, 十月 : 이사하면 대길하다. 위태한 가운데 편안함이 있고, 빈
가운데 실함이 있으니 가산(家産)이 증진된다. 자식
들로 인한 근심이 생길 수 있다.

十一, 十二月 : 처실(妻室)이 부실하다. 상복을 입을까 두렵다.
신병을 조심하라. 비록 재물은 생기나 위아래 근심이
있다. 구설수를 조심하고, 도장과 문서에도 주의하
라. 먼저는 곤하고, 뒤에는 길하다.

2.3 택화혁(澤火革)

옛것을 고쳐 새로움을 따르니 종말에는 길함을 얻는다. 망설이지 말고 속히 도모하는 것이 길하다. 형통하지만 물이나 불을 조심해야 하고, 기타 분쟁은 손실이 크다. 이사를 하는 것이 좋고, 일을 함에 현재의 위치를 지키는 것이 길하다.

正, 二月 : 비록 득재(得財)는 하지만 자식근심이나 처와 이별수가 있다. 길성(吉星)이 비치므로 재운이 왕하다. 일에 임하여 과단성이 있으면 일취월장하리라. 여색을 조심해야 한다.

三, 四月 : 동방은 재운이 왕하나, 북방은 불리하다. 감언이설을 듣지 말라. 뒤에는 반드시 나에게 해를 끼친다. 여자를 조심하라. 자손의 경사가 있다.

五, 六月 : 가까운 사람이 해를 끼친다. 남으로 가나, 북으로 가나 만사형통 하다. 물가에서 득재(得財)한다. 동업은 불가하니 홀로 함이 길하다. 외국 여행을 가도 길하다.

七, 八月 : 윗사람의 근심이 있다. 논쟁을 하지 말라. 속성할 징조이니 기회를 잃지 말라. 타인으로 인하여 패하니 간교한 자와 사귀지 말라. 새롭게 변혁하는 운이다.

九, 十月 : 실물수가 아니면 상복수다. 와도 잃고, 가도 잃으니 일가가 분쟁하고 가내가 불안하다. 색정과 교통사고를 조심하라. 비록 터전에는 이득이 있으나 두 사람이 재물을 나눈다.

十一, 十二月 : 적은 것으로 크게 이룬다. 비록 득재(得財)는 하
지만 시비가 두렵다. 나아가고 물러남에 있어서 때에
따라서 행하면 길하다. 도적을 조심하라. 실물수가
있다. 문서나 주택문제로 말다툼이 있다.

2.4 택뢰수(澤雷隨)

만사가 순조로우며 옛것을 고쳐 새것을 따른다. 안정하면 대길
하여 자연히 형통한다. 비록 득재(得財)함은 있으나 가정에 바람
이 지나간다. 이성을 조심하고 감언이설에 속지 말라. 홀아비는
짝을 얻고 선비는 벼슬에 오른다.

正, 二月 : 진취적이고 이름을 사해에 떨치니 신왕재왕(身旺財
旺)한다. 집안에 경사가 있으니 미인과 술잔을 나눈
다. 가까운 사람과 이별수가 있고, 이성에 주의해야
한다. 서(徐)씨, 황(黃)씨, 원(元)씨, 남(南)씨는 가
까이 말라. 이롭지 못하다.

三, 四月 : 소송은 불리하다. 다른 사람의 말을 믿지 말라. 손재
가 반드시 이른다. 대장부 사업은 늦게 결실을 맺는
다. 남의 도움이 있으면 혼인할 수이고, 변동운이 들
어있다.

五, 六月 : 병액에 조심하라. 자손의 영화가 있다. 잠긴 용이 구슬을 얻으니 조화가 무궁하다. 마침내 큰그릇을 만들었으니 의기양양하다.

七, 八月 : 손재와 자식 근심이 있다. 먼저는 어렵고 뒤에는 순하다. 남쪽사람이 침해한다. 물불과 주색을 조심해야 한다. 다른 사람과 다투지 말라. 손해가 따른다.

九, 十月 : 만사형통하고 재왕(財旺)하므로 득재한다. 비록 생재(生財)함은 있으나 복 입을 수다. 새로운 일을 시작하지말고 옛것을 지켜라. 동방과 서방은 만사가 형통한다.

十一, 十二月 : 꽃이 피어 열매를 맺으니 행운이 집에 이르러 가산이 저절로 왕하다. 이(李)씨, 김(金)씨와 동업하면 이롭지 못하다. 정직하고 성실하면 귀인의 도움이 있다.

2.5 택풍대과(澤風大過)

 문서가 불리하고 진퇴양난이다. 수액(水厄)을 조심하고 남의 말을 믿지 말라. 가내가 불안하고 횡액을 면키 어렵다. 이성에 주의하고 자포자기는 금물이다.

正, 二月 : 만사가 순조로이 이루어진다. 작게 가고 크게 온다.

이성문제에 주의하라. 주거를 이동할 수다. 먼저는 곤하고 뒤에는 영화롭다.

三, 四月 : 부모의 이별이나 구설이 있다. 손재수가 있으니 사기꾼을 조심하라. 집에 있으면 근심이 있고, 출타하면 기쁨이 생긴다.

五, 六月 : 무슨 일로 고향을 떠나는가, 골육의 은혜가 없으니 길한 일도 쫓지 못한다. 건강에 주의하라. 자손은 길하나 처실(妻室)은 편안치 못하다. 마음이 뜬구름 같으니 정처없이 다닌다.

七, 八月 : 스스로 실패하니 일이 있어도 쫓지 못하고 무슨 일을 기다리는가. 옛것을 지키고 구설을 조심하라. 망동하면 불리하다. 우왕좌왕하니 타인에게 해를 끼친다.

九, 十月 : 한 사람이 두 가지 마음이다. 문서나 여자문제를 주의하라. 관액(官厄)이 침범한다. 가택이 발동하니 한때 작은 근심이 있다. 바른 마음으로 바른 길을 나아가면 자연히 형통한다.

十一, 十二月 : 재왕(財旺)하나 신약(身弱)하니 우환이 끊이지 않는다. 자손이 집을 떠난다. 관재수를 조심하라. 늦게 빛이 나게 되지만 숨은 근심은 떠나지 않는다.

2.6 택수곤(澤水困)

곤(困)한 용이 물을 얻으니 먼저는 흉하고 뒤에는 길하다. 일신이 고단하니 세상사가 뜬구름과 같다. 동업하면 불리하고 망동하면 실패한다. 분수를 지키고 때를 기다리면 점점 좋아진다.

正, 二月 : 먼저는 찡그리고 뒤에는 웃는다. 슬하에 경사가 있다. 이성과의 문제를 조심하라. 동방은 재물이 왕하고 서방은 불리하다.

三, 四月 : 자손에 근심이 있다. 고집을 부리지 말라. 원행은 불리하고 동방의 일은 문서가 불길하다. 소송을 하면 불리하고, 상복수가 두렵다.

五, 六月 : 길성(吉星)이 몸을 따른다. 비록 재물은 생기나 골육이 서로 다툰다. 구설수에 조심하라. 먼저는 곤하고 뒤에는 태평하다. 두 사람이 마음을 합치면 어려운 일도 빨리 이룬다.

七, 八月 : 기쁜 일이 문에 이르고, 길성이 붙어 신왕재왕(身旺財旺)하다. 오(吳)씨, 여(呂)씨, 우(禹)씨, 허(許)씨를 가까이 말라. 이롭지 못하다. 진퇴양난이니 분수를 지키는 것이 상책이다.

九, 十月 : 가내에 근심이 있다. 동서에 재물이 생기나 시비와 송사가 있다. 원행은 불길하고 분수를 지키면 길하다. 만일 귀인을 만나면 늦게 빛이 난다.

十一, 十二月 : 백사 대길하다. 동서 물가에서 큰 재물을 얻을 수 있다. 가신이 발동하니 아버지의 근심이나 아들의 근심이 있다. 도난과 건강에 조심해야 한다. 길운이 돌아오니 처음은 잃고, 뒤에는 얻는다.

2.7 택산함(澤山咸)

길성(吉星)이 문에 비치니 운수가 대길하다. 투기를 하면 실패하고 분수를 지키면 대길하다. 남의 꾐에 빠지지 말고, 주색을 가까이 말라. 손재수와 질병으로 실패한다.

正, 二月 : 먼저는 길하고 뒤에는 흉하다. 여자를 가까이 하면 후회막급이다. 그 해로움이 적지 않다. 시비가 다투어 일어난다. 안정하면 길하고 망동하면 흉하다.

三, 四月 : 집안의 근심이 이어져 마음이 어지럽고, 부부 불화한다. 김(金)씨, 조(趙)씨, 최(崔)씨는 가까이 말라. 이롭지 못하다. 새로운 사업에 손대지 말라. 손재가 두렵다. 나가면 재물을 얻을 수 있다.

五, 六月 : 길성이 문에 드니 동방이나 남방에서 큰 재물이 들어온다. 적게 나가고 크게 들어온다. 생재(生財)함은 좋으나 신액(身厄)을 조심해야 한다. 자손으로 근심 생기고 재물로 인한 송사가 일어난다.

七. 八月 : 길성이 문에 비친다. 비록 재물은 생기어도 반은 잃는다. 동방은 불리하니 신액을 조심하라. 그러나 별로 근심할 일은 없다. 액이 사라지고 복이 온다.

九, 十月 : 함께 장사를 하면 불리하다. 세 사람이 합심하면 대업을 성취한다. 남과 시비하지 말라. 구설수와 송사가 두렵다. 분수를 지키는 것이 상책이다.

十一, 十二月 : 혼인의 경사가 아니면 생남수가 있다. 처자식에게 병고가 있거나 숨은 근심은 면키 어렵다. 천지신명의 도움으로 일마다 여의하나 재물은 모이지 않는다.

2.8 택지췌(澤地萃)

근심이 흩어지고 기쁨이 생긴다. 작은 것을 모아 크게 이루니 지나친 욕심을 내지 말고 분수를 지켜 바른 마음으로 덕을 닦으면 만사 형통한다.

正, 二月 : 재성(財星)이 몸에 따른다. 동쪽 서쪽에 길함이 있어 자연 형통한다. 출행하면 재물에 길하다. 집안에 작은 근심이 있으나 재앙이 변하여 복이 되고, 구하면 이루어진다.

三, 四月 : 처의 근심은 면키 어렵다. 재물도 있고 글도 있으니 벼슬과 재물을 더한다. 서(徐)씨, 문(文)씨는 조심하고 가까이 말라. 이롭지 못하다.

五, 六月 : 벼슬을 더하고 재물도 생한다. 관직이 올라 득의양양
하다. 관재, 송사수가 있으니 쟁송을 하는 것은 이롭
지 못하다.

七, 八月 : 구설을 조심하라. 재성이 몸에 따른다. 분수를 지키
는 것이 상책이고, 망동하면 해롭다. 서둘러서 일을
해결함이 길하다.

九, 十月 : 만사 형통하여 녹(祿)위에 재물을 더하니 손으로 천
금을 희롱한다. 여색을 가까이 말라. 괴이한 일이 당
도한다.

十一, 十二月 : 집안에 유고가 있으니 화재를 조심하라. 숨은 근
심이 떠나지 않는다. 부자가 상하니 집안에 근심을
면키 어렵다. 타향에서 반가운 사람을 만나리라. 길
함도 아니고, 흉함도 아니다.

3.1 화천대유(火天大有)

해와 달이 항시 밝으니 만사 형통하다. 부동산을 취득하거나 식
구를 더하는 경사가 있으며, 운이 왕하고 대길하다.

正, 二月 : 쟁송(爭訟)은 불리하다. 우레가 행하여 대성하니 만
인이 우러러본다. 길흉이 상반(相半)한다. 변동수,
이사하는 운이다. 집안에 우환이 생길 수 있으니 주

의하라. 만일 귀인을 만나면 소원 성취한다.

三, 四月 : 손으로 천금을 희롱한다. 횡재수가 있으면 만사형통
한다. 하극상 하니 처자의 근심이 있다. 두 곳에 정
을 두고 양쪽 눈치를 살핀다.

五, 六月 : 일의 성패가 다단함이 있다. 기쁨과 근심이 반반이
다. 형제의 근심이 있으니 구설을 조심하라. 처의 우
환을 주의하고, 금전거래는 삼가는 것이 좋다.

七, 八月 : 길성(吉星)이 문에 비치니 집안이 창성하여 만화방창
(萬和芳暢)한다. 여색을 가까이 말라. 신액(身厄)이
침범한다.

九, 十月 : 음양이 배합되니 서남에 재물이 있으며 출타하면 얻
으리라. 신왕재왕(身旺財旺)하니 안팎으로 나를 생하
여 근심이 흩어지고 기쁨이 온다. 자금난이 해소되고
투자도 길하다.

十一, 十二月 : 귀인을 만난다. 재물과 문서운이 있으며 짝을 얻
을 수다. 의기가 양양하다. 변동수가 있고 대길하다.

3.2 화택규(火澤睽)

가정 불화한다. 여색을 가까이 말라. 재물과 명예를 손상한다.
친근한 자가 해코지를 하니 친구를 조심하라. 경솔하지 말라.
곤경에 빠진다.

正, 二月 : 무단한 일로 인해 관재수, 구설수가 있게되니 행동에
　　　　조심하라. 터전이 불리하니 가신이 발동하여 처자의
　　　　근심이 있다.

三, 四月 : 귀인이 와서 도운다. 좋은 운이 열리고 음양이 배합
　　　　되니 자식을 얻을 수다. 여자 문제로 언쟁이 일어나
　　　　니 주의하라. 집에 있으면 마음이 산란하고, 출타하
　　　　면 쾌락 하도다.

五, 六月 : 동방은 길하고, 남방은 손해와 액이 있다. 적은 재물
　　　　은 얻을 수 있으며, 물가에 가지말고 배타지 말라.
　　　　현상 유지함이 길하고, 원행은 삼가는 것이 좋다.

七, 八月 : 귀인이 와서 도우니 신상에 길하다. 마른 나무가 봄
　　　　을 만났으니 마침내 빛이 있으리라. 도적을 주의하
　　　　고, 불의로 재액을 만나기 쉬우니 조심해야 한다.

九, 十月 : 부모의 근심이 있다. 도장과 문서를 주의하고 타인과
　　　　잘 사귀어라. 사람으로 인한 손재가 있다. 서북간방
　　　　에서 해가 있으니 필시 여자다.

十一, 十二月 : 골육간에 다툼이 있어 집안이 불안하다. 형제사
　　　　이에 작은 근심이 있다. 위험한 가운데 길함이 있다.
　　　　남과 다투지 말라. 관액이 두렵고, 매사가 여의치 못
　　　　하다.

3.3 이위화(離爲火)

 망동하면 재물을 흩고, 분수를 지키면 길하다. 정신일도하면 무슨 일이든 이루지 못하겠는가. 먼저는 곤하고 뒤에는 편안하다. 직장을 옮기거나 부부가 헤어지기 쉽다. 덕을 쌓고 노력해야 한다.

正, 二月 : 슬하에 근심이 있다. 부부가 불목하니 백사를 이루기 어렵다. 정신적인 안정을 하라. 먼저는 흉하고 뒤에는 길하니 처음에 곤란하나 후에는 태평하다.

三, 四月 : 관송(官訟) 시비와 주색을 조심하라. 여자로 인한 손재가 있다. 동방, 서방에서 적은 재물을 얻으리라. 오(吳)씨, 허(許)씨는 가까이 말라. 이롭지 못하다.

五, 六月 : 실물수가 있으니 조심하라. 비록 재물은 생기나 장남이 집을 나간다. 화재를 조심하라. 일이 잘 될 듯 하면서도 이루어지지 않는다.

七, 八月 : 신왕재왕(身旺財旺)하니 재운과 관운이 좋고, 백사가 이루어지며 동방이 길하다. 서쪽 여자를 믿지 말라. 무단히 구설을 듣게 되어 허망함을 겪게 된다.

九, 十月 : 형제가 불화하고 한 차례 멀리 객지에 나간다. 도난에 주의하고 현상 유지하라. 근심이 흩어지고 기쁨이 생기니 득남할 수 있다.

十一, 十二月 : 횡재수가 들었다. 작게 가고, 크게 오니 작은 것이 모여 크게 된다. 비록 재물은 생기나 신액(身厄) 또는 자식병이 염려된다. 변동수, 이사수가 있다.

3.4 화뢰서합(火雷噬嗑)

먼저는 어렵고 뒤에는 순조로우며 형액과 구설, 분쟁이 있다. 가정에 근심이 있다. 화재를 조심하고 도장과 문서를 각별히 주의하라. 매사를 신중히 살피면 실패가 없게 된다.

正, 二月 : 원행을 하지 말라. 만사가 순성되니 동서에서 재물이 생긴다. 터전으로 인한 분쟁이 있다. 분수를 지키면 편안하다.

三, 四月 : 택지(宅地)가 불리하다. 문서로 인한 분쟁으로 근심이 생기거나 부동산을 매매한다. 먼저는 흉하고, 뒤에는 길하며 혹은 상복수가 있다. 금전거래를 삼가라. 손재수를 면키 어렵다.

五, 六月 : 자손에 근심이 있다. 차 사고를 조심시켜라. 친한 사람이 나를 시기하니 손재를 본다. 황(黃)씨, 원(元)씨, 안(安)씨는 가까이 말라. 이롭지 못하다. 놀랄 일이 생기거나 주거이동 할 수도 있다.

七, 八月 : 신액(身厄)을 조심하라. 동서(東西) 간에 처의 병이 두렵다. 경영사는 머리만 있고 꼬리가 없으니 집안의

근심으로 불리하다. 말을 조심하라. 구설수가 없으면
관액(官厄)이 당도한다.

九, 十月 : 처자식의 근심이 있다. 물에 의한 재앙이 침노한다.
바른 마음으로 덕을 닦으면 미리 도액된다. 이르는
곳마다 불리하고 하는 일마다 실리가 없다.

十一, 十二月 : 재앙이 사라지고 복이 오게 되니 만사 형통하고
소망이 여의하다. 신상에 근심이 사라지고 편안함을
얻으니 원행수가 있다.

3.5 화풍정(火風鼎)

조화가 무궁하니 운수가 대길하다. 무슨 일이던지 이루지 못하
겠는가. 문서가 불리하니 여색을 가까이 말라. 세 사람이 합작하
면 대업을 성취한다.

正, 二月 : 일을 만드는 것이 불리하니 안정하면 길하다. 서방이
불리하니 쉽게 가서는 안 된다. 혼담이 오간다. 비록
운은 열리나 자식에게는 이롭지 못하며, 집안이 편안
치 못하다.

三, 四月 : 윗사람의 근심이 있으며 가신이 발동하니 집안이 불
안하다. 오(吳)씨, 허(許)씨, 우(禹)씨는 가까이 말
라. 이롭지 못하다. 먼저는 곤하고, 뒤에는 태평하며

귀인이 와서 도와준다. 이성간이나 원행에 손재수가
있다.

五, 六月 : 처자와 이별한다. 출행하여 돌아오니 모든 일이 반복
한다. 남과 일을 도모하면 음해가 반드시 이르게 된
다. 구설을 조심하고 서쪽의 여자를 가까이 말라. 손
재가 크다. 동방과 서방에서 재물을 얻게 된다.

七, 八月 : 자손의 근심이 있다. 남의 말을 믿지 말라. 반드시
손재가 있다. 이사를 하거나 직업이나 사업을 변동한
다. 성급하지 말라. 마침내 재리(財利)를 얻게 된다.

十一, 十二月 : 성급하게 망동하면 패하니 분수를 지켜 편안히
있으면 자연히 형통하리라. 주색을 조심하라. 반드시
신액(身厄)이 많다.

3.6 화수미제(火水未濟)

먼저는 곤란하나 뒤에는 순조로우며, 조급하면 실패한다. 부지런
히 삼가 노력하면 마침내 큰그릇을 이룬다. 시비를 가까이 말라.
승부가 안 난다. 만일 업을 고치지 않으면 자손을 얻게 된다.

正, 二月 : 여색을 조심하라. 신병(身病)이 아니면 실물수가 있
다. 자식의 근심이 있거나, 하는 일이 불리하니 안정
되면 길하다. 서방은 불리하니 쉽게 가서는 안 된다.

三, 四月 : 부모의 근심이 있으며, 남과 다투지 말라. 가신이 발
동하니 집안이 불안하다. 고집을 부리면 신상에 해롭
다.

五, 六月 : 처자와 이별하기 쉽다. 출행 했다가 돌아오니 모든
일이 반복된다. 남과 일을 도모하면 음해가 반드시
이른다. 문서에 각별히 조심하라. 근심이 끊이지 않
으며 변동수가 있다.

七, 八月 : 형제나 친구와 불목한다. 출타하면 이(利)를 얻는다.
금전거래나 투자는 기다렸다가 하라. 일에 정한 이치
가 있으니 흉이 화하여 길하게 된다.

九, 十月 : 부자가 상극한다. 물가나 서방에서 천금을 얻을 수니
상업이 길하다. 금전관리에 조심하고, 윗사람의 말에
귀 기울이라. 하나를 얻고 하나를 잃으나 가뭄 끝에
단비를 만난다.

十一, 十二月 : 먼저는 패하고 뒤에는 얻는다. 현재의 위치를 지
키는 편이 좋다. 길성(吉星)이 나를 비추니 자연 형
통하리라. 도박과 여인을 가까이 말라. 신액(身厄)과
손재가 따른다.

3.7 화산려(火山旅)

이동수가 있거나 이별이 있다. 횡액을 조심하라. 마음을 닦고

덕을 쌓으면 모든 액을 면하리라. 먼저는 손해보고, 뒤에는 길하다. 집에 있으면 평평(平平)하고, 나가면 이(利)를 얻는다.

正, 二月 : 상하가 불목하고, 재물이 분산한다. 큰 재물은 바라기 어렵다. 물가에 가까이 말라. 횡액이 두렵다.

三, 四月 : 분수를 지키면 길하다. 업을 고치지 말고 본업을 하라. 길성(吉星)이 문에 비치니 자손의 경사가 있다. 이(李)씨, 윤(尹)씨, 정(鄭)씨는 가까이 말라. 이롭지 못하고, 감언이설로 나를 속인다.

五, 六月 : 실물수가 있으니 조심하라. 본업이 제일이니 망동하지말고 남과 가까이 마라. 손재가 적지 않다. 심중에 근심이 있으며 재물을 구하여도 얻지 못한다.

七, 八月 : 우환이 이른다. 도와주는 귀인을 만나고 큰 재물이 문에 든다. 복록이 몸을 따르니 의식이 자족하다.

九, 十月 : 이(利)는 금수(金水)에 있고, 동방, 남방으로 출행함은 불리하다. 일이 뜻대로 되지 않아 심중에 고민이 많다.

十一, 十二月 : 물가에서 재물이 생한다. 친한 사람을 믿지 말라. 얻은 것을 반이나 잃는다. 분수를 지켜 편안하게 살면 뜻밖의 재물을 얻는다. 먼저는 흉하고 뒤에는 길하다.

3.8 화지진(火地晉)

천록(天祿)이 몸에 따르니 부귀쌍전한다. 만사 여의하니 소원 성취한다. 남의 도움으로 성사되고, 단독으로는 불리하다.

正, 二月 : 금옥이 만당하니 가을에 쥐가 창고를 얻음이요, 봄에 새가 꽃을 희롱하는 격이다. 세 사람이 합심하면 만사가 순조로이 이루어진다. 기쁜 소식이 문에 이르니 혼인의 경사나 남의 천거로 녹을 얻는다.

三, 四月 : 재왕(財旺)하여 금옥이 만당하다. 가정이 화합하고, 자식의 영화가 있다. 상업이나 공업인은 만금의 재산이 모이리라. 관운이 왕성하여 영전되거나 벼슬에 오른다.

五, 六月 : 재물을 나눌 수이니 일에 막힘이 많다. 식소 사번하고, 원행 출타한다. 자손의 근심이 있으니 심신이 산란하다. 전업을 생각말고 현재의 업을 고수하라. 부하를 조심하라. 재물을 빼낸다.

七, 八月 : 일에 막힘이 많다. 친한 사람이 해가 되니 남과 함께 일을 도모하지 마라. 자손의 근심이 있으며, 동서로 분주하다.

九, 十月 : 형제가 서로 다투거나 집안에 질병이 있다. 남방은 이(利)를 얻고, 동방은 불리하다. 일마다 막힘이 많으나 남의 도움으로 재물이 생긴다. 집안에 귀자를 얻는 경사가 있다.

十一, 十二月 : 가도(家道)가 창성하다. 재성(財星)이 몸에 따르
니 만사 여의하다. 송(宋)씨, 권(權)씨, 임(林)씨는
이롭지 못하고, 이(李)씨, 윤(尹)씨, 정(鄭)씨는 나
를 도운다.

4.1 뇌천대장(雷天大壯)

망동하면 해로우니 먼저는 손실이요, 뒤에는 이익이다. 이동,
이사수가 있으며 일에 장애가 많다. 화재를 조심하라. 금왕수왕
(金旺水旺)하니 가을과 겨울철에 작은 재물을 얻을 수 있다.

正, 二月 : 자손의 근심이 있다. 일마다 막힘이 많으며 신액(身
厄)을 조심하라. 바르게 사는 사람은 길하나 의롭지
못하게 사는 자는 매우 불길하다.

三, 四月 : 일이 여의치 못하다. 남과 함께 일하지 말고, 다투지
말라. 관재가 두렵다. 오(吳)씨, 허(許)씨, 우(禹)씨
는 가까이 말라. 이롭지 못하다.

五, 六月 : 관송(官訟)은 불리하다. 가정이 불화하니 친척이 와
서 손해를 끼친다. 한 마음으로 노력하면 마침내 재
리(財利)를 얻는다.

七, 八月 : 심신이 화평하다. 외재(外財)가 문에 드니 큰 재물을

얻을 수 있다. 수액(水厄)이 있을 수니 강과 바다를 가까이 말고, 승선함은 불리하다.

九, 十月 : 문서의 손실과 실물수가 있으니 주의하라. 성심으로 노력하면 작은 재물을 얻을 수 있다. 귀인의 협조를 받아 좋은 일이 있다.

十一, 十二月 : 신왕재왕(身旺財旺)하다. 동쪽과 서쪽이 대길하니 물가에서 재물이 생한다. 도처에 빛이 있으니 자손에게 혼인의 경사나 취직, 승진의 영광이 있다.

4.2 뇌택귀매(雷澤歸妹)

여색을 조심하고 타인과 잘 사귀어라. 혼인의 경사가 있고 몸에 근심걱정이 따른다. 망동하면 반드시 패하고, 안정하면 길하다. 화왕금왕(火旺金旺)하니 진취발전 한다.

正, 二月 : 구설을 조심하라. 개과천선하고 인내하면 득이 된다. 동방은 불리하고 서방은 유리하다. 한가지 일에 두마음이다. 결단을 내리기 어려우니 망설이다 시간만 허비한다.

三, 四月 : 옛것을 지키면 길하다. 재물을 탐하고 색을 밝히면 반드시 실패한다. 이(李)씨, 윤(尹)씨, 정(鄭)씨는 가까이 말라. 이롭지 못하다.

五, 六月 : 집안에 처자의 근심이 있다. 비록 재물은 생기나 얻어서 반은 잃는다. 남의 말을 듣지 말라. 후회하게 된다. 동서는 길하고, 북방은 불리하다.

七, 八月 : 두 여자가 꾀를 다툰다. 알고도 손해를 본다. 소원하는 바가 순조롭고 안정된다. 언행에 조심하고 감언이설에 속지 말라. 사리사욕을 버리고 성의껏 행함이 길하다.

九, 十月 : 길성(吉星)이 문에 비치니 길함은 있고, 해로움은 없다. 동서에서 재물이 생기고, 심중에 작은 근심이 있으나 기쁨이 생긴다. 백년가약을 맺는 수가 있고, 여행, 이동수가 들었다.

十一, 十二月 : 재운이 왕하고 몸이 편안하다. 비록 재물은 생기지만 친척이 불목하다. 동방, 서방에서 큰 재물이 문에 들어온다. 도장과 문서를 조심하라. 손재보기 쉽다.

4.3 뇌화풍(雷火豊)

관송(官訟)은 불리하고, 화재를 조심하라. 운기가 점점 돌아오지만 망동하면 패한다. 조용히 있으면 재물이 생기나 분쟁하면 재물을 패한다.

正, 二月 : 운수가 대통하며 혼인하게 된다. 비록 재물은 얻으나 분주히 바쁘고 일이 번거롭다.

三, 四月 : 구설을 조심하라. 시기하는 사람이 많다. 먼저는 곤란하고 뒤에는 태평하며 상하가 화목하다. 부동산을 매매할 수다. 겸손하고 덕을 배풀면 싫어지는 자도 은인이 된다.

五, 六月 : 문서는 불리하고 신왕재왕(身旺財旺)하다. 남과 시비하지 말라. 공형벌(公刑罰)을 면치 못한다. 화해하는 것이 상책이다. 보증을 서지 말라. 손재가 적지 않다.

七, 八月 : 천금을 얻으나 자식근심은 면키 어렵다. 한 차례 원행수가 있으니 고향을 떠날 수이다. 귀인의 도움이 있으니 부귀함을 얻는다.

九, 十月 : 파랑새가 소식을 전해오니 반가운 사람을 만나보고, 관록과 재록이 몸에 따르니 만사형통 한다. 금신(金神)이 문에 비치니 소원성취 한다.

十一, 十二月 : 가족이 불리하고 말조심을 해야 한다. 김(金)씨, 박(朴)씨, 최(崔)씨는 이롭지 못하고, 서(徐)씨, 황(黃)씨, 안(安)씨는 와서 돕는다. 동쪽사람은 불리하고, 서쪽사람은 와서 돕는다.

4.4 진위뢰(震爲雷)

외부 내빈하니 망녕되이 나아가면 반드시 패한다. 안정을 지키면 해가 없다. 소리만 있고 형상이 없으니 한갓 심력만 허비한다.

正, 二月 : 실물수가 있으니 조심하라. 자손의 병이 있으니 마음의 근심이 떠나지 않는다. 문서에 관송(官訟) 시비가 있으니 조심해야 한다.

三, 四月 : 노중(路中)에 액이 있으니 원행을 하지 말라. 문서가 내왕하니 매매에 유리하다. 혼인의 경사가 아니면 횡재할 수 있다.

五, 六月 : 집안이 불목한다. 질병이 두려우나 병약자는 회복되고 매사가 서서히 풀린다. 동서로 분주하나 별로 소득이 없다.

七, 八月 : 운세가 점점 통하니 기쁜 일이 있다. 바라던 일이 성취되고 매매하면 이득이 있다. 주색을 가까이 말라. 손재한 뒤에 후회한다.

九, 十月 : 관송(官訟)을 조심하라. 동쪽사람이 해를 입히니 조심해야 한다. 재물이 서방에 있으니 나아가면 얻을 수 있다.

十一, 十二月 : 부모의 근심이 있다. 가신이 발동하니 횡액을 주의해야 한다. 수입과 지출이 많으나 길하다. 음양이 서로 합되니 늦게 빛이 나게 된다.

4.5 뇌풍항(雷風恒)

운기가 왕하여 가내가 화목하고 자손의 영화가 있다. 일에 실패를 부르니 사람을 사귀는데 조심해야 한다.

正, 二月 : 좋은 운이 오지 않았으니 옛것을 지키고 경거망동을 삼가라. 재물은 생하나 자손의 근심이 있으며, 집안이 편안치 못하다.

三, 四月 : 구설이 두려우나 자연히 사라진다. 남의 도움으로 재물을 모은다. 횡재수가 아니면 관록이 몸에 따른다.

五, 六月 : 식구를 더하는 경사가 있거나 재물이 생기고, 만사 형통한다. 동방에 가지 마라. 손재가 따른다.

七, 八月 : 신왕재왕(身旺財旺)하니 가족간에 모든 일이 순조로이 이뤄진다. 동에서 얻되, 서에서 잃으니 해도 덕도 없으며 밖에 나가 횡재한다.

九, 十月 : 신왕재왕하니 재앙이 가고 복이 오며 모든 일이 순조로이 이루어진다. 여색을 가까이 말라. 재물이 들어오고 벼슬이 더할 운세이니 자중하며 기다려야 한다.

十一, 十二月 : 서남쪽에 이익이 있다. 백사가 순조로이 이루어지니 필히 재물을 얻으리라. 친구로 인한 구설수에 오르기 쉬우니 입 조심하라. 혼인의 경사가 아니면 자식을 얻을 수 있다.

4.6 뇌수해(雷水解)

신수가 점차 열리니 귀인이 와서 돕는다. 생남, 생녀하니 집안에 경사가 있다. 백사가 여의하니 분가할 수다. 동업은 하지 마라. 죄인은 출옥하고, 병자는 치유되며, 빚은 청산한다.

正, 二月 : 부모의 근심이 있고, 자식으로 걱정한다. 구설이 이르고 의타할 수로다. 망설이다가 후회할 수도 있다.

三, 四月 : 부모의 근심이나 처의 근심이 있다. 신상에 상서롭지 못함이 있고, 가신이 발동하니 부적으로 악살을 제거하라. 원행을 하지 말라. 집안에 기쁜 일이 생기고 순조로워진다.

五, 六月 : 비록 재물은 생기나 실물수가 있으니 도둑을 조심하라. 의식이 자족하니 일신이 자연 편안하다.

七, 八月 : 재물이 넉넉하여 녹(祿)이 장구하고 일에 성취됨이 있으며 만사형통 한다. 금전거래는 삼가라. 손재수가 있다.

九, 十月 : 구설이 분분하다. 남과 다투지 말라. 신액(身厄)이 침노한다. 다른 경영과 동업은 하지 말라. 필히 실패가 있다. 출행 함이 이롭지 못하다.

十一, 十二月 : 주색을 가까이 말라. 한 여인이 욕심을 품는다. 관재구설이 있고, 동방은 불리하다. 모든 근심이 사라지고 집안에 웃음이 그치지 않으며, 이익이 그 안에 있다.

4.7 뇌산소과(雷山小過)

출행은 이롭지 못하고, 다투는 일은 불길하다. 구설과 송사가 이른다. 백사에 있어서 심적인 근심이 있다. 미리 도액하면 이 액을 면할 수 있다.

正, 二月 : 신액(身厄)을 조심하라. 사방으로 바빠도 별로 소득이 없다. 미리 살(殺)을 제하면 이 액을 면할 수 있다. 낙심하지말고 열심히 노력하면 현상유지는 한다.

三, 四月 : 부모의 근심이 있다. 심신이 산란하니 심사가 천 갈래다. 도모하는 일에 장해가 있고, 혼사가 없으면 자식을 둘 수다. 김(金)씨, 조(趙)씨, 최(崔)씨는 가까이 말라. 이롭지 못하다.

五, 六月 : 운이 열리니 마침내 큰그릇을 이룬다. 동서에 길함이 있고, 일마다 여의하다. 근심 중에 기쁨이 생기고, 재물이 외방에 있으니 나가면 얻을 것이지만 구설수를 조심해야 한다.

七, 八月 : 비록 재물은 생기나 두 여자가 서로 다툰다. 마음이
두 곳에 있으니 하나를 얻고 하나를 잃는다. 그러나
마음을 안정하면 차차 운이 열릴 것이다.

九, 十月 : 구설을 조심하고 부하를 조심하라. 손해를 입는다.
배를 타지말고 강가나 바닷가에 가지 말라. 비록 재
물이 생기나 반은 잃는다. 쉼 없이 부지런하면 재리
(財利)는 저절로 생긴다.

十一, 十二月 : 신액수가 있으며, 눈병을 조심하라. 동서가 대길
하고 자식의 작은 근심이 있다. 이사를 하지 않으면
이동수가 있어 사업이나 직장을 변동한다.

4.8 뇌지예(雷地豫)

만사가 순조로이 이루어지고 백사 대길하다. 귀인이 와서 도우
니 좋은 인연을 만난다. 홀아비나 과부는 재혼하게 되고 변동이
있다.

正, 二月 : 신병(身病)이 두렵다. 주색을 가까이 말라. 그 해가
적지 않다. 가내가 불안하다. 처신을 잘 하라. 구설
수가 따른다.

三, 四月 : 재왕(財旺)하고 가도(家道)가 중흥하여 이름이 높이
난다. 재물이 동남에 있으니 나가면 얻을 수 있다.

교만하면 도리어 중상모략을 받는다.

五, 六月 : 물, 불을 조심하라. 혼인의 경사나 자손 경사가 있고 전택(田宅)을 더하니 백사 대길하다. 거래를 삼가라. 자칫하면 사기 당한다.

七, 八月 : 자손의 근심이 있다. 비록 재물은 얻으나 형제가 서로 다툰다. 남과 더불어 꾀하는 일로 반드시 재물을 얻는다.

九, 十月 : 전토(田土)에 유리하고 동방에서 경영하면 이로움이 있으니 백사 대길하다. 구설수가 있으니 조심해야 한다.

十一, 十二月 : 부모의 근심이 있으며, 물가 수산에 천금을 얻으리라. 동쪽과 서쪽에 재물이 있으며, 도모하는 일은 쉽게 이루어진다. 김(金)씨, 조(趙)씨, 최(崔)씨는 가까이 마라. 이롭지 못하다.

5.1 풍천소축(風天小畜)

가정 불화하니 여권(女權) 위주다. 여자와 친하게 지내면 구설이 따른다. 계획하는 일은 뒤로 미루어라. 서둘면 낭패본다. 변동수가 있다.

正, 二月 : 심적인 곤란이 있으나 운수가 열리어 백사 여의하다.

옛것을 지키고 변동하지 말라. 먼저는 곤하고 뒤에는 태평하다. 상복수가 아니면 신병(身病)이 있다.

三, 四月 : 횡액을 조심하라. 가택이 편안치 못하고, 심신이 산란하다. 바른 마음으로 덕을 쌓으면 길하다. 원행수가 들었다. 송(宋)씨, 권(權)씨, 임(林)씨, 민(閔)씨는 가까이 말라. 이롭지 못하다.

五, 六月 : 아직 때가 아니니 좀더 기다려라. 관송(官訟)을 조심하고 부부가 반목하니 집안이 불안하다. 마음을 바로 닦으면 이 액을 면한다.

七, 八月 : 매사에 서두르지 말고, 가정의 우환에도 주의를 하라. 모든 일이 순조로우며 출행하면 길함을 얻는다.

九, 十月 : 관송(官訟)은 불리하다. 작은 것을 구하면 얻으며 이성관계는 조심하라. 모든 일이 순조로우며 남북이 불리하고 동서는 유리하다.

十一, 十二月 : 안으로 작은 근심이 있다. 도처에 권세가 있으나 이성문제와 문서, 도장 등에 조심해야 한다. 화재수가 있으니 조심하고, 관재와 손재가 염려된다.

5.2 풍택중부(風澤中孚)

혁신하는 수니 성공을 얻는다. 그러나 타인과 분쟁하지 말라. 손실이 막대하다. 물불을 조심하라. 옛것을 고쳐 새로운 일을 시

작하면 성공하리라. 만일 재물이 생기지 않으면 자식을 얻을 수
다.

正, 二月 : 남방에 길함이 있으니 출행하면 이(利)를 얻는다. 부
부간에 불화한다. 부정한 일에는 손대지 말라. 장애
와 관재가 따른다. 여러 사람이 나를 도와 어려운 일
을 성취한다.

三, 四月 : 질병을 조심하라. 문서가 왕성하며 귀인이 와서 도운
다. 집안식구가 마음을 같이 하니 구하는 바가 여의
하다.

五, 六月 : 재물이 몸에 따른다. 처궁에 작은 근심이 있으니 심
신이 산란하다. 집에 있으면 불안하고 나가면 마음이
편하다. 원행함은 길하다.

七, 八月 : 길성(吉星)이 문에 드니 백사 대길하다. 허욕을 내면
득실이 상반한다. 겸손하고 욕심을 버린다면 길하다.

九, 十月 : 감언이설을 믿지 말라. 부모의 근심이 있다. 근심 가
운데 기쁨이 있으니 반가운 사람을 만나본다.

十一, 十二月 : 실물수가 없으면 구설을 들으리라. 자손의 근심
이 있다. 덕을 쌓으면 소망이 여의하다.

5.3 풍화가인(風火家人)

처로 인하여 이(利)를 얻으며 언행에 조심하라. 혼인의 경사가 있으며, 이사수가 아니면 사업을 변동하리라. 운세가 평안하고 기쁜 일이 중중하다.

正, 二月 : 여자를 가까이 말라. 가정 불화한다. 동서에 분주하
　　　　　나 별로 소득이 없다. 망동하지 마라. 도모하는 일을
　　　　　이루지 못한다.

三, 四月 : 우환과 관액(官厄)을 조심하라. 들어오면 근심이 많
　　　　　고, 나아가면 기분이 상쾌하다. 우연히 귀인을 만나
　　　　　서 빛이 나리라. 전(田)씨, 손(孫)씨, 송(宋)씨, 임
　　　　　(任)씨는 가까이 말라. 이롭지 못하다.

五, 六月 : 부부가 서로 다투니 범사가 이루어지지 않는다. 친구
　　　　　가 나의 물건에 손을 댄다. 남의 재물을 탐내지 말
　　　　　라. 직장인은 진급수가 있고, 작은 것을 쌓아 큰 것
　　　　　을 이룬다.

七, 八月 : 타인의 말을 믿지 말라. 출행하면 이(利)를 얻는다.
　　　　　동방은 재물이 생기나 남방은 재앙이 생긴다. 집안에
　　　　　기쁜 경사가 있겠고 멀리서 기쁜 소식이 온다.

九, 十月 : 집안에 근심이 떠나지 않는다. 형제가 불화하다. 욕
　　　　　심내지 말고 바른 마음으로 덕을 닦으면 이 액을 면
　　　　　할 수 있다. 혼인의 경사가 아니면 자손을 얻을 수
　　　　　다.

十一, 十二月 : 귀인이 와서 도운다. 신왕재왕(身旺財旺)하니 운

수대길이다. 복록이 자연히 오니 적선을 하면 재앙은
사라진다.

5.4 풍뢰익(風雷益)

귀인이 와서 도우니 소망을 달성한다. 먼저는 곤하고 뒤에는 태
평하다. 집에 상서로운 경사가 있으니 혼인할 수다. 주색을 조심
하고, 건강관리에 힘써야 한다.

正, 二月 : 자손의 근심이 있다. 먼저는 흉하고 뒤에는 길하며
　　　　　동방에서 재물이 생긴다. 망동하면 실패하고, 평범하
　　　　　되 공정하면 만사가 형통한다.

三, 四月 : 형제간에 이별이 있고 원행수가 있다. 명리를 얻어
　　　　　가도가 형통하여 번창한다. 새로 시작하는 일은 일단
　　　　　보류하는 것이 좋다.

五, 六月 : 실물수가 있으니 도둑을 조심하라. 언행을 조심하라.
　　　　　구설수가 있다. 사업을 하는 자는 길하다. 이(李)씨,
　　　　　정(鄭)씨, 강(姜)씨, 정(丁)씨를 조심하라. 나를 해
　　　　　롭게 한다.

七, 八月 : 출행은 불리하다. 만사 형통하지만 움직이면 손해보
　　　　　고 안정하면 태평하다. 고목이 봄을 만난 격이니 노
　　　　　처녀, 노총각은 시집, 장가간다.

九, 十月 : 가내가 평안치 못하다. 마침내 작은 재물을 얻는다.
금전거래는 신중을 기하라. 낭비하지말고 절약하는
정신자세가 필요하다.

十一, 十二月 : 귀인을 만나 협조를 받게 되며 만사 형통하다.
부동산을 늘리거나 식구를 더할 수다. 동방은 길함이
있고, 서북은 좋지 못하다.

5.5 손위풍(巽爲風)

변동수가 있으며 가내가 불화하니 심중이 산란하다. 착한 마음
으로 수신제가 하여 잘 처신하면 자연 평안하다. 신념을 기르고
쌓아라. 여자가 집안을 주장한다.

正, 二月 : 신왕재왕(身旺財旺)하다. 동쪽, 서쪽에 남아가 뜻을
얻는다. 가내가 불화하고 심신이 산란하다. 분수를
지키고 편히 있으면 복록이 자연 이른다.

三, 四月 : 우환을 조심하라. 지성으로 안택(安宅)을 하면 액운
을 면할 수 있다. 하나를 얻으면 하나를 잃으니 별로
손익이 없다.

五, 六月 : 자손의 근심이 있다. 먼저는 곤하고 뒤에는 태평하니
재물이 생길 수다. 원행 또는 이사할 운세이며 손재
수를 조심하라. 서쪽 사람이 와서 도우니 기쁜 일이

빨리 이루어진다.

七, 八月 : 구설이 분분하다. 마음을 바르게 하여 정도로 나아가
면 자연히 안정된다. 일을 조급히 서둘지 말라. 수고
로워도 이득은 적다. 황(黃)씨, 남(南)씨, 서(徐)씨,
신(申)씨는 가까이 말라. 이롭지 못하다.

九, 十月 : 망동하면 해롭다. 형제 또는 부모의 근심이 있다. 남
에게 적선해서 이 재앙을 예방하고 범사를 속히 하지
말라.

十一, 十二月 : 길성(吉星)이 문에 비친다. 귀인이 와서 도우니
자연히 형통하리라. 두 사람이 합심하면 물가에서 재
물을 얻는다. 이성에 조심하라. 손재수와 구설수가
따른다.

5.6 풍수환(風水渙)

지출과 가족의 우환에 주의하고, 시기하는 사람이 뒤따르니 조
심하라. 문서가 불리하다. 변동하면 패하고 분수를 지키면 길하
다.

正, 二月 : 관액(官厄)을 조심하라. 신운(身運)이 불길하니 이동
이 중중하다. 망동하지말고 언행에 조심하라. 물가에
가까이 말라. 수액이 있다. 마음이 갈팡질팡한다.

三, 四月 : 먼저는 어렵고 뒤에는 순조롭다. 금전거래나 보증서
지 말고, 부하를 잘 단속하라. 사월 보름 이후에는
모든 일이 순조롭게 된다. 정(鄭)씨, 강(姜)씨, 이
(李)씨는 가까이 말라. 이롭지 못하다.

五, 六月 : 집안의 근심이나 신액이 있다. 주색을 삼가라. 업무
상 원행수가 있고, 하극상하니 가내가 불화하다. 재
물을 구함에도 불리하다. 운세가 순탄하고 몸이 건강
하다.

七, 八月 : 큰 재물이 문에 든다. 비록 재물을 얻음은 있으나 신
액(身厄)을 조심하라. 집안에 우환이 있으니 적덕해
서 재앙을 예방하고, 주색을 가까이 말라.

九, 十月 : 좋은 운이 도래하였으나 남방은 불리하고, 재물은 서
쪽에 있다. 동쪽 사람이 나를 해치니 송사가 일어난
다. 매사가 여의하고 뒤숭숭함이 있으나 마침내 형통
하리라.

十一, 十二月 : 가정이 안정되면 길하다. 망동과 욕심을 내지 말
라. 재물에 손실이 있다. 가까운 사람에게 배신당할
수니 경계하라. 동방과 남방으로 출행함은 좋지 않
다.

5.7 풍산점(風山漸)

망동하면 패하고, 작은 것을 쌓아 크게 이룬다. 여색을 가까이 말고, 성급히 서두르지 말고 꾸준히 노력하라. 병자는 위험하다.

正, 二月 : 자연 형통하여 손으로 천금을 희롱한다. 재물의 근원이 마르지 않는다. 건강에 유의하고 주색을 삼가라. 이사를 하거나 업을 고치면 범사가 여의하다.

三, 四月 : 시비, 구설을 조심하라. 언행을 조심해야 한다. 길한 것 같으나 그렇지 못하여 전심으로 노력하면 길하다.

五, 六月 : 집안에 근심이 있으니 지성으로 미리 치방(治防)을 하라. 사업은 빨리 이루고, 복제수(服制數)가 두렵다. 귀인을 만나면 근심 중에도 기쁨이 생긴다.

七, 八月 : 부모의 근심이 있다. 자손의 일로 소비가 적지 않다. 재물은 적게 나가고 크게 오니 마침내 소득이 있다.

九, 十月 : 형제가 분쟁한다. 비록 재물을 얻음은 있으나 구설을 조심하라. 노력은 힘들지만 재물이 들어오고, 건강에는 유의해야 한다.

十一, 十二月 : 망동하면 해롭다. 바른 마음으로 덕을 닦으면 복록이 스스로 온다. 관직에 나가지 않으면 자식을 얻을 수다. 이익은 이(李)씨, 윤(尹)씨, 정(鄭)씨, 강(姜)씨, 서(徐)씨, 황(黃)씨, 신(申)씨, 남(南)씨 성에 있다.

5.8 풍지관(風地觀)

덕을 닦고 선행을 쌓으라. 기쁜 가운데 근심이 있으나 소원 성취한다. 군자는 벼슬에 나가고 소인은 재물을 얻으리라. 직업이나 집을 옮기는 이동수가 있다.

正, 二月 : 경거망동하면 구설이 분분하다. 만약 손재가 아니면 상복수가 있다. 주색잡기를 삼가고 덕을 쌓아야 한다.

三, 四月 : 식소사번하고 일이 여의치 못하다. 곤궁한 뒤에 우연히 재운이 트이게 된다.

五, 六月 : 비로소 봄빛을 얻었으니 슬하에 경사가 있다. 바깥 재물이 문에 들어온다. 부부가 화합하니 집안이 모두 태평하다.

七, 八月 : 재성(財星)이 문에 비치니 재물을 얻음에 길하고 만사 형통한다. 부모의 근심이 있게 된다.

九, 十月 : 주색을 삼가라. 구설이 따른다. 만사 대길하다. 비록 득재함은 있으나 마음의 근심은 산란하다. 처신을 잘하면 재앙이 가고 복이 온다.

十一, 十二月 : 신상에 근심이 있다. 하늘의 도움이 있으면 늦게 빛이 난다. 신병이 아니면 슬하의 액이 있다. 언행을 조심하지 않으면 관재수가 있게 된다.

6.1 수천수(水天需)

주색을 삼가라. 신상에 액이 있다. 투기하면 실패하고 은인 자중하여 분수를 지키면 길하다. 한 번 기쁘고 한 번 슬프니 신병이 두렵다.

正, 二月 : 남에서 얻고 동에서 잃으니 길흉이 상반한다. 구설이 분분하며 분주하고 바쁘다. 참고 기다려라. 의롭게 사는 이는 길함이 있다.

三, 四月 : 새로운 사업에 손대지 말라. 근심 가운데 슬하의 경사도 있다. 구설수를 조심하라. 신액이 두렵다.

五, 六月 : 남과 다투지 말라. 관액(官厄)이 두렵다. 도장과 문서에 주의하라. 성급하면 실패한다. 일에 분주히 바쁘나 별로 소득이 없다.

七, 八月 : 부모의 근심이 있다. 동방이 재왕(財旺)하니 천금을 얻을 수 있다. 이사수가 아니면 사업이나 직업에 변동이 있다. 먼저는 근심이나 뒤에는 기쁨이 있다.

九, 十月 : 신왕재왕(身旺財旺)하니 손에 천금을 희롱한다. 말을 조심하고 주색을 가까이 말라. 손재하고 질병을 얻는다. 소원이 차츰 이루어지고 좋은 짝이 나타난다.

十一, 十二月 : 손재수가 있으니 도둑이나 친한 벗을 조심하고, 이성관계를 주의하라. 형제가 서로 다툰다. 관재가 따르니 유의해야 한다.

6.2 수택절(水澤節)

분수를 지키면 길하다. 호운이 도래하니 근심은 흩어지고 기쁨이 생긴다. 구설수와 관재수가 있다. 절도 있는 생활과 절도의 미덕이 필요하다.

正, 二月 : 신왕재왕(身旺財旺)하니 이(利)가 서방에 있다. 구하는 것은 얻게 된다. 고집을 부리지 말라. 마음을 안정하고 순리대로 살아가면 길하다.

三, 四月 : 서로 다툼이 있거나 우환이 있다. 분수를 지키고 다른 경영을 하지 말라. 적선, 적덕하면 재앙은 모면한다.

五, 六月 : 재수가 대길하다. 길신(吉神)이 와서 도우니 늦게 성공한다. 문서는 이롭지 못하니 송사를 가까이 말라. 혼사나 자식을 얻는 경사가 있다.

七, 八月 : 신병(身病)을 조심하라. 먼 곳으로 출행함은 불리하다. 천리 타향에서 병을 얻고 곤고한다. 계획한 일은 순조롭다.

九, 十月 : 집에 근심을 조심하라. 출행하면 불리하다. 동쪽 사람이 와서 해를 끼치니 경계하라. 평범한 운세이나 재물 복은 있다.

十一, 十二月 : 서쪽, 북쪽으로는 다른 경영을 도모하지 말라. 형제가 불화한다. 이루고 싶어도 이루지 못한다. 기쁜 마음으로 행하면 만복으로 형통한다.

6.3 수화기제(水火旣濟)

먼저는 흉하고 뒤에는 길하다. 연운(年運)이 평길(平吉)하니 전심으로 노력하면 자연히 형통한다. 매사를 항상 준비하는 마음가짐이 필요하고, 근검절약 해야 한다.

正, 二月 : 분수를 지키고 살아가면 복록이 스스로 온다. 과거수가 없으면 혼인이나 자식을 얻을 수이다. 상하가 화목하다.

三, 四月 : 천리 타향에서 옛 친구를 만나리라. 재앙이 사라지고 복이 오니 만사가 태평하다.

五, 六月 : 집에 근심스런 일이 있다. 아니면 뜻밖의 경사가 있다. 하나를 얻으면 하나를 잃는다. 고목이 봄을 만났으니 천금을 얻을 수 있다. 덕을 쌓으면 재앙을 면한다.

七, 八月 : 귀인이 와서 도우니 소망이 여의하다. 변동수, 이사수가 있으며 식구를 더할 수다. 부하는 바꾸는 것이 좋다.

九, 十月 : 금전거래를 하지말고 구설수를 조심하라. 문서가 불
리하다. 처궁이 불리하고 자손 또는 부모의 근심이
있다.

十一, 十二月 : 부자간에 불목한다. 기쁨이 집안에 가득하니 혼
인의 경사나 횡재수가 있고 백사를 성취한다.

6.4 수뢰둔(水雷屯)

남과 다투지 말라. 관재수가 침범한다. 원행하면 불리하고 뜻밖
의 액이 있다. 망동하면 불리하고, 참고 견디어 때를 기다림이
현명하다.

正, 二月 : 가내에 분쟁이 있다. 여색을 조심하라. 두 여자가 다
투다가 한 여자의 다리가 부러지니 구설수에 조심하
라. 자식의 근심이 없으면 부모의 우환이 있다.

三, 四月 : 가까운 사람이 와서 도와준다. 이사할 수다. 옛집은
불리하고 새집은 평안하다.

五, 六月 : 실물수가 있으니 주의하고, 마음을 편안하게 안정하
라. 가만히 있으면 무사하고 재물이 생기지만 망동하
면 재물의 손실이 있다.

七, 八月 : 비록 재물은 생기지만 처자와 극한다. 타인과 시비를

하지 말라. 구설이 두렵다. 반가운 사람을 만나나 도
움이 없다. 큰일은 호사다마하여 안 된다.

九, 十月 : 자식을 얻을 수다. 직장을 옮기지 말라. 옮기면 실패
한다. 마음을 안정하라. 작은 재물은 가히 얻는다.

十一, 十二月 : 병약자는 건강에 조심하라. 귀인이 나를 도우니
도모하는 일이 순조롭다. 집안이 화락하니 심신이 자
연히 편안하다.

6.5 수풍정(水風井)

심신이 산란하다. 모든 일에 진전이 없다. 재물을 구하지 마라.
일에 허망함이 있다. 매사에 성의껏 노력과 협력이 요구된다.

正, 二月 : 동방에 길함이 있다. 귀인이 와서 도운다. 비록 운은
괜찮으나 아내에게 병이 있기 쉽다. 여색을 가까이
말라. 구설에 오른다.

三, 四月 : 신왕재왕(身旺財旺)하니 밖으로 나가면 재물을 얻는
다. 해변은 불리하고, 동방은 유리하다.

五, 六月 : 소망이 여의하고 반드시 큰 재물을 얻는다. 물가에
가까이 말라. 수액이 두렵다. 하는 일 없이 세월만
가니 허망하다.

七, 八月 : 신상에 근심이 있으니 구설과 송사 등 모든 일을 조심

하라. 투기를 하지 말라. 크게 실패한다. 동에서 얻고, 서에서 잃으니 가만히 안정하는 것이 상책이다.

九, 十月 : 부모나 자손의 근심이 있다. 비록 재물을 얻음은 있으나 항상 근심이 있다. 실물수가 있으니 도적을 조심하라. 허욕을 내지 않으면 일신이 스스로 편안하다.

十一, 十二月 : 만사에 뜻을 얻으나 질병이 두렵다. 집안에 작은 근심이 있다. 자식으로 인한 손재가 있으니 방심은 금물이다. 분수를 지키면 만사가 여의하다.

6.6 감위수(坎爲水)

옛터가 불리하니 이동하면 길하다. 마음을 고요히 가지면서 때를 기다려라. 구설수, 관재수를 조심하라. 분수를 알고 도리를 알면 편안히 세월을 보내게 된다.

正, 二月 : 하던 일을 고수하고 다른 일을 경영하지 말라. 구설을 조심하라. 동서로 분주하나 별로 소득이 없고, 서쪽 사람은 불리하다.

三, 四月 : 심신에 곤액이 있으며 우환을 면치 못한다. 망동하지 말고 분수를 지키면 길하다. 초상집에 가지 말라. 질병을 얻을까 두렵다.

五, 六月 : 손재를 조심하라. 가신이 발동하니 실패가 두렵다. 신수가 불길하니 교통사고나 선박사고를 주의하라. 집에 있으면 불안하니 밖으로 나도는 편이 길하다.

七, 八月 : 일미디 여의하고, 활동하면 소원 성취한다. 먼저는 잃고 뒤에는 얻는다. 친구의 도움으로 어려운 일이 해결된다.

九, 十月 : 비록 작은 근심이 있으나 마침내 큰 재물을 얻으며 만사형통 한다. 여인을 가까이 말라. 재물과 명예를 잃는다.

十一, 十二月 : 배타거나 물가에 가지 말라. 수액이 두렵다. 마음을 안정하고 바른 생활을 하라. 형제가 불화한다. 귀인이 와서 도우니 반드시 큰 재물을 얻는다.

6.7 수산건(水山蹇)

망동하면 대패하고 일신에 곤액이 있다. 투기하면 실패하고 자신의 분수를 지키면 길하다. 능력과 실력에 맞는 행동을 하고 자리를 지켜야 한다.

正, 二月 : 슬하에 근심이 있다. 타향에 나가면 재물을 흩는다. 바른 마음으로 덕을 닦으면 자연 형통하리라. 몸에 신병이 있으니 매사가 편치 못하다.

三, 四月 : 구설수 기타 모든 일에 주의해야 한다. 동업을 하지 말라. 아직 때가 아니다. 서(徐)씨, 황(黃)씨, 신 (申)씨, 안(安)씨는 가까이 말라. 이롭지 못하다.

五, 六月 : 재물이 동방에 있으며 출행하면 길하다. 분수에 넘치는 일을 탐하지 말고, 음험한 일도 행하지 말라. 관재가 두렵다.

七, 八月 : 동방에서 재물이 생하여 자연 형통하고 점차 새롭다. 재앙이 사라지고 복이 온다. 집안에 우환이 있고 자녀로 인하여 근심이 있다.

九. 十月 : 매사에 길함이 있고, 서방이 대길하다. 일에 진전이 없으니 심화병(心火病)이 일어난다. 일이 막힌다고 한탄하지 말라. 아직 길운이 오지 않았다.

十一, 十二月 : 화재를 조심하고 물가에 가까이 말라. 이성문제를 주의하라. 비록 재물은 생하나 구설수나 손재, 신액(身厄)을 조심하라. 동서방에 반드시 길한 일이 있다.

6.8 수지비(水地比)

신왕재왕(身旺財旺)하니 도처에 빛이 있다. 좋은 운이 이르렀으니 이 기회를 놓치지 말라. 남의 구설수를 조심하라. 남녀간에 혼인한다.

正, 二月 : 관액(官厄)을 조심하라. 신상에 근심이 있으며 음모
         를 하면 흉하다. 원행은 이롭지 못하고 친한 사람이
         와서 극한다. 서쪽 사람과는 사귀시 말라. 이롭지 못
         하다. 옛것을 지키면 편안하다.

三, 四月 : 귀인이 도우니 자연 형통하다. 이(李)씨, 윤(尹)씨와
         교제하지 말라. 이롭지 못하다. 좋은 직장을 얻던가
         아니면 사업운이 열린다.

五, 六月 : 고집을 부리지 말고, 구설을 조심하라. 분수를 지키
         면 길하다. 형제의 근심이 있으며, 동방이 길하다.
         처음에는 재물이 나가지만 나중에는 큰 이익이 온다.

七, 八月 : 집안에 작은 근심이 있다. 비록 재물은 생하나 가내
         가 불화하다. 남방은 불리하니 구설수가 있다. 원행
         수가 있으며 천리타향에서 반가운 사람과 서로 만난
         다.

九, 十月 : 남과 다투지 말라. 관송(官訟)은 이롭지 못하다. 재
         물은 얻으나 자식의 근심이 있다. 혼인을 하거나 아
         니면 생남하게 된다.

十一, 十二月 : 근심중에 재물이 생하고, 수고로운 공이 있다.
            이성문제에 조심하라. 비록 작은 근심이 있으나 귀인
            이 나를 도와 몸이 영귀하고 재물이 왕하다.

7.1 산천대축(山天大畜)

가내가 화락하고 만사 형통하며 신왕재왕(身旺財旺)하다. 직장인은 승진과 승급의 운이다. 주색을 가까이 말라. 성급하게 굴면 실수하기 쉽다.

正, 二月 : 자손의 일이나 연인의 일로 인하여 손재가 있다. 본분을 지켜 편안히 있으면 자연 형통하리라. 길흉이 반반이다.

三, 四月 : 신액(身厄)을 조심하고 여색을 가까이 말라. 반드시 실패가 있다. 먼저는 곤하고 뒤에는 길하다. 우물 속의 물고기가 바다로 나가니 의기가 양양하다.

五, 六月 : 부귀공명하고 천금을 얻으며 경영사는 성공한다. 집안에 경사가 있다. 좋은 일자리가 생기고 마음이 흔들릴 수가 있다.

七, 八月 : 횡재가 있고 장사를 한다면 손에 천금을 희롱한다. 직장인은 승급할 운세이며 혼인의 경사가 아니면 자식을 얻을 수이다.

九, 十月 : 비록 재물은 생기나 처자의 근심은 면하기 어려우며 오래 가지는 않는다. 금전거래를 조심하라. 이(李)씨, 윤(尹)씨, 정(鄭)씨, 강(姜)씨를 가까이 말라. 공연히 손패가 따른다.

十一, 十二月 : 가내가 불안하고 부모나 자식이 이롭지 못하다.

현재의 업을 고치지 말라. 고치면 손해를 본다. 분수를 지키면 만사가 형통한다.

7.2 산택손(山澤損)

먼저는 곤하고 뒤에는 얻는다. 혼인의 경사가 있고, 옛것을 고쳐 새것을 쫓으니 일에 발전이 있으며, 부지런하면 길하다.

正, 二月 : 자손의 일로 손재하고 근심이 있다. 질병이 두려우며, 이치 아닌 것을 탐하지 말라. 작은 것을 탐하다 큰 것을 잃는다.

三, 四月 : 골육이 상별(相別)한다. 주색을 가까이 말라. 실패와 구설수가 있다. 언행을 주의하라. 좋은 일자리를 얻을 수다.

五, 六月 : 가택이 불길하고 심신이 산란하다. 본분을 지키면 늦게 형통하리라. 일신이 분주하여도 별로 소득이 없다. 곤고함을 탄식하지 말라. 이후는 안락하다.

七, 八月 : 간간히 구설수가 있다. 남에게 덕을 베풀어라. 바른 마음으로 덕을 닦으면 반드시 대운이 이르게 된다. 기쁨과 슬픔이 반반이다.

九, 十月 : 부모의 근심이 있거나 곤액이 있다. 재앙이 가고 복이 오니 평안을 얻는다. 혼인의 경사나 자손의 경사가 있다.

十一, 十二月 : 만사 여의하고 운수 대길하다. 운이 점점 형통하
여 재물을 모으리라. 물가에서 생업을 하면 순조롭
다.

7.3 산화비(山火賁)

외면으로는 실해 보여도 안으로는 심적인 근심이 있다. 남의 감
언이설에 넘어가지 말라. 낭비에 주의하고, 실리를 추구하라. 분
수를 지키면 자연형통 하리라. 덕을 쌓고 선을 행하면 뭇사람이
나를 따른다.

正, 二月 : 집안에 우환이 있으며 자손의 근심이 있다. 일희일비
의 운세이다. 분주 사방하니 큰 재물이 문에 든다.

三, 四月 : 운이 열리어 서방, 남방에 큰 재물이 입수된다. 의외
로 성공하고, 벼슬을 못하면 해외에 나가는 운이다.

五, 六月 : 쟁송을 하지 말라. 이성문제에 조심하고, 구설수를
주의하라. 길성(吉星)이 몸에 따르니 자손에게 경사
가 있다. 남방이 좋으니 그 곳에 가면 뜻을 이룬다.

七, 八月 : 구설을 조심하라. 처자와 다툼이 있으니 집안이 불화
한다. 재운이 왕하여 자연형통 하리라. 재물은 동쪽
과 서쪽에 있다.

十一, 十二月 : 송(宋)씨, 권(權)씨, 손(孫)씨, 엄(嚴)씨는 불리
하니 동업하지 말라. 가만히 있는 것이 길하다. 과욕
은 금물이니 욕심내지 말라. 의식에 부족함이 없으니
무엇을 더 바라리요.

7.4 산뢰이(山雷頤)

모든 일이 불성된다. 입을 조심하라. 구설수에 오른다. 남의 분
쟁을 초래하고, 가내에 변동이 있으며, 화재를 조심해야 한다.
먼저는 곤하고 뒤에는 길하다.

正, 二月 : 주색을 조심하라. 재물을 잃어버린다. 친구로 인한
손재수가 있다. 집안에 괴이한 일이 있거나, 작은 것
을 탐하다가 큰 것을 잃는다.

三, 四月 : 서쪽 사람에게는 비밀을 말하지 말라. 송(宋)씨, 권
(權)씨, 손(孫)씨, 전(田)씨는 가까이 말라. 이롭지
못하다. 형제가 분쟁한다. 마음속에 갈등과 번민이
많다.

五, 六月 : 여자를 가까이 말라. 나를 해롭게 하니 관재, 송사가
두렵다. 금전거래를 하지 말라. 손재를 보게 된다.
동서는 불리하니 미리 예방하라.

七, 八月 : 운이 점점 열린다. 재물이 생기고 동방, 서방이 유리

하다. 혼사의 경사가 아니면 슬하의 경사가 있다. 남
의 말을 믿지 말라. 기쁨보다는 근심이 따른다.

九, 十月 : 자손의 근심이 있다. 진퇴가 불안하다. 재물은 북쪽
에 있다. 꾀하는 일이 이루어지나 무단한 일로 구설
이 따른다.

十一, 十二月 : 신왕재왕(身旺財旺)하여 마침내 큰 재물을 얻는
다. 일마다 여의하나 기쁨 가운데 근심이 있으며, 여
자는 이롭지 못하다. 문서와 도장을 조심하라. 손재
수가 따른다.

7.5 산풍고(山風蠱)

망동하거나 욕심을 내면 반드시 패하고, 분수를 지키면 길하다.
벼슬과 재물을 잃기 쉬우니 선심으로 덕을 쌓고 근신자중하면 모
든 일이 풀려나간다.

正, 二月 : 복록이 몸에 따르고 백사가 길하나 구설을 조심해야
한다. 가까운 사람이 나를 해한다. 일이 여의치 못하
니 자주 변동한다. 옛것을 지키고 경거망동하지 말
라. 신병이 없으면 복제수(服制數)가 있다.

三, 四月 : 재물로 인하여 형제가 분쟁하거나 우환이 있다. 출행
은 이롭지 못하고 집을 지키면 길하다. 허욕을 탐하

지 말라. 손해가 따른다. 문(文)씨, 남(南)씨, 서(徐)씨, 황(黃)씨는 가까이 말라. 이롭지 못하다.

五, 六月 : 주색을 가까이 말라. 손재있고 신병을 얻게 된다. 원행은 괜찮고, 수고하나 공이 없으니 시간만 헛된다.

七, 八月 : 집안에 근심이 이어진다. 서남은 불리하고 부모의 근심이 있다. 처신을 은인 자중하라. 일에 장애가 있고 은인이 원수가 될 수도 있다.

九, 十月 : 자손의 경사가 있고 늦게 형통하다. 외롭고 나를 알아주는 이가 없다고 불평하지말고 근신하여 반성하라. 서남에서 큰 재물을 얻을 수 있다. 근심이 떠나지 않는다.

十一, 十二月 : 큰 재물은 얻기 어려워도 작은 재물은 들어온다. 바깥 재물은 얻기 어려우나 안의 재물은 얻을 수 있다. 부부가 서로 이별하기 쉽다. 먼저는 잃고 뒤에는 얻는다.

7.6 산수몽(山水蒙)

모든 일이 이롭지 못하다. 바른 마음으로 처신하면 형통하다. 여색을 가까이 말라. 손재수, 구설수가 침노한다. 옛 사업을 그리워 말고 새로 혁신하는 것이 좋다.

正, 二月 : 구설수나 관형(官刑)을 조심하라. 심신이 불안하고 근심이 떠나지 않는다. 마음을 안정시켜라. 이일, 저일에 손대면 손재본다. 서(徐)씨, 황(黃)씨, 신(申)씨, 안(安)씨를 가까이 말라. 손재가 따른다.

三, 四月 : 아버지의 근심이 있고 가내가 불안하다. 집에 있으면 답답하고 나가면 마음이 상쾌하다. 재물을 구하지만 쉽게 얻어지지는 않고 약간은 얻는다. 황(黃)씨, 서(徐)씨, 남(南)씨, 신(申)씨는 가까이 말라. 이롭지 못하다.

五, 六月 : 골육과 이별수가 있다. 시비, 관송(官訟)은 이롭지 못하고 가내는 평안치 못하다. 억지로 구하지 말라. 재앙이 변하여 복이 된다.

七, 八月 : 신상에 곤액이 있고, 당상(堂上)의 이별이다. 관재 송사로 가내가 평안치 못하고 불리하니 참고, 다투지 마라. 먼저는 곤하고, 뒤에는 길하니 재앙이 변하여 복이 된다.

九, 十月 : 재물을 탐하지 말고 입을 조심하면 형통한다. 남의 말에 귀기울이지 말라. 별로 신통한 일이 없다. 만사가 형통하니 재물이 생기고 자식을 얻을 수다.

十一, 十二月 : 자손의 작은 근심이 있다. 집안이 화평하니 마른 나무가 봄을 만남과 같고 나가서는 재물을 얻을 것이다. 김(金)씨, 박(朴)씨, 최(崔)씨, 조(趙)씨를 가까이 말라. 재액이 따른다.

7.7 간위산(艮爲山)

일마다 막힘이 많고, 심신이 평안치 못하다. 망동함이 좋지 않고 분수를 지킴이 상책이다. 몸에는 곤액이 있고, 집에는 불안함이 있다.

正, 二月 : 개혁하는 수이다. 손재가 두려우며, 사방으로 분주하면 작은 재물을 얻을 수 있다. 남과 다투지 말라. 집안에 우환이 없으면 관액(官厄)이 따른다. 먹는 것은 적고 일만 많다.

三, 四月 : 재운이 열리어 평안하다. 노력해도 보람이 없다. 관액수를 조심하라. 재물은 들어오나 나가는 것이 더 많다.

五, 六月 : 자손의 영화가 있고, 집안에 경사가 많다. 재성(財星)이 몸에 따라 소망 여의하다. 동쪽이 유리하니 귀인을 만난다. 주색을 삼가라. 건강이 염려된다. 집에 있으면 무익하고, 출타하면 기쁜 일이 있다.

七, 八月 : 길흉이 상반(相半)한다. 집에 있으면 불리하고 출타하면 이(利)를 얻는다. 처음은 곤하고 뒤에는 길하다. 혼사나 자손의 경사가 있다. 만약 길한 경사가 아니면 도리어 복제수(服制數)가 있다.

九, 十月 : 부모의 근심이 있다. 신왕재왕(身旺財旺)하다. 책임만 무겁고 받는 녹은 신통치 못하다. 만일 귀인을 만

나면 관청에 출입한다. 아직은 좋은 운이 이르지 않
았다.

十一, 十二月 : 기쁜 일이 문에 이른다. 작게 가고 크게 오며 입
신 양명한다. 재물은 들어오나 몸이 피곤하다.

7.8 산지박(山地剝)

안정하면 길하고 망동하면 패한다. 근신하고 때를 기다리라. 일
마다 막힘이 많고, 수고하여도 공이 없다. 가족이 이별하거나 재
물을 패한다.

正, 二月 : 신병(身病)을 조심하라. 구설이 분분하며 관송(官訟)
은 무익하다. 은혜를 베풀고 원수로 받는다.

三, 四月 : 서쪽에서 재물을 얻는다. 일신이 분주하고 수고는 많
으나 공이 없다. 이(李)씨, 윤(尹)씨, 정(鄭)씨, 강
(姜)씨는 불리하니 함께 장사하면 실패한다.

五, 六月 : 만사 형통하다. 비록 재물은 얻으나 집안 근심으로
심란하다. 부동산을 매입할 운이다. 분수를 지키면
편안하고 경거망동하면 실패한다.

七, 八月 : 망동하여 욕심을 내면 재물을 패한다. 작은 재물은
들어오나 집안 근심으로 불안하다.

九, 十月 : 밖을 나서지 말고, 전후좌우의 사람을 경계하라. 부

모의 근심이 있고, 형제가 서로 다툰다. 재물을 흩고
시비와 구설 근심이 생긴다.

十一, 十二月 : 재물이 흩어지고 몸과 마음이 편치 않다. 참고
선행하면 도움을 얻으리라. 부모와 이별수가 있다.
옮겨 살면 길하다.

8.1 지천태(地天泰)

작게 가고 크게 온다. 만사 형통하다. 주색을 삼가라. 신액이
따른다. 오만함을 나타내지 말고, 근면과 겸손함을 가지고 덕을
쌓으면 길하다.

正, 二月 : 구설을 조심하라. 비록 재물은 얻으나 자손에 근심이
있다. 재물을 구함에 서방이 대길하다. 근심 걱정이
자연히 사라진다. 귀인이 와서 도우면 성공한다.

三, 四月 : 이동수가 있고, 이성문제에 조심하라. 안정하면 길하
고 남과 친하면 손재한다. 재물 걱정이 없으니 평탄
한 운수이다. 김(金)씨, 박(朴)씨, 최(崔)씨는 가까
이 말라. 이롭지 못하다.

五, 六月 : 가정불화하고 자식이 타향에 나간다. 형제나 친구와
다툴 수가 있으니 인내로서 양보하라. 여자를 만나서
도움을 얻겠다. 작은 것으로 큰 것을 이루니 재물이

진진하다.

七, 八月 : 길흉이 반반이며 출행하면 불길하다. 큰 재물이 문에
　　　　　 든다. 비록 재물이 생기나 도둑에게 잃는다. 실물수
　　　　　 에 조심하라. 남방이 이로우니 나가면 얻는다.

九, 十月 : 출타하면 길하고, 남방의 귀인이 우연히 와서 도운
　　　　　 다. 동북은 불길하고 서남은 대길하다. 물이나 불에
　　　　　 한 번 놀란다. 성급하게 일처리를 하지 말라. 손해가
　　　　　 염려된다.

十一, 十二月 : 천록(天祿)이 몸에 따라 재운이 왕하다. 남을 능
　　　　　 멸하면 패함을 만난다. 가정에 웃음이 그치지를 않는
　　　　　 다. 혼인이 아니면 자식을 얻을 운이다.

8.2 지택림(地澤臨)

　만사에 빛이 나고 형통하다. 매사에 서둘지 말고 남위에 군림하
지 말라. 부지런히 노력하여 적소성대할 운세이다.

正, 二月 : 신병(身病)을 조심하라. 비록 재물은 생기나 집의 근
　　　　　 심은 떠나지 않는다. 먼저는 곤하나 뒤에는 태평하
　　　　　 다. 서서히 모든 일이 풀리기 시작한다.

三, 四月 : 이사수, 변동수가 있다. 귀인이 와서 도우니 자연 형
　　　　　 통하다. 마음을 안정시키고, 사태를 바로 보라. 임

(任)씨, 전(田)씨, 권(權)씨, 송(宋)씨는 가까이 말라. 이롭지 못하다.

五, 六月 : 출행하면 길하다. 남북은 불리하고 동서는 길하다. 친한 벗이 와서 해를 끼치니 실물수를 조심하라. 천리타향에서 뜻밖에 귀인을 만난다.

七, 八月 : 관송(官訟)은 불리하다. 신왕재왕(身旺財旺)하니 만사형통한다. 집을 옮기면 이롭고, 출행하면 불리하다. 건강 회복하고 재물도 들어온다.

九, 十月 : 만사 형통하고 관운이 좋으며 재록(財祿)이 문에 든다. 이성문제를 조심하라. 구설수가 두렵다. 농업, 상업, 공업인은 의식이 풍족하다.

十一, 十二月 : 지나치게 욕심을 내지 말라. 망동하면 불리하다. 부모나 자손으로 근심이 있거나 구설수에 조심하라. 분수를 지키면 곤고한 가운데 귀인이 나를 돕는다.

8.3 지화명이(地火明夷)

모든 일이 수고롭다. 근심스런 일이 생기나 공명은 나타나지 않는다. 분수에 넘치는 일을 생각말고, 근신하고 자중하면 때가 이르러 귀인의 도움이 있을 것이다.

正, 二月 : 진퇴양난이다. 이사하면 길하고 혼인할 수로다. 겉보기에 좋은 듯하나 실속은 그렇지 못하다. 출타하지 말라. 손해가 있다.

三, 四月 : 작게 가고 크게 오나 별로 소득이 없다. 슬하의 영화가 있다. 정(鄭)씨, 김(金)씨가 나를 도와 빛이 난다.

五, 六月 : 남방이 길하고 북방은 해롭다. 만일 관록을 얻지 못하면 도리어 흉사가 있다. 경거망동하지 말라. 손해가 있다. 서(徐)씨, 황(黃)씨, 남(南)씨, 신(申)씨는 이롭다.

七, 八月 : 건강에 유의하라. 신상에 상처를 입는다. 조용히 있으면 재물이 생기나 급히 서둘면 해롭다. 일에 두서가 없으니 소망을 이루기 어렵다.

九, 十月 : 고집을 부리지 말고 윗사람과 상의하라. 심중에 번민이 많다. 배타지말라. 수액이 두렵다. 김(金)씨, 박(朴)씨, 최(崔)씨, 조(趙)씨는 가까이 말라. 이롭지 못하다. 친밀하면 해를 입는다.

十一, 十二月 : 배를 타지말고 신상을 조심하라. 망동하면 흉하고, 안정하면 길하다. 허황된 일을 하지말고, 시비 구설을 조심하라. 손재가 따른다. 분수를 지키고 마음을 안정하면 차츰 좋아진다.

8.4 지뢰복(地雷復)

먼저는 곤하고 뒤에는 길하다. 길흉이 반복되나 결국은 이익을 얻으리라. 가내에 이동수가 있다. 만일 횡재가 아니면 공명을 얻게 된다.

正, 二月 : 먼 데 것을 구하려다가 가까이에 있는 것을 잃으니 과욕을 내지 말라. 가내가 불리하고 처자식의 근심으로 심신이 산란하다.

三, 四月 : 구설을 조심하고 평소에 근신하라. 뜻밖의 일로 고민한다. 집에 있으면 먼저는 곤하고 출타하면 길하다.

五, 六月 : 집안의 근심을 조심하라. 동분서주 하나 별로 소득이 없고 심신만 고달프다. 문(文)씨, 원(元)씨, 서(徐)씨, 신(申)씨는 가까이 말라. 이롭지 못하다.

七, 八月 : 자손의 근심이 있다. 욕심을 내면 도리어 대패한다. 동쪽은 불리하고 서쪽은 유리하다.

九, 十月 : 안정하여 집에 있으면 길하고, 멀리 출행하면 불리하다. 남과 더불어 도모하면 성사한다. 매사가 순조로우며 대길할 운세이다.

十一, 十二月 : 부모의 근심이 있다. 집에 있으면 길하고 원행하면 패한다. 하나를 얻고 하나를 잃는다. 화재수가 있으니 조심하라. 자만은 금물이며 점차 만사 형통한다.

8.5 지풍승(地風升)

만사가 순조로이 이루어지니 남방이 가장 길하다. 가정도 화목하고 혼인 운도 좋으며 자식 운도 길하다.

正, 二月 : 자식의 근심이 생긴다. 사람이 많이 나를 도우니 도처에 빛이 있고, 비록 재물은 생기지만 동업하면 불리하다. 기쁜 소식이 날아온다.

三, 四月 : 천리에 빛이 있으며, 복록이 몸에 따른다. 관록이 있거나 자손의 경사가 있다. 윗사람의 말에 순종하라. 출입에 모두 길하다.

五, 六月 : 서쪽 사람을 가까이 말라. 반드시 손재가 있다. 분주·다사하고 수고는 많으나 소득이 적으니 수심에 빠진다. 성심으로 전진하면 신왕재왕(身旺財旺)하다.

七, 八月 : 망동하면 불리하다. 서쪽, 남쪽은 유리하고, 동쪽, 북쪽은 불리하다. 주색을 가까이 말라. 반드시 재물과 명예를 손상한다.

九, 十月 : 자손이나 부모의 근심이 있다. 소망은 불리하고 모든 일이 뜬구름과 같다. 의식은 족하나 건강에 유의하라. 재물이 들어오니 한 번 기쁘고 한 번 슬프다. 송씨, 권씨, 임씨, 손씨를 가까이 말라. 피해가 적지 않다.

十一, 十二月 : 동쪽, 서쪽에 비록 재물이 생기나 부부가 서로

다툰다. 이씨, 정씨, 윤씨, 강씨는 불리하니 동업을
하지 말라. 건강도 재물도 왕성하다. 불조심하고 구
설수에도 주의해야 한다.

8.6 지수사(地水師)

집안이 평안하기 어려우니 부부가 서로 다툰다. 부지런히 노력
하면 성공을 얻는다. 먼저는 흉하고 뒤에는 길하다. 여색을 가까
이 말라. 구설과 손재수가 있다.

正, 二月 : 근심이 떠나지 않고 심신이 피곤하다. 형제간이나 친
구간에 재물관계로 서로 다툰다. 부하 단속을 잘하
라. 구설수가 있고 배신당할 우려도 있다.

三, 四月 : 구설을 조심하라. 경영하는 일이 순조롭고 몸도 평안
하다. 친구로 인한 근심수가 있다.

五, 六月 : 진퇴가 다 근심이다. 중심이 바르지 않으면 흉하다.
큰 성공은 바라기 어려우나 바른 마음으로 노력하면
작은 일은 성취한다.

七, 八月 : 신왕재왕(身旺財旺)하다. 재앙이 가고 복이 온다. 재
물이 들어오고 바라던 일이 이루어진다. 이성문제를
조심하라. 낭패하기 쉽다.

九, 十月 : 집안에 경사가 있으니 혼사가 아니면 자손을 얻을 운

세이다. 서쪽은 출행하지 말고, 주색을 삼가야 한다.

十一, 十二月 : 안정하면 길하다. 정씨, 김씨가 공연히 나를 시
기한다. 귀인의 도움으로 만사형통하고 관록을 얻을
수이다. 원행수가 들었다.

8.7 지산겸(地山謙)

백사가 순조로이 이루어지고 신왕재왕(身旺財旺)하다. 망동하면
패하고 주색을 삼가라. 이성으로 인한 손재수가 있다. 겸손하고
온유하게 처세하면 길하고 오만불손하면 해롭다.

正, 二月 : 화재를 조심하라. 매매는 대길하다. 비록 재물은 생
기나 적게 얻고 많이 잃는다. 집에 있으면 근심이 없
고 출타하면 손해가 있다.

三, 四月 : 배우궁이 이롭지 못하다. 지성으로 기원하라. 집안에
분란이 있다. 신(辛)씨, 정(丁)씨를 가까이 말라. 이
롭지 못하다.

五, 六月 : 비록 재록(財祿)은 있으나 신상에 액이 있다. 금전거
래를 하지말고, 남과 다투지 말라. 가까운 사람이 나
를 해친다. 손재수와 구설수가 들었다.

七, 八月 : 귀인이 와서 도우니 차츰 형통하리라. 이동수가 있
다. 서방은 길하고 북방은 불길하다. 먼저는 곤하고

뒤에는 길하다.

九, 十月 : 관액을 조심하라. 꾀하는 일은 이루어지지 않는다.
욕심부리지 말라. 옛것을 지키고 안정하면 길하고,
경거망동하면 불리하다. 동남간에 필히 귀인을 만난
다.

十一, 十二月 : 동업은 이롭지 못하고, 동서방은 대길하다. 물과
불을 조심하고, 부모의 근심이나 구설수를 조심하라.
액이 사라지고 복이 오니 관록도 얻게 된다.

8.8 곤위지(坤爲地)

망동하지말고 욕심을 내지 말라. 길성(吉星)이 나를 도우니 자
연히 형통하리라. 온유하고 겸손하게 행동하라. 가정은 평탄하고
화목하다.

正, 二月 : 매사가 마음같지 않으니 망동하지말고 근신하라. 형
제의 근심이 있다. 주색을 가까이 말라. 손재수가 있
다.

三, 四月 : 분주히 돌아다니면 손해가 있고 실속이 없으며, 집에
있으면 길하다. 형제간이나 남과 다투지 말라. 관재
수가 있다. 신(申)씨, 성(成)씨, 서(徐)씨를 가까이
말라. 이롭지 못하다.

五, 六月 : 신병(身病)을 조심하라. 이성관계를 주의하라. 귀인
의 도움으로 재물이 생긴다.

七, 八月 : 신액(身厄)을 조심하라. 물가에 가지말고 배를 타지
말라. 뜻하지 않았던 사람의 도움으로 크게 성공한
다. 만일 여자를 만나면 이로움이 있다.

九, 十月 : 안정하면 길하고 자연 형통하리라. 혼사가 아니면 자
손을 얻는다. 벼슬을 못하면 횡재수가 있으리라. 가
정에 작은 근심은 하극상이다.

十一, 十二月 : 외인을 조심하라. 신왕재왕(身旺財旺)하니 만사
형통한다. 하던 일을 계속하고 다른 일을 경영치 말
라. 덕을 쌓으면 더욱 길하다.

第三編

기문신수법(奇門身數法)

보는 법

첫째 명조(命造)의 일간(日干)과 유년(流年)의 연간(年干)을 대조하여 운간(運干)을 찾는다.

둘째 명조(命造)의 일지(日支)와 유년(流年)의 연지(年支)를 대조하여 운문(運門)을 찾아서 보면 된다. 가령 어떤 사람이 갑자일(甲子日)에 태어났는데 을유년(乙酉年)의 운세를 보고자 한다면, 생일의 일간(生日 日干) 갑(甲)과 유년(流年)의 연간(年干)인 을(乙)을 대조하면 병(丙)이라고 나와 있다.

다음은 생일 일지(生日 日支) 자(子)와 유년(流年)의 연지(年支)인 유(酉)를 대조하면 생(生)이라고 나온다. 그러므로 병기(丙奇)와 생문(生門)의 운(運)을 보면 길흉이 나와 있다. 어떤 사람이 임술일(壬戌日)에 태어났는데 기해년(己亥年)의 운을 보고자 한다면, 생일 일간(生日 日干)인 임(壬)과 유년(流年)의 연간(年干)인 기(己)를 대조하면 무(戊)라고 나온다. 그 다음 생일(生日)의 일지(日支)인 술(戌)과 유년(流年)의 연지(年支)인 해(亥)를 대조하면 경(驚)이라고 나온다. 그러므로 무의(戊儀)와 경문(驚門)의 운(運)을 보면 된다.

운간대조표(運干對組表)

生日 日干 流年 年干	甲	乙	丙	丁	戊	己	庚	辛	壬	癸
甲	乙	丙	丁	戊	己	庚	辛	壬	癸	甲
乙	丙	丁	戊	己	庚	辛	壬	癸	甲	乙
丙	丁	戊	己	庚	辛	壬	癸	甲	乙	丙
丁	戊	己	庚	辛	壬	癸	甲	乙	丙	丁
戊	己	庚	辛	壬	癸	甲	乙	丙	丁	戊
己	庚	辛	壬	癸	甲	乙	丙	丁	戊	己
庚	辛	壬	癸	甲	乙	丙	丁	戊	己	庚
辛	壬	癸	甲	乙	丙	丁	戊	己	庚	辛
壬	癸	甲	乙	丙	丁	戊	己	庚	辛	壬
癸	甲	乙	丙	丁	戊	己	庚	辛	壬	癸

팔문대조표(八門對照表)

生日 日支 流年 年支	子	丑	寅	卯	辰	巳	午	未	申	酉	戌	亥
子	景	休	生	死	開	驚	傷	驚	開	生	驚	杜
丑	休	景	驚	驚	景	開	生	死	生	開	死	驚
寅	生	驚	景	杜	驚	死	開	驚	死	驚	開	休
卯	死	驚	杜	景	驚	生	生	開	驚	傷	休	開
辰	開	景	驚	驚	死	生	生	杜	開	休	傷	驚
巳	驚	開	死	生	生	景	杜	生	死	開	生	傷
午	傷	生	開	生	生	杜	死	休	驚	驚	開	驚
未	驚	死	驚	開	杜	生	休	景	生	生	死	開
申	開	生	死	驚	開	死	驚	生	景	杜	生	生
酉	生	開	驚	傷	休	開	驚	生	杜	死	生	生
戌	驚	死	開	休	傷	生	開	死	生	生	景	驚
亥	杜	驚	休	開	驚	傷	驚	開	生	生	驚	死

1. 갑존(甲尊)과 생문(生門)의 운(運)

1. 家庭 : 가운이 융창되고 사회적인 지위가 크게 높아지며, 남
   의 존경을 받는다.
2. 事業 : 생동감이 있고, 크게 진전과 성취함이 있다.
3. 財富 : 매우 좋다. 재원이 풍부하게 오니 매우 부유해지는 시
   기요, 기회다.
4. 婚姻 : 착실하게 안정되어 성공한다. 혼인은 원만하고 정답게
   잘 어울린다.
5. 子女 : 생남할 확률이 매우 크고, 자녀의 모든 일은 고루 좋
   은 성과가 있다.
6. 社交 : 순조로이 원만하게 성공한다. 신분 지위는 크게 존경
   을 받는다.
7. 遷移 : 전업, 창업, 이사, 관광 등은 고루 이익됨이 있다.
8. 健康 : 매우 좋다. 체력이 왕성하고, 정신이 유쾌하다.
9. 心願 : 만사가 여의하여 순조롭게 원만히 성공한다.

2. 을기(乙奇)와 생문(生門)의 운(運)

1. 家庭 : 가운이 융창하고 가정에 따스한 향기가 감싸 사이좋게
   융화하고 화락하다.
2. 事業 : 앞길이 무량하게 생기가 충만하고, 크게 발전함이 있

다.

3. 財富 : 흑자가 뚜렷하고 좋으며, 부유함이 충족된다.

4. 婚姻 : 연애는 매우 순조롭다. 혼인은 상당히 성공한다.

5. 子女 : 생남할 확률이 크다. 자녀의 모든 일은 고루 상서롭고 순조롭다.

6. 社交 : 순조롭고 원만히 성공되며, 적절하게 처리된다.

7. 遷移 : 전업, 창업, 고루 좋다. 오직 거주지를 옮기는 것은 비교적 마땅치 못하다.

8. 健康 : 좋다. 숙질이나 지병은 크게 건강을 회복할 기미가 있다.

9. 心願 : 확실히 침착하게 움직여야 하고, 일마다 반드시 염원이 실현될 수 있다.

3. 병기(丙奇)와 생문(生門)의 운(運)

1. 家庭 : 가정이 번창 흥성하고 가산을 나눌 가능성이 있다.

2. 事業 : 상당히 발달하여 대대적인 진전이 있고, 또한 성취함이 있다.

3. 財富 : 매우 좋다. 재원이 크게 들어오고, 극히 부유한 시기다.

4. 婚姻 : 연애는 이루어지고, 혼인 또한 상당히 원만하고 정답게 잘 어울린다.

5. 子女 : 생녀할 확률이 크다. 자녀의 모든 일은 좋고 특별히
　　　　훌륭하다.

6. 社交 : 상당히 성공한다. 또한 이로 인하여 큰 수확이 있다.

7. 遷移 : 창업, 전업, 이사 등은 장차 큰 재운이 일어날 형상이
　　　　있다.

8. 健康 : 매우 좋다. 정신이 가득 차고 체력이 충분하다.

9. 心願 : 만사가 여의하여 결과는 휘황찬란하다.

4. 정기(丁奇)와 생문(生門)의 운(運)

1. 家庭 : 집안이 모두 안녕하고 온화함 속에서 사이좋게 융화하
　　　　며 화락하다.

2. 事業 : 자신있게 평범하며, 크게 진전됨과 성취함이 있다.

3. 財富 : 재원이 크게 들어오고 좋으며, 부유함이 충족된다.

4. 婚姻 : 연애는 파란 곡절이 없다. 혼인생활 역시 매우 원만하
　　　　다.

5. 子女 : 생녀할 확률이 크다. 자녀의 모든 일은 고루 호평을
　　　　받는다.

6. 社交 : 인간관계는 매우 좋으며, 풍문과 신용 역시 좋다.

7. 遷移 : 창업, 전업, 이사 등은 고루 길함이 있다.

8. 健康 : 꽤 좋다. 우연히 작은 병은 있으나 매우 정상적인 일
　　　　이다.

9. 心願 : 좀 곡절은 있겠으나 결국은 뜻대로 될 수 있다.

5. 무의(戊儀)와 생문(生門)의 운(運)

1. 家庭 : 가정 분위기는 매우 활기차고 친우의 내왕이 크게 많
   아진다.
2. 事業 : 상당히 진전이 있으며, 신용이 크게 증가되고 상당한
   이익이 있다.
3. 財富 : 자금이 유통이 잘 되고, 신용의 풍문이 역시 좋다.
4. 婚姻 : 연애는 결말이 있고, 혼인생활은 원만하고 정답다.
5. 子女 : 생남할 확률이 크고, 자녀의 모든 일은 꽤 찬양과 호
   평이 많다.
6. 社交 : 적극적으로 활동하고, 순조로워 원만히 성공한다.
7. 遷移 : 창업과 전업, 이사 등은 모두 마침 적당한 시기다.
8. 健康 : 그런대로 괜찮다. 신체 건강하고 정신이 유쾌하다.
9. 心願 : 대부분 모두 일마다 여의하다.

6. 기의(己儀)와 생문(生門)의 운(運)

1. 家庭 : 가운이 크게 번창하고, 길상(吉祥)한 징조가 있다.
2. 事業 : 발전의 태세가 있고, 상당히 남의 주목을 받는다.

3. 財富 : 그런대로 괜찮다. 재원이 여러 방면으로 들어올 수 있고, 저축도 있게 된다.

4. 婚姻 : 연애와 혼인 모두 좋다. 다만 정부와 정사가 있게 된다.

5. 子女 : 생녀할 확률이 크다. 자녀의 모든 일은 모두 만족하게 된다.

6. 社交 : 상당히 환영과 호평을 받음이 있다.

7. 遷移 : 창업, 전업 고루 이로움이 있다. 이사와 관광은 보통이다.

8. 健康 : 생활상태와 음식이 정상적이면 좋고, 건강 상태는 상당히 괜찮다.

9. 心願 : 대다수 순조로이 소원 성취한다.

7. 경의(庚儀)와 生門 의 運

1. 家庭 : 집안 식구의 건강은 괜찮다. 다만 의외의 재난이나 사고를 방비함이 좋다.

2. 事業 : 뜻밖의 파탄에 얽매이는 것을 신중히 방비하면 마땅히 발전의 여지는 있다.

3. 財富 : 상당히 좋다. 금전 처리를 신중히 함이 마땅하다. 부도나 파산 빚지게 됨을 방비해야 한다.

4. 婚姻 : 연애와 혼인은 괜찮다고 할 수 있다. 다만 제삼자의

개입을 방비함이 마땅하다.

5. 子女 : 생남할 확률이 생녀보다 크다. 자녀의 일은 뜻밖의 재화(災禍)에 중점을 두어야 한다.

6. 社交 : 상당히 호평과 진보(進步)를 받는다. 여전히 소인과의 시비를 방비함이 마땅하다.

7. 遷移 : 창업, 전업은 얼마간의 위험이 있다. 거주지를 옮기는 것은 좋지 못하다.

8. 健康 : 그런대로 괜찮다. 다만 의외의 외상 또는 급병을 방비해야 한다.

9. 心願 : 우연히 거의 다 되다 말거나 성공을 눈앞에 두고 실패함이 유감이다.

8. 신의(辛儀)와 생문(生門)의 운(運)

1. 家庭 : 가운이 안정되고 평온하여 그렇게 큰 변화는 없다.

2. 事業 : 안정된 가운데 발전을 추구하여 꽤 작은 수확은 있다.

3. 財富 : 상당히 좋다. 매우 안정되어 있으므로 작은 재물은 들어온다.

4. 婚姻 : 연애와 혼인 등 모두 평안하고 순조로우며, 파란 곡절은 없다.

5. 子女 : 생녀할 확률이 비교적 크다. 자녀의 모든 일은 고루 길하고 평안하다.

6. 社交 : 격식에 들어맞고 적당하므로 순조로이 성공할 것으로 생각한다.

7. 遷移 : 무릇 모든 변천하는 일은 다 보수적으로 지킴이 좋다.

8. 健康 : 상당히 좋다. 가끔 잔병이 있을 따름이다.

9. 心願 : 실패와 성공은 각각 반을 점거한다.

9. 임의(壬儀)와 생문(生門)의 운(運)

1. 家庭 : 집안 분위기는 왁자지껄 번창하는 상이며 밝고 명랑함이 뚜렷하다.

2. 事業 : 장차 크게 승화(昇華), 진전, 번영한다. 다만 큰 성취는 아니다.

3. 財富 : 그런대로 괜찮다. 금전의 유동은 비교적 활발하여 일이 잘 진척되지 않는 고생에는 이르지 않는다.

4. 婚姻 : 연애의 진전은 빠르다. 혼인생활은 크게 개선된다.

5. 子女 : 생녀할 확률이 크다. 자녀의 모든 일은 크게 안심해도 좋다.

6. 社交 : 활동적이고 적극적으로 표현을 잘 하므로 수확이 얇지 않다.

7. 遷移 : 창업, 전업, 이사, 관광 등 모두 해도 좋다.

8. 健康 : 신체가 건강하고 평안하며 정신이 유쾌하다.

9. 心願 : 지나치게 조급해서는 안 된다. 대다수 소원성취 한다.

10. 계의(癸儀)와 생문(生門)의 운(運)

1. 家庭 : 집안 일체가 뿌옇게 암울하여 쇠퇴하나, 점차 밝고 맑아지게 된다.

2. 事業 : 고생 끝에 낙이 오게 되어 점차 생기가 나타나 한발 한발 발전할 수 있다.

3. 財富 : 점차 좋은 경지로 들어가 적자는 사라지고 평형을 얻을 수 있다.

4. 婚姻 : 연애와 혼인문제는 쉽게 해결되고 처리될 것이다.

5. 子女 : 생녀할 확률이 크다. 자녀의 건강은 호전될 것이다.

6. 社交 : 진보되어 비교적으로 남에게 환영을 받고 호평을 얻는다.

7. 遷移 : 창업, 전업, 이사 등은 많든지 적든지 길리(吉利)함이 있다.

8. 健康 : 큰 병 혹은 숙질(宿疾)은 진전하여 호전된다.

9. 心願 : 욕심을 부리지 말고, 무리하게 요구하지 않으면 비교적 뜻대로 여의하다.

11. 갑존(甲尊)과 사문(死門)의 운(運)

1. 家庭 : 가운이 쇠퇴하여 사회적인 지위가 크게 저하된다.

2. 事業 : 안정되어 편안해진다. 무슨 진전이라고 말할 순 없다.

3. 財富 : 상당히 좋다. 큰 재물이 들어옴도 없고, 파재(破財)나 모재(耗財)하는 일도 없다.

4. 婚姻 : 연애와 혼인 등은 그런대로 강한 사람의 뜻에는 부족 하나 무사 태평하다.

5. 子女 : 생남보다 생녀할 확률이 크다. 자녀 모두 하는 일 없 이 지내고 있다.

6. 社交 : 들어맞고 적당하며 특수한 일은 없다.

7. 遷移 : 창업, 전업, 관광, 이사 등은 해도 좋고 하지 않아도 좋다.

8. 健康 : 그런대로 좋다. 평안한 것이 복이다.

9. 心願 : 웅장한 포부는 작게 이루어지고, 큰 수확은 없다.

12. 을기(乙奇)와 사문(死門)의 운(運)

1. 家庭 : 평안하고 화락하게 사이가 좋다. 따사로운 가운데 의 외의 사고를 방비함이 마땅하다.

2. 事業 : 안정되어 있으나 진전은 없다. 또한 큰 파란 곡절도 없다.

3. 財富 : 꽤 좋다. 작은 재리(財利)는 있을 수 있다.

4. 婚姻 : 연애는 성공할 수 있다. 혼인 역시 순조롭고 원만하

다.

5. 子女 : 생녀할 확률이 크다. 자녀 일체는 상당히 남에게 만족
을 준다.

6. 社交 : 그런대로 이상적이다. 인간관계는 상당히 안정되어 있
다.

7. 遷移 : 창업, 전업은 좋지 않다. 거주지 이동은 오히려 길리
(吉利)하다.

8. 健康 : 그런대로 좋다. 체력과 정신상태도 좋다.

9. 心願 : 수확은 그렇게 눈부시지 않다.

13. 병기(丙奇)와 사문(死門)의 운(運)

1. 家庭 : 집안에 재무(財務)의 분규(紛糾)가 있을 우려가 있고,
화목치 못하거나 의견의 충돌이 그치지 않는다.

2. 事業 : 사업상에 있어서 순조로운 발전을 할 수 없다. 다만
그런대로 작은 이익은 있다.

3. 財富 : 꽤 좋다. 적자가 나타나지만 작은 재물이 들어옴이 있
어서 메워진다.

4. 婚姻 : 연애와 혼인은 장차 금전으로 인한 사단(事端)이 생길
것이나 결과는 좋다.

5. 子女 : 생남할 확률이 크다. 자녀는 돈을 낭비하거나 손실을
면키 어렵다.

6. 社交 : 꽤 평온하다. 약간 사로잡음과 득리(得利)가 있다.

7. 遷移 : 창업, 전업은 재운이 유리하다. 이사나 관광 유람은
　　　　보통이다.

8. 健康 : 그런대로 괜찮다. 우연히 적은 병이 있으며, 큰 병으
　　　　로 형성되는 것을 방비해야 한다.

9. 心願 : 달성될 확률은 각각 반이다.

14. 정기(丁奇)와 사문(死門)의 운(運)

1. 家庭 : 가운은 좀 쇠퇴함이 있고 약해지는 형세다. 꽤 평안무
　　　　사하다.

2. 事業 : 평범하며 원래의 상태를 유지할 수 있다.

3. 財富 : 평범하다. 대략 수입과 지출이 평형을 유지한다.

4. 婚姻 : 연애는 큰 진전이 있다. 혼인은 평범하며 특별한 것도
　　　　없고 정답지 못하다.

5. 子女 : 생남할 확률이 크다. 자녀의 모든 일은 고루 이상적이
　　　　지 못하다.

6. 社交 : 보통이며 특별한 표현이나 걸출한 성취는 없다.

7. 遷移 : 창업, 이사는 좋지 못하다. 전업이나 관광은 하여도
　　　　좋다.

8. 健康 : 그런대로 괜찮으며, 꽤 정상이다.

9. 心願 : 성패(成敗)가 서로 나타나므로 득(得)과 실(失)이 다

있다.

15. 무의(戊儀)와 사문(死門)의 운(運)

1. 家庭 : 가정의 인간사는 고루 안녕치 못하고, 생기와 활력이
없다.

2. 事業 : 점차 쇠퇴함이 있고, 털끝 만한 진전이 없거나 편안함
을 유지한다.

3. 財富 : 자금의 운용이 활발치 못하고 곤란하며 의외의 지출이
크다.

4. 婚姻 : 연애가 침체 상태에 빠진다. 혼인 역시 상당히 정답지
못하다.

5. 子女 : 생녀할 확률이 크다. 자녀의 모든 것은 별로 좋은 일
이 없다.

6. 社交 : 인간관계 신용과 명예가 크게 내려가게 되어 실패한
다.

7. 遷移 : 창업, 전업은 결국에는 실패한다. 이사나 관광은 보통
이다.

8. 健康 : 그런대로 괜찮다. 체력과 정신이 상당히 맥이 빠진다.

9. 心願 : 우연히 그런대로 뜻과 같이 일을 완성함이 있다.

16. 기의(己儀)와 사문(死門)의 운(運)

1. 家庭 : 가정의 명성은 크게 파패되고, 화목치 못하며 논쟁과 분규가 많다.

2. 事業 : 곤궁과 고통이 중중하여 상가의 명성이 큰 타격을 받는다.

3. 財富 : 수입과 지출이 평형하기가 매우 어렵다. 부도가 날 가능성이 있다.

4. 婚姻 : 연애는 진전이 없고, 혼인은 풍파가 많으며, 정부 사건이 있을 우려가 있다.

5. 子女 : 생녀할 확률이 크다. 자녀는 모두 남에게 창피와 매도를 받는다.

6. 社交 : 인간관계는 너무 바쁘다. 별 볼일 없는 시시한 사람이다.

7. 遷移 : 이사는 운을 바꾸는 효과가 있으나 나머지는 움직이지 않는 것이 좋다.

8. 健康 : 작은 병이 계속해서 끊이지 않으며, 몸과 마음도 함께 극도로 지쳐 버린다.

9. 心願 : 실망에 둘러 쌓여 걸음을 멈추고 가지 못한다.

17. 경의(庚儀)와 사문(死門)의 운(運)

1. 家庭 : 가운이 시대에 뒤떨어지고 가도(家道)가 시원치 못하며 또한 재난사가 생기기 쉽다.

2. 事業 : 도처에 위기와 재난이 내포되어 있으며, 대 패배가 돌발함이 있다.

3. 財富 : 적자가 나타나고, 자금의 운용과 관리가 좋지 못하다.

4. 婚姻 : 연애는 잘못되기 쉽다. 혼인은 쉽게 붉은 등을 켜지만 외도나 이혼의 위험이 있다.

5. 子女 : 생녀할 기회가 비교적 크다. 자녀의 일은 의외의 재난을 방비함이 마땅하다.

6. 社交 : 실패한다. 적을 만들기 쉽고, 소인의 시비 말썽을 야기한다.

7. 遷移 : 창업, 전업, 이사, 관광 등은 모두 길하지 못하다.

8. 健康 : 그런대로 괜찮다. 다만 뜻밖의 유혈(流血) 재화(災禍) 사건을 방비해야 한다.

9. 心願 : 작게 이루고 크게 패한다. 실패하면 매우 철저히 하고 성사되어도 명쾌하지 못하다.

18. 신의(辛儀)와 사문(死門)의 운(運)

1. 家庭 : 가정 불화하여 의견이 어긋나고, 논쟁, 말다툼이 쉬지 않는다.

2. 事業 : 평온하지 못하고 파란곡절과 좌절이 뒤따르며, 쉽게

대 패배가 조성된다.

3. 財富 : 가난과 곤액이 있으며, 자금의 운용이 곤란하다.

4. 婚姻 : 연애는 성공키 어렵다. 혼인은 화합하지 못하고 이혼하기 쉽다.

5. 子女 : 생남할 확률이 크다. 자녀의 일은 고생하고 애쓰며, 걱정함이 끊이지 않는다.

6. 社交 : 실패와 침체 상태다. 손실이 있을 뿐 수익은 없다.

7. 遷移 : 무릇 일체의 변동사는 다 좋지 못하여, 유익한 곳은 없다.

8. 健康 : 큰 병은 면할 수 있으나 작은 병은 연이어 끊이지 않는다.

9. 心願 : 작게 이루고 크게 패하며 일이 뜻과 같지 못하나 십중팔구는 이룬다.

19. 임의(壬儀)와 사문(死門)의 운(運)

1. 家庭 : 가정의 분규와 변화가 많으며, 식구의 불안과 변천이 많다.

2. 事業 : 변화가 여러 가지이고 기복이 있다. 크게 좌절하거나 어둠침침하다.

3. 財富 : 수입과 지출이 평형하지 않고, 파재(破財)와 모재(耗財)의 큰 위기가 있다.

4. 婚姻 : 연애와 혼인 등은 모두 실패로 결말이 난다.

5. 子女 : 생남보다 생녀할 확률이 크다. 자녀의 모든 일은 변화를 예측하기 쉽다.

6. 社交 : 활동적이며 적극적이다. 오히려 큰 실패와 쉽게 적을 만들고 충돌한다.

7. 遷移 : 창업과 전업은 반드시 패하고, 이사, 관광 역시 순조롭지 못하다.

8. 健康 : 큰 병, 작은 병이 끊이지 않는다. 정신, 체력 모두 부족하다.

9. 心願 : 실망, 절망이고, 희망 생기가 조금 있다.

20. 계의(癸儀)와 사문(死門)의 운(運)

1. 家庭 : 가운이 열악하다. 인구가 손상, 불안하고 누차 산산조각남이 있다.

2. 事業 : 사업에 위기가 중중하여 대 패배가 있을 상이다. 직업 또한 평온치 못하다.

3. 財富 : 큰 파재, 빚짐, 상당히 곤액과 빈궁이 있다.

4. 婚姻 : 연애는 허사될까 두렵다. 혼인은 인연을 끊는 지경에 임한다.

5. 子女 : 생녀할 확률이 크다. 자녀의 건강, 사업 등은 크게 위태하다.

6. 社交 : 신용과 명성은 크게 손상과 파패를 받는다.

7. 遷移 : 무릇 모든 변동사는 다 좋지 못하며 재액을 초래할 수
   있다.

8. 健康 : 매우 어긋난다. 큰 병, 급 병 의외의 재난을 방비함이
   마땅하다.

9. 心願 : 만사는 이루어짐이 없고, 만념(萬念)은 다 재가 된다.

21. 갑존(甲尊)과 휴문(休門)의 운(運)

1. 家庭 : 가운이 융창하고 사회 지위가 크게 높아진다.

2. 事業 : 발전과 진전이 있어 꽤 성취함이 있다.

3. 財富 : 심히 좋다. 의외의 재물 기회가 많고, 큰 자산이 있을
   수 있다.

4. 婚姻 : 연애와 혼인 등은 다 순조롭고 원만하다.

5. 子女 : 생남할 가망이 있다. 자녀의 일체 일은 다 좋게 나타
   남이 있다.

6. 社交 : 매우 성공한다. 신분과 지위가 크게 높아지는 형세가
   있다.

7. 遷移 : 이사. 창업, 전업은 그렇게 적합하지 못하고, 관광,
   유람은 좋다.

8. 健康 : 그런대로 괜찮다. 생활 기거와 음식을 적당하게 주의
   함이 좋다.

9. 心願 : 거의 얻을 수 있다고 말해도 좋다.

22. 을기(乙奇)와 휴문(休門)의 운(運)

1. 家庭 : 가정이 평온하고 안정되며 화락, 융화, 온난하다.
2. 事業 : 안정되어 있으므로 변화와 파란곡절이 없다.
3. 財富 : 그런대로 좋다. 수입과 지출이 매우 정상적이다. 의외
　　　　의 재물이 들어오거나 파재사는 없다.
4. 婚姻 : 연애는 반드시 성공한다. 혼인 생활은 상당히 원만하
　　　　고 정답다.
5. 子女 : 생남할 수 있다. 자녀의 일체사는 걱정을 많이 할 필
　　　　요가 없다.
6. 社交 : 편안하고 적당하다.
7. 遷移 : 거주지를 옮기는 것은 행복과 행운을 가져올 수 있다.
　　　　전업, 창업, 관광 등은 변동을 적게 하는 것이 좋다.
8. 健康 : 그런대로 괜찮다. 체력이 넘치고 정신이 유쾌하다.
9. 心願 : 가정사는 필히 무엇이나 모두 뜻과 같이 된다.

23. 병기(丙奇)와 휴문(休門)의 운(運)

1. 家庭 : 가운이 크게 나아가고 식구가 평안하며, 경제 상황이

풍족하다.

2. 事業 : 사업, 직업이 안정되고 착실히 발전하며 성취함이 있
다.

3. 財富 : 매우 좋다. 각방(各方)에서 재원이 물밀 듯이 들어오
고, 끊임없이 굴러 들어오게 된다.

4. 婚姻 : 연애와 혼인 등 모두 안정되고, 재운에 도움이 있다.

5. 子女 : 생녀할 확률이 크다. 자녀의 일체사는 재부(財富)와
관련이 있다.

6. 社交 : 매우 성공한다. 또한 그로 인한 이익을 받는 이로운
점이 있다.

7. 遷移 : 창업, 전업, 이사 등은 안정적이고 또한 재리(財利)를
얻을 수 있다.

8. 健康 : 그런대로 좋다. 몸 건강하고 정신이 유쾌하다.

9. 心願 : 만사 여의하고 마음먹은 대로 순조롭게 된다.

24. 정기(丁奇)와 휴문(休門)의 운(運)

1. 家庭 : 가정이 안정되고 융창하다. 또한 호평을 꽤 받는다.
2. 事業 : 평온하고 안정된 가운데 한 단계씩 높이 오른다.
3. 財富 : 심히 좋다. 재원이 널리 들어오고 또한 위험도 없다.
4. 婚姻 : 연애는 쉽게 성공하고, 혼인은 정답고 원만하다.
5. 子女 : 생녀할 확률이 크다. 자녀 일체는 모두 좋은 명성을

얻을 수 있다.

6. 社交 : 매우 활동적이고 성공한다. 꽤 좋은 명성으로 환영을
받는다.

7. 遷移 : 창업, 전업, 이사, 관광 모두 이익이 있다.

8. 健康 : 보통이다. 우연히 작은 병은 있겠으나 지장은 없다.

9. 心願 : 일마다 희망이 이루어지고 수확 또한 많다.

25. 무의(戊儀)와 휴문(休門)의 운(運)

1. 家庭 : 가정운이 충분히 안정되고 따사하여 이웃과 친우의 호
평을 받는다.

2. 事業 : 신용과 명예가 크게 높아지고, 안정된 가운데 한 걸음
씩 진전되고 이(利)를 얻는다.

3. 財富 : 그런대로 좋다. 재부(財富)는 안정적이고 쉽게 동요되
지 않는다. 의외의 재물은 적다.

4. 婚姻 : 연애와 혼인 등은 고루 순조롭게 성공한다.

5. 子女 : 생남보다 생녀할 확률이 크다. 자녀 일체는 호평을 얻
을 것이다.

6. 社交 : 활동적이고 적극적이다. 인간 관계는 안정되고 벗을
사귐에는 유리하다.

7. 遷移 : 창업, 전업, 이사 등은 생활 안정에 도움이 있다.

8. 健康 : 유행성 전염병에 감염되기 쉽다. 다만 쉽게 건강을 회

복한다.

9. 心願 : 평범하고 순조롭게 달성할 수 있으나 너무 풍성한 것
은 얻기 어려울 따름이다.

26. 기의(己儀)와 휴문(休門)의 운(運)

1. 家庭 : 가운은 그런대로 안정되어 있고, 이웃과 친밀히 화목
하게 지낸다.

2. 事業 : 평온하고 순조롭게 발전하며, 이익을 얻음은 크지 않
으나 꽤 성취함은 있다.

3. 財富 : 그런대로 괜찮다. 수입과 지출이 평형되고, 작은 저축
이 있을 수 있다.

4. 婚姻 : 연애는 제 삼자의 개입이 있을 것이다. 연애는 정부사
건을 방비함이 마땅하다.

5. 子女 : 생남할 확률이 생녀보다 크다. 자녀의 모든 일은 도리
어 그렇게 순조롭지 못하다.

6. 社交 : 꽤 이성의 환영을 받는다.

7. 遷移 : 무릇 일체의 변동사는 무리하게 하는 것은 좋지 못하
다.

8. 健康 : 급증이나 뜻밖의 손상이 있을까 두렵다. 다만 큰 장애
는 없다.

9. 心願 : 성패(成敗)가 서로 나타나므로 득실(得失)이 각각 반

이다.

27. 경의(庚儀)와 휴문(休門)의 운(運)

1. 家庭 : 집안 식구들의 건강상태는 좋고, 가운도 안정된다.
2. 事業 : 안정적이며 약간의 진전이 있다. 다만 갑자기 의외의 일이 생기는 것을 방비함이 마땅하다.
3. 財富 : 그런대로 괜찮다. 금전은 비교적 안정되고, 쉽게 유동하지 않는다.
4. 婚姻 : 연애는 결국 안정될 수 있다. 혼인 생활 역시 상당히 안정된다.
5. 子女 : 생남할 확률이 크다. 자녀의 건강은 좋다. 다만 의외의 재액을 방비함이 마땅하다.
6. 社交 : 안정되어 있고, 인간 관계 인연 모두 중용(中庸) 원칙에 합치된다.
7. 遷移 : 창업, 전업, 이사 등은 안정됨이 있다.
8. 健康 : 신체와 정신은 상당 순조롭고 평안하다.
9. 心願 : 절차있고 자신있게 일을 하면 하나 하나 실현된다.

28. 신의(辛儀)와 휴문(休門)의 운(運)

1. 家庭 : 가정이 보수적인 경향이고, 안정됨. 서로 터놓고 친하
며 융화하다.

2. 事業 : 큰 발전이 없고, 또한 큰 충격도 없으며 안정적이다.

3. 財富 : 그런대로 괜찮다. 수입과 지출이 평형되고, 자금의 운
용이 자유자재하며, 근심할 필요가 없다.

4. 婚姻 : 연애와 혼인 등은 다 화평한 분위기 속에 진행된다.

5. 子女 : 생녀보다 생남할 확률이 크다. 자녀의 모든 것은 평탄
하고 무사하다.

6. 社交 : 적적하다. 큰 수확도 없고, 또한 손실도 없다.

7. 遷移 : 창업, 전업은 좋지 않고, 이사나 관광은 좋다.

8. 健康 : 작은 병은 끊이지 않으나 건강회복이 빠르고 염려할
것 없다.

9. 心願 : 천천히 한 걸음씩 염원이 달성된다.

29. 임의(壬儀)와 휴문(休門)의 운(運)

1. 家庭 : 가운은 대체로 보통이다.

2. 事業 : 승리 성공, 안정, 대패배 셋 중에서 반드시 하나가 나
타난다.

3. 財富 : 보통이다. 기복이 있으며 이로움이 많지 못하다.

4. 婚姻 : 연애는 평범하여 보통과 다른 데가 없다. 혼인은 단지
평범할 뿐이다.

5. 子女 : 생녀할 확률이 크다. 자녀의 일은 번거로움이 많다.

6. 社交 : 매우 활발하고 적극적이다. 실질은 이익이 보통이다.

7. 遷移 : 일체의 변동은 다 좋지 못하고, 보수적으로 안정함이
   제일이다.

8. 健康 : 그런대로 좋다. 작은 병은 끊이지 않으나 큰 병은 근
   심할 것 없다.

9. 心願 : 자연스러움에 따르면 도리어 비교적 좋다. 보기 드문
   일이 일어나는 염원 달성은 있기 어렵다.

30. 계의(癸儀)와 휴문(休門)의 운(運)

1. 家庭 : 가정 운의 길흉이 극단적인 형상을 나타낸다. 안정하
   거나 혹은 매우 불안정하다.

2. 事業 : 큰 진전이 있기 어려우나 노력하면 안정한다. 아니면
   쉽게 패망에 빠진다.

3. 財富 : 부족하다. 평형을 유지할 수 있으면 편안하다. 그러나
   쉽게 파재, 파산하는 상이다.

4. 婚姻 : 연애는 결과가 괜찮으나, 혼인은 이혼할 가능성이 크
   다.

5. 子女 : 생녀할 확률이 크다. 자녀의 일은 비교적 안정되나 뜻
   밖의 재액을 방비해야 한다.

6. 社交 : 평안하다. 또한 인간 관계는 상당히 열악할 가능성이

있다.

7. 遷移 : 무릇 일체 변동사는 가능한 한 피하거나 보수적이다.

8. 健康 : 숙질이나 장기간 환자는 주의해야 마땅하다. 생명의
   불안함이 많다.

9. 心願 : 거의 한 가지 일도 이루어냄이 없다.

31. 갑존(甲尊)과 개문(開門)의 운(運)

1. 家庭 : 가운이 융창, 흥왕하고 사회 지위도 크게 높아진다.

2. 事業 : 좋은 명성과 찬양을 보유함이 있다. 아울러 성취함이
   있다.

3. 財富 : 매우 좋다. 사업이 진전되므로 큰 재리(財利)를 얻을
   수 있다.

4. 婚姻 : 연애는 순조롭게 성공된다. 혼인은 원만하며 사람들이
   부러워한다.

5. 子女 : 생남할 확률이 크다. 자녀 일체를 표현하자면 크게 뛰
   어나게 된다.

6. 社交 : 열중하고 활동적이다. 인간관계와 소문 등은 다 좋다.

7. 遷移 : 창업, 전업, 이사, 관광 등은 다 꺼리지 않는다.

8. 健康 : 건강상태는 매우 좋고, 정신과 체력 모두 충만하다.

9. 心願 : 달성률이 높다. 또한 성과도 풍부하고 광대하다.

32. 을기(乙奇)와 개문(開門)의 운(運)

1. 家庭 : 가운이 번창하고, 인구가 흥성하며, 화락, 융화, 온난하다.

2. 事業 : 평온하고 착실하며 전망이 있다. 매우 순조롭게 성공한다.

3. 財富 : 좋다. 저절로 굴러 온다. 크게 재물을 모을 기회가 있다.

4. 婚姻 : 연애와 혼인 등은 행복하고 원만하여, 약점을 찔릴 만한 한 치의 틈도 없다.

5. 子女 : 생남할 확률이 크다. 자녀 일체는 순조롭게 여의하다.

6. 社交 : 원만하고 착실하며 꽤 환영을 받고 큰 수익이 있다.

7. 遷移 : 이사는 대길하고 이로우며 나머지 변동은 그 다음이다.

8. 健康 : 무병하여 아픔이 없다. 평안하고 유쾌하며, 정신과 체력 또한 좋다.

9. 心願 : 범사가 다 바라던 대로 된다.

33. 병기(丙奇)와 개문(開門)의 운(運)

1. 家庭 : 가운이 번창하여 분가나 가산의 일은 원만히 해결된다.

2. 事業 : 크게 활기를 띠고 발전, 확대, 전개되는 운이며 아울
러 대리(大利)를 얻는다.

3. 財富 : 매우 좋다. 재원이 저절로 굴러올 가능이 매우 크다.

4. 婚姻 : 연애와 결혼은 거액의 재부(財富) 혹은 재원을 가져올
가능이 있다.

5. 子女 : 생남할 확률이 크다. 자녀의 일은 재물을 소모하거나
재물을 얻는 일이 많다.

6. 社交 : 열중하고 활동적이며 적극적이므로 적지 않은 재원을
가져온다.

7. 遷移 : 창업, 전업, 이사는 재리(財利)가 있을 수 있다.

8. 健康 : 매우 평안하고 건강하다.

9. 心願 : 갈망하던 일이 진짜로 이루어질 수 있다. 더욱이 재산
에 관한 일이 있다.

34. 정기(丁奇)와 개문(開門)의 운(運)

1. 家庭 : 가정 분위기는 비교적 장중하고 엄숙하며 평안무사 하
다.

2. 事業 : 평탄하고 안정된 가운데 발전을 추구하여 다소의 성취
가 있다.

3. 財富 : 좋다. 경제 상황이 크게 호전된다.

4. 婚姻 : 연애는 성공한다. 혼인은 반드시 정답고 원만하다.

5. 子女 : 생녀보다 생남할 가능성이 크다. 자녀의 일은 좋은 명
　　　　　 성을 가져온다.

6. 社交 : 적당, 적절하다. 인간 관계는 크게 좋고, 소문 역시
　　　　　 좋다.

7. 遷移 : 창업, 전업은 그런대로 괜찮다. 이사나 관광은 모름지
　　　　　 기 여러번 생각해야 한다.

8. 健康 : 우연히 전염 유행병이 있겠으나 건강회복이 매우 빠르
　　　　　 다.

9. 心願 : 안정된 가운데 하나 하나 달성된다.

35. 무의(戊儀)와 개문(開門)의 운(運)

1. 家庭 : 가정의 신용과 명예는 상당히 호평을 받는다. 분위기
　　　　　 역시 비교적으로 끈끈하다.

2. 事業 : 신용이 양호하여 남의 중시를 받으며 대대적인 발전을
　　　　　 한다.

3. 財富 : 그런대로 좋다. 점차 각처의 재물이 들어온다. 또한
　　　　　 비교적 풍족하고 유복하다.

4. 婚姻 : 연애는 성공하고, 혼인은 원만하다. 일체 명랑함이 나
　　　　　 타난다.

5. 子女 : 생남할 확률이 높다. 자녀 일체는 마음먹은 대로 된
　　　　　 다.

6. 社交 : 활동적이고 적극적이며 열중하므로 이(利)를 얻을 수 있다.

7. 遷移 : 창업, 이사는 다 유리하다. 전업, 관광은 단언하기 어렵다.

8. 健康 : 그런대로 괜찮다. 질병. 고질병은 치유될 가망이 있다.

9. 心願 : 만난을 배제하고 원만히 달성된다.

36. 기의(己儀)와 개문(開門)의 운(運)

1. 家庭 : 집안 분위기가 점차 변화하고, 가운 역시 점점 흥륭하다.

2. 事業 : 곤란한 문제가 하나 하나 배제되어 큰 진전과 발전의 능력이 있다.

3. 財富 : 그런대로 좋다. 재물문제는 걱정하지 않는다. 또한 재물이 크게 들어옴이 있을 상이다.

4. 婚姻 : 연애, 혼인사는 분규나 정부가 있을 우려가 있다. 다만 결말은 원만히 수습된다.

5. 子女 : 생녀할 확률이 크다. 자녀는 걱정할 일이 많다. 다만 하나 하나 해결된다.

6. 社交 : 꽤 환영을 받고, 또한 크게 수익이 있다. 소문과 명성은 크게 좋다.

7. 遷移 : 변동하는 일은 처음에는 비교적 순조롭지 않으나 길하
게 된다.

8. 健康 : 그런대로 좋다. 평안하고 안정된다.

9. 心願 : 약간 장애가 있으나 결국에는 소원 성취한다.

37. 경의(庚儀)와 개문(開門)의 운(運)

1. 家庭 : 집안 식구의 건강 및 의외의 재화(災禍)를 삼가 방비
해야 평안을 보전함에 마땅하다.

2. 事業 : 뜻밖에 매이어 고생하거나 장애가 있을 우려가 있으
나, 시련을 통과할 가망이 있다.

3. 財富 : 그런대로 괜찮다. 금전 처리는 마땅히 신중해야 되며,
파재사(破財事)에 관련될 우려가 있다.

4. 婚姻 : 연애와 혼인은 사소한 문제나 장애가 쉽게 생긴다. 결
국에는 하나 하나 배제할 수 있다.

5. 子女 : 생남할 확률이 크다. 자녀의 모든 것은 의외의 재화를
방비함이 좋다.

6. 社交 : 쉽게 소인의 시비를 일으킨다. 삼가 잘 대처하면 평정
을 찾는다.

7. 遷移 : 무릇 일체의 변동은 마땅치 못하다. 예측하지 못한 일
이 생길 우려가 있다.

8. 健康 : 그런대로 좋다. 다만 의외의 손상이나 재화를 방비해

야 한다.

9. 心願 : 재액이 많은 다음에 바야흐로 좋은 수확이 있다.

38. 신의(辛儀)와 개문(開門)의 운(運)

1. 家庭 : 가정은 점차 안정되어 평온, 화락, 융화하다.
2. 事業 : 평온하고 순조로운 가운데 천천히 진전하는 바가 있다.
3. 財富 : 그런대로 괜찮다. 수입과 지출이 평형되고 점차 저축함이 있다.
4. 婚姻 : 연애와 혼인은 한 걸음씩 순조롭게 원만히 성공한다.
5. 子女 : 생녀할 확률이 크다. 자녀의 모든 것은 점차 좋은 경지로 들어간다.
6. 社交 : 인간 관계가 점차 활동적이고 사귐성이 좋아 호평을 얻는다.
7. 遷移 : 창업, 전업은 좀 시험해 보아도 좋다. 이사, 관광은 피하는 것이 마땅하다.
8. 健康 : 평안무사하다. 우연히 작은 병증이 있으나 속히 치유된다.
9. 心願 : 속도는 비록 느리지만 인내심만 있으면 반드시 하나하나 실현된다.

39. 임의(壬儀)와 개문(開門)의 운(運)

1. 家庭 : 가정 식구들의 의견충돌과 고집으로 변화가 다단하지
   만 결국에는 그런대로 만족한다.

2. 事業 : 기복이 크고, 위기가 크며, 좌절이 크지만 마침내 안
   정된다.

3. 財富 : 생활이 어려워 가난하게 되어 적자가 번갈아 나타나지
   만 마침내 평형하게 된다.

4. 婚姻 : 연애와 혼인은 다사다난한 시기이나 마침내 그런대로
   원만하다.

5. 子女 : 생남할 확률이 크다. 자녀의 건강, 학업, 사업은 패
   (敗)한 후에 이루어진다.

6. 社交 : 활동적으로 열중하여 약간 거둬들임이 있다.

7. 遷移 : 창업, 이사, 전업, 관광 등 흉으로부터 길하게 된다.

8. 健康 : 숙질, 지병은 조짐이 있다. 의외의 사건은 놀람은 있
   어도 위험은 없다.

9. 心願 : 성패(成敗)는 하나가 아니다. 반드시 매우 당황함이
   있더라도 크게 애쓰면 원하는 대로 된다.

40. 계의(癸儀)와 개문(開門)의 운(運)

1. 家庭 : 집안에 사단(事端)과 곤액이 많다. 다만 점차 호전됨
        이 있을 상이다.
2. 事業 : 어려움, 곤액, 실패 속에서도 한줄기의 생존의 기회
        활력이 있을 가능성이 있다.
3. 財富 : 걱정과 근심이 끊이지 않으나 마침내 호전의 조짐이
        있을 상이다.
4. 婚姻 : 연애와 혼인은 자주 부서진다. 절망하면서도 생기와
        활력이 나타난다.
5. 子女 : 생남할 확률이 크다. 자녀의 일은 하나하나 해결되고
        길하게 된다.
6. 社交 : 적이 변하여 벗이 되니 오해가 풀린다.
7. 遷移 : 창업, 전업, 이사, 관광 등은 먼저는 흉하고 뒤에는
        길하다.
8. 健康 : 큰 병이나 급병의 우려가 있다. 다만 결국에는 놀람은
        있으나 위험은 없다.
9. 心願 : 천신만고를 경험한 다음 바야흐로 소원 성취한다.

41. 갑존(甲尊)과 경문(驚門)의 운(運)

1. 家庭 : 가운은 그런대로 괜찮다. 평안하고 변화가 많지 않다.
2. 事業 : 그런대로 작은 진전은 있으나 그렇게 안정되지는 않는
        다.

3. 財富 : 약간 좋다. 의외의 지출 혹은 파재사(破財事)를 방비
　　　　하는 것이 좋다.

4. 婚姻 : 연애와 혼인 모두 작은 의견 충돌이 있다. 다만 원만
　　　　하게 결말을 짓는다.

5. 子女 : 생남할 확률이 크다. 자녀의 학업, 사업 혹은 건강 등
　　　　은 좋다.

6. 社交 : 인간 관계는 꽤 남에게 존경과 환영을 받는다.

7. 遷移 : 관광, 유람은 유익하다. 기타는 보수적인 것이 비교적
　　　　이상적이다.

8. 健康 : 가끔 작은 병 혹은 의외의 일이 있으나 건강은 양호하
　　　　다.

9. 心願 : 큰 뜻은 펴기 어려우나 작은 희망은 이룰 수 있다.

42. 을기(乙奇)와 경문(驚門)의 운(運)

1. 家庭 : 가정 식구가 평안, 융화, 화락한다. 그러나 약간 건강
　　　　을 해침이 있을 수 있다.

2. 事業 : 순조롭다. 큰 이익이 없고, 쉽게 물려서 싫증이 난다.

3. 財富 : 그런대로 괜찮다. 수입과 지출이 평형된다. 대체적 작
　　　　은 재물을 모으는 편이다.

4. 婚姻 : 연애는 이룰 수 있고, 혼인 생활은 행복하고 원만하
　　　　다.

5. 子女 : 생녀, 생남의 확률이 각각 반이다. 자녀 일체는 남들이 만족해 한다.

6. 社交 : 열중적이고 활동적이지 못하다. 인간 관계 소문은 그런대로 괜찮다.

7. 遷移 : 이사는 유리하지만, 기타는 변동하지 않는 것이 비교적 좋다.

8. 健康 : 그런대로 좋다. 건강하고 평안하여 병이 없으며, 재화(災禍)도 없다.

9. 心願 : 망녕되게 탐욕만 부리지 않는다면 범사가 비교적 순조롭게 여의할 것이다.

43. 병기(丙奇)와 경문(驚門)의 운(運)

1. 家庭 : 집안의 쟁투, 충돌 등은 대다수 금전으로 인하여 일어난다.

2. 事業 : 그렇게 순탄하고 안정적이지 못하다. 그러나 꽤 돈을 벌 가능이 있다.

3. 財富 : 재운이 좋으므로 뜻밖의 재물이 비교적으로 많다. 상당히 고생하여서 얻게 된다.

4. 婚姻 : 연애와 혼인 성패의 인도는 완전히 금전 때문에 가능하다.

5. 子女 : 생남할 가능성이 있다. 자녀는 파재, 모재(耗財) 혹은

돈버는 일이 많다.

6. 社交 : 활동적이나 다만 무의미하다. 좋은 친구는 없고, 다 술 친구만 사귈 우려가 있다.

7. 遷移 : 창업, 전업은 이득을 얻을 수 있다. 이사, 관광은 비 교적 길하지 못하다.

8. 健康 : 그런대로 좋다. 부주의하여 병을 얻기 쉽다.

9. 心願 : 재물을 구함에 크게 이루고 작게 패한다. 나머지는 비 교적 순조롭지 못할 우려가 있다.

44. 정기(丁奇)와 경문(驚門)의 운(運)

1. 家庭 : 가정은 비교적 안정되고 평범하지만, 약간 생기가 없 다.

2. 事業 : 보통이다. 발전과 돌파함이 없다. 소문은 그런대로 좋 다.

3. 財富 : 보통이다. 수입과 지출이 평형되므로 걱정하지 않을 따름이다.

4. 婚姻 : 연애와 혼인 등은 조금 놀라지만 무사하다.

5. 子女 : 생남. 생녀는 확률이 각각 반이다. 자녀의 학업은 좋 고 나머지는 보통이다.

6. 社交 : 중용(中庸)의 도를 유지할 수 있다.

7. 遷移 : 창업, 전업, 이사 등은 이익 됨이 없으나, 유람, 관광

운은 많다.

8. 健康 : 그런대로 괜찮다. 가끔 작은 병은 있다.

9. 心願 : 파란곡절이 많다. 긁어서 부스럼을 만드는 일이 비교
적 많다.

45. 무의(戊儀)와 경문(驚門)의 운(運)

1. 家庭 : 가운이 좋지 않다. 이웃이나 친우간에 사고, 분규가
많이 생긴다.

2. 事業 : 신용상 좋지 않은 소문이 있을 우려가 있으므로 발전
에 장애가 있다.

3. 財富 : 그런대로 괜찮다. 수입과 지출이 평형을 유지할 수 있
다. 파산할 가능성이 있는 사람도 있다.

4. 婚姻 : 연애는 그다지 순조롭지 못하다. 혼인은 쉽게 모순과
말다툼이 많이 생긴다.

5. 子女 : 생녀할 확률이 크다. 자녀의 일체는 그런대로 평안무
사하다.

6. 社交 : 더없이 좋거나 크게 나쁘다. 득실이 상당히 뚜렷하다.

7. 遷移 : 이사, 관광은 그런대로 괜찮다. 창업 및 전업은 좋지
않다.

8. 健康 : 보통이다. 다소 적당하지 않음이 있고, 정신은 좋지
않다.

9. 心願 : 성패(成敗)는 하나가 아니므로 좋다고 말하기 어렵다.

46. 기의(己儀)와 경문(驚門)의 운(運)

1. 家庭 : 가운이 좋지 않고 소문은 틀리다. 변화가 많고 안정적이지 못하다.

2. 事業 : 그다지 순조롭지 못하고 뜻은 있어도 펴기 어려우며 돌파와 발전할 방법이 없다.

3. 財富 : 그런대로 괜찮다. 재물이 오고 가니 재물을 모으기 비교적 어렵다.

4. 婚姻 : 연애는 성공할 수 있다. 혼인은 사고 분규가 생기기 쉽고 정부를 만날 가능성이 크다.

5. 子女 : 생녀할 가능성이 생남보다 크다. 자녀 일체는 좋다고 말하기 어려우며 모름지기 걱정된다.

6. 社交 : 보통이다. 조금 사람들과 잘 어울리고 단체를 만들므로 호평을 받는다.

7. 遷移 : 창업, 전업, 이사, 관광 등은 모두 뚜렷하게 좋다고만 할 수는 없다.

8. 健康 : 그런대로 괜찮다. 큰 병은 없으나 약간 작은 병이 있으며 매우 정상이다.

9. 心願 : 십중팔구는 여의치 못하다.

47. 경의(庚儀)와 경문(驚門)의 운(運)

1. 家庭 : 집안이 안정되지 않고, 식구의 불안이 많으며, 건강이
   좋지 않다.
2. 事業 : 모험적임이 중중하며 재액이 많고 순조롭지 않다. 돌
   발적인 일로 패배하는 것을 방비해야 한다.
3. 財富 : 부족하다. 금전으로 늘 고민함이 많다. 차용증서 또는
   보증서거나 돈을 빌리는 것은 좋지 못하다.
4. 婚姻 : 연애는 사소한 일이 쉽게 생긴다. 혼인은 불안정하고
   정부를 두게 될 우려가 있다.
5. 子女 : 생남할 확률이 크다. 자녀의 건강은 좋지 않으며, 모
   름지기 의외의 재액을 방비해야 한다.
6. 社交 : 이상적이지 못하고 늘 까닭 없이 적을 만들며 소인의
   시비를 야기한다.
7. 遷移 : 창업, 전업, 이사, 관광 등 모두 해서는 안 된다.
8. 健康 : 건강은 우려된다. 모름지기 의외의 사건 및 급병을 방
   비해야 한다.
9. 心願 : 일마다 좌절이 많으며 소원 성취하기 어렵다.

48. 신의(辛儀)와 경문(驚門)의 운(運)

1. 家庭 : 평범하다. 충돌은 은폐하고 논쟁하는 분위기다.

2. 事業 : 순조롭고 안정된 가운데 어떤 전망은 없으며, 약간 작은 파란이 있다.

3. 財富 : 좀 부족하다. 다소 금전으로 인하여 애를 먹는다.

4. 婚姻 : 연애와 혼인의 일은 다 뚜렷한 것 없이 그럭저럭 지내지만 보통이다.

5. 子女 : 생녀할 확률이 크다. 자녀 일체는 다 보통이며 특수한 일은 없다.

6. 社交 : 말할 정도로 좋은 일은 없다. 인간 관계 인연은 다 그다지 이상적이지 못하다.

7. 遷移 : 창업, 전업, 이사는 모름지기 심사 숙고해야 한다. 관광 유람은 길하지 못하다.

8. 健康 : 작은 병이 끊임없으며 치유가 도리어 쉽지 않다.

9. 心願 : 장애가 있으며, 그런대로 조금은 소원이 이루어질 가능이 있다.

49. 임의(壬儀)와 경문(驚門)의 운(運)

1. 家庭 : 집안에 변화가 많고, 분규와 논쟁도 많다.

2. 事業 : 큰 발전에 큰 실패하고, 작은 확충은 작게 실패한다.

3. 財富 : 작은 재물이 들어오고 큰 재물이 나간다. 파재 재물 소모의 일을 방비해야 한다.

4. 婚姻 : 연애 또한 실패한다. 혼인은 정답지 못하고, 심각한 이혼이나 외도하기 쉽다.

5. 子女 : 생남할 확률이 크다. 자녀 일체는 좋고 나쁨이 각각 반이다.

6. 社交 : 매우 활동적이지만 도리어 남에게 실망을 준다. 이익도 없이 도리어 해가 많다.

7. 遷移 : 전업, 창업, 이사, 관광하는 일이 많으나 비교적 이롭지 못하다.

8. 健康 : 큰 병은 적고, 작은 병은 끊이지 않으므로 건강하다고 말하기 어렵다.

9. 心願 : 실망함이 많다. 염원을 달성키 쉽지 않다.

50. 계의(癸儀)와 경문(驚門)의 운(運)

1. 家庭 : 다사다난한 때로 안정되지 못하고, 정답지 못하며, 식구의 손상을 방비하는 것이 마땅하다.

2. 事業 : 좌절과 곤액 장애가 비교적 많다. 방위하고 지킴이 마땅하고 대패배가 두렵다.

3. 財富 : 사람은 두 발, 돈은 네 발이니 금전의 걱정이 끊이지 않는다. 파재를 방비함이 좋다.

4. 婚姻 : 연애는 매우 파란곡절이 있다. 혼인은 위기가 중중하니 이혼이나 외도를 방비해야 한다.

5. 子女 : 생녀할 확률이 크다. 자녀의 일은 매우 순조롭지 못하고, 건강도 모름지기 염려된다.

6. 社交 : 말할 정도로 좋은 일도 없고, 인간 관계는 매우 부족하며, 남과 충돌하기 쉽다.

7. 遷移 : 창업, 전업, 관광, 이사 등은 다 불리하다.

8. 健康 : 재액이 많고 병도 많다. 큰 병, 작은 병이 항상 침범함이 많으므로 보양함이 많다.

9. 心願 : 만족할 줄 알면 늘 즐겁고, 보수적이면 평안을 보전한다.

51. 갑존(甲尊)과 경문(景門)의 운(運)

1. 家庭 : 분위기는 비교적 장중하고 엄숙하다. 가운은 평탄하고 안정적이다.

2. 事業 : 사업은 자못 남에게 중시를 받는다. 다만 실제로는 그다지 큰 발전은 없다.

3. 財富 : 그런대로 괜찮다. 재산이 증가함은 많지 않다. 다만 이 방면의 혼란은 없다.

4. 婚姻 : 연애는 순조롭게 이루어진다. 혼인 생활은 약간 다툼이 있다.

5. 子女 : 생녀할 확률이 생남보다 크다. 자녀 자신은 모두가 좋다.

6. 社交 : 상당히 환영과 존경을 받는다.

7. 遷移 : 창업, 전업, 이사, 관광 등은 이익이 있다.

8. 健康 : 그런대로 좋다. 우연히 작은 병이 있어 불편하지만 잠시 뿐이다.

9. 心願 : 성공률은 그런대로 오육십 퍼센트 이상이 된다.

52. 을기(乙奇)와 경문(景門)의 운(運)

1. 家庭 : 따뜻한 향기와 융화하고 화락하며 가운에 생기가 있다.

2. 事業 : 안정적이고 매우 순조로우며, 좀 작은 발전이 있다.

3. 財富 : 그런대로 괜찮다. 약간 작은 재물이 있으며 자유자재로 운용하고 여유롭다.

4. 婚姻 : 연애와 혼인은 조금 작은 파란곡절이 있으나 결국에는 원만하게 된다.

5. 子女 : 생남보다 생녀할 확률이 크다. 자녀의 건강과 학업 또는 사업은 보통이다.

6. 社交 : 적당하고 정확하다. 자못 환영을 받고 수확이 있다.

7. 遷移 : 창업, 전업, 관광은 크게 좋은 것은 아니다. 이사는 상당한 이익이 있다.

8. 健康 : 숙질 혹은 지병은 호전되기 어려우며, 무병한 사람은 평안하다.

9. 心願 : 가정사의 염원은 비교적 순조롭고 여의하다.

53. 병기(丙奇)와 경문(景門)의 운(運)

1. 家庭 : 살림을 분가할 가능성이 있으며, 가운은 그런대로 융창하다.

2. 事業 : 사업은 비교적 겉만 화려하다. 그러나 큰 발전과 큰 이익을 얻음이 좋다.

3. 財富 : 재운은 매우 좋다. 호사스러움과 실속 없이 겉만 화려하고 낭비에 손댄다.

4. 婚姻 : 연애는 금전으로 인하여 결합한다. 혼인은 금전으로 인한 다툼이 우려된다.

5. 子女 : 생녀할 확률이 크다. 자녀는 재물을 소비하는 일이 많다.

6. 社交 : 활발하게 성공하나 금전 위에 서 있다. 먹고 마시고, 놀고 즐기는 향락 생활이다.

7. 遷移 : 창업, 전업, 이사는 재운이 유리하다. 관광은 반드시 금전을 소모한다.

8. 健康 : 일상 생활에서 음식이 정상적이지 못하므로 질병을 유발함이 많다.

9. 心願 : 재물을 구함에는 비교적 순조롭고, 나머지는 성패가 하나가 아니다.

54. 정기(丁奇)와 경문(景門)의 운(運)

1. 家庭 : 안녕, 소박 안정되므로 자못 친척이나 이웃과 화목하
    다.
2. 事業 : 안정되어 있는 가운데 발전을 추구하여 약간 현실을
    생각지 않고 높은 목표만 추구하는 느낌이 있다.
3. 財富 : 그런대로 괜찮다. 수입과 지출이 평형된다. 금전은 염
    려되지 않으나 그다지 충분하지도 못하다.
4. 婚姻 : 연애는 이룰 수 있고, 혼인은 순탄하다.
5. 子女 : 생남보다 생녀할 확률이 크다. 자녀의 학업은 좋고 만
    약 사업을 해도 그런대로 괜찮다.
6. 社交 : 정확하고 적당하다. 우연히 낭비할 일이 있다.
7. 遷移 : 창업, 전업, 이사, 관광하는 일은 적고 비교적 본분에
    만족하고 안정된다.
8. 健康 : 그런대로 괜찮다. 병을 얻어도 건강회복이 매우 빠르
    다.
9. 心願 : 평범하다. 대성도 대패하는 일도 없다.

55. 무의(戊儀)와 경문(景門)의 운(運)

1. 家庭 : 친척, 친구가 항상 만원이 되어 왁자지껄하며, 경박함을 싫어한다.

2. 事業 : 신용이 좋고 사업은 반드시 발전이 있다. 상반되게 대패배가 우려된다.

3. 財富 : 재운이 좋다. 속이지 마라. 오방의 재물이 형통하다.

4. 婚姻 : 연애는 성공하기 쉽다. 혼인은 원만하다.

5. 子女 : 생남을 할 수 있다. 자녀를 표현하자면 건강 등은 좋다.

6. 社交 : 활동적이며 적극적이다. 꽤 수확이 있다.

7. 遷移 : 창업, 전업, 이사, 관광은 좋다. 겉만 화려한 것을 꺼린다.

8. 健康 : 체력은 충만하고, 기색은 날아 오를 것 같다.

9. 心願 : 잔재주 수단과 심기를 부려서는 안 된다. 범사가 순조로워 여의하다.

56. 기의(己儀)와 경문(景門)의 운(運)

1. 家庭 : 분위기가 왁자지껄하고, 외면만을 꾸미는데 머리를 짜냄이 있다.

2. 事業 : 겉은 화려한데 알맹이가 없는 것이 혐오스럽다. 장면을 꾸미므로 자못 평판 명성이 있다.

3. 財富 : 그런대로 괜찮다. 수입과 지출이 평형되지 않는다. 실

속 없이 겉만 화려하게 겉치레 뿐이므로 적자가 나타
난다.

4. 婚姻 : 이성인연이 좋다. 연애와 혼인은 염려하지 않아도 되
고, 정부를 만날 기회가 크다.

5. 子女 : 생녀할 가능성이 크다. 자녀는 조심할 일이 없다.

6. 社交 : 활동적이며 열중한다. 헛된 명성에 지출함이 많으며,
실질적인 이익은 없다.

7. 遷移 : 창업, 전업, 이사하는 일이 쉽게 발생하고 관광, 유람
하는 일은 적다.

8. 健康 : 우연히 작은 병은 있으나 큰 장애는 없다.

9. 心願 : 잠시 짧은 성공은 얻을 수 있으나 지속하기 어렵고 장
구하지 못하다.

57. 경의(庚儀)와 경문(景門)의 운(運)

1. 家庭 : 분위기는 왁자지껄 변화하고 흥륭하다. 다만 재난과
질병이 은밀히 숨어 있다.

2. 事業 : 발전을 발휘할 수 있는 기회가 있다. 남에게 얽매어
곤액을 받는 것을 방비함이 좋다.

3. 財富 : 그런대로 좋다. 금전 처리는 신중해야 한다. 보증서는
것은 좋지 못하고, 차용 증서를 쓰면 편안하다.

4. 婚姻 : 연애와 혼인은 본래 좋다. 제 삼자 혹은 기타 구성 요

소로 관련되는 것을 방비해야 한다.

5. 子女 : 생남할 가능성이 있다. 자녀 일체는 좋고, 다만 의외
　　　　의 재액을 방비해야 한다.

6. 社交 : 활동적이고 인간관계가 좋다. 소인의 분규 사단이 생
　　　　김을 방비함이 마땅하다.

7. 遷移 : 창업, 전업, 이사 등은 삼가는 것이 좋고, 관광은 의
　　　　외의 일을 방비해야 한다.

8. 健康 : 그런대로 좋다. 우연히 작은 병이 있으며, 외출하여
　　　　의외의 재화를 방비함이 가장 좋다.

9. 心願 : 만약 천재(天災)와 인화(人禍)가 없으면 범사가 하나
　　　　하나 실현된다.

58. 신의(辛儀)와 경문(景門)의 운(運)

1. 家庭 : 가운이 비교적 안정되고 평범하다. 실속 없이 겉만 화
　　　　려한 것을 꺼리고 보수적인 것이 좋다.

2. 事業 : 보수적인 것이 제일이다. 큰 발전의 시기가 아니다.

3. 財富 : 평온하게 안정되어 있다. 탐내지 않으면 편안하다.

4. 婚姻 : 연애는 평온하게 이루어질 수 있고, 혼인은 정답고,
　　　　원만하다.

5. 子女 : 생녀할 확률이 크다. 자녀는 마음을 많이 쓸 필요가
　　　　없다.

6. 社交 : 적적하고 적당하다. 하는 일 없이 지내고 있다.

7. 遷移 : 창업, 전업, 이사 등 길흉은 없다. 관광은 좋다.

8. 健康 : 평안하다. 병도 없고 아픔도 없다.

9. 心願 : 자연에 순종하면 만사가 도리어 비교적 길창(吉昌)하고 여의하다.

59. 임의(壬儀)와 경문(景門)의 운(運)

1. 家庭 : 잠시 번화함과 흥륭함을 얻을 수 있으나 사라지기 쉽다.

2. 事業 : 매우 안정적이지 못하고, 대 발전 혹은 큰 실리(失利)를 할 수 있다.

3. 財富 : 좋고 나쁨이 중간 반수다. 재물을 얻음 또는 재물을 파함이 각각 반이다.

4. 婚姻 : 연애는 실패하기 쉽고, 혼인은 때로는 정답고, 때론 다툰다.

5. 子女 : 생녀할 확률이 크다. 자녀의 건강은 때론 좋고, 때로는 나쁨을 나타낸다.

6. 社交 : 매우 활동적이고 적극적이다. 다만 신중하지 못하여 쉽게 적을 만든다.

7. 遷移 : 창업, 전업은 모험성이 크고, 관광이나 이사는 보통이다.

8. 健康 : 원기가 왕성하고 체력이 넘친다. 의외의 사건을 방비
　　　　 해야 한다.

9. 心願 : 잠시 성공을 얻을 수 있으나 비교적 겉은 화려해도 실
　　　　 속이 없다.

60. 계의(癸儀)와 경문(景門)의 운(運)

1. 家庭 : 가운은 꽤 흥륭한 추세다. 즐거움이 다하면 슬픈 일이
　　　　 생김을 방비함이 마땅하다.

2. 事業 : 짧은 시기에 영광스런 발전이 나타나지만 의외의 패배
　　　　 를 방비함이 좋다.

3. 財富 : 크게 좋거나 크게 나쁘다. 처리가 마땅치 못하여 허탕
　　　　 을 쳐 비게 될 우려가 있다.

4. 婚姻 : 연애와 혼인은 대체적으로 매우 이상적이다. 뜻하지
　　　　 않은 사태가 일어나는 것을 방비해야 한다.

5. 子女 : 생남할 가망이 있다. 자녀는 좋음을 나타낸다. 의외의
　　　　 일로 혼란이 있음을 방비해야 한다.

6. 社交 : 실제에 적합치 않은 사교활동이 있다. 잠시의 호평을
　　　　 널리 받는다.

7. 遷移 : 이사, 관광은 좋다. 창업, 전업은 먼저는 성하고, 뒤
　　　　 에는 쇠한다.

8. 健康 : 좋다고 말하기 어렵다. 쉽게 큰 병이나 급병을 앓을

가능성이 있다.

9. 心願 : 대다수 막 성공하려는 순간 실패한다. 즉 성공을 눈
앞에 두고 실패하는 것이다.

61. 갑존(甲尊)과 상문(傷門)의 운(運)

1. 家庭 : 자못 친구나 이웃의 존경을 받는다. 가운은 보통이다.
2. 事業 : 진전이 있고, 생기가 나며 자못 중시를 받는다. 실질
적인 이익은 많지 않다.
3. 財富 : 의외의 재물은 없고 자연스럽게 얻는다. 기회를 이용
하여 부당한 이익을 얻으면 반드시 패한다.
4. 婚姻 : 연애와 혼인은 작은 파란곡절이 있다. 평소에 거치적
거리는 일은 없다.
5. 子女 : 생남할 가망이 있다. 자녀의 일은 꽤 만족함을 준다.
6. 社交 : 활동적이고 순조롭다.
7. 遷移 : 창업, 전업, 이사, 관광 등은 이(利)도 없고, 폐해도
없다.
8. 健康 : 그런대로 좋다. 우연히 작은 병을 앓음이 있다.
9. 心願 : 작은 장애가 있으나 여전히 하나 하나 소원 성취할 수
있다.

62. 을기(乙奇)와 상문(傷門)의 운(運)

1. 家庭 : 우연히 작은 분규가 있으며, 가정은 대략 길하다.

2. 事業 : 안정적이고 발전한다. 확충할 시기가 아니다.

3. 財富 : 그런대로 괜찮다. 큰 재물이 들어옴은 없다. 또한 재물의 소모, 파재하는 일도 없다.

4. 婚姻 : 연애와 혼인, 둘은 모두 원만하게 결말이 난다.

5. 子女 : 생남할 확률이 크다. 자녀문제는 번거롭고 순조롭지 못함이 있을 우려가 있다.

6. 社交 : 활동적이고 열중한다. 수확은 상당히 이상적이지 못하다.

7. 遷移 : 창업, 전업, 이사, 관광 등은 순조롭지 못한 가운데 진행함이 있다.

8. 健康 : 그런대로 괜찮다. 숙질 혹은 여러 해된 병은 생기를 찾을 방법이 없다.

9. 心願 : 작은 파란곡절이 있으며, 성공 또한 그다지 만족하지 못한다.

63. 병기(丙奇)와 상문(傷門)의 운(運)

1. 家庭 : 약간 순조롭지 않음이 있다. 대체적으로 운세는 좋다.

2. 事業 : 발전과 확충은 크지 않다. 도리어 수익은 있다.

3. 財富 : 비록 장애가 있으나 금전은 마침내 순조롭게 얻는다.

4. 婚姻 : 연애와 혼인은 금전으로 인한 언쟁 혹은 정답게 화해한다.

5. 子女 : 생녀할 확률이 크다. 자녀로 인하여 재물을 소모하는 형세를 피하기 어렵다.

6. 社交 : 매우 활발하며 성공한다. 이익을 위하여 의리를 저버리는 친우를 방비함이 마땅하다.

7. 遷移 : 창업, 전업, 이사는 그런대로 괜찮고, 관광 원행하지 말아야 한다.

8. 健康 : 그런대로 좋다. 위장에 질병이 감염되는 것을 주의해야 한다.

9. 心願 : 재부(財富)는 대다수 쉽게 달성된다. 기타는 전력으로 최선을 다해야 한다.

64. 정기(丁奇)와 상문(傷門)의 운(運)

1. 家庭 : 친척과 이웃에 돈독한 방면에 부족함이 있다. 호평은 많지 않다.

2. 事業 : 헛된 명성과 이익이다. 비교적 실질적인 발전은 없다.

3. 財富 : 평범하다. 걱정하지 않아도 된다.

4. 婚姻 : 연애는 평온하고, 혼인은 정답다. 제삼자의 개입을 방

비해야 한다.

5. 子女 : 생녀할 확률이 크다. 자녀를 표현하자면 대체로 만족할 만하다.

6. 社交 : 남의 환영을 받고 소문이 좋다. 다만 실질적인 이익은 결핍되었다.

7. 遷移 : 창업, 전업, 이사는 지장이 있고, 관광은 좋다.

8. 健康 : 큰 병은 없고, 신체는 도리어 항상 불편한 느낌이다.

9. 心願 : 헛된 꿈 부실하다. 달성 또한 실제적인 혜택이 없다.

65. 무의(戊儀)와 상문(傷門)의 운(運)

1. 家庭 : 가운이 그런대로 괜찮다. 다만 하는 일 없이 지내고 있다.

2. 事業 : 큰 발전이 있기 어렵고, 신용상의 장애가 있다.

3. 財富 : 그런대로 괜찮다. 다만 재부(財富)를 얻으나 반드시 한 차례 파란곡절이 있다.

4. 婚姻 : 연애 및 혼인문제는 약간 사소한 문제나 곤란이 있겠으나 큰 장애는 없다.

5. 子女 : 생녀할 확률이 크다. 자녀 문제는 비교적 적다.

6. 社交 : 매우 활동적이고 열중하다. 다만 능력을 발휘함에 어려움이 있다.

7. 遷移 : 창업, 전업, 이사, 관광은 시기가 아니다.

8. 健康 : 그런대로 좋다. 작은 병이 많아 끊이지 않으니 치유가
　　　　 비교적 어렵다.

9. 心願 : 교제와 신용은 좋다. 일마다 비교적 여의하다.

66. 기의(己儀)와 상문(傷門)의 운(運)

1. 家庭 : 가운은 보통이다. 작게 번거로운 일은 많다.

2. 事業 : 장애와 파란곡절이 중중하다. 소문은 꽤 좋게 말한다.

3. 財富 : 화려하면서도 실속은 없다. 금전에 고뇌와 트러블이
　　　　 많다. 억지로 가장하는 편이다.

4. 婚姻 : 이성의 인연이 좋다. 다만 사단이 쉽게 생긴다. 연애,
　　　　 혼인에는 위기가 숨어있다.

5. 子女 : 생남할 확률이 크다. 자녀는 건강하고, 학업은 그다지
　　　　 여의치 못할 우려가 있다.

6. 社交 : 소문과 인연이 그런대로 좋다. 다만 실질적인 이익은
　　　　 없다.

7. 遷移 : 전업, 창업은 여러 번 생각함이 마땅하고, 관광, 이사
　　　　 는 이상적이지 못하다.

8. 健康 : 좋다고 말하기 어려우며 고장이 많다.

9. 心願 : 달성률이 높지 않을 우려가 있고, 지엽적인 문제가 많
　　　　 으므로 패배한다.

67. 경의(庚儀)와 상문(傷門)의 운(運)

1. 家庭 : 가정 운이 비교적 뿌옇게 흐리다. 의외의 사건을 방비
    함이 마땅하다.
2. 事業 : 장애 혹은 돌변이 있으므로 크게 충격을 받는다.
3. 財富 : 보통이다. 금전처리는 보수적임이 좋다. 돌발적인 파
    재운이 있을 우려가 있다.
4. 婚姻 : 연애는 쉽게 사소한 문제가 생긴다. 혼인은 언쟁 혹은
    트러블이 쉽게 생긴다.
5. 子女 : 생남할 확률이 높다. 자녀 건강 및 뜻밖의 일로 마음
    을 씀이 마땅하다.
6. 社交 : 그런대로 활동적이고 순조롭다. 소인이 꾸미는 의외의
    음모 흉계를 방비해야 한다.
7. 遷移 : 창업, 전업, 관광, 이사는 심사숙고하여 행해야 한다.
8. 健康 : 그런대로 좋다. 다만 의외의 외상 혹은 급병과 전염병
    을 예방함이 마땅하다.
9. 心願 : 성공을 눈앞에 두고 실패하기 쉽다. 계획을 정한 다음
    움직이는 것이 좋다.

68. 신의(辛儀)와 상문(傷門)의 운(運)

1. 家庭 : 가정 식구가 원만하지 않음이 있고, 그다지 화목하지 못하다.
2. 事業 : 큰 발전은 없고 늘 파란곡절과 장애가 있다. 보수적인 것이 좋다.
3. 財富 : 보통이다. 탐내지 마라. 반드시 큰 장애가 있다.
4. 婚姻 : 연애, 혼인 등은 힘으로 구하면 서로 통하고 안정적이다.
5. 子女 : 생남보다 생녀함이 크다. 자녀운은 보통이다.
6. 社交 : 활발치 못하고 열중 적이지 못하다. 인간 관계는 여전히 좀 번거롭다.
7. 遷移 : 안정이 제일이다. 범사에 있어서 망동하지 마라. 쉽게 장애가 생긴다.
8. 健康 : 보통이다. 정신 및 체력이 비교적 쇠약하고 소침하다.
9. 心願 : 실현되기 어렵고 헛된 꿈이다.

69. 임의(壬儀)와 상문(傷門)의 운(運)

1. 家庭 : 화목하지 못하고 액운이나 기분이 좋지 않은 일이 많다.
2. 事業 : 장애와 좌절이 많으며, 때로는 위기가 나타남도 있다.
3. 財富 : 매우 큰 변화와 혼란 트러블이 있다.
4. 婚姻 : 연애는 방해가 많고, 혼인은 충돌이 많고, 이혼이나

외정이 쉽게 생긴다.

5. 子女 : 생남할 확률이 크다. 자녀의 일은 번거로움이 많을 우려가 있다.

6. 社交 : 매우 활동적이다. 다만 상당히 순조롭지 못하다.

7. 遷移 : 창업, 전업은 피하고, 관광, 이사는 해도 좋다.

8. 健康 : 만일 매우 건강하지 않으면 질병이 끊이지 않을 우려가 있다.

9. 心願 : 좌절이 많고, 순조롭게 여의하기 어렵다.

70. 계의(癸儀)와 상문(傷門)의 운(運)

1. 家庭 : 가운이 좋지 않으니 평안한 것이 복이다. 인구가 손상하는 일을 방비해야 한다.

2. 事業 : 다만 보수적인 것이 좋다. 곤란과 좌절이 중중하다. 실업과 파산을 방비해야 한다.

3. 財富 : 삼가 처리해야 하고, 큰 파재 혹은 연루되어서 파재되는 일을 예방해야 한다.

4. 婚姻 : 연애는 쉽게 허사가 되고, 혼인은 쉽게 변화가 일어난다. 이혼이나 정부를 만남을 방비해야 한다.

5. 子女 : 생남할 확률이 크다. 자녀의 신체 건강문제로 꽤 걱정한다.

6. 社交 : 활발치 못하다. 또한 상당히 순조롭지 않으며, 소인을

방비하는 것이 좋다.

7. 遷移 : 이사, 관광, 창업, 전업 등은 하지 않는 것이 좋다.

8. 健康 : 병이 많고, 정신 및 체력 모두 부진하다.

9. 心願 : 장애가 많으므로 순조로운 소원 성취는 어렵다.

71. 갑존(甲尊)과 두문(杜門)의 운(運)

1. 家庭 : 좋다. 자못 호평과 칭찬을 받는다.

2. 事業 : 좀 파란곡절이 있다. 대체적으로 발전이 있다.

3. 財富 : 좋다. 각방의 재물을 들인다. 다만 작은 파란곡절이
   있으며 순조롭지 못하다.

4. 婚姻 : 연애, 혼인문제는 모두 결국에는 원만함이 있다.

5. 子女 : 생남할 수 있다. 자녀를 표현하자면 무릎을 치며 칭찬
   함을 받는다.

6. 社交 : 자못 활동적이고, 남의 존중과 환영을 받는다.

7. 遷移 : 창업, 전업, 관광, 이사 모두 이익이 있다.

8. 健康 : 보통이다. 돌발적인 질병을 예방하는 것이 마땅하다.

9. 心願 : 좀 순조롭지 않음이 있다. 다만 모두 하나 하나 실현
   될 수 있다.

72. 을기(乙奇)와 두문(杜門)의 운(運)

1. 家庭 : 완벽하다고 말하기는 어렵다. 다만 집안에 큰 행복이
이른다고 하겠다.

2. 事業 : 평온하게 안정되어 있다. 큰 변화와 파란 곡절이 많지
않다.

3. 財富 : 보통이다. 큰 재부(財富)는 없고, 또한 모름지기 걱정
도 없다.

4. 婚姻 : 연애는 이루어지고, 혼인은 원만하다.

5. 子女 : 생녀보다 생남할 가능성이 크다. 자녀에게는 사소한
문제가 있다.

6. 社交 : 보통이다. 그다지 활발하지 못하고, 또한 융통성이 없
는 것도 아니다.

7. 遷移 : 창업,전업은 이롭지 못하고 이사, 관광은 크게 좋다.

8. 健康 : 그런대로 괜찮다. 다소 작은 질병에 감염 될 수 있다.

9. 心願 : 달성률이 중간, 즉 반이다.

73. 병기(丙奇)와 두문(杜門)의 운(運)

1. 家庭 : 가운은 그런대로 괜찮다. 만일 분가하면 유쾌하지 않
은 일이 있을 우려가 있다.

2. 事業 : 발전과 돌파함이 있을 가망이 있다.

3. 財富 : 재운이 좋다. 의외의 재물 및 정당한 재물의 획득이

있다.

4. 婚姻 : 만약 금전문제가 영향을 미치게 되면 혼인, 연애는 장
차 순조롭지 못하다.

5. 子女 : 생녀할 확률이 크다. 자녀로 인하여 금전 씀씀이 있
다.

6. 社交 : 활기를 띠게 하여 먹고, 마시고, 노는 일이 많다.

7. 遷移 : 창업, 전업은 재운이 있고, 관광, 이사는 상반(相反)
된다.

8. 健康 : 음식과 생활에 주의하면 건강에는 염려가 없다.

9. 心願 : 금전에 관한 바람은 쉽게 달성되지만, 나머지는 순조
롭지 않을 우려가 있다.

74. 정기(丁奇)와 두문(杜門)의 운(運)

1. 家庭 : 가운이 보통이다. 친척이나 이웃과 화목하다.

2. 事業 : 겉보기에는 화려해도 실속이 없다. 겉은 강해 보이지
만 속은 비었다.

3. 財富 : 겉치레로 화려해 보여도 실속이 없으며, 금전의 트러
블이 있다.

4. 婚姻 : 연애는 그다지 순조롭지 못하다. 혼인은 겉으로는 친
한 척하고, 실제는 딴 마음을 갖고 있다.

5. 子女 : 생녀할 확률이 크다. 자녀의 학업은 표현이 좋다.

6. 社交 : 매우 활동적이다. 다만, 비교적 쉽게 벗을 이용하고, 배신할 우려가 있다.

7. 遷移 : 창업, 전업, 이사는 좋지 못하고, 관광은 좋다.

8. 健康 : 작은 병은 끊이지 않을 염려가 있다.

9. 心願 : 안정되지 못하여 이룸도 있고 패함도 있다.

75. 무의(戊儀)와 두문(杜門)의 운(運)

1. 家庭 : 비교적 왁자지껄 번화하고 생기가 있다. 다만 가운이 크게 좋은 것은 아니다.

2. 事業 : 직무의 승진이나 영전이 있고, 사업은 비교적 활기를 띠게 된다. 다만 이익을 얻음이 크지 않다.

3. 財富 : 금전은 비교적 자금이 귀하지 않고 자유자재로 운용된다.

4. 婚姻 : 연애는 성공하기 쉽다. 혼인생활은 비교적 정답다.

5. 子女 : 생남할 확률이 크다. 자녀 문제는 비교적 신경쓰고 걱정하지 않는다.

6. 社交 : 활기를 띠고 순조롭다. 자못 호평과 수확을 받는다.

7. 遷移 : 창업, 전업, 관광, 이사 다 좋으며, 보수적인 것이 마땅하다.

8. 健康 : 상당히 건강하고 밝으며, 활력이 충만하다.

9. 心願 : 지나친 욕망을 갈구하지 말아야 한다. 대다수 모두 순

조롭고 여의하다.

76. 기의(己儀)와 두문(杜門)의 운(運)

1. 家庭 : 좀 유쾌하지 못한 일이 있다. 다만 이웃과는 꽤 환영
   을 받는다.

2. 事業 : 그런대로 큰 발전의 기미는 없으나, 다만 명성과 인
   망, 소문은 좋다.

3. 財富 : 재운은 보통이며, 의식이 풍족하고, 번거로울 염려는
   없다.

4. 婚姻 : 연애는 상당히 성공할 수 있다. 혼인 생활 역시 상당
   히 정겹게 지낸다.

5. 子女 : 생남할 확률은 높다. 자녀는 비교적 보통이 아님을 나
   타낸다.

6. 社交 : 활기를 띠고 적극적이며 자못 남의 환영을 받는다.

7. 遷移 : 창업, 전업, 관광, 이사는 보통이다.

8. 健康 : 약간 좋지 않음은 있으나 일체가 그런대로 건강하고
   편안하다.

9. 心願 : 이성과 관계되는 일이 있으면 역시 이루어지고, 나머
   지는 보통이다.

77. 경의(庚儀)와 두문(杜門)의 운(運)

1. 家庭 : 평온하고 화락한 가운데 모름지기 의외의 재난 발생을 방비해야 한다.
2. 事業 : 매우 순조롭게 대 발전을 하는 것은 아니다. 다만 갑자기 생기는 큰 좌절을 방비함이 마땅하다.
3. 財富 : 보증서거나 차용증서, 금전방면에 파재 혹은 불리함이 있다.
4. 婚姻 : 연애에는 삼각관계가 있을 우려가 있다. 혼인은 가정 풍파를 주의해야 한다.
5. 子女 : 생녀할 확률이 비교적으로 크다. 자녀의 건강 및 의외의 사건을 주의해야 한다.
6. 社交 : 크게 좋다고 말하기는 어렵고 그런대로 수확이 있으며, 소인의 흉계를 방비함이 마땅하다.
7. 遷移 : 관광, 전업, 이사, 창업은 모름지기 여러 번 생각한 다음 움직여야 한다.
8. 健康 : 신체 상태가 그런대로 괜찮다. 의외의 질병 감염을 예방하는 것이 좋다.
9. 心願 : 순조롭게 달성할 방법이 없다.

78. 신의(辛儀)와 두문(杜門)의 운(運)

1. 家庭 : 평범해서 재미가 없고, 안정적이다. 단 비교적 왁자지
껄하게 변화하지 못하다.

2. 事業 : 보수, 안정적이며 대 발전은 없고, 역시 큰 파란곡절
도 없다.

3. 財富 : 안정적이며, 유동량은 크지 않고, 큰 재물을 버는 것
도 없고, 또한 파재의 근심도 없다.

4. 婚姻 : 연애는 안정되어 있다. 혼인은 화목하다.

5. 子女 : 생녀할 확률이 크다.

6. 社交 : 보통이며, 활동적이지는 않으나 적절하다.

7. 遷移 : 창업, 전업, 여행, 이사 모두 순조롭지 못하다.

8. 健康 : 비교적 활력이 부족하다. 다만 건강에는 지장이 없고,
질병은 침투치 않는다.

9. 心願 : 작게 이루고 작게 패하니 별로 좋다고 할 것도 없고
그럭저럭 지낸다.

79. 임의(壬儀)와 두문(杜門)의 운(運)

1. 家庭 : 다사다난하며 결국에는 좋고 나쁨이 중간 반수다. 융
화, 화락하지 못한다.

2. 事業 : 대성, 대패, 변화와 파란곡절이 매우 많다. 순조롭게
여의하기 어렵다.

3. 財富 : 매우 안정적이지 못하고, 수입과 지출이 그다지 평형

되지 않을 우려가 있으며, 금전으로 번뇌하게 된다.

4. 婚姻 : 연애에는 파란곡절이 있고, 혼인은 언쟁 다툼이 있다.

5. 子女 : 생녀할 확률이 크다. 자녀는 비교적 규제하기가 쉽지 않거나 번거롭고 귀찮은 일이 많다.

6. 社交 : 매우 활동적이다. 다만 수확은 그다지 이상적이지 아닐 우려가 있다.

7. 遷移 : 관광, 유람, 출장, 이사, 전업은 괜찮다. 다만 매우 순조로운 것은 아니다.

8. 健康 : 정신이 비교적 부족할 우려가 있다. 다만 건강의 혼란, 트러블에 이르지는 않는다.

9. 心願 : 큰 희망은 크게 실망한다. 작은 염원은 달성할 수 있다.

80. 계의(癸儀)와 두문(杜門)의 운(運)

1. 家庭 : 식구의 손상을 주의해야 한다. 분위기는 비교적 침울하게 뿌옇다.

2. 事業 : 모름지기 극력 노력하면 안정되고, 보수적인 것이 마땅하다. 아니면 큰 패배가 두렵다.

3. 財富 : 모름지기 근신하여 처리해야 한다. 부도, 도산, 빚지게 될 기회가 크다.

4. 婚姻 : 실연 당할 확률이 크다. 혼인은 큰 충돌이나 심각한

이혼을 방비함이 마땅하다.

5. 子女 : 생남, 생녀할 확률은 각각 반이다. 자녀의 신체를 주
의해서 보살펴 주어야 한다.

6. 社交 : 활동적이지 못하다. 혹은 상당히 실패한다.

7. 遷移 : 범사는 보수적으로 안정함이 마땅하다. 창업, 관광,
이사는 피해야 한다.

8. 健康 : 신체는 조심을 많이 해야 한다. 큰 병에 걸릴 염려가
있다.

9. 心願 : 인내로서 지키면 편안하다. 여의치 못하고 순조롭지
못한 일이 끊이지 않는다.

第四編

1. 구궁신수법(九宮身數法)

구궁신수(九宮身數)를 보는 법은 가령 65세인 남자가 일년 신수를 보고자 한다면, 남자 65세는 중궁(中宮)에 4.徵破가 놓이므로 징파(徵破) 설명문을 읽어보면 일년 신수의 길흉을 알 수가 있고, 각 달의 운세를 보고자 한다면 1月, 12月은 진귀(進鬼), 2月은 안손(眼損), 3月,4月은 식신(食神), 5월은 관인(官印), 6月, 7月은 천록(天祿), 8月은 합식(合食), 9月,10月은 오귀(五鬼), 11月은 퇴식(退食)이므로, 각 설명문을 읽어보면 신수의 길흉을 추단할 수 있다.

가령, 38세인 여자가 일년 신수를 보고자 한다면, 여자 38세는 중궁(中宮)에 3.食神이 놓이므로 식신(食神) 설명문을 읽어보면 일년 신수의 길흉을 알 수가 있으며, 각 달의 운세를 보고자 한다면 1月,12月은 합식(合食), 2月은 천록(天祿), 3月,4月은 안손(眼損), 5月은 진귀(進鬼), 6月,7月은 퇴식(退食), 8月은 오귀(五鬼), 9月, 10月은 징파(徵破), 11月은 관인(官印)이므로 설명문을 읽어보면 각 달의 길흉을 추리할 수가 있다.

四	九	二
三	五	七
八	一	六

이것은 구궁기본도(九宮基本圖)로서, 팔방(八方) 종횡으로 15가 된다.

구궁팔괘(九宮八卦)의 묘리(妙理)는 기문둔갑법(奇門遁甲法)에 있다.

여자(女子)의 연령(年齡)

3,12,21,30,39,48, 57,66,75,84,93 4. 징파(徵破)	8,17,26,35,44,53, 62,71,80,89,98 9. 퇴식(退食)	1,10,19,28,37,46, 55,64,73,82,91 2. 안손(眼損)
2,11,20,29,38,47, 56,65,74,83,92 3. 식신(食神)	4,13,22,31,40,49, 58,67,76,85,94 5. 오귀(五鬼)	6,15,24,33,42,51, 60,69,78,87,96 7. 진귀(進鬼)
7,16,25,34,43,52, 61,70,79,88,97 8. 관인(官印)	9,18,27,36,45,54, 63,72,81,90,99 1. 천록(天祿)	5,14,23,32,41,50 59,68,77,86,95 6. 합식(合食)

남자(男子)의 연령(年齡)

2,11,20,29,38, 47,56,65,74,83,92 4. 징파(徵破)	7,16,25,34,43,52, 61,70,79,88,97 9. 퇴식(退食)	9,18,27,36,45,54, 63,72,81,90,99 2. 안손(眼損)
1,10,19,28,37,46, 55,64,73,82,91,100 3. 식신(食神)	3,12,21,30,39,48, 57,66,75,84,93 5. 오귀(五鬼)	5,14,23,32,41,50, 59,68,77,86,95 7. 진귀(進鬼)
6,15,24,33,42,51, 60,69,78,87,96 8. 관인(官印)	8,17,26,35,44,53, 62,71,80,89,98 1. 천록(天祿)	4,13,22,31,40,49, 58,67,76,85,94 6. 합식(合食)

退食 3,4月	五鬼 5月	進鬼 6,7月
官印 2月	**1.天祿** 男子 8,17,26,35,44, 53,62,71,80,89 女子 9,18,27,36,45, 54,63,72,81,90	食神 8月
徵破 1,12月	合食 ● 11月	眼損 9,10月

天祿 3,4月	合食 5月	官印 6,7月
退食 2月	**2.眼損** 男子 9,18,27,36,45, 54,63,72,81,90 女子 1,10,19,28,37 46,55,64,73,82,91	徵破 8月
五鬼 1,12月	進鬼 11月	食神 9,10月

眼損 3,4月	進鬼 5月	退食 6,7月
● 天祿 2月	**1.食神** 男子 1,10,19,28,37, 46,55,64,73,82,91 女子 2,11,20,29,38, 47,56,65,74,83,92	五鬼 8月
合食 1,12月	官印 11월	徵破 9,10月

食神 3,4月	官印 5月	天祿 6,7月
眼損 2月	**4.徵破** 男子 2,11,20,29,38,47, 56,65,74,83,92 女子 3,12,21,30,39,48, 57,66,75,84,93	合食 8月
進鬼 1,12月	退食 11월	五鬼 9,10月

徵破 3,4月	退食 5月	眼損 6,7月
食神 2月	**5.五鬼** 男子 3,12,21,30,39,48, 57,66,75,84,93 女子 4,13,22,31,40,49, 58,67,76,85,94	進鬼 8月
官印 1,12月	天祿 11월	合食 9,10月

五鬼 3,4月	天祿 5月	食神 6,7月
徵破 2月	**6.合食** 男子 4,13,22,31,40,49, 58,67,76,85,94 女子 5,14,23,32,41,50, 59,68,77,86,95	官印 8月
退食 1,12月	眼損 11월	● 進鬼 9,10月

合食 3,4月	眼損 5月	徵破 6,7月
五鬼 2月	**7.進鬼** 男子 5,14,23,32,41,50, 59,68,77,86,95 女子 6,15,24,33,42,51 60,69,78,87,96	● 退食 8月
天祿 1,12月	食神 11월	官印 9,10月

進鬼 3,4月	食神 5月	五鬼 6,7月
合食 2月	**8.官印** 男子 6,15,24,33,42,51, 60,69,78,87,96 女子 7,16,25,34,43,52, 61,70,79,88,87	天祿 8月
● 眼損 1,12月	徵破 11월	退食 9,10月

官印 3,4月	徵破● 5月	合食 6,7月
進鬼 2月	**9.退食** 男子 7,16,25,34,43,52, 61,70,79,88,97 女子 8,17,26,35,44,53 62,71,80,89,98	眼損 8月
食神 1,12月	五鬼 11月	天祿 9,10月

●표는 본명삼살방(本命三殺方) 또는 연락방(連落方)이라고 하며, 해당자에게 대환란 내지 사망의 흉험이나 풍파가 따르는 방위이다. 설령 길방(吉方)이라도 절대로 이사해서는 안 된다.

중앙방(中央方)이 흉방(凶方)일 때는 이동하는 것이 좋고 길방일 때는 움직이면 불리하다.

1) 천록(天祿)

하늘이 도와 우환, 근심이 사라지며, 하는 일마다 순조로워 재물과 식록이 생기며, 관록이 오고 입신양명하는 대길한 운세이며, 방위이다. 만사가 대길하여 사업가는 돈을 벌게 되고 직장인은 직위가 오르게 되어 진급이나 영전하게 된다.

가정주부는 남편과 자녀에 대한 행운과 소망사가 달성되며, 학생은 진학과 각종 시험에 기쁨이 있게 된다. 미혼자는 귀인을 만나 혼인하게 되던지 기쁨이 있게 된다. 신규사업, 개업운이 있으나 사업확장은 실패를 보기 쉬우니 경솔한 행동은 삼가야 한다.

2) 안손(眼損)

대체로 평안한 수이나 몸 수가 좀 불리하던지 컨디션이 좀 나쁜 수이다. 실물, 손재, 눈병, 우환 질고가 발생하고 가내가 불안하며 자손으로 인한 근심이 있거나 고달프고 모든 일이 여의치 못하다.

마음이 답답한 일이 있으며, 부부가 다투거나 이별을 하는 수도 있는 운이며 방위이다. 금전보증, 손재, 불안, 초조, 직업변동, 이사, 가출인이 생기는 수도 있다.

3) 식신(食神)

재수가 좋은 수라 금전회전이 잘 되고 막혔던 일이 서서히 풀리게 되는 운이다. 식복과 재물복이 있고 연애, 사랑, 결혼, 직장, 학업문제로 소망을 이루며, 가정이 태평하고 화목한 운세이며 방위다.

투자발전운, 사업확장, 부동산매입, 해외 왕래수, 색정지난, 관재구설수 등이 있다.

4) 징파(徵破)

몸수가 불길하고 구설수가 있으니 조심해야 한다. 현상유지에 힘쓰고, 절대로 타인과 다투지 말아야 한다. 백사가 부진하고 관재, 구설, 손재, 가정풍파와 일신의 고통장애가 이르니 매사 손해가 따르며 진퇴양난의 운세며 방위이다. 삼재(三災)가 든 자는 옥중생활, 도둑조심, 문서변화, 금전출납이 심하고 새로이 시작하는 해이다. 사랑하는 사람과 헤어지거나 애인을 만날 수다.

5) 오귀(五鬼)

호사다마로 시비구설, 관재, 우환, 질병, 손해, 손재 등으로 근심걱정이 끊이지 않으니 항상 고달프고 답답하다. 병원이나 교도소에 가는 운세와 방위이다. 건강에 조심하고 범법행위를 하지말고, 직분을 지키고 욕심내지 않으면 무사 평온한 해이다. 개혁, 개척, 변동, 이사, 이동, 가출인이 있거나 초상집 출입을 조심하고, 상복수도 있으니 주의해야 한다.

6) 합식(合食)

문서에 빛을 얻을 수요, 재수에도 행운이 있을 수이다. 근심은 사라지고 즐거우며 귀인이 돕고 소망을 이루며 식구가 모두 화합하고 재물과 복록이 창성하다. 관리는 진급이나 영전수가 있고, 사업가는 매매에 기쁨이 있게 되고 사업이 점점 발전하게 된다.

7) 진귀(進鬼)

모든 일이 막히고 관재 구설, 시비, 질병이 따르고, 배신자가 생겨 재수가 막힌다. 사업에 투자하면 적자에 허덕이고, 남녀를 막론하고 이성관계를 조심해야 한다. 타인과 동업을 하게 되면 손재나 실패수가 있고, 친구나 친척의 근심과 손재도 있을 수요, 입조심해야 한다. 손재 분산하여 곤경에 빠지며 매사가 지연되는 운세이며 방위이다. 선조 영혼, 풍파, 몸이 아픔, 금전융자, 투기, 살생, 수술, 고통, 고난, 도난, 색정, 삼각관계 등을 주의해야 한다.

8) 관인(官印)

귀인을 만나 취직, 승진, 영전하며 자손경사, 기쁘고 즐거운 희망찬 운이다. 진학, 합격, 신축, 증축, 사업, 개업, 부동산매매, 이장, 사초, 비석건립, 색정지난, 이사, 해외 왕래수가 있다. 대개 상복수, 질병수가 많고 관인방(官印方)으로 출행하면 다친다던가 질병으로 고생하는 수가 있고, 병 문안이나 상갓집 출입을 조심해야 한다.

9) 퇴식(退食)

금전거래나 사업투자에 손해를 보게되며, 금전운에 액운이 있게 되며, 교통액을 조심해야 한다. 그리고 공연히 넘어져서도 손이나 발목을 삐는 수가 있다. 우환, 관재, 풍파가 일어나거나 모든 일이 잘 안되며 금전소비, 건강상 잡병, 수술, 횡액이 있다. 면직, 퇴직, 직장변동, 이사, 원행, 문서사기, 도난, 실물, 이별, 망신수 등 곤경에 빠지기 쉬우며 생활이 점점 쇠퇴하는 운세이며 방위이다. 퇴식방(退食方)으로 이사나 출행을 하게 되면 크게 불길하다.

2. 생기팔신신수법(生氣八神身數法)

신수를 보는 법은, 가령 56세인 남자가 신년(申年)의 신수를 본다면 신(申)은 유혼(遊魂)이므로 유혼년(遊魂年) 설명문을 읽어보면 되고, 각 달의 운세를 보자면 축,인월(丑,寅月)은 화해(禍害), 묘월(卯月)은 생기(生氣), 진,사월(辰,巳月)은 복덕(福德), 오월(午月)은 귀혼(歸魂), 미,신월(未,申月)은 유혼(遊魂), 유월(酉月)은 천의(天醫), 술,해월(戌,亥月)은 절명(絶命), 자월(子月)은 절체(絶體)이므로 생기팔신(生氣八神) 설명문을 읽어보면 길흉을 추리할 수가 있다.

가령 63세인 여자가 유년(酉年)의 신수를 보고자 한다면 유(酉)는 절체(絶體)이므로 절체년(絶體年) 설명문을 읽어보면 되고, 각 달의 운세를 보자면 축,인월(丑,寅月)은 귀혼(歸魂), 묘월(卯月)은 유혼(遊魂), 진,사월(辰,巳月)은 절명(絶命), 오월(午月)은 화해(禍害), 미,신월(未,申月)은 생기(生氣), 유월(酉月)은 절체(絶體), 술,해월(戌,亥月)은 복덕(福德), 자월(子月)은 천의(天醫)이므로, 생기팔신(生氣八神) 설명문을 읽어보면 길흉을 추단할 수가 있다.

주역팔괘(周易八卦)

☰	☱	☲	☳	☴	☵	☶	☷
일 一 건 乾 천 天	이 二 태 兌 택 澤	삼 三 리 離 화 火	사 四 진 震 뢰 雷	오 五 손 巽 풍 風	육 六 감 坎 수 水	칠 七 간 艮 산 山	팔 八 곤 坤 지 地

본법(本法)은 주역팔괘(周易八卦)를 이용한 생기팔괘법(生氣八卦法)이다. 자신의 연령이 임한 궁(宮)의 괘(卦)를 중궁(中宮)에 넣고 상중하중(上中下中) 또 상중하중(上中下中)으로 한 효(爻) 씩 변효(變爻) 시키되 양효(陽爻)는 음효(陰爻)로, 음효(陰爻)는 양효(陽爻)로 바꾸어서 생기팔신(生氣八神)을 붙인다. 일상생기(一上生氣), 이중천의(二中天醫), 삼하절체(三下絶體), 사중유혼(四中遊魂), 오상화해(五上禍害), 육중복덕(六中福德), 칠하절명(七下絶命), 팔중귀혼(八中歸魂)

손 巽 하 下 절 絶 ☴ 辰, 巳	이 離 허 虛 중 中 ☲ 午	곤 坤 삼 三 절 絶 ☷ 未, 申
진 震 하 下 련 連 ☳ 卯		태 兌 상 上 절 絶 ☱ 酉
간 艮 상 上 련 連 ☶ 寅, 丑	감 坎 중 中 련 連 ☵ 子	건 乾 삼 三 련 連 ☰ 亥, 戌

남자(男子)의 연령(年齡)

7,15,23,31,39,47 55,63,71,79,87,95 손궁(巽宮) ☴	1,8,16,24,32,40,48 56,64,72,80,88,96 이궁(離宮) ☲	9,17,25,33,41,49 57,65,73,81,89,97 곤궁(坤宮) ☷
6,14,22,30,38,46 54,62,70,78,86,94 진궁(震宮) ☳	 중궁(中宮)	2,10,18,26,34,42 50,58,66,74,82,90,98 태궁(兌宮) ☱
5,13,21,29,37,45 53,61,69,77,85,93 간궁(艮宮) ☶	4,12,20,28,36,44 52,60,68,76,84,92,100 감궁(坎宮) ☵	3,11,19,27,35,43,51 59,67,75,83,91,99 건궁(乾宮) ☰

여자(女子)의 연령(年齡)

6,13,21,29,37,45 53,61,69,77,85,93 손궁(巽宮) ☴	5,12,20,28,36,44,52 60,68,76,84,92,100 이궁(離宮) ☲	4,11,19,27,35,43,51 59,67,75,83,91,99 곤궁(坤宮) ☷
7,14,22,30,38,46 54,62,70,78,86,94 진궁(震宮) ☳	 중궁(中宮)	3,10,18,26,34,42,50 58,66,74,82,90,98 태궁(兌宮) ☱
15,23,31,39,47,55 63,71,79,87,95 간궁(艮宮) ☶	1,8,16,24,32,40,48 56,64,72,80,88,96 감궁(坎宮) ☵	2,9,17,25,33,41,49 57,65,73,81,89,97 건궁(乾宮) ☰

福德 辰,巳	歸魂 午	遊魂 未,申
生氣 卯	男子 1,8,16,24,32,40 48,56,64,72,80,88 ☳ 女子 5,12,20,28,36,44 52,60,68,76,84,92	天醫 酉
禍害 寅,丑	絶體 子	絶命 亥,戌

天醫 辰,巳	遊魂 午	歸魂 未,申
禍害 卯	男子 9,17,25,33,41,49 57,65,73,81,89,97 ☶ 女子 4,11,19,27,35,43 51,59,67,75,83,91	福德 酉
生氣 寅,丑	絶命 子	絶體 亥,戌

遊魂 辰,巳	天醫 午	福德 未,申
絶命 卯	男子 2,10,18,26,34,42 50,58,66,74,82,90 ☵ 女子 3,10,18,26,34,42 50,58,66,74,82,90	歸魂 酉
絶體 寅,丑	禍害 子	生氣 亥,戌

禍害 辰,巳	絶命 午	絶體 未,申
天醫 卯	男子 3,11,19,27,35,43 51,59,67,75,83,91 ☰ 女子 2,9,17,25,33,41 49,57,65,73,81,89	生氣 酉
福德 寅,丑	遊魂 子	歸魂 亥,戌

生氣 辰,巳	絶體 午	絶命 未,申
福德 卯	男子 4,12,20,28,36,44 52,60,68,76,84,92 ☳ 女子 1,8,16,24,32,40,48 56,64,72,80,88,96	禍害 酉
天醫 寅,丑	歸魂 子	遊魂 亥,戌

絶命 辰,巳	禍害 午	生氣 未,申
遊魂 卯	男子 5,13,21,29,37,45 53,61,69,77,85,93 ☷ 女子 15,23,31,39,47 55,63,71,79,87,95	絶體 酉
歸魂 寅,丑	天醫 子	福德 亥,戌

絶體 辰,巳	生氣 午	禍害 未,申
歸魂 卯	男子 6,14,22,30,38,46 54,62,70,78,86,94 ☵ 女子 7,14,22,30,38,46 54,62,70,78,86,94	絶命 酉
遊魂 寅,丑	福德 子	天醫 亥,戌

歸魂 辰,巳	福德 午	天醫 未,申
絶體 卯	男子 7,15,23,31,39,47 55,63,71,79,87,95 ☲ 女子 6,13,21,29,37,45 53,61,69,77,85,93	遊魂 酉
絶命 寅,丑	生氣 子	禍害 亥,戌

1) 생기(生氣)

만물이 성장하는 과정에서 길흉이 반드시 발생한다. 세파에 시달려 의기소침해 있던 자가 다시 용기를 얻어 무엇인가 해보고 싶다는 욕망이 생기므로 새로 시작하는 일이 대길하다. 병들어 사경을 헤매던 자가 차츰 원기를 회복하여 오래된 질병에서 일어난다.

오곡이 풍성하며 식구가 늘어나거나 관직, 직장, 사업 등에 용기가 생기고 의욕이 왕성하여 자연히 생활의 즐거움을 얻게 된다. 생기(生氣)는 생활, 용기, 박력, 충동, 어떤 일의 시작, 액난 타개, 자신감, 승진, 의욕왕성 등의 특징이다. 생기삼재(生氣三災)는 신경질과 기분이 상하는 일이 생긴다. 생기일(生氣日)에는 소식, 약속, 시험, 청탁, 상담, 계획 등에 길하다.

2) 천의(天醫)

천의(天宜)라고도 하며, 만물이 처음 생존할 때에는 별 뜻 없이 다만 생존한다는 천성 그대로이니 이는 천의(天宜)에 의한 것이다. 그 동안 여러 가지 얽혔던 일이 풀려나가고 지금까지 해를 끼치던 사람이 태도를 바꾸어 도움을 준다. 부당한 대우나 곤란에 처해 있던 사람이 올바른 대우를 받게 되고 곤란에서 탈피하게 된다. 마음이 들떠 있던 사람이 정상을 회복하여 정도를 걷게 된다.

따라서 만사가 순조로우니 사업가는 경영이 번창하고, 농민은 토지를 늘린다. 병든 자는 명의를 만나 완쾌되고 방탕한 생활을 하던 사람은 방탕생활을 청산하고 가정에 돌아와 가정이 화목해진다. 천의(天醫)는 시험합격, 승진, 영전, 의약처방, 병 치료 등의 특징이다. 천의삼재(天醫三災)는 일이 될 것 같으면서 막힘이 많고, 재물이 생기면서 소비가 더 많다. 천의일(天醫日)에는 청탁, 계약, 투자, 수금, 왕래, 거래 매매 등에 길하다.

3) 절체(絶體)

어떤 목적달성을 위하여 전진 한다던지 후퇴 한다던지의 결정을 지어야 한다. 사업하던 사람이 업종을 바꾼다던지 직장인이 타직장으로 옮긴다던지 동업자가 각자 다른 사업으로 헤어진다거나 남녀간에 연애하다가 갑자기 헤어지는 등의 결정사이다. 사고, 부상, 질병에 주의해야 할 운이다. 방심하면 몸이 심히 쇠약해지거나 사고를 당할 우려가 있다.

재운은 나쁘지도 좋지도 않으니 모험적인 투기에 손대지 않는다면 무난하다. 절체(絶體)는 매사의 결정, 마음의 상처, 모든 일의 변동, 판단, 판결, 구별 등이 특징이다. 절체삼재(絶體三災)는 몸이 고달프지 않으면 우환 병고가 생긴다. 절체일(絶體日)에는 피로, 분주, 우환, 사고, 과로, 무리를 주의해야 한다.

4) 유혼(遊魂)

만물은 활동하다가 쉬고, 쉬었다가 다시 활동하는 것이 원칙이다. 유혼(遊魂)은 조용히 휴식을 취한 후 좋은 시기를 기다려 움직여서 장차 입신양명하고 애국·애족함은 모두 유혼의 조화이다. 사업을 하던 사람이 생산활동을 중단했다가 다시 재개한다던지, 쉬고 있던 사람이 다른 사업에 투자를 한다든지 매사에 활기를 띄고 왕성하게 움직이는 상태이다.

또 직장을 잃었던 자가 직장을 구해 열심히 일하고, 남녀의 이성관계가 갑자기 뜨거워지는 등 침체에서 벗어나 활발하게 활동한다. 집을 떠나 타관에서 배회하기 쉽다. 정신적인 고뇌가 있고, 가정에 마음을 두지 못하고 어딘가로 탈피하려는 징조가 보인다. 재운은 신통치 않으나 실수만 범하지 않는다면 무단한 손재수는 없다.

유혼은 마음이 들떠있음. 당황, 활발한 활동으로 분주, 허영, 판단의 흐림, 인기 등이 특징이다. 유혼삼재(遊魂三災)는 쓸데없는 일로 허비하고, 의외의 사고가 발생한다. 유혼일(遊魂日)에는 방황, 고민, 허송, 실수, 과욕, 헛된 일은 피해야 한다.

5) 화해(禍害)

만물은 움직이다 보면 길흉의 어떤 결과가 나타나게 된다. 사람들은 이 세상에는 좋은 일보다는 나쁜 일이 더 많은 것으로 생각한다. 질병에 고생하고 관재구설수에 말려 주변이 시끄럽고 생존경쟁에서 중상모략이 발생한다.

질병으로 약을 쓰면 재산상의 손해요, 정신적인 고통이며, 관재

구설로 집안이 조용하지 못함도 모두 화해(禍害)의 조화이다. 남에게 사기를 당하여 손재할 우려가 있으니 주의해야 한다. 화해는 재산상의 손실, 질병에 의한 액난사, 투자손재, 낭비, 초조, 착취, 도적, 관재 등이 특징이다. 화해삼재(禍害三災)는 관재, 구설, 장애가 생기고, 매사 와해되니 울화가 터진다. 화해일(禍害日)에는 실물, 손재, 시비, 구설, 관재, 사고, 울화 등 불길하다.

6) 복덕(福德)

만사 형통하니 청탁한 일은 이루어지며 기쁜 소식이 있다.

병자는 치유되고, 가정에는 혼인, 합격, 승진, 영전, 식구가 느는 경사가 있다. 매매사에는 잘 안 팔리던 물건이 잘 팔리고 저조한 수금사정이 호전되며, 사업이 번창하고 이익이 늘게 됨은 모두 복덕(福德)의 작용이다.

실직자는 취업을 하여 돈을 벌고, 투기 사업가는 횡재하고, 직장인은 승진, 영전하는 등 발전의 대길운이다. 복덕은 횡재, 재산 입수, 승진, 영전, 금전 융통, 경영사의 발전과, 호전, 재산 축적, 행운, 경사, 인기 등이 특징이다. 복덕삼재(福德三災)는 교제나 재수는 있어도 딴 사고가 발생한다. 복덕일(福德日)에는 교제, 청탁, 거래, 계약, 회식, 여행, 상담 등에 길하다.

7) 절명(絶命)

만물은 생(生)하면 사(死)하고, 흥하면 쇠하고, 성공 뒤에는 실패가 따르며 행복의 절정에서 불행의 씨앗이 싹트기 시작하는 것이 상례이다. 즉 이것은 모두 절명의 조화이다. 씨앗에서 처음에는 싹이 트고 싹이 완전히 자라 결실을 맺은 후에는 결국 죽게되니 이는 생명이 다한 이치이다. 사업이 한창 번창하다가 불경기로 인해 자금융통이 어려워 갑자기 문을 닫는 것과 같다.

범죄자는 구속되어 자유스런 활동이 중단되고 환자는 원기를 회복하는가 하였더니 갑자기 죽는 등 만사 종말을 고하게 된다. 횡액, 손재, 사고, 수술 등에 주의해야 한다. 중환자나 연세가 높은 노인은 생명이 위험하고, 가족 중에 그러한 사람이 있으면 이별의 슬픔이 있을 수 있다.

절명(絶命)은 사망, 경영사의 종말, 고립, 매사 불통, 실의에 빠짐, 절망, 체념, 정리 등이 특징이다. 절명삼재(絶命三災)는 앞길이 끊어지고 우환사고로 인패가 두렵다. 절명일(絶命日)에는 실망, 낙망, 사고, 결단, 무리는 조심하고 피해야 한다.

8) 귀혼(歸魂)

만물은 죽게되면 활동이 정지되니 영원히 조용해진다. 사람은 매사에 어떤 결정을 내리지 못하고 망설이다가 좋은 시기를 포착하지 못한다. 집에 있는 사람이면 객지로 나가고 가출하여 타향에 배회중인 자나 행방 불명 되었던 자가 고향집에 돌아온다던가 마음이 들떠 안정을 찾지 못하던 자가 안정을 되찾는 등 모두 제자리로 되돌아온다.

재수는 길흉이 반반이며, 일을 늘어 놓으면 혼란이 닥치니 수습한다는 자세로 일 처리를 해야 된다. 정신적인 심리 안정을 해야 한다. 입신양명에 가슴 부풀었다가 뜻을 얻지 못한 자, 사업에 크게 실패한 자, 관직이나 직장에서 파직된 자 등은 모두 귀혼(歸魂)의 조화이다.

귀혼은 세상에서 소외되어 은신하고, 숨는데 길한 운이다. 귀혼은 직위사퇴, 안정, 적당한 시기, 기다림, 종말, 은신, 낙심, 단념, 정숙 등이 특징이다. 귀혼삼재(歸魂三災)는 죽도록 해보았자 성취가 어렵고, 재앙으로 매사가 물거품이 되기 쉽다. 귀혼일(歸魂日)에는 허실, 허방, 부족, 주저, 낭패, 계획 등에 차질이 생긴다.

3. 직성행년법(直星行年法)

 자기의 당년 나이를 보면 남녀별로 구성군(九星君)과 십이신(十二神)이 적혀 있으니 각자 뒤의 설명을 찾아보면 된다.

年齡	男女	九星君	十二神	年齡	男女	九星君	十二神
10세	남	나후성	등명	11세	남	토직성	신후
	여	목직성	등명		여	나후성	하괴
12세	남	수직성	대길	13세	남	금직성	공조
	여	토직성	종괴		여	수직성	전송
14세	남	일직성	태충	15세	남	화직성	천강
	여	금직성	소길		여	일직성	승광
16세	남	계도직성	태을	17세	남	월직성	승광
	여	화직성	태을		여	계도직성	천강
18세	남	목직성	소길	19세	남	나후성	전송
	여	월직성	태충		여	목직성	공조
20세	남	토직성	종괴	21세	남	수직성	하괴
	여	나후성	대길		여	토직성	신후
22세	남	금직성	등명	23세	남	일직성	신후
	여	수직성	등명		여	금직성	하괴
24세	남	화직성	대길	25세	남	계도직성	공조
	여	일직성	종괴		여	화직성	전송

26세	남	월직성	태충	27세	남	목직성	천강
	여	계도직성	소길		여	월직성	승광
28세	남	나후성	태을	29세	남	토직성	승광
	여	목직성	태을		여	나후성	천강
30세	남	수직성	소길	31세	남	금직성	전송
	여	토직성	태충		여	수직성	공조
32세	남	일직성	종괴	33세	남	화직성	하괴
	여	금직성	대길		여	일직성	신후
34세	남	계도직성	등명	35세	남	월직성	신후
	여	화직성	등명		여	계도직성	하괴
36세	남	목직성	대길	37세	남	나후성	공조
	여	월직성	종괴		여	목직성	전송
38세	남	토직성	태충	39세	남	수직성	천강
	여	나후성	소길		여	토직성	승광
40세	남	금직성	태을	41세	남	일직성	승광
	여	수직성	태을		여	금직성	천강
42세	남	화직성	소길	43세	남	계도직성	전송
	여	일직성	태충		여	화직성	공조
44세	남	월직성	종괴	45세	남	목직성	하괴
	여	계도직성	대길		여	월직성	신후

46세	남	나후성	등명	47세	남	토직성	신후
	여	목직성	등명		여	나후성	하괴
48세	남	수직성	대길	49세	남	금직성	공조
	여	토직성	종괴		여	수직성	전송
50세	남	일직성	태충	51세	남	화직성	천강
	여	금직성	소길		여	일직성	승광
52세	남	계도직성	태을	53세	남	월직성	승광
	여	화직성	태을		여	계도직성	천강
54세	남	목직성	소길	55세	남	나후성	전송
	여	월직성	태충		여	목직성	공조
56세	남	토직성	종괴	57세	남	수직성	하괴
	여	나후성	대길		여	토직성	신후
58세	남	금직성	등명	59세	남	일직성	신후
	여	수직성	등명		여	금직성	하괴
60세	남	화직성	대길	61세	남	계도직성	공조
	여	일직성	종괴		여	화직성	전송
62세	남	월직성	태충	63세	남	목직성	천강
	여	계도직성	소길		여	월직성	승광
64세	남	나후성	태을	65세	남	토직성	승광
	여	목직성	태을		여	나후성	천강

66세	남	수직성	소길	67세	남	금직성	전송
	여	토직성	태충		여	수직성	공조
68세	남	일직성	종괴	69세	남	화직성	하괴
	여	금직성	대길		여	일직성	신후
70세	남	계도직성	등명	71세	남	월직성	신후
	여	화직성	등명		여	계도직성	하괴
72세	남	목직성	대길	73세	남	나후성	공조
	여	월직성	종괴		여	목직성	전송
74세	남	토직성	태충	75세	남	수직성	천강
	여	나후성	소길		여	토직성	승광
76세	남	금직성	태을	77세	남	일직성	승광
	여	수직성	태을		여	금직성	천강
78세	남	화직성	소길	79세	남	계도직성	전송
	여	일직성	태충		여	화직성	공조
80세	남	월직성	종괴	81세	남	목직성	하괴
	여	계도직성	대길		여	월직성	신후
82세	남	나후성	등명	83세	남	토직성	신후
	여	목직성	등명		여	나후성	하괴
84세	남	수직성	대길	85세	남	금직성	공조
	여	토직성	종괴		여	수직성	전송

1) 구성군(九星君)

1. 일직성(日直星)은 태양성군(太陽星君)이니 복덕이 거룩하고, 관록이 많고, 원행에 대길하며, 중인(衆人)이 공경하고, 만사 대길할 수요, 건축, 조작(造作), 이사 등이 성대하다. 正月, 五月, 九月에 구설과 손재할 수가 있으니 正月 보름날에 붉은 종이를 둥글게 오려서 싸리나무에 매거나 꼭 끼워서 지붕마루에 세우고 사배(四拜)하면 길하다.

2. 월직성(月直星)은 태음성군(太陰星君)이니 신수대길하고 관록이 여의하며 백사에 모두 이(利)하나 원행하면 신병이 염려있고 낙상할 수요, 불의(不義)의 일은 하지 말라. 곤명(坤命)은 해산액이 있으니 正月 보름날에 싸리홰 셋을 매여 달이 뜰 때 불을 켜서 달맞이하며 사배(四拜)하면 길하다.

3. 목직성(木直星)은 좋은 성군이니 화합하고 사람이 태평하며 관록과 백사가 다 길하나 건명(乾命)은 안질이 있고, 곤명(坤命)은 해산액과 실물수가 있으니 六月, 十二月에 구설과 실물을 조심하고, 이 해에는 장롱, 책상, 가구, 재목을 들이지 말고 산천에 기도하여 도액하고, 正月 보름날에는 목욕재계하고 동쪽을 향하여 절을 30번 혹은 40번하면 대길하다.

4. 화직성(火直星)은 재성군이니 백사가 다 흉하고, 종기병과 해산액이 있고 관재 구설수가 있다. 봄과 여름에는 화재가 염려되고 三月, 九月에는 신병을 삼가고, 五月, 十月에는 자손 실물수와 도적을 조심하고, 이 해에는 원행을 하지 말라. 正月

보름날에 옷깃을 떼어 남쪽을 향하여 사르면 길하다.

5. 토직성(土直星)은 액성군이니 집안이 불안하고 관재 구설과 이별, 낙상할 수가 있다. 봄, 여름에는 조심하고 가을, 겨울에는 귀인의 도움을 입어 소원을 성취하리라. 正月, 五月, 九月에는 도적 실물수가 있다. 이 해에는 배타지 말고, 원행하지 말고, 높은 곳에 오르지 말고, 토역(土役)을 하지 말라. 正月 보름날에 명산 정결한 곳에 가서 조밥을 지어 흩으면 길하다.

6. 금직성(金直星)은 양성군이니 백사 대길하고 먼길을 가면 이(利)하고 벼슬하여 녹(祿)을 얻을 수요, 다만 구설과 신병살(身病殺)이 있다. 二月, 三月에는 관재수가 있으니 남과 다투지 말고, 여름에는 낙마액을 조심해야 한다. 正月 보름날에 서방(西方) 태백성(太白星)을 향하여 사배(四拜)하면 길하다.

7. 수직성(水直星)은 복록성군이니 만사 대길하고, 복록이 많고 높은 이름을 얻으며, 관록을 돋으고 사람을 들이면 이(利)하고, 길을 가면 재물을 얻을 수다. 문병과 상문을 가지 말고 여인을 가까이 말라. 매사를 윗사람에게 순종하면 일마다 길하다. 正月 보름날에 조밥을 지어서 강에 넣으면 길하다.

8. 나후성(羅睺星)은 후성군이니 만사가 대흉하고, 三月, 九月에 관재 구설과 안질, 해산액이 있고, 六月, 十二月에 자손으로 걱정할 수다. 이 해에는 먼 길 가지말고 사람들이지 말고, 제사 음식과 말고기를 먹지말고 정월 보름날에 건명(乾命)은 짚으로 사람을 만들어 배와 사지에 돈을 넣어 사거리에 버리고,

곤명(坤命)은 종이에 화상을 그려 돈을 싸서 버리면 대길하
다.

9. 계도직성(計都直星)은 주성군이니 만사가 불리하고 구설수가
   있으며, 가을 겨울에 자손과 우마의 실물수가 있다. 집에 있
   으면 애매한 말을 들을 것이니 원행하면 이(利)하리라. 봄과
   가을에 범을 만날 액이 있으니 조심하여 밤길을 가지말고, 정
   월 보름날에 종이로 버선을 만들어 싸리나무에 매어 지붕마루
   에 세우고 사배(四拜)하면 길하다.

2) 십이신(十二神)

1. 등명(登明)은 일마다 되지 않고, 손재수와 남의 모해가 염려
   되고 참척으로 조문 받을 수라. 十月이 액달이니 미륵보살께
   인등(引燈)하라.

2. 하괴(河魁)는 일마다 멀고 귀양갈 수요, 건명(乾命)은 관재와
   병살이 있고, 곤명(坤命)은 해산액과 실물수가 있으며 三月,
   九月이 액달이니 관음보살께 인등(引燈)하라.

3. 종괴(從魁)는 만사 대흉하니 잡귀가 재앙을 지음에 상사로 곡
   성을 들을 것이요, 손재하며 우마도 상할 수라. 二月, 八月이
   액달이니 아미보살께 인등하라.

4. 전송(傳送)은 집 짓지 말고, 관사에 해로우며, 집에 있으면
   신병으로 굿길 것이요, 외방에 가서 혼인하면 길하리라. 正月

이 액달이니 대세지 보살께 인등하라.

5. 소길(小吉)은 농사와 길쌈하면 길하고, 장사하면 실물수가 있으니 조심하고, 문병과 조상(弔喪)하지말고 六月, 十二月이 액달이니 마리보살께 인등하라.

6. 승광(勝光)은 백사가 길하며, 귀인을 만나 재물을 얻고, 송사하면 이길 수나 다만 집 고치지 말고 五月, 十二月이 액달이니 전관보살께 인등하라.

7. 태을(太乙)은 백사가 극히 흉하고 관재 구설과 조문 받을 수니 귀신이 탈을 잡으며 신병으로 고생할 수다. 四月, 十月이 액달이니 지장보살께 인등하라.

8. 천강(天罡)은 일마다 멀고 관재 구설과 병살이 있고, 집안 역사(役事)와 이사하지 말고 참척을 조심하라. 二月, 八月이 액달이니 문수보살께 인등하라.

9. 태충(太沖)은 백사 불길하여 관재와 병살과 이별수가 있으며, 먼길을 가면 횡액이 있으니 조심하라. 二月, 八月이 액달이니 약사보살께 인등하라.

10. 공조(功曹)는 백사가 평길하고, 귀인을 만나면 살 도리가 있고 재물을 얻을 수나 조문 받을 수가 있으며, 正月, 七月이 액달이니 보현보살께 인등하라.

11. 대길(大吉)은 소업이 흥하고 백사 대길한데 다만 계집에게 모해를 입을 수다. 六月, 十二月이 액달이니 최정보살께 인등하라.

12. 신후(神后)는 잡귀가 집안에 가득하여 작희함에 경영하는 일

이 여의치 못하고 또 실물수가 있다. 五月, 十二月이 액달이
니 여래보살께 인등하라.

4. 십진법신수(十進法身數)

본법(本法)은 십진법(十進法)으로서 일명 십괘법(十卦法)이라고
도 하며, 1부터 0까지의 숫자는 각각 고유의 길흉 작용력을 지니
고 있다. 1은 소식괘(消息卦), 2는 분리괘(分離卦), 3은 진출괘
(進出卦), 4는 절망괘(絶望卦), 5는 발동괘(發動卦), 6은 재물괘
(財物卦), 7은 귀인괘(貴人卦), 8은 관문괘(官門卦), 9는 문서괘
(文書卦), 0은 공허괘(空虛卦)이다.

보는법

어떤 사람이 십진법(十進法)으로 당년의 운세를 보고자 한다면
나이수와 생월수와 생일수를 다 합하여서 단 단위의 숫자가 바로
십진법 운세의 괘상이다. 예를 들면 57세 8월 23일생이라면, 모
두 더하면 88이므로 단 단위의 8이 괘상이 된다. 가령 35세 10월
12일생이라면, 모두 더하면 57이므로 단 단위의 7이 괘상이 된
다.
어떤 사람이 25세 3월 27일생이라면, 모두 더하면 55이므로 단
단위의 5가 괘상이 된다. 가령 49세 3월 22일생이라면, 모두 더
하면 74이므로 단 단위의 4가 괘상이 된다. 각각 괘상을 보면 일
년 열두달의 운세가 나와 있으니 읽어보면 된다.

1) 0卦運

마음이 공허하고 몸이 아프다. 절망, 중단, 상복수 등이 있다. 건강에 유의하고 현상 유지에 만족하는 것이 좋다.

正月 : 계획, 희망, 만사형통. 매사 뜻대로 되고 좋은 소식이 있으며 기쁜 일이 많다. 인재(人災)만 조심하면 길하다.

二月 : 심신이 고단하고, 손재수가 있으며, 마음이 산란하다. 건강과 대인관계에 조심하라. 변동, 이사, 부부 반목, 이별 등이 있다. 매사를 순리대로 처신함이 합당하다.

三月 : 진취, 용기, 발전, 돌파구가 생긴다. 변동, 발전하는 운세다. 막혔던 일이 해결되고 돈도 생기며 재물운이 가득하다.

四月 : 되는 일이 없다. 관재, 구설, 시비를 조심하라. 매사가 불길하다. 서두르지 말고 만사에 조심하고, 무리하지 말라. 망신살이 보인다.

五月 : 마음먹은 대로 성사되고 명예도 커진다. 기회, 변화, 새바람, 신규사업, 발전, 개업, 전환, 변동, 취직 등 움직이는 운이다.

六月 : 횡재, 여유, 재산권, 관운과 횡재수가 겹쳤으니 여유가 만만하다. 인가, 허가 문제에 대길하며 재물이 들어온다.

七月 : 외화내허하나 귀인이 사방에서 도우니 승진, 영전, 횡재할 수다. 명예와 금전운 모두 좋고, 협력자, 애인, 발전

운이다.

八月 : 집안에 경사가 있으나 관재, 구설, 시비, 건강은 조심하
라, 취직, 진급, 시발, 발동, 개발, 달성하는 운이다.

九月 : 문서수가 있다. 문서 계약, 부동산 매매, 서류, 발전, 명
예, 경사, 이사 운도 있다. 허송세월 하거나 가정불화도
조심해야 한다.

十月 : 몸이 아프거나 절망, 공허, 중단, 투쟁, 헛수고, 이별,
상복수가 있다. 현상유지에 만족하고 남과 다투지 말고
건강에 조심해야 한다.

十一月 : 희소식, 계획, 희망 만사 형통, 가택운, 매사가 뜻대로
되고 좋은 소식과 경사가 있으며, 인재(人災)만 조심하면
좋은 일이 많다.

十二月 : 마음이 어지럽고 이동, 이사, 변동, 헤어짐, 부부 대
립, 손재수가 있다. 건강과 대인관계에 조심하고 매사에
순리대로 대처함이 현명하다.

2) 1卦運

매사 여의하고 희소식이 있으며 만사 형통하다. 자식의 경사,
이사, 기대, 희망, 계획이 있고, 대인관계와 인재(人災)만 조심
하면 길하다.

正月 : 심신이 고단하고 산란하다. 건강과 대인관계에 조심하라.
변동, 이사, 이동, 부부 반목, 이별, 손재수 등이 있으며
매사 순리대로 처신해야 한다.

二月 : 진척, 진취, 용기, 변동, 발전하는 운세이며 돌파구가 생
긴다. 막혔던 일이 해결되고 금전이 생기며, 재물운이 가
득하다.

三月 : 매사 불길하여 되는 일이 없다. 서두르지 말고 만사에 조
심하여 무리하지 마라. 망신수가 있으니 관재, 구설 시비
를 조심해야 한다.

四月 : 마음먹은 대로 성사되고 명예도 커진다. 신규사업, 개업,
기회, 변화, 새바람, 발전, 전환, 변동, 취직 등 움직이
는 운이다.

五月 : 횡재수가 겹쳤으니 여유가 만만하다. 횡재, 여유, 이윤,
관운, 인허가 문제에 대길하며 재물이 들어온다.

六月 : 귀인이 사방에서 도우니 승진, 영전, 횡재할 수다. 협력
자, 애인, 발전, 명예와 금전 모두 좋은 성취 운이나 외
화내허하다.

七月 : 관재, 구설, 시비, 건강을 조심하라. 취직, 진급, 발동,
개발, 달성하고 집안에 경사가 있다.

八月 : 서류, 자격증, 문서계약, 부동산 매매 수가 있다. 발전,
명예, 경사, 이사 운이 있고, 허송세월, 가정불화도 염려
된다.

九月 : 몸이 아프거나 공허감, 절망, 헛수고, 중단. 투쟁, 상복

수, 변동, 실패수가 있다. 현상 유지에 만족하고 남과 다투지 말아야 한다.

十月 : 희소식, 기쁜 일, 계획, 희망, 만사 형통, 자손 경사, 가택운, 매사가 여의하다. 인재(人災)만 조심하면 좋은 일이 많다.

十一月 : 남녀문제, 부부 파동, 정리, 가출, 이사, 금전 손해, 마음이 산란하다. 대인관계에 조심하고 매사 순리대로 처신해야 한다.

十二月 : 막혔던 일이 해결되고 돈도 생긴다. 진척, 발전, 변동운, 돌파구가 생기고 재물운이 가득하며 개혁과 진출의 운이다.

3) 2卦運

마음이 산란하고 심신이 고단하다. 건강에 유의하고, 매사 순리대로 처신하라. 남녀문제, 부부 갈등, 가출, 바람 피운다.

正月 : 진척, 발전, 변동, 용기, 돌파구가 생기고, 개혁의 시기다. 막혔던 일이 해결되고 돈도 생긴다.

二月 : 잡귀가 방해하므로 매사에 불길하다. 만사에 조심하고 서두르지 말라. 망신살이 보인다. 관재, 구설, 시비수를 조심해야 한다.

三月 : 신규사업, 개업, 발전, 변화, 변동, 새바람, 취직, 확장, 신축 등 움직이는 운이다. 마음먹은 대로 성사되고 명예에 길하다.

四月 : 횡재수, 재물운, 관운이 있다. 이윤이 있고 여유가 만만하며, 인허가 건은 성사되고, 남녀간에 이성문제가 있다.

五月 : 겉보기에는 화려해도 실속이 없다. 승진, 영전, 발전, 명예, 공명, 횡재할 수다. 협력자, 애인, 귀인이 도와준다.

六月 : 관재, 구설, 시비, 사고수, 건강에 조심하고 남과 다투지마라. 취직, 시험, 진급, 영전, 농장 개발, 발동수, 기쁜일이 있다.

七月 : 부동산 매매, 문서계약, 자격증, 표창장, 공부할 운이다. 경사, 이사운, 허송세월, 가정불화, 발전, 명예 등이 있다.

八月 : 몸이 아프다. 절망, 허망, 중단, 단절, 실패수, 헛수고, 투쟁, 상복수, 타향행이 있다. 현상 유지에 만족하고 남과 다투지 말아야 한다.

九月 : 만사 형통, 매사 여의하고 희소식이 있다. 자식 경사, 이사. 기대, 희망, 계획이 있으며, 대인관계와 인재(人災)만 조심하면 길하다.

十月 : 마음이 산란하고 몸이 고단하다. 남녀문제, 부부파동, 바람을 피우거나 가출해본다. 건강에 유의하고 매사 순리대로 처신해야 한다.

十一月 : 진출, 진취. 용기, 개혁운, 막혔던 일에 돌파구가 생긴
        다. 재물도 생기고 변동, 발전하는 운이다.
十二月 : 되는 일이 없다. 암담, 절망, 사기, 도난, 망신수가 있
        다. 서두르지 말고 무리하지 마라. 관재, 구설, 시비를
        조심해야 한다.

4) 3卦運

 진취적인 용기와 발전, 변동하는 운세이다. 막혔던 일이 해결되
고 돈도 생기며, 재물운이 가득하다.

正月 : 매사 불길하고 되는 일이 없다. 서두르지 말고, 만사에
       조심하라. 망신살이 보인다. 무리하지말고 관재, 구설,
       시비를 조심해야 한다.
二月 : 마음먹은 대로 성사되고 명예도 있다. 신규사업, 개업,
       확장, 발전, 변화, 변동, 기회, 취직, 움직이는 운이다.
三月 : 재물이 들어오고 횡재, 이윤, 재산권, 여유가 만만하다.
       이성문제에 조심하라. 인허가 문제에 대길, 관운이 있
       다.
四月 : 겉보기에는 좋아도 실속이 없다. 협력자, 애인, 귀인의
       도움으로 승진, 영전, 횡재, 발전, 성취운 이다.
五月 : 관재, 구설, 시비, 건강, 사고수를 주의하라. 취직, 진

급, 발동, 개발, 달성운이며 경사가 있다.

六月 : 문서계약, 문서취득, 서류, 부동산 매매, 공부하는 운이다. 발전, 명예, 경사, 이사운이 있으며 가정불화를 조심하라.

七月 : 몸이 아픔, 절망, 중단, 투쟁, 이별, 헛수고, 상복수 등이 있다. 남과 다투지 마라. 현상유지에 만족하고 건강에 유의해야 한다.

八月 : 희소식, 계획, 희망, 만사 형통, 매사 뜻대로 되고 좋은 소식이 있다. 인재(人災)만 조심하면 좋은 일이 많다.

九月 : 마음이 산란하고 몸이 고단하다. 건강과 대인관계에 조심하라. 분리, 지연, 이별, 변동, 이사, 손재수 등이 있다.

十月 : 진출, 진취, 용기, 변동, 발전하는 운세이다. 막혔던 일이 해결되고 돈도 생기며, 재물운이 가득하다.

十一月 : 실패, 절망, 망신, 손재수, 관재, 구설, 시비를 조심하라. 되는 일이 없고 매사에 불길하니 서두르지 말고 조심해야 한다.

十二月 : 변화와 발동의 기회가 왔다. 신규사업, 개업, 발전, 취직, 명예도 커지고 마음먹은 대로 성사된다.

5) 4卦運

매사 불길하여 되는 일이 없다. 서두르지 말고 만사에 조심하여 무리하지 말라. 관재, 구설, 시비를 조심하라. 망신수가 있다.

正月 : 신규사업, 개업, 신축, 확장, 발전, 움직이는 운이다. 변
화, 변동, 전환, 취직, 명예에 길하고 마음먹은 대로 성
사된다.

二月 : 횡재수, 재물운, 관운이 있고 인허가건이 성사된다. 이윤
과 여유가 만만하다. 남녀간에 이성문제는 조심해야 한
다.

三月 : 겉보기에는 화려해도 실속이 없다. 협력자, 애인, 귀인의
도움이 있고 발전, 명예, 승진, 영전, 횡재할 수다.

四月 : 관재, 구설, 시비, 사고수, 타인과 쟁투, 건강에 조심하
라. 취직, 시험, 진급, 영전, 발동, 농장 개발, 기쁜 일
이 있다.

五月 : 부동산 매매, 문서계약, 자격증, 표창장, 경사, 발전, 명
예가 있다. 허송세월, 가정불화, 바람, 이사운이 있다.

六月 : 몸이 아프거나 절망, 허망, 중단, 실패, 헛수고, 투쟁,
상복수, 현상 유지에 만족하고 남과 다투지 말아야 한다.

七月 : 만사 형통하여 뜻과 같고, 기쁜 소식이 있다. 자식 경사,
이사, 기대, 희망, 계획, 대인관계와 인재(人災)는 조심
해야 한다.

八月 : 마음이 복잡하고 몸은 고단하다. 바람, 연애, 부부 파동,
이별, 이혼, 가출 등이 있다. 매사 순리대로 처신하라.

九月 : 진취적이고 용기가 생기며, 발전과 개혁의 운이다. 돌파

구가 열리고 막혔던 일이 해결되며, 재물도 생기고 변동
하는 운이다.

十月 : 매사 불길하여 되는 일이 없다. 만사에 조심하여 서둘지
말고 무리하지 마라. 망신수가 있다. 관재, 구설, 시비를
조심해야 한다.

十一月 : 마음먹은 대로 성사되고 명예도 커진다. 신규사업, 개
업, 변화, 변동, 발전, 전환, 취직, 움직이는 운이다.

十二月 : 여유와 이윤, 관운이 있고 횡재수가 겹쳤으니 재물이
들어오고, 인허가 문제에 대길하다.

6) 5卦運

신규사업, 개업, 발전, 변화, 변동, 취직, 움직이는 운이다
마음먹은 대로 성사되고 명예도 커진다.

正月 : 횡재, 여유, 이윤, 재산권, 연애, 관운 등이 있다. 인허
가 문제에 대길하며 재물이 들어온다.

二月 : 외화내허 하나 명예와 금전에 길하다. 애인, 귀인이 사방
에서 도우니 승진, 영전, 횡재할 수다.

三月 : 관재, 구설, 시비를 조심하라. 취직, 진급, 발동, 개발,
시발, 달성, 농장 개발이나 광업 개발이 있다.

四月 : 문서 계약, 부동산 매매, 서류, 표창장, 공부할 운이다.

발전, 명예, 경사, 이사운도 있다. 가정불화를 조심하라.

五月 : 건강을 조심하라. 몸이 아프다. 절망, 중단, 투쟁, 헛수
고, 상복수 등이 있다. 현상 유지에 만족하고, 남과 다투
지 말아야 한다.

六月 : 희소식, 계획, 희망, 가택, 자식 경사, 만사 형통하여 매
사 뜻대로 되고, 인간관계와 인재(人災)만 조심하면 좋은
일이 많다.

七月 : 마음이 산란하고 부부 혹은 이성간에 충돌과 헤어짐이 있
다. 이동, 이사, 변동, 손재수 등이 있다. 매사 순리대로
처신하고, 건강과 대인관계에 조심해야 한다.

八月 : 진취와 용기, 발전과 변동의 운이다. 막혔던 일이 해결되
고 돈도 생기며 재물운이 가득하다.

九月 : 매사에 불길하여 되는 일이 없다. 서두르지 말고 무리하
지 마라. 망신살이 보인다. 관재, 구설, 시비를 조심해야
한다.

十月 : 마음먹은 대로 성사된다. 신규사업, 개업, 발전, 기회,
변화, 새바람, 전환, 변동, 취직, 움직이는 운이다.

十一月 : 횡재, 여유, 이윤, 이성문제, 재산권, 관운이 있다. 인
허가 문제에 대길하며 재물이 들어온다.

十二月 : 협력자, 귀인이 도우고, 승진, 영전, 횡재수, 명예에
모두 좋다. 겉보기에는 화려해도 실속이 없다.

7) 6卦運

 이윤, 여유, 재산권, 횡재수, 연애가 있으며, 재물운과 관운이
있다. 명예에 길하고 인허가 건은 성사된다.

正月 : 겉보기에는 화려해도 실속이 없다. 협력자, 귀인이 도와
　　　준다. 애인, 발전, 명예, 공명, 승진, 영전, 횡재할 수
　　　다.

二月 : 관재, 구설, 시비, 사고수, 건강에 조심해야 한다. 농장
　　　개발, 취직, 시험, 진급, 영전, 발동, 기쁜 일이 있다.

三月 : 부동산 매매, 문서 계약, 서류, 공부할 운, 경사, 이사,
　　　발전, 명예가 있다. 가정불화, 허송세월함이 있다.

四月 : 절망, 허망, 중단, 단절, 실패수, 헛수고, 상복수 등이
　　　있다. 현상 유지에 만족하고 남과 다투지 말아야 한다.

五月 : 만사 형통, 매사 여의하고 기쁜 소식이 있다. 자식 경사,
　　　기대, 희망, 계획, 이사 등이 있다. 대인관계에 주의해야
　　　한다.

六月 : 마음이 산란하고 몸은 고단하다. 남녀문제, 부부 파동,
　　　가출, 바람 피운다. 매사 순리대로 처세하고 건강에 조심
　　　해야 한다.

七月 : 진취, 용기, 진출, 막혔던 일이 해결되고 돌파구가 생긴
　　　다. 재물도 생기고 변동, 발전하는 운이다.

八月 : 절망, 암담, 되는 일이 없다. 사기, 도난, 망신수가 있

다. 관재, 구설, 시비를 조심하고, 매사 서두르지 말고
무리하지 말아야 한다.

九月 : 발동, 변화, 변동, 신규사업, 개업, 확장, 신축, 취직 운
이다. 마음먹은 대로 되고 명예에 길하다.

十月 : 횡재수, 재물운과 관운이 있으며, 인허가 건은 성사되고
명예에 길하다. 이윤, 여유, 재산권이 있고 이성교제가
있다.

十一月 : 겉보기에는 화려해도 실속이 없다. 귀인이 사방에서 도
운다. 발전, 공명, 명예, 승진, 영전, 횡재 할 수다.

十二月 : 관재, 구설, 시비, 사고, 건강에 조심해야 한다. 기쁜
일, 시험, 취직, 진급, 영전, 발동수가 있다.

8) 7卦運

애인을 만나거나 협력자, 귀인이 사방에서 도운다. 겉보기에는
화려해도 실속이 없다. 승진, 영전, 횡재, 성취, 발전, 명예에
길하다.

正月 : 관재, 구설, 시비, 건강에 조심하고, 남과 다투지 마라.
취직, 시험, 진급, 영전, 발동, 농장이나 산야, 광업 개
발함이 있다.

二月 : 문서, 문장, 문서계약, 부동산 매매, 자격증, 상장을 받

는다. 발전과 명예, 경사, 이사운도 있으나 허송세월하기
쉽다.

三月 : 절망, 공허, 실패수, 중단, 이별, 헛수고, 상복수, 몸이
아프다. 시비, 투쟁을 하지말고 현상유지에 만족해야 한
다.

四月 : 희소식, 계획, 희망, 가택운, 이사, 군인, 기대, 자식 경
사, 만사 형통, 매사 여의하다. 인재(人災)만 조심하면
길하다.

五月 : 마음이 산란하고 심신적으로 고단하다. 분리, 분단, 지
연, 변동, 남녀문제, 부부파동, 가출, 헤어짐, 건강에 주
의해야 한다.

六月 : 진출, 진취, 용기, 개혁, 변동, 발전하는 운세이다. 돌파
구가 생기고, 막혔던 일이 해결되며 재물도 생긴다.

七月 : 절망, 실패, 암담, 손재수, 사기, 도난, 망신수가 있다.
서두르지 말고 무리하지 마라. 관재, 구설, 시비를 조심
해야 한다.

八月 : 발동, 발전, 신규사업, 개업, 전환, 취직, 확장, 신축,
변화가 있다. 마음먹은 대로 성사되고 명예에 길하다.

九月 : 재물, 횡재, 여유, 이윤, 관운이 있다. 인허가 문제와 명
예에 길하고 재물이 들어온다.

十月 : 겉보기에는 화려해도 실속이 없다. 귀인의 도움이 있다.
승진, 영전, 횡재수, 성취, 발전, 명예에 길하다.

十一月 : 관재, 구설, 시비, 사고, 건강에 조심해야 한다. 취직,

시험, 진급, 영전, 발동, 산야 개발, 농장 운영하게 된
다.

十二月 : 문서, 인장, 문서 계약, 부동산 매매, 자격증을 취득한
다. 경사, 명예, 발전이 있으나 가정 불화 혹은 허송세월
하기 쉽다.

9) 8卦運

관재, 구설, 시비, 사고수가 염려되니 남과 다투지 말고 건강에
조심해야 한다. 취직, 시험, 진급, 영전, 발동수가 있으며 산야
나 농장을 개발한다.

正月 : 문서, 도장, 문서 계약, 부동산 매매, 자격증, 표창장,
이사운, 경사, 발전, 명예가 있다. 가정불화, 불이행, 허
송세월하기 쉽다.

二月 : 몸이 아프다. 절망, 허망, 중단, 단절, 실패, 헛수고, 상
복수, 투쟁 등이 있다. 현상 유지에 만족하고 남과 다투
지 말아야 한다.

三月 : 만사 형통, 자식 경사, 가택운, 기대, 희망, 계획 등 매
사 여의하고 희소식이 있다. 인간관계만 조심하면 길하
다.

四月 : 마음이 산란하고 몸은 고단하다. 이별, 가출, 별거, 이

혼, 연애, 바람기가 생긴다. 매사 순리대로 처신해야 한다.

五月 : 진취, 용기, 발전, 개혁의 시기, 막혔던 일에 돌파구가 생긴다. 재물도 생기고 변동하는 운이다.

六月 : 되는 일이 없고 매사 불길하다. 절망, 곤경, 잡귀신, 세상 비관, 망신수, 관재, 구설, 시비 등 만사에 조심하고 서둘지 말아야 한다.

七月 : 신규사업, 개업, 발전, 확장, 신축, 변화, 변동, 움직임, 취직 등 명예가 커지고 마음먹은 대로 성사된다.

八月 : 재물이 들어오고 횡재수, 이윤이 있고 여유가 만만하다. 관운이 있고, 인허가 문제에 대길하며, 이성문제가 있다.

九月 : 겉보기에는 화려해도 실속이 없다. 애인, 협력자, 귀인이 도운다. 승진, 영전, 발전, 횡재할 수다.

十月 : 관재, 구설, 시비, 사고수, 건강에 조심하고, 남과 다투지 마라. 취직, 시험, 진급, 영전, 발동수, 산야 농장 개발함이 있다.

十一月 : 서류, 문장, 도장, 문서 계약, 자격증 취득, 부동산 매매, 이사운, 경사, 명예, 발전하는 운이다. 허송세월, 불이행, 가정불화 하는 수도 있다.

十二月 : 공허, 절망, 중단, 실패, 헛수고, 몸이 아프다. 남과 다투지 말고, 현상유지에 만족해야 한다.

10) 9卦運

 문서, 문장, 문서 계약, 서류, 공부운, 자격증 취득, 부동산 매매, 이사, 경사, 명예운이다. 허송세월, 불이행, 가정불화를 조심해야 한다.

正月 : 몸이 아프거나 중단, 투쟁, 헛수고, 실패수, 절망, 공허하다. 현상 유지에 만족하고 건강을 조심해야 한다.

二月 : 희소식, 계획, 경사, 희망, 이사, 가택운, 만사 형통, 매사 여의하다. 인재(人災)만 조심하면 좋은 일이 많다.

三月 : 마음이 산란하고 심신이 고단하다. 이사, 변동, 갈등, 별거, 헤어짐, 손재수 등이 있다. 건강과 대인관계에 조심해야 한다.

四月 : 진출, 진취, 용기, 발전, 개혁, 변동하는 운이다. 막혔던 일이 해결되고 돌파구가 생기며, 돈도 들어온다.

五月 : 매사 불길하여 되는 일이 없다. 관재, 구설, 시비를 조심해야 한다. 망신수가 보인다. 서두르지 말고 무리하지 마라.

六月 : 마음먹은 대로 성사되고 명예에도 길하다. 발전, 신규사업, 개업, 확장, 증축, 전환, 변동, 취직에 길하다.

七月 : 횡재수, 이윤, 여유가 만만하다. 재물이 들어오고 관운이 있으므로 재산권과 인허가 문제가 성립되고, 남녀문제가 있다.

八月 : 겉보기에 화려해도 실속이 없다. 귀인이 사방에서 돕는다. 승진, 영전, 발전, 횡재수, 금전운, 명예에 길하다.

九月 : 관재, 구설, 시비, 건강을 조심해야 한다. 취직, 진급, 시발, 발동, 산야 농장 개발, 달성, 경사가 있다.

十月 : 문서, 인장, 서류, 문서 계약, 자격증, 부동산 매매, 명예, 경사, 이사운, 공부운이나 허송세월, 불이행, 가정불화에 조심해야 한다.

十一月 : 몸이 아플 수니 건강에 주의하고, 남과 다투지 마라. 절망, 중단, 공허, 허망, 무산, 실패, 헛수고함이 있으며 현상 유지에 만족해야 한다.

十二月 : 희소식, 자손경사, 가택운, 이사, 계획, 희망, 만사 형통, 매사 뜻대로 되고, 인재만 조심하면 좋은 일이 많다.

5. 십이운성(十二運星)에 의한 운세(運勢)

절운(絶運)은 묘운(墓運)보다 더 심한 좌절, 정체, 와해, 소멸을 암시한다. 건강과 생명에 극히 불리한 상황이다.

태운(胎運)은 오랜만에 희망이 보이기 시작하는 것을 암시한다. 양운(養運)은 여태까지의 노력이 조금씩 열매를 맺게 되고 마음이 편해질 것을 암시한다.

장생운(長生運)은 여러 가지 면에서 발달, 성장을 이루고 여러 가지 일이 잘 이루어진다. 의욕이 샘솟기 시작할 것을 암시한다.

목욕운(沐浴運)은 여태까지의 발달, 성장이 잠시 멈출 수도 있다. 방황하기 쉬운 처지를 암시한다.

관대운(冠帶運)은 정체되었던 신변 잡사가 정리되어 비약적인 발전을 이룩하는 처지, 박력이 넘침을 암시한다.

건록운(建祿運)은 직장 변동, 직업 전환, 독립 등 무엇을 하든 순조롭게 잘 이루어질 것을 암시한다.

제왕운(帝旺運)은 가장 운세가 강성해지는 상황으로 너무 지나쳐서 탈일 수도 있음을 암시한다.

쇠운(衰運)은 그 동안의 좋은 시절에 다소간의 그늘이 드리워지고 주변 상황에서 약세에 몰릴 것을 암시한다.

병운(病運)은 여러 가지 면에서 장애요인이 튀어나오고, 기운이 떨어질 것을 암시한다.

사운(死運)은 온갖 일이 정지되는 상태, 깊은 수렁에 빠진 꼴을 암시한다.

묘운(墓運)은 정체와 분해 적인 일이 잘 생기고, 고통스러운 일이 잦음을 암시한다.

각자 일간(日干) 대 연간(年干)과 일간(日干) 대 연지(年支)를 대조하면 운세의 길흉을 알 수 있다.

십이운성(十二運星) 유년운(流年運)

運星\日干	胞·絶	胎	養	長生	沐浴	冠帶	建祿	帝旺	衰	病	死	葬·墓
甲	庚	辛	戊	壬	癸	己	甲	乙	戊	丙	丁	己
乙	辛	庚	己	丁	丙	戊	乙	甲	己	癸	壬	戊
丙	壬	癸	己	甲	乙	戊	丙	丁	己	庚	辛	戊
丁	癸	壬	戊	辛	庚	己	丁	丙	戊	乙	甲	己
戊	壬	癸	己	甲	乙	戊	丙	丁	己	庚	辛	戊
己	癸	壬	戊	辛	庚	己	丁	丙	戊	乙	甲	己
庚	甲	乙	戊	丙	丁	己	庚	辛	戊	壬	癸	己
辛	乙	甲	己	癸	壬	戊	辛	庚	己	丁	丙	戊
壬	丙	丁	己	庚	辛	戊	壬	癸	己	甲	乙	戊
癸	丁	丙	戊	乙	甲	己	癸	壬	戊	辛	庚	己

1. 절운(絶運)에는 매사에 불길하며 재물에 손재수가 있고, 부부운이나 건강이 나쁘며, 자손에 근심걱정이 있을 수가 있다. 좌절, 정체, 이별, 소멸을 뜻하며 건강과 생명에 불리하다.

2. 태운(胎運)에는 부부운이 나쁘며, 오랜만에 희망이 보이기 시작한다. 남명은 초곤후태(初困後泰) 하며, 여명(女命)은 유산, 낙태수가 있다.

3. 양운(養運)에는 지금까지의 노력이 차츰 결실이 되고, 모든 것이 순조롭고 귀인을 만나며, 마음이 편해지고 재정적으로

좋아진다.

4. 장생운(長生運)에는 의욕이 생겨나고 운세가 좋은 시기로 다 방면에서 발달·성장을 이루고 모든 일이 잘 풀려나가며, 득 남하거나 신규사업을 하게 된다.

5. 목욕운(沐浴運)에는 지금까지의 발달과 성장이 잠시 정체기로 서 건강이 나빠지거나 주색으로 망신을 당하며, 인간관계에서 신용이 떨어지고 망신을 당하는 수가 있다.

6. 관대운(冠帶運)에는 정체되었던 모든 일이 전진, 발전되며 매 사에 의욕이 넘쳐나고 좋은 운으로서 승진 또는 사업이 번창 한다.

7. 건록운(建祿運)에는 사업이 번창하고 금전운이 좋으며, 모든 일이 순조롭게 잘 이루어지며 출세한다. 직장변동, 직업전환, 독립 등에 길하며 육친의 경사가 있으나 주색과 재난을 당하 는 수가 있다.

8. 제왕운(帝旺運)에는 운세가 가장 왕한 상황이며 매사 순조롭 고 좋으나 이성문제가 발생하기 쉬우며, 이사·이동하면 좋 다. 운이 가장 왕성할 때는 쇠해질 때를 생각해야 한다. 자, 오,묘,유월(子,午,卯,酉月)에는 명진사해 한다.

9. 쇠운(衰運)에는 순탄하던 운세가 점차 쇠퇴해지므로 매사에 주의를 해야 되며, 특히 건강이 나빠지기 쉬우며 역마살(驛馬 殺)이 있으면 장사하여 성공한다.

10. 병운(病運)에는 건강과 재물운이 나쁘며 여러 방면에 장애가 많고 기운이 떨어진다. 성정이 만약 조급하면 병폐(病敗)가

있게 된다.

11. 사운(死運)에는 모든 일이 정지되는 상태로서 노력은 하나 결실을 얻지 못하고 재물운이 없으며 점차 수렁에 빠진다.

12. 묘운(墓運)에는 정체나 이별수가 생기고 고통스러운 일이 많으며 육친이나 자손에 근심이 있고, 재물에 손재수가 있다. 장성(將星)이 있으면 재산이 많이 불어난다. 진,술,축,미월 (辰,戌,丑,未月)에 횡재수(橫財數)가 있다.

運星\日干	胞·絶	胎	養	長生	沐浴	冠帶	建祿	帝旺	衰	病	死	葬·墓
甲	申	酉	戌	亥	子	丑	寅	卯	辰	巳	午	未
乙	酉	申	未	午	巳	辰	卯	寅	丑	子	亥	戌
丙·戊	亥	子	丑	寅	卯	辰	巳	午	未	申	酉	戌
丁·己	子	亥	戌	酉	申	未	午	巳	辰	卯	寅	丑
庚	寅	卯	辰	巳	午	未	申	酉	戌	亥	子	丑
辛	卯	寅	丑	子	亥	戌	酉	申	未	午	巳	辰
壬	巳	午	未	申	酉	戌	亥	子	丑	寅	卯	辰
癸	午	巳	辰	卯	寅	丑	子	亥	戌	酉	申	未

1. 절운(絶運)에는 마음을 조용히 가라앉히고 사물을 관찰해야 한다. 공허한 마음이 생긴다. 모든 일이 의도대로 되지 않는

때이므로 매사를 자신이 직접 해야 한다. 저항력이 부족하다.

2. 태운(胎運)에는 새로운 사업을 시작하는데 좋고 지금까지의 나빴던 일도 점차 호전된다. 새로운 의욕을 갖고 시작의 마음이 생긴다. 그러나 복안(腹案)의 계획뿐이고 실행이 불가능한 경우가 많다.

3. 양운(養運)에는 어떤 계획이 곧 실행단계에 있는 운세로 큰 행운은 기대할 수 없지만 실패가 적고 경제적으로 변혁을 꾀하는 시기이다. 신체의 신진대사 기능이 발달되고 의욕적인 마음이 생긴다.

4. 장생운(長生運)에는 사업에 착수, 희망이 있는 운세로 사업 등 무엇을 시작하여도 좋다. 신체의 기능이 활발하다. 과욕으로 흐른다.

5. 목욕운(沐浴運)에는 호르몬 분비가 왕성하며 이성교제에 관심이 높고 부침과 기복이 많다. 남녀 모두 주거를 옮기거나 가택수리 등을 하게 된다. 또 사물을 보고 판단하는데 혼동이 오는 시기로 신용을 잃게 되거나 색정 문제 등이 일어나기 쉽다.

6. 관대운(冠帶運)에는 행운의 시기로 매사 타인이 우러러 보는 길운이다. 사업 등이 호전되고 공직자나 회사원은 승진, 승급의 기회가 온다. 신체의 균형이 잡히고 안정감이 유지된다.

7. 건록운(建祿運)에는 승승장구하는 길운으로 소득도 많아지고 경사스러운 일도 많지만 과욕은 금물이다. 신체가 팽창하고 자만심이 흐른다.

8. 제왕운(帝旺運)에는 만인이 우러러보는 최대의 길운으로 가정 내에 기쁜 일이 많지만 좋은 운일 때 긴축해 두어야 한다. 신체의 상태가 가장 왕성하며 투쟁적이고 고집이 세다.

9. 쇠운(衰運)에는 신체의 기능이 쇠약하고 의욕을 상실하는 쇠퇴 일로의 운이다. 매사가 잘 풀리지 않고 손실 등이 많으며, 여러 가지 재난이 일어나기 쉬우므로 주의해야 한다.

10. 병운(病運)에는 집안에 환자가 생기고, 생각지 않은 곳에서 손실이 온다. 불의의 사고, 중절 상태, 매사에 여의치 못하고 신체의 균형이 무너지고 우울증에 빠진다.

11. 사운(死運)에는 어떠한 일도 도모할 수 없으며, 모든 사업운이 막혀 절망 상태, 재기 불능의 상태로 재난이 많고 친족간에 이별을 하게 되므로 주의해야 한다. 무기력해지고 염세적이며 도피적이 된다.

12. 묘운(墓運)에는 신체 활동에 어려움이 있고 판단력과 행동력이 없어진다. 종결, 과직사태, 사업은 폐업하기 쉽다. 중년까지의 묘운(墓運)은 좋지 않지만 노년에 있어서는 좋다. 인수(印綬)가 묘운에 있으면 모친과 사별하거나 사업에 실패를 보고, 편재(偏財)가 묘운에 있으면 부친과 사별하게 된다.

1) 갑일생(甲日生)

기(己)자가 들어 있는 연, 월, 일(年, 月, 日)에 토성(土性)질환(疾患)을 조심할 필요가 있다.

2) 을일생(乙日生)

경(庚)자가 들어 있는 연,월,일(年,月,日)에 금성(金性)질환에 걸리면 단기간에 고치기 어려우니 조심해야 한다.

3) 병일생(丙日生)

신(辛)자가 들어 있는 연,월,일(年,月,日)에 수성(水性)질환에 걸릴 위험률이 높다.

4) 정일생(丁日生)

임(壬)자가 들어 있는 연,월,일(年,月,日)에 목성(木性)질환에 걸리면 그 어느 병(病)보다도 서둘러 돈을 아끼지 말고 고치도록 노력해야 한다.

5) 무일생(戊日生)

계(癸)자가 들어 있는 연,월,일(年,月,日)에 화성(火性)질환에 걸리지 않도록 정신을 바짝 차릴 필요가 있다.

6) 기일생(己日生)

갑(甲)자가 들어 있는 연,월,일(年,月,日)에 토성(土性)질환에 걸리면 의사를 잘 선택하여 시기를 놓치지 말고 조기치료(早期治療)를 하여야 오래 병원에 다니는 신세를 면할 수 있다.

7) 경일생(庚日生)

을(乙)자가 들어 있는 연,월,일(年,月,日)에 금성(金性)질환에 걸리지 않도록 조심해야 한다.

8) 신일생(辛日生)

병(丙)자가 들어 있는 연,월,일(年,月,日)에 만일 수성(水性)질환에 걸리면 다른 병보다 고치기 어려울 수 있으므로 시간과 돈을 아끼지 말고 치료를 받아야 한다.

9) 임일생(壬日生)

정(丁)자가 들어 있는 연,월,일(年,月,日)에는 목성(木性)질환에 걸리지 않도록 건강 관리에 유념해야 한다.

10) 계일생(癸日生)

무(戊)자가 들어 있는 연,월,일(年,月,日)에는 화성(火性)질환에 걸릴 위험률이 높으므로 건강에 신경을 써야 한다.

11) 양일(갑병무경임)(陽日(甲丙戊庚壬)) 출생인(出生人)

1. 比肩年, 月, 日에는 사람과의 분리가 있다. 자신이 독립하든
   지 부모나 육친과의 이별이 있다. 실직하거나 파재하여 손실
   하는 수도 있다. 처가 아프던지 화합하지 못한다.

2. 劫財年, 月, 日에는 재정상의 실패나 손해가 있다. 사람과의
   분리가 있으므로 이 해에 결혼하게 되면 뒤에 갈라서는 수가
   있다. 이성관계로 실패가 있고 운이 파한다.

3. 食神 年, 月, 日에는 연애문제가 생기거나 식욕이 왕성하게
   되어 원기가 솟는다. 그러나 그것이 지나쳐서 병이 되거나 불
   의의 실패를 일으키기 쉬우므로 주의해야 한다. 손아래 사람
   의 형편을 돌보아 주어야 할 일이 생긴다.

4. 傷官 年, 月, 日에는 불화나 다툼이 일어나기 쉬우며, 정신이
   불안정해서 안달복달하여 병이나 부상을 당하는 수도 있다.

5. 偏財 年, 月, 日에는 금전이 들어오게 된다. 그러나 뜻하지
   않는 지출이 발생한다. 이성관계가 있으며, 결혼을 하거나 자
   녀가 출생하기도 한다.

6. 正財 年, 月, 日에는 돈이 벌리게 된다. 결혼을 하거나 자녀
   가 출생하는 경사가 생긴다.

7. 偏官 年, 月, 日에는 전직, 거주지 이동, 변동, 여행 등이 있
   다. 공사(公事) 또는 송사가 생기기 쉬우며, 뜻하는 바가 순
   조롭지 못하다. 병난이나 불의의 재난에도 주의해야 한다.

8. 正官 年, 月, 日에는 신분상의 발전, 취직, 진급, 승진 등이

있으며 결혼도 길하다. 그러나 대외적으로 뜻밖의 고장이 일어나기 쉬우며, 불화하여 소송, 재판까지 발전하여 흉하게 된다.

9. 偏印 年, 月, 日에는 병난이 있으며, 이동이나 사람과의 분리가 생긴다. 일이 될 듯 하면서도 성사되지 않고 계획한 일도 일보 직전에 막히는 일이 있다. 만약 이런 시기에 남녀간 정사로 말썽이 생기면 흉하게 된다.

10. 印綬 年, 月, 日에는 신분의 향상, 발전이나 명예로운 일이 생긴다. 학문이나 기술, 예술이 진전되어 높은 수준이 된다. 또한 자녀로 인한 형편을 돌보아 주어야 하는 고생도 있게 된다.

12) 음일(을정기신계)(陰日(乙丁己辛癸)) 출생인(出生人)

1. 比肩 年, 月, 日에는 사람과의 분리, 육친과의 생사별, 독립하거나 여행할 일이 생긴다. 또 실직하던지 의외의 지출이 생긴다.

2. 劫財 年, 月, 日에는 금전의 출납이 생긴다. 사람과 분리하거나 몸의 이동이 있다. 이성 관계는 결과적으로 좋지 않은 일이 생긴다.

3. 食神 年, 月, 日에는 금전이 들어오고 즐거운 일이 많다. 다른 사람으로부터 음식 대접을 받는다. 사랑을 하거나 결혼을

하고 자녀가 출생한다.

4. 傷官 年, 月, 日에는 심적인 괴로움과 번민이 생긴다. 불화로
   언쟁 소송을 면치 못하거나, 뜻하지 않는 부상이나 병난에 시
   달리기도 한다. 독립해서 신규로 일을 시작하기도 한다.

5. 偏財 年, 月, 日에는 부모나 형제 때문에 금전이 지출되는 일
   이 생기며, 금전은 수입보다 지출이 많다. 결혼은 좋은 시기
   이다.

6. 正財 年, 月, 日에는 금전상의 이익되는 일이 있다. 결혼도
   마땅하며 또 처에 즐거운 일이 생긴다.

7. 偏官 年, 月, 日에는 바쁜 일이 생기며, 여행이나 신분상의
   이동, 전근, 퇴직 등의 일이 생긴다. 사람과의 불화로 소송이
   나 언쟁이 일어나는 수가 있으며, 병난에 주의해야 한다.

8. 正官 年, 月, 日에는 결혼에는 좋은 시기이며, 취직, 입학 등
   기쁜 일이 있다. 또 신분상으로도 발전이 있게 된다.

9. 偏印 年, 月, 日에는 학문, 예술, 기예에 길하다. 몸의 이동
   이 있으며, 바쁘기만 하고 실제적인 소득은 적다. 매사가 뜻
   대로 되지 않으며, 이성과의 문제가 생기면 불길하다.

10. 印綬 年, 月, 日에는 학문이나 기예가 진전하여 명예로운 일
    이 있다. 취직, 입학, 시험에 길하다.

13) 갑년생(甲年生)

갑년(甲年)에는 다른 사람과 헤어짐이 있다. 부모와의 이별이 있거나 처를 극한다. 재물을 깨뜨리거나 실직하는 수가 있다.

을년(乙年)에는 손해, 실재(失財), 또는 다른 사람과 헤어짐이 있다. 결혼하면 뒤에 실패가 있다는 것을 자각한다.

병년(丙年)에는 연애가 일어나고 결혼도 있다. 질병이 있거나 아랫사람의 결혼이 있다.

정년(丁年)에는 불화, 다툼, 병난, 부상 등이 있다.

무년(戊年)에는 금전운이 있으나 재물이 나감도 있다. 남녀의 정사가 있거나 아이를 갖게 되는 수도 있다.

기년(己年)에는 금전에 이득이 있다. 자식을 얻는 기쁜 일이 있거나 결혼을 하는 수가 있다.

경년(庚年)에는 이동, 변동, 이사수가 있다. 공사(公事)가 있거나 아랫사람의 병난이 있다.

신년(辛年)에는 신분의 향상이 있다. 불화 하거나 소송, 재판하는 일이 있다.

임년(壬年)에는 일이 될 것 같으면서 되지 않는 것이 많다. 병난이 있거나 다른 사람과의 분리 또는 이전이 있다.

계년(癸年)에는 자식과의 이별이 있거나 신분의 향상, 발전이 있다.

14) 을년생(乙年生)

갑년(甲年)에는 금전이 나가거나 부인과의 관계가 일어난다. 옛 것을 지키는 것이 좋고, 사람에 따라서는 금전운이 있다.

을년(乙年)에는 사람들의 헤어짐이 있으며, 부모와의 이별이 있다. 실직이 있거나 독립함이 있다.

병년(丙年)에는 불화, 소송, 부인의 병난이 있거나 부인과의 분리가 있다. 이 해에 결혼하면 실패라는 것을 자각한다.

정년(丁年)에는 정사(情事)가 있으며, 결혼은 길하다. 보수적으로 나가는 사람은 평화이다.

무년(戊年)에는 금전의 이득이 있다. 젊은 사람은 아내나 아기를 갖게 된다.

기년(己年)에는 금전운이 있어도 모이지 않으며, 자매의 일로 돈 쓸 일이 있다. 결혼하면 불만족한 결혼을 한다. 결혼한 사람은 아기를 얻는다.

경년(庚年)에는 직장을 가지거나 신상의 발달, 향상이 있다. 여자는 남편을 얻거나 애인을 만난다.

신년(辛年)에는 이동, 변동, 이사 또는 자손의 일로 노고가 있다.

임년(壬年)에는 향상 발전이 있으며 취직을 한다. 자기가 아주 좋은 때는 자식을 잃게 되는 수가 있다.

계년(癸年)에는 남녀간의 정사가 일어나거나 이전이 있다. 평정(平靜)하며 흉사도 없다.

15) 병년생(丙年生)

갑년(甲年)에는 평범하고 때로 몸의 이동이 있다.

을년(乙年)에는 경사가 있으며, 신분의 향상 발전이 있다.

병년(丙年)에는 실직하거나 다른 사람과의 분리가 있다.

정년(丁年)에는 재물이 나가거나 파재하고, 정사가 일어난다.
사람과의 이별이 있으며, 결혼하면 극히 나쁜 결과를 가져온다.

무년(戊年)에는 연애를 하게 된다. 이 해에는 득남하는 수가 있다. 사람에 따라서는 평정(平靜)하다.

기년(己年)에는 불화, 소송, 병난, 같은 일이 일어나기 쉽다.

경년(庚年)에는 재물이 나가는 손해가 있다. 결혼을 하거나 아이를 얻는 사람도 있다. 부인과의 출입사가 있는 수가 있다.

신년(辛年)에는 금전에 이득이 있다. 여자는 좋은 사람을 만나게 되고, 젊은 사람은 결혼이 있다.

임년(壬年)에는 몸의 이동이 있고, 실직이나 재판사 등이 일어난다. 동쪽으로 움직인다.

계년(癸年)에는 신분의 향상 발전이 있다

16) 정년생(丁年生)

갑년(甲年)에는 취직이 되거나 신분의 향상 발전이 있다. 자식의 신상에 좋지 못한 일이 있을 수 있다.

을년(乙年)에는 몸의 이동, 변화가 있다.

병년(丙年)에는 여자로 인한 수고로움이 있거나 실없는 일로 금전을 잃는 수가 있다. 금전이 나가거나 이익이 있으며, 결혼은 좋은 결과를 가져오지 못한다.

정년(丁年)에는 실직이나 해직, 좌천 등이 있고, 다른 사람과의 분리, 부모와의 이별이 있다.

무년(戊年)에는 사람과의 이별이 있거나 불화, 충돌 등이 있다. 결혼을 하면 후에 흉한 일을 본다.

기년(己年)에는 평운이며 연애, 정사 등이 일어나는 일이 있다. 결혼도 좋으며, 이 해에 잉태하면 아들을 얻는다.

경녀(庚年)에는 금전운이 있으며 아내를 맞이한다. 자식이 생기며 이 해에 잉태하면 딸을 낳는다.

신년(辛年)에는 금전이 나가거나 흩어지기 쉬우며, 처자를 얻는 수가 있다.

임년(壬年)에는 신상의 향상 발전이 있으며, 사내아이를 얻는 일이 있다. 여자는 남편을 얻거나 남편을 대신하는 일이 있다.

계년(癸年)에는 몸의 이동이나 주소지 변경, 또는 남편의 병난 등이 있으며, 남자는 실직하는 일이 있다.

17) 무년생(戊年生)

갑년(甲年)에는 쟁투, 소송, 몸의 이동, 주소의 변경, 전임(轉任)등의 일이 있으며, 반드시 동남방에 갈 것이다.

을년(乙年)에는 신상에 향상, 발전이 있고 대길하다. 사내아이를 얻는 수가 있다.

병년(丙年)에는 이전의 일이 있다. 일이 좀처럼 잘 되기 어렵다.

정년(丁年)에는 사물은 잘 나아간다. 자기가 좋은 때는 자식의 신상에 무슨 일이 생긴다.

무년(戊年)에는 어느 사람과의 분리, 실직 등이 있다

기년(己年)에는 다른 사람과 이별이 있다. 아랫사람과의 결혼이 있거나 재물이 나가고 파재(破財)함이 있다.

경년(庚年)에는 사물의 개시가 있고 평운(平運)이다. 결혼에는 정사(情事)가 일어난다.

신년(辛年)에는 타인과 불화하거나 질병이 생긴다. 남자는 아내에게 노고를 끼치는 일이 있으며, 여자는 남편을 극한다.

임년(壬年)에는 재물이 나가거나 여자와의 관계가 일어난다. 결혼은 크게 좋지는 못하다.

계년(癸年)에는 결혼함이 있으며, 여자는 착한 남편을 맞이한다. 금전 재물의 이득이 있다.

18) 기년생(己年生)

갑년(甲年)에는 신분의 향상, 발전이 있다. 때로 다른 사람과의 분리가 있다.

을년(乙年)에는 병난이 있거나 식구의 일로 고통이 있다. 불화, 소송, 공사(公事), 신분 및 거주지의 변동 등이 있다.

병년(丙年)에는 학문이나 명예가 높아지는 일이 있거나 신분의 향상 발전이 있다.

정년(丁年)에는 주소의 변동이 있기 쉬우며, 신분의 향상이 있다.

무년(戊年)에는 출재(出財), 파재 또는 여자 때문에 노고가 있으며, 자손의 근심도 있을 수 있다.

기년(己年)에는 실직이 있거나 부모 형제 또는 집안 사람과의 분리가 있다.

경년(庚年)에는 병난이 있거나 육신상에 슬픔이 있다. 불화한 일이 있거나 다른 사람과의 분리가 있다. 자립으로 자영하는 일이 있다.

신년(辛年)에는 연애하는 일이 있거나, 젊은 사람은 결혼에 좋다. 평정(平靜)을 지킴이 길하다.

임년(壬年)에는 재물의 이득이 있다. 결혼을 하거나 아이를 얻게 되는 일이 있다.

계년(癸年)에는 재물이 나가는 일이 있다. 여성의 일로 노고함이 있거나 아기를 얻는 일이 있다.

19) 경년생(庚年生)

갑년(甲年)에는 재물이 나감이 있다. 결혼하는 일이 있거나 자식을 얻는 일이 있다.

을년(乙年)에는 재물의 이득이 있다. 결혼을 하거나 자식을 얻는 기쁨이 있다.

병년(丙年)에는 이동, 이전, 실직, 불화하는 일이 일어나기 쉽다.

정년(丁年)에는 신분의 향상이 있으며, 재물의 이득이 있다.

무년(戊年)에는 주소의 바뀜이 있거나 정사가 일어난다.

기년(己年)에는 자신이 길하면 자식의 신상에 노고하는 일이 있다.

경년(庚年)에는 다른 사람과의 분리, 실직이 있다.

신년(辛年)에는 재물이 나가고 파재, 손해가 있다. 다른 사람과의 분리가 있으며, 연애나 결혼은 그 결과가 좋지 않다.

임년(壬年)에는 평운으로 남녀의 정사가 일어나거나 결혼이 있으며 자식을 얻는 기쁨이 있다.

계년(癸年)에는 몸의 이동이 있거나 불화, 다툼 등이 있다. 남편이나 아내 또는 자식에 병난이 있는 일이 있다.

20) 신년생(辛年生)

갑년(甲年)에는 재물의 이익이나, 결혼 또는 자식을 얻는 기쁜 일 등이 있다.

을년(乙年)에는 출재, 손해가 있다. 정사(情事)가 있거나, 여성의 일로 실패 등이 있다.

병년(丙年)에는 신상의 발전이나 자식을 얻는 기쁨 등이 있다. 여자는 고독해지는 일이 있다.

정년(丁年)에는 신분의 이동, 전직, 실직, 식구의 병난, 소송 등이 일어나기 쉽다.

무년(戊年)에는 신분의 향상 발전이 있다. 자식 때문에 근심이 있는 수가 있다.

기년(己年)에는 주소의 변경 등이 있다. 재물의 이익이 있다.

경년(庚年)에는 여자로 인한 노고가 있거나, 실패하는 일이 있다. 좋지 못한 결혼을 하는 수가 있다.

신년(辛年)에는 다른 사람과의 분리나 실패가 있다.

임년(壬年)에는 불화가 있거나, 집에 병자가 있다.

계년(癸年)에는 정사나 결혼, 신규사업 등이 있다.

21) 임년생(壬年生)

갑년(甲年)에는 연애나 결혼이 있고, 생남하는 기쁨과 길복(吉福)이 있다.

을년(乙年)에는 식구의 병난이나 불화가 있고, 실직이나 구설 등의 일이 일어나기 쉽다.

병년(丙年)에는 돈이 나가거나 여자의 일로 노고가 있다. 자식을 얻는 일이 있다.

정년(丁年)에는 재물의 이득이나 가내 번창의 일이 있으며, 자식을 얻는 기쁨이 있다.

무년(戊年)에는 신분상의 변동이나 가내의 병난, 소송 등의 일이 일어나기 쉽다. 실직이나 해직 등의 일이 일어나기 쉽다.

기년(己年)에는 신분상의 향상 승진이나 생남하는 경사가 있다.

경년(庚年)에는 신분의 이동이나, 주소의 변경 등이 일어나기 쉽다.

신년(辛年)에는 자신이 대길하면 자식의 신상에 수고로움이 생기는 일이 있다.

임년(壬年)에는 형제자매와의 이별이 있거나, 다른 사람과의 분리, 실직, 해직 등이 있다.

계년(癸年)에는 이별수가 있다. 정사(情事)에 따른 실패 손해가 있다. 결혼은 뒤에 흉을 본다.

22) 계년생(癸年生)

 갑년(甲年)에는 사람과의 이별, 병난, 불화, 해직 등의 일이 일어나기 쉽다.

 을년(乙年)에는 평운으로 신규의 일이나 연애, 결혼의 일이 있다.

 병년(丙年)에는 재물의 이익이나 자식을 얻는 기쁨 등이 있다.

 정년(丁年)에는 재물이 나가고 손해가 있으며, 여성에 따른 근심 등이 일어난다.

 무년(戊年)에는 신분의 향상, 발전, 혹은 결혼이나 아이를 얻는 기쁨이 있다.

 기년(己年)에는 신분의 변동, 노고, 실직, 식구의 병, 불화, 소송사 등이 일어나기 쉽다.

 경년(庚年)에는 학문의 발전, 명예의 승진이 있는 길복이 있다. 자손의 신상에는 근심이 있는 일이 있다.

 신년(辛年)에는 이전, 변동, 출재(出財) 등이 일어나기 쉽다.

 임년(壬年)에는 출재가 심하다. 여자로 인한 근심이 있으며, 결혼하면 큰 실패를 가져온다.

 계년(癸年)에는 사람과의 헤어짐이 있거나 실직, 해직하는 수가 있다.

6. 육임단시결(六壬斷時訣)

선천수(先天數)

甲,己, 子,午	乙,庚, 丑,未	丙,辛, 寅,申	丁,壬, 卯,酉	戊,癸, 辰,戌	巳,亥
9	8	7	6	5	4

　보는 법은 점치는 사람의 생년(生年)을 사용하되 남자는 생년간 (生年干)을 쓰고, 여자는 생년지(生年支)를 쓴다. 점일(占日)의 일간(日干)과 점시(占時)의 시지(時支)를 합하여 작괘(作卦)한 다.

男子 : 生年干 + 日干 + 時支 =

女子 : 生年支 + 日干 + 時支 =

　가령 갑오생(甲午生) 남자가 병자일(丙子日) 미시(未時)에 점 (占)친다면 생년간인 갑수(甲數)가 9요, 일간인 병수(丙數)가 7 이요, 시지인 미수(未數)가 8이므로 모두 합하면 24가 되므로 24 數 편복괘(蝙蝠卦)를 찾아보면 된다.

　가령 임진생(壬辰生) 여자가 을축일(乙丑日) 사시(巳時)에 점 (占) 친다면 생년지인 진(辰)의 수가 5요, 일간인 을(乙)의 수가 8이요, 시지인 사(巳)의 수가 4이므로 모두 합하면 17이 되므로 17數 와괘(蝸卦)를 찾아서 읽어보면 된다. 통변(通變)을 함에 있어서 동물의 형상이나 습성, 오행(五行)의 수리(數理), 주야(晝夜), 계절 등을 참고하여 판단하면 신묘함을 느끼게 될 것이다.

1) 13數 사괘(蛇卦) 뱀 五, 十土 戊,己,辰,戌,丑,未

군왕사사(君王赦死), 삼춘화발(三春花發), 청로안상(靑驢鞍上), 지휘강산(指揮江山) 군왕의 은덕으로 죽을 것을 사면 받는 운이다. 삼춘에 꽃이 만발하는 상으로 푸른 노새 안장 위에서 강산을 지휘하는 격이다.

1. 대인(待人) : 당일에 오지 않으면 5일 만이나 10일 만에 온다.

2. 질병(疾病) : 동쪽 을묘방(乙卯方)에 흙을 파거나 시멘트, 돌을 다룬 탈로 증세가 중(重)하나 죽지는 않는다.

3. 실물(失物) : 타인이 내간 것이니 동방로중(東方路中)에 있어서 스스로 오게 된다.

4. 관송(官訟) : 먼저 올리면 길하다. 먼저 움직이라.

5. 심인(尋人) : 찾거나 붙잡는다.

6. 구직(求職), 관위(官位) : 벼슬자리가 높아진다.

7. 죄인(罪人) : 천천히 무사하게 회정(回程)한다.

8. 이사(移徙) : 가지 않는 것이 좋다.

9. 매매(賣買) : 속히 이루어진다.

10. 잉태(孕胎) : 생남한다.

11. 출입(出入) : 길하다.

12. 구사(求事) : 여의하다.

13. 집물(執物) : 왼편에 청(靑), 백(白)이고, 오른편은 황(黃)
　　　　　　　 이다.

2) 14數 인괘(蚓卦) 지렁이 四, 九金　庚, 辛, 申, 酉

　구조명춘(鳩鳥鳴春), 원근중행(遠近重行), 일월재전(日月在前),
광명재후(光明在後), 　전봉대사(前逢大蛇), 　후래백호(後來白虎)
비둘기와 새가 봄에 운다. 멀고 가깝게 줄을 거듭했다. 해와 달
은 앞에 있어도 광명한 것은 뒤에 있다. 앞에는 큰 뱀이요, 뒤에
는 백호가 오는 격이다.

1. 대인(待人) : 노중(路中)에 있다. 일찍 오면 4일이나 9일 만
　　　　　　　 에 오고, 늦으면 반년 후에 온다.

2. 질병(疾病) : 신유방(申酉方)에서 흙도 파고, 나무를 베었거
　　　　　　　 나 북방(北方)에서 쇠붙이 철물이 출입한 탈이
　　　　　　　 니 낫기가 어렵다.

3. 실물(失物) : 동쪽으로 가면 찾지 못한다. 서방(西方) 수풀
　　　　　　　 아래에 있다. 집에서 혹 누군가가 두었다가 볼
　　　　　　　 것이다.

4. 관송(官訟) : 불길하나 혹 길함이 있으니 무해 무덕하다.

5. 심인(尋人) : 도망자는 찾기가 어렵다. 언젠가는 스스로 나타난다.

6. 구직(求職), 관위(官位) : 먼저는 흉하나 후에는 평평하다.

7. 죄인(罪人) : 불길하다. 잡힐 가능성이 있다.

8. 이사(移徙) : 속히 가도 좋다.

9. 매매(賣買) : 잘 팔리지 않으니 좀더 기다리라.

10. 잉태(孕胎) : 생녀(生女) 한다.

11. 출입(出入) : 불길하다.

12. 구사(求事) : 여의치 못하다.

13. 집물(執物) : 외편은 적(赤), 백(白)이고, 오른편은 공(空)이다.

3) 15數 주괘(蛛卦)거미 一, 六水 壬, 癸, 亥, 子

문전사마명(門前駟馬鳴), 사인재전(死人在前), 안가득침(安家得針), 일월재당전(日月在堂前), 광명필재천(光明必在天), 사마최행로(駟馬催行路), 도득사빈장(都得死殯葬) 문앞에 사마가 우니 죽은 사람이 앞에 있고, 편안한 집에서 침을 얻는다. 일월은 당 앞에 있으나 광명은 반드시 하늘에 있다. 사마가 갈 길을 재촉하니 모두가 죽어서 장례를 치루는 격이다.

1. 대인(待人) : 당일에 오지 않으면 1일이나 6일만에 온다.

2. 질병(疾病) : 여귀(女鬼)가 육미(肉味)에 범한 탈이나 죽지
는 않는다. 혹은 동방(東方)에 흙을 다루었거
나 벌목(伐木)한 탈이다.

3. 실물(失物) : 집안에 있다. 천정 부근이나 장롱 위에 있다.

4. 관송(官訟) : 먼저 움직이면 길하다.

5. 심인(尋人) : 도망자는 서쪽으로 가면 찾을 수 있다.

6. 구직(求職), 관위(官位) : 승진하고 주요직책을 맡는다.

7. 죄인(罪人) : 불길하다.

8. 이사(移徙) : 가까운 곳은 무난하나 먼 곳은 불길하다.

9. 매매(賣買) : 좀 힘들게 성립된다.

10. 잉태(孕胎) : 생녀(生女) 한다.

11. 출입(出入) : 불길하다.

12. 구사(求事) : 여의치 못하다.

13. 집물(執物) : 왼편에는 청(靑), 오른편에는 백(白)이다.

4) 16數 구괘(鳩卦) 비둘기 三, 八木　甲, 乙, 寅, 卯

신학포란시(神鶴抱卵時), 춘학명구고(春鶴鳴九皐), 천리필유심
(千里必有心), 소원금은옥(所願金銀玉), 희경림문호(喜慶臨門
戶), 출유봉주식(出遊逢酒食), 영복만사길(榮福萬事吉) 신선의
학이 알을 품었을 때다. 봄에 학이 구고에서 우니 반드시 천리에
마음이 있다. 소원은 금, 은, 옥이요. 기쁜 경사는 문호에 임하

였다. 나가 놀다가 술과 음식을 만나니 영화와 복으로 만사가 길한 격이다.

1. 대인(待人) : 금일에 오지 않으면 3일이나 8일만에 온다.

2. 질병(疾病) : 인묘방(寅卯方)에서 흙을 다루었거나 나무를 베어 목신(木神)의 탈로 아프나 죽지는 않는다.

3. 실물(失物) : 동(東)이나 서(西)에 있으나 찾지 못한다. 혹 빨리 찾으면 볼 수 있다.

4. 관송(官訟) : 양편이 다 불리하다. 화해하는 것이 좋다.

5. 심인(尋人) : 남쪽으로 가면 찾기 어렵다.

6. 구직(求職), 관위(官位) : 작은 일은 얻으나 만족한 자리는 얻기 어렵다.

7. 이사(移徙) : 불길하다.

8. 매매(賣買) : 쉽게 성사된다.

9. 잉태(孕胎) : 생남한다.

10. 출입(出入) : 술과 밥이 생긴다.

11. 구사(求事) : 멀면 오히려 길하나 이루어지기 어렵다. 서광은 보인다.

12. 집물(執物) : 왼손에는 청(靑), 오른손에는 황(黃)이다.

5) 17數 와괘(蝸卦) 달팽이 二, 七火 丙, 丁, 巳, 午

노인의교행(老人倚橋行), 심연구대주(深淵求大珠), 일목유가외(一木猶可畏), 유행심가난(由行甚可難), 병부유난(病付猶難), 사시재당(死屍在堂), 단초수심사월외(但招愁心斜月外), 방지천문일왕개(方知天門一往開) 노인이 다리를 의지하여 행하면서 깊은 연못에서 큰 구슬을 구한다. 한 나무가 오히려 두려우니 행하기가 심히 어렵다. 병으로 부치기도 어려운데 죽은 시체가 당해 있도다. 다만 수심을 비낀 달 밖에서 부르니 바야흐로 천문이 한번 갔다가 열릴 줄 안다는 격이다.

1. 대인(待人) : 당일에 오지 않으면 2일이나 7일만에 온다.
2. 질병(疾病) : 남방(南方)의 동토(動土)이니 심히 고병(苦病)이나 죽지는 않는다.
3. 실물(失物) : 여자가 가졌으면 찾을 수 없고, 북방(北方) 지하에 묻었으면 봄, 가을에는 찾고, 여름에는 찾지 못한다.
4. 관송(官訟) : 먼저는 흉하고, 뒤에는 길하므로 먼저 항거하라.
5. 심인(尋人) : 도망자는 남쪽에 있으나 찾지 못한다.
6. 구직(求職), 관위(官位) : 이루기 어려우나 혹 지성으로 노력하면 요행이 이룬다.
7. 죄인(罪人) : 풀리기가 더디다.
8. 이사(移徙) : 가을에 가라.
9. 매매(賣買) : 방해로 인하여 더디게 이루어진다.

10. 잉태(孕胎) : 생녀한다. 혹 생남하는 수도 있다.
11. 출입(出入) : 술과 밥이 생긴다.
12. 구사(求事) : 여의하다.
13. 집물(執物) : 왼손에 적(赤)이다.

6) 18數 산서괘(山鼠卦) 산쥐 五, 十土 戊,己,辰,戌,丑,未

맹호입함정(猛虎入陷穽), 환출동구래(還出洞口來), 성문사방진(聲問四方振), 요로착호문(要路捉虎門), 처처사난성(處處事難成), 약우인조(若遇人助), 필견군왕(必見君王) 날쌘 범이 함정에 들었도다. 다시 나와서 동구로 오니, 소리를 듣고서 사방에서 진동한다. 길을 구하다가 범의 문으로 잡혀가니 도처마다 일을 이루기가 어렵다. 만일 사람의 도움을 만나면 반드시 군왕을 본다는 격이다.

1. 대인(待人) : 당일 오지 않으면 5일이나 10일 만에 온다.
2. 질병(疾病) : 남방(南方)에서 목매어 죽은 귀신의 탈이니 서
　　　　　　　　방(西方)에 제사를 지내면 길하다.
3. 실물(失物) : 남(南)에 있으나 찾지 못한다.
4. 관송(官訟) : 뒤에 올리면 길하다. 급히 경거망동하지 마라.
5. 심인(尋人) : 스스로 온다.
6. 구직(求職), 관위(官位) : 벼슬자리는 얻기가 어렵다.

7. 이사(移徙) : 길하다.

8. 매매(賣買) : 첫 계약은 파기되고 늦게야 성립된다.

9. 잉태(孕胎) : 생녀(生女) 한다.

10. 출입(出入) : 불리하다. 가지마라.

11. 구사(求事) : 이루기가 어려우나 혹 요행히 이룬다고도 한다.

12. 집물(執物) : 왼손에 적(赤), 오른손에 백(白)이다.

7) 19數 결원괘(結猿卦) 원숭이 四, 九金 庚,辛,申,酉

송풍입정중(松風入庭中), 유옥무하점(有玉無瑕玷), 우험불상재(遇險不傷灾) 소나무 바람이 뜰 가운데 들어온다. 옥이 있되 티가 없고, 험한 것을 만나도 재앙에 상하지 않는다는 격이다.

1. 대인(待人) : 오늘 안오면 4일이나 9일만에 온다.

2. 질병(疾病) : 동방(東方)이나 서방(西方)에서 흙이나 나무가 출입한 탈이니 대흉하나 죽지는 않는다.

3. 실물(失物) : 서방(西方)에 있으니 찾아보라. 찾아보지 않으면 흉하다.

4. 관송(官訟) : 먼저 올리면 길하다.

5. 심인(尋人) : 서쪽으로 갔으면 찾지 못한다.

6. 구직(求職), 관위(官位) : 벼슬자리는 얻기가 어렵다.

7. 죄인(罪人) : 해결이 된다.

8. 이사(移徙) : 가지마라.

9. 매매(賣買) : 성사된다.

10. 잉태(孕胎) : 생남한다. 혹 생녀하는 수도 있다.

11. 출입(出入) : 길하다. 그러나 사고를 조심하라.

12. 구사(求事) : 여의하다.

13. 집물(執物) : 공(空)이다.

8) 20數 승괘(蠅卦) 파리 一, 六水 壬,癸,亥,子

양견쟁일골(兩犬爭一骨), 흑백미분명(黑白未分明), 하어승여부(何語勝與否), 옥당부유로(玉堂復有路), 평보상운제(平步上雲梯) 개 두 마리가 뼈다귀 하나를 놓고 다투도다. 흑백이 분명치 못하니 어찌 승부를 말하리요. 옥당에 다시 길이 있으니 평보로서 높은 구름사다리로 올라간다는 격이다.

1. 대인(待人) : 당일에 오지 않으면 3일이나 6일만에 온다.

2. 질병(疾病) : 남방(南方)에서 나무와 돌이 출입을 하고 맷돌을 수리한 탈로 큰 귀신이 벌을 준 것이다.

3. 실물(失物) : 동서방(東西方) 초목 숲속에 있다. 소, 말, 돼지, 개, 양 등의 가축이면 찾지 말라. 흉한 꼴을 본다.

4. 관송(官訟) : 불길하지만 먼저 올리면 길하다.

5. 심인(尋人) : 서북(西北)에 있으니 찾으면 본다. 속히 찾아
야 한다.

6. 구직(求職), 관위(官位) : 벼슬자리는 얻어서 길하다.

7. 죄인(罪人) : 더디다.

8. 이사(移徙) : 가도 된다.

9. 매매(賣買) : 매매된다.

10. 잉태(孕胎) : 생녀한다.

11. 출입(出入) : 술과 밥을 만나지만 불리하니 가지마라.

12. 구사(求事) : 얻어서 길하다.

13. 집물(執物) : 오른편에 흑(黑)이다.

9) 21數 결저괘(結猪卦) 돼지 三, 八木 甲,乙,寅,卯

오후봉집선(午後逢執扇), 수중노인행(水中老人行), 길몽동하월
(吉夢冬夏月), 청풍대인래(淸風待人來), 귀인경조력(貴人輕助
力), 출보봉대인(出步逢大人) 오후에 부채를 가진 이를 만나니
물가운데 노인이 다닌다. 길한 꿈, 겨울, 여름 맑은 바람에 사람
이 오기를 기다린다. 귀한 사람이 조금 힘을 도우나 나가서 산보
를 하다가 대인을 만난다는 격이다.

1. 대인(待人) : 곧 온다. 혹 움직이지도 않았다고 한다.

2. 질병(疾病) : 동방(東方)에 동토(動土)한 탈이나 죽지는 않는다.

3. 실물(失物) : 동(東)으로 나가서 남(南)으로 갔으니 찾을 수가 없다.

4. 관송(官訟) : 빠르면 길하다.

5. 심인(尋人) : 붙잡는데 시일이 걸린다.

6. 구직(求職), 관위(官位) : 벼슬자리는 이루기가 어렵다.

7. 죄인(罪人) : 불길하다.

8. 이사(移徙) : 가지마라.

9. 매매(賣買) : 성립된다.

10. 잉태(孕胎) : 생남한다.

11. 출입(出入) : 술과 밥이 생기고 길하다.

12. 구사(求事) : 여의하다.

13. 집물(執物) : 왼편에 청(靑), 오른편에 백(白)이다.

10) 22數 취괘(鷲卦) 독수리, 연괘(燕卦) 제비 二, 七火 丙,丁,巳,午

옥녀즉상봉(玉女卽相逢), 삼춘곡우래(三春穀雨來), 소원봉대길(所願逢大吉), 출유승거마(出遊乘車馬), 가보유명객(佳寶有名客), 고목생신엽(枯木生新葉), 옥녀가 곧 서로 만나니 삼춘에 곡식비가 오도다. 소원하는 크게 길한 것을 만나니 놀다가 수레와 말을 탔도다. 아름다운 보배는 이름 있는 손에 있고, 마른 나무에는 새잎이 돋아난다는 격이다.

1. 대인(待人) : 금일에 오지 않으면 2일이나 7일만에 온다.

2. 질병(疾病) : 동방(東方)에 동토(動土)한 탈이다.

3. 실물(失物) : 집 어딘가에 있다. 혹 여인이 가져갔으니 찾을
　　　　　　　　수가 없다.

4. 관송(官訟) : 송사는 이루기가 어려우나, 혹 먼저 올리면 유
　　　　　　　　리하다.

5. 심인(尋人) : 남북방(南北方)에서 속히 찾으면 만나본다.

6. 구직(求職), 관위(官位) : 길하다.

7. 죄인(罪人) : 석방이 된다.

8. 이사(移徙) : 가지 않아도 무방하다.

9. 매매(賣買) : 이루어진다.

10. 잉태(孕胎) : 딸을 얻는다. 혹 아들이라고 한다.

11. 출입(出入) : 술과 밥이 생기고 길하다.

12. 구사(求事) : 여의하다.

13. 집물(執物) : 왼편에는 황(黃)이고, 오른편에는 청(靑)이다.

11) 23數 가서괘(家鼠卦) 집쥐 五,十土　戊,己,辰,戌,丑,未

소아득모시(小兒得母時), 고목신엽(枯木新葉), 소원필성(所願必
成), 가련인자소(可憐人自少), 사모기하종(捨母其何從), 막탄시

래만(莫歎時來晚), 봉길역안신(逢吉亦安身) 어린 아이가 어머니를 얻은 때로다. 마른 나무에 새잎이 나오니 소원을 반드시 이룬다. 가련하다, 사람이 어려서부터 그 어머니를 버리고 누구를 좇을고, 때가 오기를 늦다고 한탄하지 말라. 길한 것을 만나서 또한 몸이 편안하다는 격이다.

1. 대인(待人) : 금일에 오지 않으면 5일이나 10일만에 온다.
2. 질병(疾病) : 묘유방(卯酉方)에 동토(動土)한 탈이다. 혹은 부모귀(父母鬼)가 빌미한 작희라고 한다.
3. 실물(失物) : 서남방(西南方)사람이 가져갔으니 찾기가 어렵다.
4. 관송(官訟) : 시일이 오래간다.
5. 심인(尋人) : 서둘러 찾으면 곧 만난다.
6. 구직(求職), 관위(官位) : 여의하다.
7. 죄인(罪人) : 석방이 어렵다.
8. 이사(移徙) : 이사해도 괜찮다. 또 한번 이사하는 수가 있다.
9. 매매(賣買) : 시일이 오래 걸린다.
10. 잉태(孕胎) : 생녀한다. 혹은 아들이라고 한다.
11. 출입(出入) : 술과 밥이다. 목적 달성한다. 원행은 하지 마라.
12. 구사(求事) : 길하다.
13. 집물(執物) : 왼편에는 백(白), 오른편에는 청(靑)이다.

12) 24數 편복괘(蝙蝠卦) 박쥐 四, 九金 庚,辛,申,酉

험로봉독사(險路逢毒蛇), 맹인실주장(盲人失柱杖), 옥녀재후(玉女在後), 죄신재전(罪身在前), 귀인래조력(貴人來助力), 무사만리래(無事萬里來) 험한 길에 독사를 만나서 맹인이 짚었던 지팡이를 잃었도다. 옥녀는 뒤에 있고, 죄진 몸은 앞에 있다. 귀인이 와서 힘을 도우니 무사하게 만리를 왔다는 격이다.

1. 대인(待人) : 금일 오지 않으면 4일이나 9일만에 온다.
2. 질병(疾病) : 서남방(西南方) 동토(動土)로 물귀신이 침책한 탈인다.
3. 실물(失物) : 서남방에 있으나 찾지 못한다.
4. 관송(官訟) : 유리하다.
5. 심인(尋人) : 서방(西方)에서 찾으면 본다. 혹 오지 않는다고 한다.
6. 구직(求職), 관위(官位) : 벼슬자리는 이루지를 못한다.
7. 죄인(罪人) : 풀린다.
8. 이사(移徙) : 속히 가도 된다.
9. 매매(賣買) : 오래가야 성사된다.
10. 잉태(孕胎) : 생남한다.
11. 출입(出入) : 술과 밥이니 길하다.

12. 구사(求事) : 여의치 못하다.

13. 집물(執物) : 왼손에 백(白)이다.

13) 25數 작괘(鵲卦) 까치 一, 六水 壬,癸,亥,子

 용녀무병(龍女無病), 장군령병도강시(將軍領兵渡江時), 희견만
리주가래(喜見萬里奏笳來), 장군복의(將軍服衣), 가중치평(家中
治平) 용왕의 딸이 무병하니 장군이 군사를 거느리고 강을 건널
때 기쁘게 만리에 피리를 불며 오는 것을 본다. 장군이 옷을 입
으니 가정부터 다스리어 평안하게 한다는 격이다.

 1. 대인(待人) : 본 곳에서 움직이지를 안 하였으니 당일에 오
              지 않으면 3일이나 6일만에 온다. 당일 올 수
              도 있고, 속히 오지 않을 수도 있다.

 2. 질병(疾病) : 부모 조상신령과 지방의 동토(動土)한 탈로 3
              人이 앓는 병이다.

 3. 실물(失物) : 집안에 여자가 옮기어서 집 북쪽, 타인이 보지
              못하는 곳에 두었으니 찾기가 어렵다.

 4. 관송(官訟) : 길하다.

 5. 심인(尋人) : 북(北)으로 갔으니 찾지 못한다.

 6. 구직(求職), 관위(官位) : 얻기가 어려우나 혹 먼저는 흉하
              고 후에는 길하다.

7. 죄인(罪人) : 풀리기가 더디다.

8. 이사(移徙) : 가도 괜찮다.

9. 매매(賣買) : 성사되나 문서를 잘 살펴보라.

10. 잉태(孕胎) : 생녀한다.

11. 출입(出入) : 술과 음식을 만나고 길하다.

12. 구사(求事) : 여의하다. 혹 악신(惡神)이 들면 이루지를 못한다.

13. 집물(執物) : 오른손에 흑(黑)이다.

14) 26數 선괘(蟬卦) 매미 三, 八木   甲,乙,寅,卯

인간즉상봉(人間卽相逢), 용잠대택(龍潛大澤), 희견대인(喜見大人), 하월득집선(夏月得執扇), 어룡득해수(魚龍得海水), 귀인래조력(貴人來助力), 유수자연래(流水自然來) 인간에서 곧 서로 만나도다. 용이 큰 못에 잠기어서 기쁘게 대인을 보도다. 여름 달에 부채를 가졌고, 고기와 용이 바닷물을 얻도다. 귀인이 와서 힘을 도우니 흐르는 물이 자연히 온다는 격이다.

1. 대인(待人) : 금일에 오지 않으면 3일이나 8일만에 온다.

2. 질병(疾病) : 동방(東方)에서 동토(動土)나 동목(動木)한 탈이나 죽지는 않는다.

3. 실물(失物) : 서북(西北)에 있으나 찾기가 어렵다.

4. 관송(官訟) : 이루기가 어렵다. 취하하는 게 마땅하다.

5. 심인(尋人) : 남(南)으로 갔으니 찾지 못한다.

6. 구직(求職), 관위(官位) : 큰 자리는 불가하나 작은 규모의
직장은 가능하다.

7. 죄인(罪人) : 풀린다.

8. 이사(移徙) : 가지마라.

9. 매매(賣買) : 가격을 낮추어야 매매된다.

10. 잉태(孕胎) : 생남한다.

11. 출입(出入) : 술과 밥이 생긴다.

12. 구사(求事) : 얻는다. 혹 얻지 못한다고 한다.

13. 집물(執物) : 오른손에 청(靑)이다.

15) 27數 용괘(龍卦) 용 二, 七火 丙,丁,巳,午

장군령병도강진(將軍領兵渡江津), 봉인만궁처(逢人彎弓處), 옹
병백만중(擁兵百萬衆),   희견군왕(喜見君王),   승운상천(乘雲上
天), 천청지안(天晴地晏), 만국태평(萬國太平) 장군이 군사를 거
느리고 강나루를 건너도다. 사람을 만나서 활을 당기는 곳에 군
사 백만 무리를 거느리도다. 기쁘게 군왕을 보이고 구름을 타고
하늘로 올라간다. 하늘이 맑고 땅이 평안하니 만국이 태평하다는
격이다.

1. 대인(待人) : 금일에 오지 않으면 2일이나 7일만에 온다.
2. 질병(疾病) : 칠귀(七鬼)가 침책(侵責) 했으니 풀리기가 더
   디다. 죽지는 아니하며, 남방(南方)에 높이 제
   사를 지내면 속히 낫는다.
3. 실물(失物) : 서북(西北)에 있으나 찾기가 어렵다. 혹 타가
   (他家)에서 친한 사람이 물이나 흙 속에 두었
   다가 남방(南方)으로 갔으니 찾지 못한다.
4. 관송(官訟) : 길하다.
5. 심인(尋人) : 찾기가 어렵다.
6. 구직(求職), 관위(官位) : 길하다.
7. 죄인(罪人) : 풀린다.
8. 이사(移徙) : 가지마라.
9. 매매(賣買) : 속히 이루어진다.
10. 잉태(孕胎) : 생녀한다.
11. 출입(出入) : 평길(平吉)하다.
12. 구사(求事) : 길하나 얻기 어려우니 반흉 반길하다.
13. 집물(執物) : 오른손에 적(赤)이다.

7. 둔갑출행요결(遁甲出行要訣)

天干	甲己	乙庚	丙辛	丁壬	戊癸
先天數	9	8	7	6	5

地支	子午	丑未	寅申	卯酉	辰戌	巳亥
先天數	9	8	7	6	5	4

甲己子午	乙庚丑未	丙辛寅申	丁壬卯酉	戊癸辰戌	巳亥
9	8	7	6	5	4

보는 법은, 가령 갑자일(甲子日) 묘시(卯時)에 출행하고자 한다면 甲9 子9 卯6을 전부 합하면 24가 되므로 24數 난을 찾아보면 길(吉)하다고 나와 있다. 가령 경오일(庚午日) 사시(巳時)에 출행코자 한다면 庚8 午9 巳4를 전부 합하면 21이 되므로 21數 란을 찾아보면 길하다고 나와 있으니 출행해도 좋다.

1) 13수(數) 길(吉)

음양(陰陽)이 합한 수로 서북방 건궁(乾宮)에 늙은 부인과 젊은 낭자가 손에 금포(錦布)를 쥐고 있다. 이 때에 응(應)하는 일은 주로 형창(亨昌)하다. 일을 하러 문을 나서서 음양(陰陽)에 맞추어 추진하니 꾀를 쓰거나 경영사를 도모히거나 시집, 장가가고, 만들고, 세우는 일들이 모두 번창하다. 자손은 관(官)으로 귀

(貴)히 되고 녹(祿)이 시(時)를 잘 만났다.

2) 14수(數) 흉(凶)

동북(東北)에서 사람이 오니 백마(白馬) 혹은 청로(靑驢)와 궁전(弓箭)에 자색(紫色) 무늬가 있다. 사람은 자색(紫色) 옷 혹은 검은 옷을 입고 있다. 앞에는 큰 구덩이가 있고, 뒤에는 백호(白虎)가 있어 흉악함이 서로 미치니 시집, 장가 가지말고 원행도 하지 말라. 모든 일이 어려움만 만난다.

3) 15수(數) 길(吉)

남방(南方)에 소녀(少女)가 있다. 견우(牽牛)가 영아(嬰兒)를 품었도다. 동방(東方)에 수레와 말이 있는데 다시 남자가 쫓아오고 있다. 일월(日月)이 앞에 있고, 광명(光明)이 하늘에 곱게 가득하다. 사마(馴馬)가 시(時)를 따르니 천가지 일이 다 좋다. 빈소를 마련하거나 장례를 치르거나 집 짓고 수리함에도 역시 좋다.

4) 16수(數) 길(吉)

어떤 부인이 주인을 만나 남편은 벼슬에 오르고 권한을 위임받는 것처럼 좋다. 동북(東北)에는 날짐승이 있고, 서북(西北)에는 백색(白色) 옷이다. 노인이 지팡이를 짚고 서방(西方)에서 황의(黃衣)를 벗는다. 나가면 재물과 보배를 만나며, 술과 밥을 만난다. 경영과 꾀를 도모하거나 일으켜 수리하거나, 귀인을 알현하거나 교역과 혼인도 복을 얻게 된다.

5) 17수(數) 흉(凶)

남방(南方)에 풍우(風雨)와 구름이 일어나고, 서방(西方)에는 상복을 입는 아들이 있도다. 두 개의 멍에가 달린 수레에 사람이 있다. 17수는 반드시 이러함을 만난다. 죽은 시체가 앞에 있고 병부(病符)가 뒤에 있다. 영모(營謀), 가취(嫁娶), 구하는 바가 재앙과 허물이 있다. 만약 이 때를 만나면 좋은 것도 오래가지 못한다.

6) 18수(數) 길(吉)

남방(南方)에 젊은 부인이 있다. 강아지나 푸른 노새가 동방(東方)에 홀연히 가는 것을 보게된다. 극응(剋應)에 반드시 의심이 없다. 시집, 장가가는 것은 좋지 않고 그 외의 만사는 길창(吉昌)하다. 만약 이때를 만나면 반드시 관직에 오르기를 바라는 자가 있다.

7) 19수(數) 흉(凶)

까마귀, 까치와 아울러 궁노(弓弩)로다. 동철(銅鐵)이 동방(東方)에서 춤추고 또한 흰옷을 입고 있다. 서방(西方)에서 노새가 개를 부르니 이 모두가 흉조(凶兆)이며, 길상(吉祥)이 아니다. 그러므로 움직임에는 곤란한 일이 있으니 고요함을 지키는 것이 좋다.

8) 20수(數) 흉(凶)

북방(北方)에 사람과 노새가 있으며, 건곤방(乾坤方)에 남자 스님과 여승이도다. 백정이 돼지와 양을 쫓아간다. 모든 흉함이 마침내 일어난다. 앞에는 나루와 다리이고, 뒤에는 돼지와 양떼로다. 만약 이 때를 만나면 만사가 모두 재앙이다.

9) 21수(數) 길(吉)

동방(東方)에 효자가 있는데 또한 부인(婦人)을 만난다. 노인이 지팡이와 널판을 가졌다. 서북건궁(西北乾宮)이 응(應)한다. 이 때에는 놀이를 해도 좋다. 푸른 구름이 위를 덮으니 백사가 길창(吉昌)하다. 다만 고치고 옮기는데는 적당치 못하다.

10) 22수(數) 길(吉)

구걸하는 자가 지팡이를 짚고 아들을 데리고 있다. 서방(西方)에서 북과 피리소리가 난다. 곤태방(坤兌方)이 응(應)하니 다 기이 하도다. 바구니를 든 부인이 있다. 멍에를 맨 말수레를 타고 술통을 가진 사람이 서로 본다. 만사가 다 길하다. 반드시 평안함을 만난다.

11) 23수(數) 흉(凶)

남장을 한 부인이 보검을 지녔으며, 남방(南方)에서 쇠로 만든

병을 잡고 있다. 한말로 돼지와 양을 견준다. 문에서 꾸짖고 헐뜯는 시비와 병(病)을 맞이한다. 만사가 엉망으로 중첩되었다. 원행하면 곤란하고, 움직이면 침범을 만난다. 고요히 있으면 안녕하다.

12) 24수(數) 길(吉)

남방(南方)에 복을 비는 선인(仙人)이다. 소녀(少女)가 손에 돈을 쥐었다. 태궁(兌宮)에 양(羊)이 또 이르도다. 물색(物色)은 흑청(黑靑)으로 얽었다. 나는 새는 앞에 있고, 옥(玉)같은 선비는 뒤에 있다. 시집, 장가를 가도 허물이 없다.

13) 25수(數) 길(吉)

노새 새끼가 원숭이와 함께 있다. 남방(南方)에 부인(婦人)이 있고, 서방(西方)에서 노인(老人)이 온다. 극응(剋應)함이 가장 영험하다. 사시(四時)에 물(物)을 보니 백사가 마음먹기에 달렸다. 나가면 연장자를 만나고 아는 사람을 만나며 소식을 듣는다.

14) 26수(數) 길(吉)

북방(北方)에 공문(公文)이 가고, 남방(南方)에 어린애가 운다. 자손에게 관록이 봉해져 대길하니 의심치 않는다. 모든 시(時) 중에서 이때가 가장 길하다. 일에 임하여 시험해 보시라. 만무일실(萬無一失)할 것이다.

15) 27수(數) 흉(凶)

백마(白馬)가 자주색 노새와 같이 있다. 서방(西方)에서 한 기마(騎馬)가 나타나니 동방(東方)의 귀인을 만난다. 갓과 갓끈이 와서 응(應)한다. 모든 수에서 이 수(數)가 가장 나쁘다.

8. 신살(神殺)에 의(依)한 운세(運勢)

1) 겁살년(劫殺年)

라이벌이 생기고 시비와 구설이 많게 되며 하는 일마다 장애가 따른다. 실물, 도난, 강도, 투자실패, 손재, 부부이별, 질병, 교통사고, 겁탈강요, 억압, 지배, 공포, 두려움이 앞선다. 여명(女命)은 관살합신(官殺合身)하고 겁살년(劫殺年)이면 강간을 당한다. 칠살(七殺)이 겁살(劫殺)과 역마(驛馬)와 합신(合身)이면 여행 중에 강간당한다.

여명은 칠살(七殺)이 겁살(劫殺)인데 일지(日支)와 원진이면 친한 남자에게 몸을 준다. 남명(男命)은 칠살이 겁살인데 일지와 원진이면 아랫사람에게 이용당한다. 자녀의 유괴사건, 철거, 차압, 수표 부도 처녀, 총각은 결혼문제 발생, 심신 불안정, 수술, 사망 등이 있다.

年, 日支	申子辰	巳酉丑	寅午戌	亥卯未
劫殺	巳	寅	亥	申

2) 재살년(災殺年)

시비, 관재 구설, 소송, 감금, 즉결심판, 납치, 입원, 차 사고, 우쭐하다가 자중자박, 싸움하고 나면 함정에 빠지는 답답한 운수다. 여자는 결혼, 수술, 상해, 부상운, 사업자는 여의치 못하고 천재지변, 분쟁, 신경질이 일어난다. 사주에 재살(災殺)이 있고,

세운(歲運)에 오면 관재나 사상효복사(死喪孝服事)가 있다.

年, 日支	申子辰	巳酉丑	寅午戌	亥卯未
災殺	午	卯	子	酉

3) 천살년(天殺年)

비행기 탈 일이 생긴다. 불의의 재난, 하늘에서 노하여 운세를 막음이 많다. 한해(寒害), 수해(水害), 설해(雪害)를 입을 우려가 있으며 기도, 불공을 해야 길하다. 사주에 천살(天殺)이 있고, 다시 세운(歲運)에서 천살(天殺)을 만나면 관재구설이 있던가 사상효복사(死喪孝服事)가 있다.

신분과 명예는 상승하나 실속이 없으며, 몸이 괴롭고 아프다. 동조자가 없으며 괴롭고 고독하게 지낸다. 여자는 남자를 멀리하고 남자는 맥을 못쓴다. 사업가는 큰 도시에 나가 사업한다.

年, 日支	申子辰	巳酉丑	寅午戌	亥卯未
天殺	未	辰	丑	戌

4) 지살년(地殺年)

바쁘다 바빠, 내가 제일 바쁘다. 이동, 이사, 변동, 여행, 환경 변화, 해외 출장, 취직, 취업, 승진, 승급, 영전, 문서 등 분주·다사하다. 나의 일, 남의 일 간섭할 일이 생긴다. 지살(地

殺)이 일지(日支)를 형충(刑沖)하면 도로법규 위반, 교통사고, 삼형살(三刑殺)이 되거나 역마(驛馬)와 충(沖)되면 교통사고 등에 조심하여야 하고, 도화(桃花), 망신(亡神), 목욕(沐浴) 등과 같이 있으면 색정지난으로 실패한다. 지살년에는 금전운 호전, 새 집, 새 가구를 장만할 운, 부부불화, 별거 이별하는 수도 있다.

年, 日支	申子辰	巳酉丑	寅午戌	亥卯未
地殺	申	巳	寅	亥

5) 년살년(年殺年)

어느날 갑자기 바람피울 일이 생기니 이성 구설을 조심해야 되며, 남에게 잘해주고 오해구설을 받기 쉽다. 풍류호색, 주색잡기, 친구교제, 이성에 망신, 인정에 손해, 사치와 허영으로 낭비하기도 하며 활동적으로 사업이나 장사를 하기도 하며, 남녀 모두 재해 또는 불행 상복(喪服)의 근심이 있고, 말 못할 비밀이 탄로나서 망신당하는 수가 있으며, 다방업, 주점, 여관, 목욕탕 등의 직업에 종사하기도 한다. 부부 불화로 가정파탄, 별거, 이별하게 된다.

年, 日支	申子辰	巳酉丑	寅午戌	亥卯未
年殺	酉	午	卯	子

6) 월살년(月殺年)

잠자리가 불안하고, 정신적인 갈등이 있고, 식욕이 없으며, 불안하다. 근심 걱정, 매사에 갈등, 용기가 부진하고, 재수가 없으며, 고갈, 실패, 후퇴의 운수다. 질병에 걸리거나 하는 일이 용두사미 격이다. 답답한 운세로서 발전이 없고, 공직자는 좌천, 감봉, 가택요란, 여자는 남편과 별거, 이혼을 하려고 하거나 남에게 이용을 잘 당한다.

年, 日支	申子辰	巳酉丑	寅午戌	亥卯未
月殺	戌	未	辰	丑

7) 망신살년(亡身殺年)

이성의 망신, 재물의 망신, 도로의 망신, 명예의 망신, 계획이 수포로 돌아가거나 활동적인 운세. 색정난, 구설수, 실물, 투기, 도박, 투자 실패, 견겁망신(肩劫亡身)은 재물에 망신, 상관망신(傷官亡身)은 관재망신, 역마망신(驛馬亡身)은 노상에서 망신, 관합망신(官合亡身)은 이성망신, 남명(男命)은 재합망신(財合亡身)이면 여자로 인한 망신이 있다. 여자는 자식을 낳거나 산부인과에 출입이 많으며 자궁병을 조심해야 한다. 망신 횡액수, 불측의 재해가 일어난다.

年, 日支	申子辰	巳酉丑	寅午戌	亥卯未
亡身	亥	申	巳	寅

8) 장성년(將星年)

　매사에 자신감이 넘치고 강한 활동력의 운세이며, 고집이 세진
다. 자기 주관, 명예, 욕망, 번영, 승진, 이동, 출장, 외국 내
왕, 나라와 민족 혹은 가정과 가족을 위해 전쟁이나 직업 전선에
나간다. 여자는 남자 대리 역할로 가정과 자식을 위해 돈벌이에
나선다.

年, 日支	申子辰	巳酉丑	寅午戌	亥卯未
將星	子	酉	午	卯

9) 반안년(攀鞍年)

　취직, 승진, 번영, 출세, 문서를 잡거나 장롱, 냉장고, 세탁기,
텔레비전, 피아노, 승용차, 컴퓨터, 비디오, 전축 등을 장만하는
운이다. 대운, 세운에 오면 지대한 복록을 받으며, 신규사업, 건
축, 시험공부에 길하며, 세월이 화살처럼 빠름을 느낀다. 웃어른
의 우환 질병 및 상복수도 있다.

年, 日支	申子辰	巳酉丑	寅午戌	亥卯未
攀鞍	丑	戌	未	辰

10) 역마살년(驛馬殺年)

　이동, 이사, 변동, 해외여행, 출장, 이민, 분주다사, 환경변화,
지살(地殺)과 충(沖), 형(刑), 원진(怨嗔)되면 여행함이 불리하

고, 교통사고 관재구설, 부상, 수술, 이별, 별거, 이혼 등의 흉
운이 따른다. 역마합신(驛馬合身)이면 여행해서 좋은 일이 있고,
돈도 번다. 동분서주해도 별로 소득이 없고, 가족을 위해 뛰어보
니 신변이 염려되고 객지 생활하게 된다. 처녀는 옹기그릇 깨지
기 쉬우니 처신을 잘 해야 한다.

年, 日支	申子辰	巳酉丑	寅午戌	亥卯未
驛馬	寅	亥	申	巳

11) 육해살년(六害殺年)

끙끙, 꽁꽁 신음할 일이 생기거나, 옛날 병이 재발하기 쉬우며
병원 출입을 하거나 긴 병을 얻는다. 화병 발생, 육친을 해(害)
한다. 부모의 근심, 앞이 막힘, 답답한 운세, 요통, 희생정신으
로 노력하나 심신은 고달프다. 책임이 무겁다. 취재(取財)코저
모사(謀事)한다. 다성다패(多成多敗) 분주·다사하다. 석양길 나
그네 격이다. 년운(年運), 월운(月運)에 오면 친족 또는 친구와
불화가 생긴다.

年, 日支	申子辰	巳酉丑	寅午戌	亥卯未
六害	卯	子	酉	午

12) 화개살년(華蓋殺年)

근면, 성실하나 가끔 싫증을 느낀다. 사치, 허영, 낭비할 일이

생긴다. 좋은 공부 인연이 있거나, 믿음 인연이 발생하여 기술, 예술, 철학, 종교 등에 심취한다. 신경성 신경통에 주의하고, 엉뚱한 일을 주의하라. 일확천금을 꿈꾸다가 함정에 빠지며 여자는 음란, 방탕한다. 남녀가 바람나며 춤바람, 꽃바람, 도박바람이 난다. 부부지간 생사이별 많이 하고, 남자는 사업에 실패수가 있다. 축(丑)이 화개(華蓋)인 남명은 처로 인하여 패가망신하며, 사유축(巳酉丑)이 일시(日時)에 있으면 처로 인한 망신이다.

年, 日支	申子辰	巳酉丑	寅午戌	亥卯未
華蓋	辰	丑	戌	未

13) 건록년(建祿年)

세운(歲運)이나 대운(大運)에서 녹(祿)을 형,충,파.해(刑冲破害)하면 직장 변동이 있고, 이사나 이변이 생기며, 건강상의 질병을 초래하고 갖가지 손재의 형상이 일어난다.

日干	甲	乙	丙戊	丁己	庚	辛	壬	癸
建祿	寅	卯	巳	午	申	酉	亥	子

14) 괴강년(魁罡年)

괴강일주(魁罡日柱)가 괴강년(魁罡年)을 만나면 십년 공부 도로 아미타불이다. 파산, 부도가 있게 된다. 매사에 욕심을 내지 않는 것이 부도를 막는 첩경이다. 임술일주(壬戌日柱)는 계해년(癸

亥年)에 부도가 난다. 가정고난, 파란이 들어온다. 인간에 절망, 배신, 아픔, 싸워보았자 자신만 손해, 큰 재난을 당한다. 괴강일주 여명(女命)은 괴강일(魁罡日)에 남편이 죽는 경우가 있으며, 혹은 사기라도 당해서 손해를 보아야 한다.

日柱	庚辰	庚戌	壬辰	壬戌	戊戌
魁罡	庚辰, 庚戌, 壬辰, 壬戌, 戊戌				

15) 천을귀인년(天乙貴人年)

개운 발달하여 명리(名利)가 향상되고, 매사가 순조롭게 풀려나간다. 우연히 귀인을 만나 어려운 난관이 해소되고, 길운(吉運)이 되면 재운도 길하다. 특히 남녀 연정관계사가 발생하기 쉬운데 좋은 인연으로 본다.

日干	甲戊庚	乙己	丙丁	辛	壬癸
天乙貴人	丑未	子申	亥酉	寅午	巳卯

16) 태극귀인년(太極貴人年)

횡재가 있는 길운이며 충,파,해(沖破害)가 되면 안 된다.

日干	甲乙	丙丁	戊己	庚辛	壬癸
太極貴人	子午	卯酉	辰戌丑未	寅亥	巳申

17) 천주귀인년(天廚貴人年)

행운(行運)에 만나면 진급, 영전의 기쁨이 있다.

日干	甲	乙	丙	丁	戊	己	庚	辛	壬	癸
天廚貴人	巳	午	巳	午	申	酉	亥	子	寅	卯

18) 천덕귀인년(天德貴人年)

재운(財運)이 왕성하여 하는 일이 순조롭고 만사 형통하다. 새로운 직업을 가져서 성공과 출세의 운이 되며, 특히 의원(議員)에 출마하면 당선될 가능성이 높다.

月支	寅	卯	辰	巳	午	未	申	酉	戌	亥	子	丑
天德貴人	丁	申	壬	辛	亥	甲	癸	寅	丙	乙	巳	庚

19) 월덕귀인년(月德貴人年)

귀인을 만나거나 귀자를 잉태, 생남하게 되며, 원행갔던 친척이나 외국에 갔던 친척이 찾아오고 오랫동안 못 본 사람을 만나게 되며 재수 대길하다.

月支	寅午戌	亥卯未	申子辰	巳酉丑
月德貴人	丙	甲	壬	庚

20) 천전살년(天轉殺年)

직업에 실패가 많거나 변화하며 만사 대흉하게 된다.

月支	寅卯辰	巳午未	申酉戌	亥子丑
天轉殺	乙卯	丙午	辛酉	壬子

21) 효신살년(梟神殺年)

분가 또는 동업, 사업 시작되는데 반드시 손재 및 사기를 당하게 되거나 부부 이별도 된다.

日干	甲	乙	丙	丁	戊	己	庚	辛	壬	癸
梟神殺	壬亥	癸子	甲寅	乙卯	丙巳	丁午	戊辰戌	己丑未	庚申	辛酉

22) 암록년(暗祿年)

횡재운이 있고 귀인의 협조가 발생한다. 주택복권, 관광복권, 퀴즈, 경품 등에 당첨되는 수가 많다.

日干	甲	乙	丙	丁	戊	己	庚	辛	壬	癸
暗祿	亥	戌	申	未	申	未	巳	辰	寅	丑

23) 금여년(金輿年)

사회적으로 귀인을 만나고 대발전의 운세가 된다. 남자는 재산이 많은 여자가 나를 따라서 여자의 덕을 보게 되고, 여자는 재산이 많은 남자에게 사랑을 받으며 물질적인 재물의 도움을 받게 된다.

日干	甲	乙	丙	丁	戊	己	庚	辛	壬	癸
金輿祿	辰	巳	未	申	未	申	戌	亥	丑	寅

24) 괴강충년(魁罡沖年)

재액 백출, 험난 고초, 진실외면이 있게 된다.

庚辰日	庚戌日	壬辰日	壬戌日	戊戌日
戌, 甲戌	辰, 甲辰	戌, 戊戌	辰, 戊辰	辰. 甲辰

25) 교록년(交祿年)

사업, 직업의 변동이 되어서 실패주의, 매매에 운이 좋아 이득이 많다. 그러나 여자는 불운하여 이별수가 있다. 일주(日柱)가 교록년(交祿年)을 만나면 부부 언쟁이 심하며 다른 여자와 연정 관계가 있다.

年,日	甲申	庚寅	丙子	癸巳	戊子	癸巳	辛卯	乙酉
交祿	庚寅	甲申	癸巳	丙子	癸巳	戊子	乙酉	辛卯

26) 구신살, 교신살년 (勾神殺, 絞神殺年)

세운(歲運)에 만나면 재해(災害)가 있고, 상신(傷身) 또는 산재(散財)의 근심이 있고, 흉해(凶害)가 따른다. 재앙이 늘 체류하여 퇴재(退財)와 구속, 납치, 포로의 일이 있고, 또 구신(句神), 교신(絞神)에 삼형살(三刑殺)이 가하면 재혼이나 첩을 두게 되며, 구설수와 형옥(刑獄)의 재액이 따른다.

年,日支	子	丑	寅	卯	辰	巳	午	未	申	酉	戌	亥
句神	卯	辰	巳	午	未	申	酉	戌	亥	子	丑	寅
絞神	酉	戌	亥	子	丑	寅	卯	辰	巳	午	未	申

27) 천라지망년(天羅地網年)

행운(行運)에 만나면 무슨 일이던지 지체됨이 많다. 악살(惡殺)을 대동(帶同)하며 오행(五行)이 무기(無氣)하면 반드시 죽는다. 관재구설, 소송유발, 손재피해, 수족부상, 납치, 조난, 가족사망, 개천이나 맨홀 등에 빠진다.

丙丁日生	壬癸日生
戌亥年	辰巳年

28) 혈인살년(血刃殺年)

각종 피를 보는 사고, 자상(刺傷) 등이나 각종 출혈과 관계되는 질병이 발생한다.

年,日支	子	丑	寅	卯	辰	巳	午	未	申	酉	戌	亥
血刃	戌	酉	申	未	午	巳	辰	卯	寅	丑	子	亥

月支	寅	卯	辰	巳	午	未	申	酉	戌	亥	子	丑
血刃	丑	未	寅	申	卯	酉	辰	戌	巳	亥	午	子

29) 급각살년(急脚殺年)

신경통, 척추관계 질병, 뼈의 질병, 치통, 생리통, 두통, 낙상, 감기몸살, 수족부상, 중풍, 여명(女命)은 임신하면 손발이 붓는다.

月支	寅卯辰	巳午未	申酉戌	亥子丑
急脚殺	亥子	卯未	寅戌	丑辰

30) 단교관살년(斷橋關殺年)

각종 사고로 인한 수족의 부상, 소아마비, 신경통, 두통, 치통, 생리통, 감기, 중풍, 여명(女命)은 임신하면 수족이 붓는다.

月支	寅	卯	辰	巳	午	未	申	酉	戌	亥	子	丑
斷橋關	寅	卯	申	丑	戌	酉	辰	巳	午	未	亥	子

31) 낙정관살년(落井關殺年)

절벽, 계단, 맨홀, 강물, 바다 등에 떨어질 염려가 있으므로 등산, 피서, 뱃놀이 등을 조심하는 것이 좋다. 중상모략, 모함을 당하여 함정에 걸린다. 사주에 낙정관살(落井關殺)이 있고, 운에서 낙정관살을 만나면 액을 당할 확률이 아주 높고, 신약(身弱)한데 운에서 낙정관살을 만나면 50% 정도 당하고, 신강(身强)이면 거의 당하지 않는다. 병신일주(丙申日柱) 경신년(庚申年)이면 사정없이 당한다.

日干	甲	乙	丙	丁	戊	己	庚	辛	壬	癸
落井關	巳	子	申	戌	卯	巳	子	申	戌	卯

32) 탕화살년(湯火殺年)

군인, 경찰, 데모대 등은 각종 파편으로 인한 부상을 당할 가능성이 많다. 전시에는 총, 칼이나 폭탄에 맞아 죽거나 병신된다. 화상, 각종 가스중독, 식중독, 약물중독, 신세한탄, 인생비관, 자살충동으로 인한 음독자살, 가스폭발, 인질극, 탈영, 은거, 정신이상 등을 당할 가능성이 있다.

日柱	甲午	甲寅	乙丑	丙寅	丙午	丁丑	戊寅	戊午	庚午	庚寅	辛丑	壬午	壬寅	癸丑
湯火殺	丑寅午年													

33) 양인년(羊刃年)

자만하지말고 타인을 무시하지 말라. 시비 구설, 부부싸움, 부부이별, 대립과 갈등이 있어본다. 신액(身厄), 수술, 재난, 파재, 손재, 돈쓸 일이 있고, 낙직(落職)되는 수도 있다. 양인(羊刃)이 세군(歲君) 유년(流年)을 충(沖)하거나 합(合)하면 갑자기

화를 당한다. 양인(羊刃)이 왕성하고 신약한데 양인운(羊刃運)을 만나면 반드시 아내를 극한다. 명중(命中)에 칠살(七殺)과 양인(羊刃)을 대동하고 다시 살(殺)과 양인(羊刃)의 운을 만나면 공업(功業)을 이룩하여 명성이 높지만 흉사(凶死)할 수 있다.

명중(命中)에 원래 살(殺)과 양인(羊刃)이 있고, 세운(歲運)에 또 만나면 그 화(禍)가 비상하지만 양인(羊刃)만 있고 살(殺)이 없는데 세운(歲運)에서 살왕(殺旺)한 운을 만나면 전화위복한다. 양인(羊刃)과 인수(印綬)가 있고, 살(殺)이 없는데 세운(歲運)에 살왕(殺旺)한 운을 만나면 도리어 후복(厚福)을 받는다. 신왕하면 양인운(羊刃運)을 두려워하는 것은 재물의 손해와 화환(禍患)을 당하기 때문이다. 양인충년(羊刃沖年)에는 동분서주, 분노폭발, 신액사고, 구설시비가 있다.

日干	甲	乙	丙	丁	戊	己	庚	辛	壬	癸
羊刃	卯	辰	午	未	午	未	酉	戌	子	丑

34) 상문,조객살년(喪門,弔客殺年)

명조(命造)에 있는데 년운(年運), 월운(月運)에 재차 오게 되면 그 해 또는 그 월에 상복사(喪服事)가 일어난다. 보통 년운, 월운에 오면 친족 또는 붕우(朋友) 등과 불화가 생긴다.

가벼우면 친척 또는 원친에 불행사가 있다. 어른우환, 상문복

건, 조상으로 돈 쓸 일이 있다. 관직자는 승진불리, 지위불안, 사업자는 재수불리, 손재주의, 불의의 교통사고, 여행자는 건강 불리, 질병주의, 학업자는 학문불리, 시험주의, 연애자는 진실불리, 오해주의를 해야한다.

상문(喪門)과 칠살(七殺)이 병림(並臨)하면 필상(必喪)이며, 을축년(乙丑年) 연월(年月)에 기묘(己卯)가 있으면 필상운(必喪運)이고, 을축년운(乙丑年運)중 제일 나쁜 사람은 기묘일주(己卯日柱)이며, 계묘일주(癸卯日柱)는 중상모략을 당한다.

年,日支	子	丑	寅	卯	辰	巳	午	未	申	酉	戌	亥
喪門	寅	卯	辰	巳	午	未	申	酉	戌	亥	子	丑
弔客	戌	亥	子	丑	寅	卯	辰	巳	午	未	申	酉

35) 고신살년(孤神殺年)

남자는 상처 또는 부부 이별하게 되며, 그렇지 않으면 사업 실패한다. 여자는 남자에 근심이 발생하여 간부(姦夫)가 생기게 되는 망신의 운세이다.

年,日支	亥子丑	寅卯辰	巳午未	申酉戌
孤神	寅	巳	申	亥

36) 과숙살년(寡宿殺年)

행년(行年)에 만나면 추창살(惆悵殺)이라 하고 상하를 불문하고 재해를 면치 못한다. 되는 일이 없고, 남편과 생이사별하여 과부가 되는 운이며, 재산에 실패도 있게 된다. 남자는 건강에 질병이 침범하고, 부부간에 언쟁사 많으며 가정이 온화하지 못한 운이 된다.

年,日支	亥子丑	寅卯辰	巳午未	申酉戌
寡宿	戌	丑	辰	未

37) 귀문관살년(鬼門關殺年)

각종 신경계통 질환, 쇠에 부딪친 듯이 띵하다. 신경쇠약, 노이로제, 히스테리 등에 주의를 요한다. 정신나간 짓을 하거나 엉뚱한 사고, 사건, 도주, 도망, 고민, 번뇌망상이 따른다. 각종 비정상적인 행동을 하게 되거나, 변태적 애정행각에 주의를 요한다. 근친사모, 상사병, 자신이 잘 한다고 한 짓이 남 보기에는 미친 짓으로 보인다. 잠 못 이루는 일을 자초한다.

혹자는 죽은 조상이나 망령이 자주 보이고, 신을 받아 무당, 박수가 되기도 하며, 흉살(凶殺)이 겹치면 정신병이 염려된다. 남명(男命)은 귀문관살이 재(財)가 되면 아무 여자에게나 달라고 보채며, 여명(女命)은 귀문관살이 관(官)이 되면 아무 남자에게나 달라고 보챈다.

年,日支	子	丑	寅	卯	辰	巳	午	未	申	酉	戌	亥
鬼門關	酉	午	未	申	亥	戌	丑	寅	卯	子	巳	辰

38) 백호대살년(白虎大殺年)

해당되는 육친으로 크게 놀랄 일 생긴다. 재앙, 사고, 대경실색, 어처구니 없는 사건 내용에 고뇌를 하게 되며, 교통사고가 가장 우려된다. 년주(年柱)에 백호살(白虎殺)이 있는데 백호년(白虎年)을 만나면 조부모가 해롭거나 사회적으로 악흉한 운이 된다. 월주(月柱)에 백호살이 있는데 백호년을 만나면 환경에 놀랄 일이 있거나 부모형제가 액을 당한다.

일주(日柱)에 백호살이 있는데 백호년을 만나면 부부간에 놀랄 일이나 부부, 첩 등이 흉액을 당하고, 시주(時柱)에 백호살이 있는데 백호년을 만나면 자손이 악사하거나 자식간에 놀랄 일이 있다.

四柱	甲辰, 乙未, 丙戌, 丁丑, 戊辰, 壬戌, 癸丑
白虎大殺	甲辰, 乙未, 丙戌, 丁丑, 戊辰, 壬戌, 癸丑年

39) 원진년(怨嗔年)

원진살년(怨嗔殺年)에는 주로 미워하고 짜증날 일이 많으며 도둑, 분실, 손재를 조심해야 한다. 첫째 외우내환, 둘째 가내우환, 셋째 사업부진, 넷째 의외의 재난, 다섯째 심신의 장애, 여섯째 처궁이나 남편궁에 액운이 있다. 원진살년에는 재물이 바람에 날아가듯 하고, 동요하여 불안정하고, 내질(內疾)이 있지 않으면 외난(外難)이 있고, 관계(官界)에 있는 자는 좌천, 감봉되며, 평인(平人)은 흉화가 따른다. 대운(大運)이 바뀌는 즈음에 년운(年運)이 원진(怨嗔)되는 해는 사고, 놀람, 불목질시할 운이고, 대운(大運)이 흉하면 부모의 상(喪)을 당하거나 중병수(重病數)가 있고, 교통사고, 타향고생, 직장 및 학교 중단수가 있고 재수가 없으며, 매사에 되는 것이 없고, 병액이나 대액(大厄)이 생긴다.

년지(年支)가 원진(怨嗔)되면 윗사람으로부터 미움, 냉대를 받고, 조상이나 부모님을 원망하고 고향사람과도 불화한다. 명조(命造)에 원진이 있고, 재차 원진운이 오면 가난하지 않으면 생명이 위태롭다. 대운(大運)에 원진을 만나면 십년이 두려운데 조정, 정부기관에 있으면 귀양, 해임, 좌천, 감봉을 당하고 사가(私家)에 있어도 역시 화를 당한다. 비록 길신(吉神)이 도와주더라도 화환을 면하기 어려우며, 대운이 발왕(發旺)하기 전후에는 더욱 더 화를 피할 수 없다. 유년지(流年支)와 월지(月支)가 원진(怨嗔)이면 운이 길하면 전 애인과 이별수요, 새 애인과도 불성공, 운이 흉하면 죽으라 사업부진, 갖가지 몸부림이 소용없다.

월지(月支) 원진년에는 주로 부부불화, 원망, 형제충돌 대립, 직장 불만, 주거불안, 직업고뇌 여명(女命)은 친정을 원망한다.

명조(命造)의 일지(日支)나 년지(年支)를 기준하여 월지(月支)와 원진(怨嗔)이면 운이 길하면 구설수, 계획 불성실, 실망이요. 운이 흉하면 탈재수(奪財數), 관재구설, 앞뒤가 막힘, 고생이 심하다.

일지 원진년(日支 怨嗔年)에는 손재망신, 분실사고, 자신원망, 배우자 탓, 자신의 질환, 소인배의 침해, 도둑 침해, 몸에 칼 댈 일이 있다. 시지 원진년(時支 怨嗔年)에는 자식으로 신경 쓰고 돈 나간다. 진로에 시비가 많다.

年,日支	子	丑	寅	卯	辰	巳	午	未	申	酉	戌	亥
怨嗔	未	午	酉	申	亥	戌	丑	子	卯	寅	巳	辰

세군치년법(歲君値年法)

보는 법은 띠(生肖)와 유년(流年)을 맞추어 본다. 예를 들면 쥐띠(子生)가 소해(丑年)의 운을 보고자 한다면 생(生)과 년(年)을 종횡(縱橫)으로 맞추면 병부(病符)가 되므로 병부(病符)의 설명문을 보면 된다.

예를 들어 용띠(辰生)가 닭해(酉年)의 운을 보고자 한다면 진생(辰生)과 유년(酉年)을 종횡으로 맞추면 용덕(龍德)이 되므로 용덕(龍德)의 설명문을 읽어보면 되고, 가령 개띠(戌生)가 원숭이해(申年)의 운을 보고자 한다면 술생(戌生)과 신년(申年)을 종횡으로 상문(喪門)이 되므로 상문(喪門)의 설명문을 읽어보면 된다. 월운(月運)도 같은 방법으로 응용해서 볼 수가 있다.

예를 들면 쥐띠(子生)가 8월(酉月)의 운을 보고자 한다면 자생(子生)과 유(酉)를 종횡으로 맞추면 태음(太陰)이 되므로 태음(太陰)의 설명문을 읽어보면 된다.

1. 태세(太歲) : 진전되어 큰 행운이 있다. 흉하고 길함이 극성(極盛)하다. 행사(行事)함에 근신하여야 한다.
2. 태양(太陽) : 차(車)를 조심해야 하고, 인사(人事)는 입신출세 영달한다. 구하거나 도모하는 일은 순조롭다. 먼저는 흉하나 뒤에는 길하다.

3. 상문(喪門) : 복(福)과 화(禍)는 근원을 같이하니 병 문안이
나 상가(喪家)를 가까이 말라. 풍운(風雲)은 예
측치 못하니 자기 자신과 상관없는 일에 참견하
지 마라.

4. 태음(太陰) : 보증을 서는 것은 불리하다. 이성(異性)의 풍파
가 염려되니 분수를 지키고 심신을 편안하게 하
라. 부처(夫妻)가 반목(反目)하니 주의해야 한
다.

5. 오귀(五鬼) : 재리(財利)가 반복되니 도리어 암해(暗害)를 입
는다. 합작(合作) 동업은 불리하니 모름지기 소
인(小人)을 방비하라.

6. 사부(死符) : 분수를 지키면 안태(安泰)하고, 움직이면 불리
하다. 관청 형옥(刑獄)이 따르니 세월이 어렵고
곤란하다.

7. 세파(歲破) : 일체 투기를 하지 마라. 수고로워도 공(功)이
없다. 대모(大耗), 겁재(劫財)이니 금전적인 소
모가 크고, 자본이나 물건 등의 운용이 활발치
못하다.

8. 용덕(龍德) : 행사(行事)는 성취되고, 도모하는 일은 유리하
다. 귀인의 발탁 등용으로 재물과 기쁨이 쌍
(雙)으로 이른다.

9. 백호(白虎) : 가정풍파가 따르니 도화(桃花)를 주의하고, 차
조심을 하라. 교통액이 두렵다. 시비(是非)가

다단(多端)하니 남과 다투지 마라.

10. 복덕(福德) : 천관(天官)이 복을 주니 흉을 만나도 길하게
    된다. 크게 좋은 기회가 있으니 희망이 성취될
    수 있다.

11. 천구(天狗) : 좋은 말(馬)이 발굽을 잃었으니 관사(官司)에
    연루(連累)된다. 바람은 없는데 물결이 생기니
    소인(小人)의 암해(暗害)가 두렵다.

12. 병부(病符) : 인정(人丁)이 불안하니 어린이를 잘 양육보호
    하고, 자신과 가족의 건강에 주의를 해야한다.
    초목이 서리를 만났으니 수구(守舊)하여 기회를
    기다려라.

生年＼年別	子年	丑年	寅年	卯年	辰年	巳年	午年	未年	申年	酉年	戌年	亥年
子生	太歲	病符	天狗	福德	白虎	龍德	歲破	死符	五鬼	太陰	喪門	太陽
丑年	太陽	太歲	病符	天狗	福德	白虎	龍德	歲破	死符	五鬼	太陰	喪門
寅生	喪門	太陽	太歲	病符	天狗	福德	白虎	龍德	歲破	死符	五鬼	太陰
卯生	太陰	喪門	太陽	太歲	病符	天狗	福德	白虎	龍德	歲破	死符	五鬼
辰生	五鬼	太陰	喪門	太陽	太歲	病符	天狗	福德	白虎	龍德	歲破	死符
巳生	死符	五鬼	太陰	喪門	太陽	太歲	病符	天狗	福德	白虎	龍德	歲破
午生	歲破	死符	五鬼	太陰	喪門	太陽	太歲	病符	天狗	福德	白虎	龍德
未生	龍德	歲破	死符	五鬼	太陰	喪門	太陽	太歲	病符	天狗	福德	白虎
申生	白虎	龍德	歲破	死符	五鬼	太陰	喪門	太陽	太歲	病符	天狗	福德
酉生	福德	白虎	龍德	歲破	死符	五鬼	太陰	喪門	太陽	太歲	病符	天狗
戌生	天狗	福德	白虎	龍德	歲破	死符	五鬼	太陰	喪門	太陽	太歲	病符
亥生	病符	天狗	福德	白虎	龍德	歲破	死符	五鬼	太陰	喪門	太陽	太歲

조화원약 평주

신비한 동양철학 35

명리학의 정통교본!

이 책은 자평진전, 난강망, 명리정종, 적천수 등과 함께 명리학의 교본에 해당하는 것으로 중국 청나라 때 나온 난강망이라는 책을 서낙오 선생께서 설명을 붙인 것이다. 기존의 많은 책들이 격국과 용신으로 감정하는 것과는 달리 십간십이지와 음양오행을 각각 자연의 이치와 춘하추동의 사계절의 흐름에 대입하여 인간의 길흉화복을 알 수 있게 했다.

· 동하 정지호 편역

龍의 穴·풍수지리 실기 100선

신비한 동양철학 30

실전에서 실감나게 적용하는 풍수지리의 길잡이!

이 책은 풍수지리 문헌인 조선조 고무엽(古務葉) 태구승(泰九升) 부집필(父輯筆)로 된 만두산법(巒頭山法), 채성우의 명산론(明山論), 금랑경(錦囊經) 등을 알기 쉬운 주제로 간추려 풍수지리의 길잡이가 되고자 했다. 그리고 인간의 뿌리와 한 사람의 고유한 이름의 중요성을 풍수지리와 연관하여 살펴보아야 하기 때문에 씨족의 시조와 본관, 작명론(作名論)을 같이 편집했다.

· 호산 윤재우 저

동양철학전문출판 삼한

천직·사주팔자로 찾은 나의 직업

신비한 동양철학 34

역경없이 탄탄하게 성공할 수 있는 방법 !

잘 되겠지 하는 막연한 생각으로 의욕만 갖고 도전하는 것과 나에게 맞는 직종은 무엇이고 때는 언제인가를 알고 도전하는 것은 근본적으로 다르고, 결과 또한 다르다. 더구나 요즈음은 I.M.F.시대라 하여 모든 사람들이 정신까지 위축되어 생기를 잃어가고 있다. 이런 때 의욕만으로 팔자에도 없는 사업을 시작했다고 하자, 결과는 불을 보듯 뻔하다. 그러므로 이런 때일수록 침착과 냉정을 찾아 내 그릇부터 알고, 생활에 대처하는 지혜로움을 발휘해야 한다.

· 백우 김봉준 저

통변술해법

신비한 동양철학 21

가닥가닥 풀어내는 역학의 비법 !

이 책은 역학에 대해 다 알면서도 밖으로 표출되지 않아 어려움을 겪는 사람들을 위한 실습서다. 특히 틀에 박힌 교과서적인 역술의 고정관념에서 벗어나, 한차원 높게 공부할 수 있도록 원리통달을 설명하는데 중점을 두었다. 실명감정과 이론강의라는 두 단락으로 나누어 역학의 진리를 설명했기 때문에 누구나 쉽게 이해할 수 있다. 역학계의 대가 김봉준 선생의 역서 「알기쉬운 해설·말하는 역학」의 후편이다.

· 백우 김봉준 저

주역육효 해설방법 上·下

신비한 동양철학 38

한 번만 읽으면 주역을 활용할 수 있는 책!

이 책은 주역을 해설한 것으로, 될 수 있는 한 여러 가지 사설을 덧붙이지 않고 주역을 공부하고 활용하는데 필요한 요건만을 기록했다. 따라서 주역의 근원이나 하도낙서, 음양오행에 대해서도 많은 설명을 자제했다. 다만 누구나 이 책을 한 번 읽어서 주역을 이해하고 활용할 수 있도록 하는데 중점을 두었다.

· 원공선사 저

사주명리학의 핵심

신비한 동양철학 ⑲

맥을 잡아야 모든 것이 보인다!

이 책은 잡다한 설명을 배제하고 명리학자들에게 도움이 될 비법만을 모아 엮었기 때문에 초심자가 이해하기에는 다소 어려운 부분도 있겠지만 기초를 튼튼히 한 다음 정독한다면 충분히 이해할 것이다. 신살만 늘어놓으며 감정하는 사이비가 되지말기를 바란다.

· 도관 박흥식 저

동양철학전문출판 **삼한**

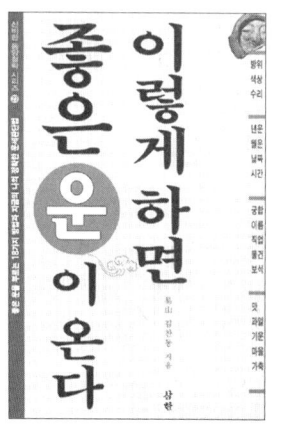

이렇게 하면 좋은 운이 온다

신비한 동양철학 ㉗

한 가정에 한 권씩 놓아두고 볼만한 책 !

좋은 운을 부르는 방법은 방위·색상·수리·년운·월운·날짜·시간·궁합·이름·직업·물건·보석·맛·과일·기운·마을·가축·성격 등을 정확하게 파악하여 자신에게 길한 것은 취하고 흉한 것은 피하면 된다. 간혹 예외인 경우가 있지만 극소수에 불과하고 대부분은 적중하기 때문에 좋은 효과를 본다. 이 책의 저자는 신학대학을 졸업하고 역학계에 입문했다는 특별한 이력을 갖고 있기 때문에 더 많은 화제가 되고 있다.

· 역산 김찬동 저

말하는 역학

신비한 동양철학 ⑪

신수를 묻는 사람 앞에서 말문이 술술 열린다!

이 책은 그토록 어렵다는 사주통변술을 이해하기 쉽고 흥미롭게 고담과 덕담을 곁들여 사실적인 인물을 궁금해 하는 사람에게 생동감있게 통변하고 있다. 길흉작용을 어떻게 표현하느냐에 따라 상담자의 정곡을 찔러 핵심을 끄집어내고 여기에 대한 정답을 내려주는 것이 통변술이다. 역학계의 대가 김봉준 선생의 역작이다.

· 백우 김봉준 저

음파메세지(氣) 성명학

신비한 동양철학 51

새로운 시대에 맞는 새로운 성명학

지금까지의 모든 성명학은 모순의 극치를 이루고 있다.
이제 새로운 시대에 맞는 음파메세지(氣) 성명학이 탄
생했으니 차근차근 읽어보고 복을 계속 부르는 이름을
지어 사랑하는 자녀가 행복하고 아름다운 삶을 살아갈
수 있도록 하는데 도움이 되었으면 한다.

・청암 박재현 저

정법사주

신비한 동양철학 49

독학과 강의용 겸용의 책

이 책은 사주추명학을 연구하고자 하는 분들에게 심오
한 주역의 이해를 돕고자 하는 의도에서 시작되었다.
음양오행의 상생상극에서부터 육친법과 신살법을 기초
로 하여 격국과 용신 그리고 유년판단법을 활용하여
운명판단에 첩경이 될 수 있도록 했고, 추리응용과 운
명감정의 실례를 하나 하나 들어가면서 독학과 강의용
겸용으로 엮었다.

・원각 김구현 저

동양철학전문출판 삼한

찾기 쉬운 명당

신비한 동양철학 44

풍수지리의 모든 것!

이 책은 가능하면 쉽게 풀려고 노력했고, 실전에 도움이 되도록 했다. 특히 풍수지리에서 방향측정에 필수인 패철(佩鐵)사용과 나경(羅經) 9층을 각 층별로 간추려 설명했다. 그리고 이 책에 수록된 도설, 즉 오성도, 명산도, 명당 형세도 내거수 명당도, 지각(枝脚)형세도, 용의 과협출맥도, 사대혈형(穴形) 와겸유돌(窩鉗乳突)형세도 등은 국립중앙도서관에 소장된 문헌자료인 만산도단, 만산영도, 이석당 은민산도의 원본을 참조했다.

· 호산 윤재우 저

명리입문

신비한 동양철학 41

명리학의 필독서!

이 책은 자연의 기후변화에 의한 운명법 외에 명리학도들이 궁금해 했던 인생의 제반사들에 대해서도 상세하게 기술했다. 따라서 초보자부터 심도있게 공부한 사람들까지 세심히 읽고 숙독해야 하는 책이다. 특히 격국이나 용신뿐 아니라 십신에 대한 자세한 설명, 조후 용신에 대한 보충설명, 인간의 제반사에 대해서는 독보적인 해설이 들어 있다. 초보자들에게는 더할 수 없이 훌륭한 길잡이가 될 것이다.

· 동하 정지호 편역

사주대성

신비한 동양철학 33

초보에서 완성까지

이 책은 과거 현재 미래를 모두 알 수 있는 비결을 실었다. 그러나 모두 터득한다는 것은 어려울 것이다.역학은 수천 년간 동방의 석학들에 의해 갈고 닦은 철학이요 학문이며, 정신문화로서 영과학적인 상수문화로서 자랑할만한 위대한 학문이다.

・도관 박흥식 저

해몽정본

신비한 동양철학 36

꿈의 모든 것 !

막상 꿈해몽을 하려고 하면 내가 꾼 꿈을 어디다 대입시켜야 할지 모를 경우가 많았을 것이다. 그러나 이 책은 찾기 쉽고, 명료하며, 최대한으로 많은 갖가지 예를 들었으니 꿈해몽을 하는데 어려움이 없을 것이다.

・청암 박재현 저

기문둔갑옥경

신비한 동양철학 32

가장 권위있고 우수한 학문 !

우리나라의 기문역사는 장구하지만 상세한 문헌은 전무한 상태라 이 책을 발간하기로 했다. 기문둔갑은 천문지리는 물론 인사명리 등 제반사에 관한 길흉을 판단함에 있어서 가장 우수한 학문이며 병법과 법술방면으로도 특징과 장점이 있다. 초학자는 포국편을 열심히 익혀 설국을 자유자재로 할 수 있도록 하고 개인의 이익보다는 보국안민에 일조하기 바란다.

· 도관 박흥식 저

정본·관상과 손금

신비한 동양철학 42

바로 알고 사람을 사귑시다

이 책은 관상과 손금은 인생을 행복으로 이끌기 위해 있다는 관점에서 다루었다. 그야말로 관상과 손금의 혁명이라고 할 수 있을 것이다. 여러분도 관상과 손금을 통한 예지력으로 인생의 참주인이 되기 바란다. 용기를 불어넣어 주고 행복을 찾게 하는 것이 참다운 관상과 손금술이다. 이 책으로 미래의 좋은 예지력을 한번쯤 발휘해 보기 바란다. 이 책이 일상사에 고민하는 분들에게 해결방법을 제시해 줄 것이다.

· 지창룡 감수

운세십진법・本大路

신비한 동양철학 ❶

운명을 알고 대처하는 것은 현대인의 지혜다!

타고난 운명은 분명히 있다. 그러니 자신의 운명을 알고 대처한다면 비록 운명을 바꿀 수는 없지만 충분히 향상시킬 수 있다. 이것이 사주학을 알아야 하는 이유다. 이 책에서는 자신이 타고난 숙명과 앞으로 펼쳐질 운명행로를 찾을 수 있도록 운명의 기초를 초연하게 설명하고 있다.

・백우 김봉준 저

국운・나라의 운세

신비한 동양철학 ㉒

역으로 풀어본 우리나라의 운명과 방향!

아무리 서구사상의 파고가 높다하기로 오천년을 한결같이 가꾸며 살아온 백두의 혼이 와르르 무너지는 지경에 와서도 누구하나 입을 열어 말하는 사람이 없으니 답답하다. IMF라는 특수한 상황에서 불확실한 내일에 대한 해답을 이 책은 명쾌하게 제시하고 있다.

・백우 김봉준

명인재

신비한 동양철학 43

신기한 사주판단 비법 !

살(殺)의 활용방법을 완벽하게 제시하는 책!
이 책은 오행보다는 주로 살을 이용하는 비법이다. 시
중에 나온 책들을 보면 살에 대해 설명은 많이 하면서
도 실제 응용에서는 무시하고 있다. 이것은 살을 알면
서도 응용할 줄 모르기 때문이다. 그러나 이 책에서는
살의 활용방법을 완전히 터득해, 어떤 살과 어떤 살이
합하면 어떻게 작용하는지를 자세하게 설명하고 있다.

· 원공선사 지음

사주학의 방정식

신비한 동양철학 18

가장 간편하고 실질적인 역서 !

이 책은 종전의 어려웠던 사주풀이의 응용과 한문을
쉬운 방법으로 터득할 수 있게 하는데 목적을 두었고
역학의 내용이 어떤 것이며 무엇이 어디에 속하는지를
알고자 하는데 있다.

· 김용오 저

원토정비결

신비한 동양철학 53

반쪽으로만 전해오는 토정비결의 완전한 해설판

지금 시중에 나와 있는 토정비결에 대한 책들을 보면 옛날부터 내려오는 완전한 비결이 아니라 반쪽의 책이다. 그러나 반쪽이라고 말하는 사람이 없다. 그것은 주역의 원리를 모르기 때문이다. 따라서 늦은 감이 없지 않으나 앞으로의 수많은 세월을 생각하면서 완전한 해설본을 내놓기로 한 것이다.

· 원공선사 저

내가 보고 내가 바꾸는 DIY사주

신비한 동양철학 40

내가 보고 내가 바꾸는 사주비결！

이 책은 기존의 책들과는 달리 한 사람의 사주를 체계적으로 도표화시켜 한 눈에 파악할 수 있고, DIY라는 책 제목에서 말하듯이 개운하는 방법을 제시하고 있다. 초심자는 물론 전문가도 자신의 이론을 새롭게 재조명해 볼 수 있는 케이스 스터디 북이다.

· 석오 전 광 지음

남사고의 마지막 예언

신비한 동양철학 29

이 책으로 격암유록에 대한 논란이 끝나기 바란다

감히 이 책을 21세기의 성경이라고 말한다. 〈격암유록〉은 섭리가 우리민족에게 준 위대한 복음서이며, 선물이며, 꿈이며, 인류의 희망이다. 이 책에서는 〈격암유록〉이 전하고자 하는 바를 주제별로 정리하여 문답식으로 풀어갔다. 이 책으로 〈격암유록〉에 대한 논란은 끝나기 바란다.

• 석정 박순용 저

진짜부적 가짜부적

신비한 동양철학 7

부적의 실체와 정확한 제작방법

인쇄부적에서 가짜부적에 이르기까지 많게는 몇백만원에 팔리고 있다는 보도를 종종 듣는다. 그러나 부적은 정확한 제작방법에 따라 자신의 용도에 맞게 스스로 만들어 사용하면 훨씬 더 좋은 효과를 얻을 수 있다. 이 책은 중국에서 정통부적을 연구한 국내유일의 동양오술학자가 밝힌 부적의 실체와 정확한 제작방법을 소개하고 있다.

• 오상익 저

술술 읽다보면 통달하는 사주학

신비한 동양철학 ㉗

술술 읽다보면 나도 어느새 도사 !

당신은 당신 마음대로 모든 일이 이루어지던가. 지금까지 누구의 명령을 받지 않고 내 맘대로 살아왔다고, 운명 따위는 믿지도 않고 매달리지 않는다고, 이렇게 말하는 사람들이 많다. 그러나 그것은 우주법칙을 모르기 때문에 하는 소리다.

· 조철현 저

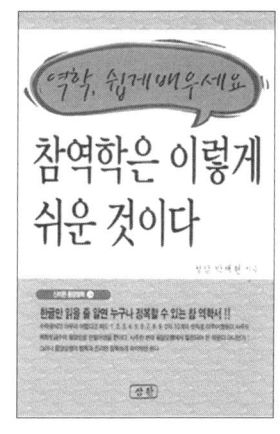

참역학은 이렇게 쉬운 것이다

신비한 동양철학 ㉔

음양오행의 이론으로 이루어진 참역학서 !

수학공식이 아무리 어렵다고 해도 1, 2, 3, 4, 5, 6, 7, 8, 9, 0의 10개의 숫자로 이루어졌듯이, 사주도 음양과 목, 화, 토, 금, 수의 오행으로 이루어졌을 뿐이다. 그러니 용신과 격국이라는 무거운 짐을 벗어버리고 음양오행의 법칙과 진리만 정확하게 파악하면 된다. 사주는 단지 음양오행의 변화일 뿐이고, 용신과 격국은 사주를 감정하는 한가지 방법에 지나지 않는다.

· 청암 박재현 저

나의 천운 운세찾기

신비한 동양철학 ⑫

놀랍다는 몽골정통 토정비결!

이 책은 역학계의 대가 김봉준 선생이 놀랍다는 몽공토정비결을 연구 ·분석하여 우리의 인습 및 체질에 맞게 엮은 것이다. 운의 흐름을 알리고자 호운과 쇠운을 강조했으며, 현재의 나를 조명해보고 판단할 수 있도록 했다. 모쪼록 생활서나 안내서로 활용하기 바란다.

· 백우 김봉준 저

쉽게푼 역학

신비한 동양철학 ❷

쉽게 배워서 적용할 수 있는 생활역학서!

이 책에서는 좀더 많은 사람들이 역학의 근본인 우주의 오묘한 진리와 법칙을 깨달아 보다 나은 삶을 영위하는데 도움이 될 수 있도록 가장 쉬운 언어와 가장 쉬운 방법으로 풀이했다. 역학계의 대가 김봉준 선생의 역작이다.

· 백우 김봉준 저

역산성명학

신비한 동양철학 ㉕

이름은 제2의 자신이다 !

이름에는 각각 고유의 뜻과 기운이 있어서 그 기운이 성격을 만들고 그 성격이 운명을 만든다. 나쁜 이름은 부르면 부를수록 불행을 부르고 좋은 이름은 부르면 부를수록 행복을 부른다. 만일 이름이 거지 같다면 아무리 운세를 잘 만나도 밥을 좀더 많이 얻어 먹을 수 있을 뿐이다. 이 책의 저자는 신학대학을 졸업하고 역학계에 입문했다는 특별한 이력을 갖고 있기 때문에 더 많은 화제가 되고 있다.

· 역산 김찬동 저

작명해명

신비한 동양철학 ㉖

누구나 쉽게 배워서 활용할 수 있는 체계적인 작명법 !

일반적인 성명학으로는 알 수 없는 한자이름, 한글이름, 영문이름, 예명, 회사명, 상호, 상품명 등의 작명방법을 여러 사례를 들어 체계적으로 분석하여 누구나 쉽게 배워서 활용할 수 있도록 서술했다.

· 도관 박홍식 저

동양철학전문출판 **삼한**

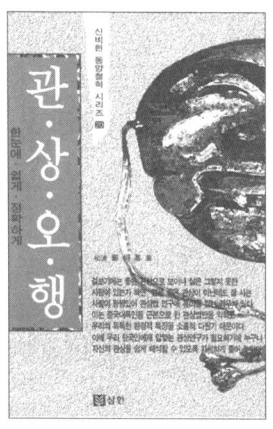

관상오행

신비한 동양철학 ⑳

한국인의 특성에 맞는 관상법 !

좋은 관상인 것 같으나 실제로는 나쁘거나 좋은 관상
이 아닌데도 잘 사는 사람이 왕왕있어 관상법 연구에
흥미를 잃는 경우가 있다. 이것은 중국의 관상법만을
익히고, 우리의 독특한 환경적인 특징을 소홀히 다루었
기 때문이다. 이에 우리 한국인에게 알맞는 관상법을
연구하여 누구나 관상을 쉽게 알아보고 해석할 수 있
도록 자세하게 풀어놓았다.

· 송파 정상기 저

물상활용비법

신비한 동양철학 31

물상을 활용하여 오행의 흐름을 파악한다 !

이 책은 물상을 통하여 오행의 흐름을 파악하고, 운명
을 감정하는 방법을 연구한 책이다. 추명학의 해법을
연구하고 운명을 추리하여 오행에서 분류되는 물질의
운명 줄거리를 물상의 기물로 나들이 하는 활용법을
주제로 했다. 팔자풀이 및 운명해설에 관한 명리감정법
의 체계를 세우는데 목적을 두고 초점을 맞추었다.

· 해주 이학성 저

명리학연구

신비한 동양철학 59

체계적인 명확한 이론

이 책은 명리학 연구에 핵심적인 내용만을 모아 하나의 독립된 장을 만들었다. 명리학은 분야가 넓어 공부를 하다보면 주변에 머무르는 경우가 많아, 주요 내용을 잃고 헤매는 경우가 많다. 그러므로 뼈대를 잡는 것이 중요한데, 여기서는 「17장. 명리대요」에 핵심 내용만을 모아 학문의 체계를 잡는데 용이하게 하였다.

· 권중주 저

쉽게 푼 풍수

신비한 동양철학 60

현장에서 활용하는 풍수지리법

산도는 매우 광범위하고, 현장에서 알아보기 힘들다. 더구나 지금은 수목이 울창해 소조산 정상에 올라가도 나무에 가려 국세를 파악하는데 애를 먹는다. 그러므로 사진을 첨부하니 많은 도움이 되길 바란다. 물론 결록에 있고 산도가 눈에 익은 것은 혈 사진과 함께 소개하니 참고하기 바란다. 이 책을 열심히 정독하면서 답산하면 혈을 알아보고 용산도 할 수 있을 것이다.

· 전항수 · 주장관 편저

올바른 작명법

신비한 동양철학 61

세상의 부모들에게 가장 소중한 것이 무엇이냐고 물으면 누구든 자녀라고 할 것이다. 그런데 왜 평생을 좌우할 이름을 함부로 짓는가. 이름이 얼마나 소중한지를. 이름의 오행작용이 사람의 일생을 어떻게 좌우하는지를 모르기 때문이다. 세상만물은 음양오행의 영향을 받지 않는 것이 없다. 봄이 가면 여름이 오고, 여름이 가면 가을이 오고, 가을이 가면 겨울이 오고, 겨울이 가면 봄이 오는 것 또한 음양오행의 원리다.

· 이정재 저

신수대전

신비한 동양철학 62

흉함을 피하고 길함을 부르는 방법

신수를 보는 방법은 여러 가지가 있는데 대부분이 주역과 사주추명학에 근거를 둔다. 수많은 학설 중에서 몇 가지를 보면 사주명리, 자미두수, 관상, 점성학, 구성학, 육효, 토정비결, 매화역수, 대정수, 초씨역림, 황극책수, 하락리수, 범위수, 월영도, 현무발서, 철판신수, 육임신과, 기문둔갑, 태을신수 등이다. 역학에 정통한 고사가 아니면 제대로 추단하기 어려운데 엉터리 술사들이 넘쳐난다. 그래서 누구나 자신의 신수를 볼 수 있도록 몇 가지를 정리했다.

· 도관 박흥식

현장 지리풍수

신비한 동양철학 48

현장감을 살린 지리풍수법

풍수를 업으로 삼는 사람들이 진(眞)과 가(假)를 분별할 줄 모르면서 24산의 포태사묘의 법을 익히고는 많은 법을 알았다고 자부하며 뽐내고 있다. 그리고는 재물에 눈이 어두워 불길한 산을 길하다 하고, 선하지 못한 물(水)을 선하다 하면서 죄를 범하고 있다. 이는 분수 밖의 것을 망녕되게 바라기 때문이다. 마음 가짐을 바로 하고 고대 원전에 공력을 바치면서 산간을 실사하며 적공을 쏟으면 정교롭고 세밀한 경지를 얻을 수 있을 것이다.

· 전항수 · 주관장 편저

완벽 사주와 관상

신비한 동양철학 55

사주와 관상의 핵심을 한 권에

자연과 인간, 음양(陰陽)오행과 인간, 사계와 절후, 인상(人相)과 자연, 신(神)들의 이야기 등등 우리들의 삶과 관계되는 사실적 관계로만 역(易)을 설명해 누구나 쉽게 이해할 수 있도록 썼으며 특히 역(易)에 대한 관심과 흥미를 갖게 하고자 인상학(人相學)을 추록했다. 여기에 추록된 인상학(人相學)은 시중에서 흔하게 볼 수 있는 상법(相法)이 아니라 생활상법(生活相法) 즉 삶의 지식과 상식을 드리고자 했으니 생활에 유익함이 있기를 바란다.

· 김봉준 · 유오준 공저

동양철학전문출판 삼한

해몽·해몽법

신비한 동양철학 50

해몽법을 알기 쉽게 설명한 책

인생은 꿈이 예지한 시간적 한계에서 점점 소멸되어 가는 현존물이기 때문에 반드시 꿈의 뜻을 따라야 한다. 이것은 꿈을 먹고 살아가는 인간 즉 태몽의 끝장면인 죽음을 향해 달려가고 있는 인간이기 때문이다. 꿈은 우리의 삶을 이끌어가는 이정표와도 같기에 똑바로 가도록 노력해야 한다.

· 김종일 저

역점

신비한 동양철학 57

우리나라 전통 행운찾기

주역을 무조건 미신으로 치부해버리는 생각은 버려야 한다. 주역이 점치는 책에만 불과했다면 벌써 그 존재가 없어졌을 것이다. 그러나 오랫동안 많은 학자가 연구를 계속해왔고, 그 속에서 자연과학과 형이상학적인 우주론과 인생론을 밝혀, 정치·경제·사회 등 여러 방면에서 인간의 생활에 응용해왔고, 삶의 지침서로써 그 역할을 했다. 이 책은 한 번만 읽으면 누구나 역점가가 될 수 있으니 생활에 도움이 되길 바란다.

· 문명상 편저

진짜궁합 가짜궁합

신비한 동양철학 8

남녀궁합의 새로운 충격

중국에서 연구한 국내유일의 동양오술학자가 우리나라 역술가들의 궁합법이 잘못되었다는 것을 학술적으로 분석·비평하고, 전적과 사례연구를 통하여 궁합의 실체와 타당성을 분석했다. 합리적인「자미두수궁합법」과 「남녀궁합」 및 출생시간을 몰라 궁합을 못보는 사람들을 위하여「지문으로 보는 궁합법」 등을 공개한다.

· 오상익 저

좋은꿈 나쁜꿈

신비한 동양철학 15

그날과 앞날의 모든 답이 여기 있다

개꿈이란 없다. 꿈은 반드시 미래를 예언한다. 이 책은 프로이드의 정신분석학적인 입장이 아닌 미래판단의 근거에 입각한 예언적인 해몽학이다. 여러 형태의 꿈을 체계적으로 정리했으니 올바른 해몽법으로 앞날을 지혜롭게 대처해 보자. 모쪼록 각 가정에서 한 권씩 두고 이용하면 생활하는데 많은 도움이 될 것이다.

· 학선 류래웅 저

동양철학전문출판 삼한

완벽 만세력

신비한 동양철학 58

착각하기 쉬운 썸머타임 2도 인쇄

시중에 많은 종류의 만세력이 나와있지만 이 책은 단순한 만세력이 아니라 완벽한 만세경전으로 만세력 보는 법 등을 실었기 때문에 처음 대하는 사람이라도 쉽게 볼 수 있도록 편집되었다. 또한 부록편에는 사주명리학, 신살종합해설, 결혼과 이사택일 및 이사방향, 길흉보는 법, 우주천기와 한국의 역사 등을 수록했다.

· 백우 김봉준 저

周易·토정비결

신비한 동양철학 40

토정비결의 놀라운 비결

지금 시중에 나와 있는 토정비결에 대한 책들을 보면 옛날부터 내려오는 완전한 비결이 아니라 반쪽의 책이다. 그러나 반쪽이라고 말하는 사람이 없다. 그것은 주역의 원리를 모르기 때문이다. 따라서 늦은 감이 없지 않으나 앞으로의 수많은 세월을 생각하면서 완전한 해설본을 내놓기로 했다.

· 원공선사 저

한눈에 보는 손금

신비한 동양철학 52

논리정연하며 바로미터적인 지침서

이 책은 수상학의 연원을 초월해서 동서합일의 이론으로 집필했다. 그야말로 완벽하리만치 논리정연한 수상학을 정리한 것이다. 그래서 운명적, 철학적, 동양적, 심리학적인 면을 예증과 방편에 이르기까지 아주 상세하게 기술했다. 이 책은 수상학이라기 보다 한 인간의 바로미터적인 지침서 역할을 해줄 것이다. 독자 여러분의 꾸준한 연구와 더불어 인생성공의 지침서가 될 수 있을 것이다.

• 정도명 저

사주학의 활용법

신비한 동양철학 17

가장 실질적인 역학서

우리가 생소한 지방을 여행할 때 제대로 된 지도가 있다면 편리하고 큰 도움이 되듯이 역학이란 이와같은 인생의 길잡이다. 예측불허의 인생을 살아가는데 올바른 안내자나 그 무엇이 있다면 그 이상 마음 든든하고 큰 재산은 없을 것이다.

• 학선 류래웅 저

동양철학전문출판 삼한

쉽게 푼 주역

신비한 동양철학 10

귀신도 탄복한다는 주역을 쉽고 재미있게 풀어놓은 책

주역이라는 말 한마디면 귀신도 기겁을 하고 놀라 자빠진다는데, 운수와 일진이 문제가 될까. 8×8=64괘라는 주역을 한 괘에 23개씩의 회답으로 해설하여 1472괘의 신비한 해답을 수록했다. 당신이 당면한 문제라면 무엇이든 해결할 수 있는 열쇠가 이 한 권의 책 속에 있다.

· 정도명 저

핵심 관상과 손금

신비한 동양철학 54

사람을 볼 줄 아는 안목과 지혜를 알려주는 책

오늘과 내일을 예측할 수 없을만큼 복잡하게 펼쳐지는 현실에서 살아남기 위해서는 사람을 볼줄 아는 안목과 지혜가 필요하다. 시중에 관상학에 대한 책들이 많이 나와있지만 너무 형이상학적이라 전문가도 이해하기 어렵다. 이 책에서는 누구라도 쉽게 보고 이해할 수 있도록 핵심만을 파악해서 설명했다.

· 백우 김봉준 저